MOSSAD
OS CARRASCOS DO KIDON

Eric Frattini

MOSSAD
OS CARRASCOS DO KIDON

*A História do Temível Grupo
de Operações Especiais de Israel*

Título original: *Mossad — Os Carrascos do Kidon.*
Copyright © 2008 Eric Frattini.
Publicado mediante acordo com Pontas Literary & Film Agency, Espanha.
Copyright da edição brasileira © 2014 Editora Pensamento-Cultrix Ltda.
Texto de acordo com as novas regras ortográficas da língua portuguesa.
1ª edição 2014.
9ª reimpressão 2024.
Todos os direitos reservados. Nenhuma parte desta obra pode ser reproduzida ou usada de qualquer forma ou por qualquer meio, eletrônico ou mecânico, inclusive fotocópias, gravações ou sistema de armazenamento em banco de dados, sem permissão por escrito, exceto nos casos de trechos curtos citados em resenhas críticas ou artigos de revistas.

A Editora Seoman não se responsabiliza por eventuais mudanças ocorridas nos endereços convencionais ou eletrônicos citados neste livro.

Editor: Adilson Silva Ramachandra
Editora de textos: Denise de C. Rocha Delela
Coordenação editorial: Roseli de S. Ferraz
Preparação e adaptação de originais: Alessandra Miranda de Sá
Produção editorial: Indiara Faria Kayo
Editoração eletrônica: Fama Editora
Revisão: Nilza Agua e Wagner Giannella Filho

CIP-BRASIL. CATALOGAÇÃO NA PUBLICAÇÃO
SINDICATO NACIONAL DOS EDITORES DE LIVROS, RJ

F924m
Frattini, Eric, 1963-
    Mossad os carrascos do Kidon: a história do temível grupo de operações especiais de Israel / Eric Frattini ; adaptação Alessandra Miranda de Sá. — 1. ed. — São Paulo : Seoman, 2014. 392 p. : il. ; 23 cm.

    Tradução de: Mossad: os carrascos do Kidon.
    Inclui bibliografia
    ISBN 978-85-98903-87-3

    1. Israel — Mossad. 2. Terrorismo — Prevenção. 3. Agentes dos serviços de inteligência — Israel. 4. Espionagem israelense. I. Sá, Alessandra Miranda de. II. Título.

14-10334   CDD: 956.94
                                                                          CDU: 94(569.4)

Seoman é um selo editorial da Pensamento-Cultrix.

Direitos para o Brasil adquiridos com exclusividade pela
EDITORA PENSAMENTO-CULTRIX LTDA., que se reserva a
propriedade literária desta tradução.
Rua Dr. Mário Vicente, 368 — 04270-000 — São Paulo, SP
Fone: (11) 2066-9000
http://www.editoraseoman.com.br
E-mail: atendimento@editoraseoman.com.br
Foi feito o depósito legal.

*Ao Hugo, pessoa muito valiosa para mim, por me dar
diariamente seu amor e sua alegria exuberante...*

*À Silvia, por seu apoio incondicional e pela tranquilidade
que me transmite, sem os quais eu não poderia escrever...*

SUMÁRIO

AGRADECIMENTOS 11

INTRODUÇÃO 13
No início...

OPERAÇÃO GARIBALDI 21
Alvo: Adolf Eichmann
Data: 11 de maio de 1960

OPERAÇÃO RIGA 36
Alvo: Herbert Cukurs
Data: 23 de fevereiro de 1965

OPERAÇÃO IRA DE DEUS 56
Alvos: Terroristas do Setembro Negro
Data: 16 de outubro de 1972 a junho de 1973

OPERAÇÃO DIAMANTE 74
Alvos: Terroristas do Setembro Negro
Data: 15 de janeiro de 1973

OPERAÇÃO PRIMAVERA DA JUVENTUDE 85
Alvos: Líderes palestinos em Beirute
Data: 10 de abril de 1973

OPERAÇÃO BARBA AZUL 94
Alvo: Mohamed Boudia
Data: 28 de junho de 1973

OPERAÇÃO RAIO 105
ALVO: RESGATE DE REFÉNS E EXECUÇÃO DE SEQUESTRADORES
Data: 4 de julho de 1976

OPERAÇÃO PRÍNCIPE VERMELHO 125
ALVO: ALI HASSAN SALAMEH
Data: 22 de janeiro de 1979

OPERAÇÃO ÁTOMO 139
ALVOS: CIENTISTAS NUCLEARES IRAQUIANOS
Data: 5 de abril de 1979 a 7 de junho de 1981

OPERAÇÃO VANUNU 156
ALVO: MORDECHAI VANUNU
Data: 30 de setembro de 1986

OPERAÇÃO 17 177
ALVO: JALIL IBRAIM MAHMUD AL WAZIR, CONHECIDO COMO "ABU JIHAD"
Data: 16 de abril de 1988

OPERAÇÃO ZULU 192
ALVOS: GERALD BULL, ALAN KIDGER, WYNAND VAN WYK, DON LANGE E KIRK STOFFBERG
Data: 22 de março de 1990 a 22 de julho de 1994

OPERAÇÃO TYCOON 211
ALVO: ROBERT MAXWELL
Data: 5 de novembro de 1991

OPERAÇÃO CESÁREA 232
ALVO: FATHI SHIQAQI
Data: 26 de outubro de 1995

OPERAÇÃO ENGENHEIRO 244
ALVO: YAHYA AYYASH, CONHECIDO COMO "O ENGENHEIRO"
Data: 5 de janeiro de 1996

OPERAÇÃO VINGANÇA 266
ALVOS: JALID MESHAL E O XEIQUE AHMED YASSIN
Data: 25 de setembro de 1997 a 22 de março de 2004

OPERAÇÃO FUMAÇA 281
Alvo: Imad Fayez Mughniyeh
Data: 12 de fevereiro de 2008

OPERAÇÃO RAQUETE 289
Alvo: Mahmud Abdel Rauf al-Mabhuh
Data: 19 de janeiro de 2010

OPERAÇÃO NÊUTRON 296
Alvos: Ardeshir Hosseinpour, Massud Ali Mohamadi, Fereydoon
Abbasi e Majid Shahriari
Data: 11 de dezembro de 2006 a 10 de janeiro de 2011

NOTAS 305

ANEXO I 331
Diretores do Mossad

ANEXO II 345
Primeiros-Ministros de Israel

ANEXO III 347
Glossário de Termos do Mossad

BIBLIOGRAFIA 351

AGRADECIMENTOS

Às fontes que me prestaram ajuda inestimável e cujos nomes preferi não citar neste livro.

Às fontes que me prestaram ajuda inestimável e que me pediram para não serem citadas neste livro.

Ao Institute of Documentation for the Investigation of Nazi War Crimes, em Haifa (Israel), por me facilitar o acesso a toda a documentação relativa ao julgamento de Adolf Eichmann em Jerusalém.

Às autoridades policiais do Uruguai, por me facilitarem o acesso a toda a informação e ao material gráfico sobre a Operação Riga, ocorrida em 23 de fevereiro de 1965.

Às autoridades de Israel, que me facilitaram o acesso ao importante documento *Report of the Commision Concerning the Events in Jordan September 1997*, sobre os erros cometidos pelo Kidon na tentativa de assassinato de Jalid Meshal em Amã (Jordânia), em 25 de setembro de 1997.

Aos meios de comunicação de Israel, que me deram valiosas informações sobre os casos citados neste livro.

Ao quartel-general do FBI em Washington D.C. e à Central de Informação da CIA, em Langley (Virgínia), por me darem livre acesso a documentos sobre grupos terroristas como o Hamas e a Jihad Islâmica.

Ao *NotiIsrael*, semanário de notícias de Israel e das comunidades judaicas, pelo acesso à sua valiosa hemeroteca.

À Força Aérea Israelense (FAI) e às Forças de Defesa Israelenses (FDI).

Aos arquivos históricos do próprio Mossad; do General Intelligence Department (Dairat al Mukhabarat ou GID) da Jordânia; da Australian Security Intelligence Organisation (ASIO); da Direction Générale de la Sécurite Extérieure (DGSE) de França; e da Norwegian Intelligence Service (Etterretningstjenesten).

À Jewish Virtual Library, pelos seus magníficos arquivos sobre o terrorismo no Oriente Médio.

Ao Terrorism Research Center, em Virgínia, pelos seus belíssimos e completos arquivos sobre o terrorismo mundial.

Ao doutor Jorge Óscar Aguilera, por seu magnífico estudo intitulado *El Fundamentalismo Islâmico como Fenómeno de La Cultura Contemporánea [O Fundamentalismo Islâmico como Fenômeno da Cultura Contemporânea]*, que me ajudou a entender um pouco mais a mentalidade e a maneira de operar dos terroristas suicidas islâmicos.

E, por último, agradeço especialmente a todas as pessoas e organismos que me apresentaram entraves, barreiras e restrições para evitar que este livro fosse como é hoje, permitindo-me aguçar meu sentido de curiosidade e, por consequência, minha investigação.

A todos eles, o meu mais humilde e sincero agradecimento. Uma parte deste livro lhes pertence.

INTRODUÇÃO
No início...

"E os inimigos saberão que sou o Senhor quando fizer cair a minha vingança sobre eles."
— Profeta Ezequiel

Vingança, ou satisfação que se toma da ofensa ou dos maus-tratos recebidos, não é somente uma palavra ou uma definição: foi e continua sendo também uma norma tácita do Estado de Israel contra seus inimigos ao longo de toda a história, desde o terrível Holocausto, na década de 1940, até os primeiros anos do século XXI contra seus atuais "inimigos". Desde a criação do Mossad, em março de 1951, seu serviço de espionagem tem se dedicado a perseguir esses supostos inimigos de Israel nos locais mais remotos do planeta. A primeira operação autorizada "politicamente" por um chefe de governo e confiada na época à então unidade de Nokmin ("Vingadores") seria levada a termo em maio de 1960, quando David Ben-Gurion ordenou ao *memuneh* Isser Harel o sequestro e posterior transferência de Adolf Eichmann para Israel, um dos principais responsáveis pela chamada Solução Final à questão judaica na Europa. Condenado à morte, Eichmann seria enforcado na prisão de Ramallah entre 30 de maio e 1º de junho de 1962.

O êxito da chamada Operação Garibaldi, comandada pelo jovem Rafael "Rafi" Eitan, levou à criação do temível Kidon ("Baioneta"), a subunidade de assassinos da Metsada, a unidade de operações especiais do Mossad. O Kidon e seus membros, também chamados *kidon*, se converteriam na ponta da lança das novas vinganças que Israel levaria a cabo contra seus inimigos com o passar dos anos. Porém, quais foram as verdadeiras origens dos vingadores do Kidon?

Após a Segunda Guerra Mundial e o extermínio de 6 milhões de judeus em toda a Europa, os vencedores puderam ler, nos muros das sinagogas destruídas, a seguinte mensagem por parte dos assassinados pela máquina de morte do Terceiro Reich: "Fomos assassinados. Vingai-nos. Recordai-nos". Em maio de 1945, a guerra tinha terminado na Europa, mas, para muitos, não cessaria até que seus familiares exterminados fossem vingados. Estava claro para os sobreviventes que tinham de levar adiante a sagrada tarefa de vingança, de cumprir à risca a Lei de Talião utilizada pelos judeus do "olho por olho, dente por dente". Os casos de criminosos de guerra eram tantos que chegariam a paralisar o sistema judicial militar aliado. Essa situação fez com que muitos deles fossem postos em liberdade. Enquanto os europeus olhavam para o futuro, para a reconstrução, os sobreviventes do Holocausto tinham olhos apenas para a vingança.

Em 20 de setembro de 1944 entrou em ação a primeira brigada judaica do exército britânico sob bandeira hebraica, a Jewish Brigade Group. Em novembro, foi destinada para a frente de batalha da Itália. A maior parte de seus membros ainda tinha familiares atrás das linhas alemãs. Em maio de 1945, após o fim da guerra, a Brigada continuava na cidade italiana de Tarvisio, perto da fronteira com a Áustria. Seus membros estavam ávidos por fazer parte das Forças de Ocupação Aliadas na Alemanha, mas uma ordem os obrigou a se deterem. A primeira missão extraoficial consistiu em criar uma "passagem secreta" entre a Europa devastada e a Palestina para os milhares de judeus que fugiam do leste europeu. Essa ação seria conhecida como Operação Brecha.

Foi dada permissão a muitos dos soldados da brigada para procurarem seus familiares, e o que encontraram foram lugares como Auschwitz-Birkenau, Mauthausen ou Bergen-Belsen. Ao regressarem à base, o desejo de vingança era fortíssimo em todos eles.

Com a ajuda dos serviços de inteligência militar norte-americano e britânico, delinearam-se listas de membros da SS. Em julho de 1945, um esquadrão de executores cruzou a fronteira com a Áustria. A primeira parada foi a casa que tinha sido um centro administrativo da Gestapo. Os judeus detiveram um casal. A mulher reconheceu que seu trabalho fora a classificação de todos os pertences de valor requisitados a judeus da Itália e da Áustria. Quando ela estava prestes a ser executada com um tiro na nuca, o homem se ofereceu para ajudar os Vingadores em troca da vida de ambos. No dia seguinte, o esquadrão tinha em seu poder uma lista composta por trinta nomes de vizinhos que haviam sido membros ativos da Gestapo e da SS, com as respectivas datas de nascimento, formação, missões e funções no exército alemão.

Disfarçados de policiais militares, os *nokmin* dedicaram-se a prender, um a um, todos os que faziam parte da lista. Depois de lhes serem lidos os direitos, eram executados mediante estrangulamento. A equipe de Vingadores era formada por Israel Karmi, Maier Shorea e Haim Harkov. O executor era Shev Kerem, que, anos depois, se uniria ao recém-criado Mossad.

A unidade atuava sempre num raio de ação de cem quilômetros ao redor de Tarvisio, e as operações, realizadas perto de lagos, rios e barragens, não deixavam o menor rastro. Sua única meta era executar o maior número possível de assassinos nazistas. Toda tarde, o chefe dos *nokmin* recebia uma lista de alvos e, à noite, vários esquadrões saíam em missão sem que nenhum deles soubesse o que os demais faziam. A unidade de executores judeus atuaria apenas durante alguns meses e jamais se soube o número de nazistas mortos. Meses depois, enquanto os aliados começaram a pôr em liberdade milhares de prisioneiros de guerra, os judeus concluíram que as nações vencedoras queriam esquecer o passado, mas eles não estavam dispostos a esquecer.

Tuviah Friedman, Manus Yiman e Alex Anilevich, irmão de Mordechai Anilevich, o famoso herói que liderou o levante do gueto de Varsóvia contra os alemães, decidem se unir em Viena sob o nome de Represália. Os membros desse grupo realizavam tarefas policiais detendo os antigos membros da SS e da Gestapo — de juízes, julgando-os e condenando-os; e de carrascos, executando-os. As missões levadas a termo pela "Represália" continuam a ser também um mistério, assim como o número de nazistas executados.

Também no final da guerra, ativistas judeus, partidários e guerrilheiros uniram-se para formar o mais significativo grupo de vingadores. Antes estavam separados por diferentes ideologias; agora estavam unidos pelo legado dos milhões de vítimas. Beshalel Mihaeli era um dos membros. Antes de ver o pai morrer, prometeu-lhe que sobreviveria para levar adiante sua vingança particular contra os carrascos. Em Lublin, a primeira cidade polonesa libertada, estabelece contato com outros judeus que já haviam cometido atos de vingança. No número 55 da rua Fisinskigo partilham ideais, desejos de vingança e os poucos pertences. A nova equipe decide dividir suas operações em duas fases:

— A primeira será identificar os judeus ainda vivos na Europa e ajudá-los a chegar à Palestina.
— A segunda será a missão de vingar-se.

A vingança devia ter a mesma magnitude que o assassinato em massa conduzido pelos alemães. O líder da nova unidade é Abba Kovner, poeta e antigo guerrilheiro (partisan) em Vilna.[1] Em Bucareste, a capital da Romênia, decidem-se dois atos de vingança: o plano "A", que consistiria no envenenamento da água de várias cidades alemãs; e o plano "B", que se centralizaria nos prisioneiros da

SS retidos pelos aliados em campos de prisioneiros, envenenando o pão que lhes era servido.

Kovner precisa de ajuda e decide viajar para a Palestina. O grupo necessita de uma boa quantidade de veneno para contaminar a água de Nuremberg, cidade--símbolo do Partido Nazista, e de Hamburgo. O quartel-general da equipe se estabelece em Paris. Kovner revela o plano A somente a três altos oficiais de Haganah, que lhe negam apoio. Os líderes da Palestina têm agora prioridade distinta: a criação de um Estado judeu. O dia da vingança é adiado várias vezes. Kovner fala enfim com Haim Weizman, futuro primeiro presidente do Estado de Israel, a quem expõe apenas o plano B. Este recomenda-lhe uma substância química. Em 14 de dezembro de 1945, o chefe dos Vingadores viaja num barco a vapor rumo à França. O veneno vai em latas de leite condensado.

Pouco antes de chegar a Toulon, quatro dos cinco membros da equipe são chamados à presença do capitão. Entretanto, o quinto se livra do veneno, atirando-o para fora do barco. Os chefes decidem então acionar o plano B. Num campo de prisioneiros perto de Nuremberg concentram-se cerca de 15 mil antigos membros da SS. O pão, feito todos os dias numa padaria alemã, é o único alimento não fornecido pelo exército norte-americano. Três dos Vingadores fazem-se passar por padeiros e conseguem trabalho na padaria que fornece pão ao campo. Em Paris, um químico judeu de Milão dedica-se a fabricar o veneno: dois quilos de arsênico sem refinar.

Em 13 de abril de 1946, domingo de Páscoa, os *nokmin* entram em ação. Dedicam-se durante toda a noite a untar com pincéis o arsênico nas bolas de pão. Quase 3 mil. Se se entregasse a cada membro da SS um quarto, seriam quatro mortos por pão, ou, o que vai dar no mesmo, 12 mil mortos se os 3 mil pães fossem ingeridos.

Ao amanhecer, entrega-se o pão no campo de prisioneiros. O efeito do veneno começa a se espalhar pelo campo de Nuremberg. Equipes de médicos norte--americanos fazem o possível para salvar a vida dos oficiais da SS que comeram o pão. Milhares ficam doentes, embora apenas alguns poucos tenham sucumbido. Os aliados jamais tornaram público o número de mortos, mas aos *nokmin* aquela operação lhes devolveu, de certa maneira, a honra perdida nos campos de morte nazistas.

Cinco anos após esta operação e apenas três depois da criação do Estado de Israel, David Ben-Gurion ordena a criação do Mossad, em março de 1951. A primeira tarefa dos *nokmin* do Mossad, herdeiros dos homens de Abba Kovner, seria a Operação Garibaldi. Após o sequestro de Adolf Eichmann, primeiro grande êxito dos serviços de inteligência israelenses, Ben-Gurion ordenaria ao novo *memuneh*, Meir Amit (1963-1968), a criação de uma unidade "secreta" que só poderia ser "ativada" e "desativada" pelo primeiro-ministro. O próprio Amit, que batizaria a unidade de Kidon ("Baioneta"), estabeleceu a norma básica para suas atuações: "Não haverá matanças de líderes políticos; estes devem ser tratados através de meios políticos. Não se matará a família dos terroristas; se seus membros se puserem no caminho, não será problema nosso. Cada execução tem de ser autorizada pelo então primeiro-ministro. E tudo deve ser feito segundo o regulamento. É necessário redigir uma ata da decisão tomada. Tudo limpo e claro. Nossas ações não devem ser vistas como crimes patrocinados pelo Estado, mas sim como a última ação judicial que o Estado pode oferecer. Não devemos ser diferentes do carrasco ou de qualquer executor legalmente nomeado".

Em 1972, sob o governo da primeira-ministra Golda Meir e o mandato de Zvi Zamir como *memuneh* do Mossad, se estabeleceria o chamado Comitê X, uma estrutura judicial tão secreta que nem sequer o Supremo Tribunal de Justiça do Estado de Israel sabia de sua existência. Segundo o testemunho do ex-*katsa* do Mossad, Victor Ostrovsky, em seu livro *By Way of Deception*, "o Comitê X é composto por militares, pessoal dos serviços de inteligência e do Poder Judicial, faz as vezes de tribunal marcial e julga os acusados *in absentia*. As audiências, semelhantes a um tribunal, são realizadas em lugares distintos para cada caso, geralmente em domicílios particulares ou em casas clandestinas do Mossad. Não se redige nenhuma ata das sessões do Comitê X".

Ostrovsky relata também em seu magnífico livro:

> Embora o imputado, neste caso o líder do Hezbollah, o xeique Abbas Musawi, jamais o tenha sabido, dois advogados, um representando a defesa e outro a promotoria, encarregaram-se do seu caso. De nada valeu a alegação da defesa aduzindo que Musawi era na verdade um elemento "moderado" dentro do fundamentalismo xiita e que tinha desempenhado um papel fundamental na libertação dos reféns ocidentais. A promotoria fez valer o seu argumento: o novo líder do Hezbollah tinha recentemente realizado um chamamento para uma escalada bélica contra o que ele mesmo denominava "o cancro de Israel". Musawi foi declarado culpado, o que implicava que o Comitê X podia decidir "transferi-lo" para Israel, de modo a ser submetido a um julgamento regular, ou autorizar sua execução na primeira oportunidade em que isso fosse possível pelo Kidon.

Nenhuma dessas opções poderia ser iniciada sem a autorização expressa do primeiro-ministro, ainda que, na verdade, desde a criação do Kidon, quase todos os chefes de governo israelense, desde David Ben-Gurion a Ariel Sharon, do

Likud ao Partido Trabalhista, com Prêmio Nobel da Paz ou sem ele, assinaram ordens de sequestro ou execução.

Tanto o Comitê X quanto o Kidon foram mantidos em absoluto segredo, até mesmo para muitos dos ministros que fizeram parte dos diferentes gabinetes dos sucessivos governos, até que o jornalista israelense Yoel Marcus revelou a história de ambas as organizações no jornal *Haaretz*, em julho de 1986.

O Kidon era composto por três equipes de doze pessoas cada, que, sob o eufemismo de "braço longo da justiça" de Israel, ocuparam-se em "saldar contas" nos últimos 45 anos desde a criação da unidade. Criminosos de guerra nazistas, líderes da Organização para a Libertação da Palestina (OLP), do Hamas ou da Jihad Islâmica, terroristas do "Setembro Negro", magnatas, cientistas, traficantes e projetistas de armas têm sido alguns dos alvos claros da Metsada, o Departamento de Operações Especiais do Mossad de que depende o Kidon.

Ao contrário de outros clérigos, cujas limusines blindadas e fortemente escoltadas raras vezes se aventuram além de Beirute ou do Vale de Beqaa, Musawi tinha atravessado, por várias vezes, a chamada zona de segurança, estritamente vigiada por Israel e pelo exército do sul do Líbano. Precisamente em Jibsit, uma aldeia de 12 mil habitantes localizada no extremo sul desse país que constituía o último posto avançado do fundamentalismo islâmico, sob as ordens de Yitzhak Rabin, que então ocupava o cargo de ministro da Defesa, e de Shabtai Shavit, *memuneh* do Mossad, uma unidade da Sayeret Matkal (grupo de elite do Exército de Israel conhecido como "A Unidade") e o Kidon se encarregaram de "executar" Musawi.

Em 16 de fevereiro de 1992, quando os helicópteros Apache israelenses abriram fogo contra a caravana de veículos que partia de Jibsit, matando Musawi, sua esposa e o filho Hussein de 5 anos, Moshe Arens, o ministro da Segurança, justificou a morte de Musawi como uma das formas legítimas que o Estado de Israel utiliza na luta antiterrorista. Os membros do Kidon haviam conseguido colocar um localizador na parte de baixo do veículo do xeique assassinado. O míssil apenas seguiu o rastro dele.

Desde então, os inimigos têm sido envenenados, voado em pedaços, estrangulados, afogados, simplesmente executados com um tiro na nuca ou sequestrados pelo Kidon, em nome de Israel e com a autorização do primeiro-ministro, na França, na Itália, em Malta, no Chipre, na África do Sul, na Bélgica, na Noruega, no Líbano, no Uruguai, na Argentina e em um sem-número de outros países. Na verdade, o Kidon e seus membros elevaram o assassinato político ao máximo nível de perfeição, graças a agentes como Zvi Steinberg, um judeu brasileiro de 36 anos, capaz de estrangular um homem em questão de segundos. Dizia-se que, um dia, entrou num carro em Praga, em perseguição a um terrorista palestino, aproximou-se dele, esmagou-lhe com uma só mão a traqueia, matando-o no ato e desaparecendo depois em meio à multidão. Ninguém se deu conta da "execução" até que o veículo foi aberto e descobriram o cadáver.

Este livro de espionagem e aventuras, mas também tragicamente real, é um pequeno capítulo na longa história de conflitos que o Oriente Médio vive há décadas; só que, neste caso, a guerra se desenvolve nas sombras. Este livro reúne dezesseis operações encobertas de assassinato e sequestro realizadas pelo Mossad e sua subunidade da Metsada, o temível Kidon, ao longo de 44 anos de história, de acertos e desacertos.

Ele relata, por exemplo, os êxitos do Kidon em operações como Ira de Deus, Átomo, Barba Azul ou Engenheiro, mas também grandes erros, como quando a unidade de executores do Mossad assassinou, em 21 de julho de 1973, por engano, na cidade norueguesa de Lillehammer, um garçom marroquino que foi confundido com o líder do Setembro Negro, Ali Hassan Salameh, ou quando dois *kidon* foram detidos em Amã, em 26 de setembro de 1997, enquanto tentavam matar um líder do Hamas introduzindo-lhe um gás nervoso pelo ouvido com um aerossol.

Está correto o que escreveu um dia o jornalista Yoel Marcus, do jornal *Haaretz*: "Apenas os equívocos do Mossad são públicos. Os triunfos devem permanecer guardados a sete chaves. Estes últimos são os que fazem com que o povo de Israel possa ir para a cama em segurança". Mas também não é menos correta a afirmação do lendário Rafi Eitan, antigo responsável pela Metsada e pelo Lakam, quando afirmou: "Nossa tarefa é fazer história e depois ocultá-la. No geral somos honrados, respeitamos o governo constitucional, a liberdade de expressão e os direitos humanos. Porém, entendemos também que nada se deve interpor no que fazemos".

Enquanto os especialistas se indagam em relação ao benefício dessas operações do Kidon, em que são abatidos dirigentes de organizações terroristas e de países árabes com balas, destruídos por explosivos, enviados pelos ares por um míssil, envenenados ou simplesmente estrangulados, organizações como o Hamas ou o Hezbollah não parecem perder força. Aparentemente, a recente troca de liderança dentro do Mossad não pareceu mudar os objetivos do serviço de inteligência israelense. Entretanto, o então governo de Israel silencia enquanto o Mossad vigia. E assim continuará a ser... Este livro é parte dessa história escrita em meio às sombras...

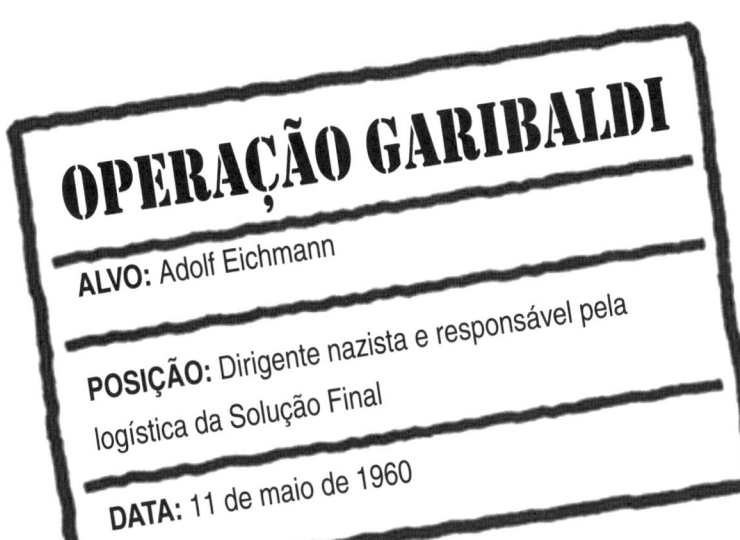

A primeira pista recebida sobre o paradeiro de Adolf Eichmann foi por intermédio de Jules Lemoine, um antigo tripulante do iate *Djeilan*, propriedade da condessa Marguerite d'Andurain. Ela fazia parte da Operação Convento ou Corredor Vaticano.

Marguerite era filha de um juiz francês e se casara com o conde Pierre d'Andurain quando tinha apenas 17 anos de idade. Entre 1918 e 1925, foi recrutada pelo serviço secreto francês, o *Deuxième Bureau*. Em 1925, divorciou-se do marido e se casou com um xeique wahabita chamado Suleyman. Algumas fontes asseguram que Marguerite o envenenou e regressou à Síria. Ali voltaria a se casar com o conde Pierre d'Andurain. Dois meses depois da celebração do matrimônio, o nobre apareceu morto com dezessete punhaladas, sem que se descobrisse o autor, ou autores, do crime.[1]

A mulher começou uma vida de luxo em cidades como Nice e Cairo, acompanhada de homens jovens. É durante a ocupação da França por tropas do Terceiro Reich que Marguerite começa a trabalhar para o Escritório Central de Segurança do Reich (*Reichssicherheitshauptant*, ou RSHA) e para seu temível chefe, Reinhard Heydrich. Também nessa mesma época estabelece estreitas relações com o serviço secreto do Vaticano, a Santa Aliança, por intermédio do bispo austríaco Alois Hudal, figura-chave na organização Odessa.[2]

Após o fim da Segunda Guerra Mundial, o religioso austríaco contatou D'Andurain para que se unisse à Operação Convento ou Corredor Vaticano. Esta, proprietária de um luxuoso iate, o *Djeilan*, navegava constantemente de Gibraltar à cidade de Tânger. Nessas travessias, Marguerite d'Andurain ajudava figuras importantes do nazismo a fugirem através do Marrocos. Franz Stangl, comandante do campo de concentração de Treblinka; Erich Priebke, do alto comando da Gestapo na Itália; e Reinhard Kops, responsável pela deportação e pelo extermínio dos judeus da Albânia, foram alguns dos nazistas que D'Andurain ajudou a escapar.

Contudo, talvez o mais importante superior hierárquico nazista que a francesa ajudou a fugir no *Djeilan* foi Adolf Eichmann, um dos maiores responsáveis pela logística da Solução Final à questão judaica.[3]

Jules Lemoine sabia de todas as viagens e passageiros que tinham partido do *Djeilan* rumo à liberdade e para fora do alcance da justiça aliada do pós-guerra. Este informou que um "certo nazista importante" estava à espera na Cidade do Vaticano para obter o salvo-conduto de refugiado para a Argentina com o nome de Ricardo Clemente. Um agente de espionagem militar norte-americano disse que o marinheiro estava certo de que esse não era seu nome verdadeiro, e "que ele estava à espera dos documentos emitidos pelo Vaticano e que por essa razão não tinham levado muito a sério a informação dada pelo antigo marinheiro do *Djeilan*".

Só depois de passados alguns anos é que a espionagem israelense soube da existência de uma unidade especial pró-nazismo dentro do Estado do Vaticano que se dedicava a ajudar na fuga de pessoas do alto comando do Terceiro Reich até a América do Sul. Segundo o Mossad, a Santa Aliança, serviço de espionagem do Vaticano, tinha muito a ver com aquilo.

A Operação Convento, desenvolvida pelo Vaticano desde os finais dos anos 1940 até princípios da década de 1950, consistia em tirar ex-dirigentes nazistas da Europa e colocá-los sob o manto protetor dos ditadores latino-americanos da época.

O problema surgiu devido ao nome usado por Eichmann e revelado por Jules Lemoine: Ricardo Clemente. Ele não aparecia em nenhum relatório da espionagem israelense.

Na verdade, o nome havia sofrido uma tradução. O verdadeiro nome usado por Adolf Eichmann em sua fuga foi Ricardo Klement. O salvo-conduto entregue pelo Vaticano identificava o superior hierárquico nazista como mecânico nascido em Bolzano, Itália, de pais alemães. Só anos depois o Mossad soube que Ricardo Klement e Ricardo Clemente eram a mesma pessoa: Adolf Eichmann.

Seria realmente um alto funcionário do governo alemão quem forneceria ao Mossad a localização de Eichmann. Foi o doutor Fritz Bauer, chefe fiscal da província de Essen, quem havia obtido a informação do paradeiro de Eichmann pelos serviços secretos alemães. Seus agentes tinham interrogado dois membros da rede Odessa, que revelaram as rotas de fuga utilizadas, a procedência dos fundos para cobrir os gastos e esconderijos dos criminosos de guerra.

Bauer, de origem judaica, fora juiz em Stuttgart até a chegada ao poder do Partido Nazista. Pouco depois, foi detido e condenado à prisão sob a acusação de "inimigo do Estado". Conseguiu fugir e se refugiar na Dinamarca até a ocupação do país, em 1940. Novamente detido e condenado a três anos de prisão, conseguiu fugir e se refugiar na Suécia até o final da guerra. Fritz Bauer passou a informação ao doutor Shinar, chefe da Missão de Reparações de Guerra na Alemanha Ocidental. Shinar, por sua vez, informou Walter Eytan, diretor-geral do Ministério dos Negócios Estrangeiros de Israel.[4]

Numa manhã de 1957, Eytan pegou o telefone para falar com Isser Harel, o todo-poderoso diretor do Mossad.

— Localizamos Adolf Eichmann na Argentina — disse ele.

Harel desligou e logo em seguida telefonou para Rafi Eitan.

Nascido em 1929, Eitan havia se convertido numa espécie de herói lendário entre os membros do exército israelense pela sua experiência em combate durante a Guerra da Independência. A unidade que comandava, a Harel, abriu caminho para Jerusalém. Comandante de uma unidade de paraquedistas, foi recrutado pelo Mossad no final dos anos 1950 para realizar operações especiais.[5]

Harel deu ordens a Eitan para que organizasse uma unidade especial dentro do Mossad, que seria chamada de Nokmin, ou Vingadores. Ele tinha como tarefa localizar, raptar e transferir Adolf Eichmann para Israel, para que fosse levado a julgamento.[6] Esta seria realmente a origem da Metsada, a unidade de operações especiais do Mossad.

Isser Harel assegurou a Eitan que os homens que formariam a unidade deveriam saber que realizariam um ato de justiça divina para Israel. "Não só colocará nas primeiras páginas de todos os jornais o que os nazistas fizeram com os judeus nos campos de concentração como também colocará o Mossad à frente de todas as agências de espionagem do mundo."[7]

Desse modo, a unidade só poderia atuar assim que o primeiro-ministro David Ben-Gurion desse sinal verde à operação. "Só o velho poderá ativar e desativar a unidade", afirmou Isser Harel de modo contundente. Durante dois anos, Rafi Eitan aguardou o chamado para a ação. Os homens escolhidos para executar o sequestro, liderados por Peter Malkin,[8] esperavam também por ordens.

Ninguém em Tel Aviv queria dar um passo em falso que pusesse em perigo não só a segurança dos agentes do Mossad, que já estavam na Argentina, mas também a própria imagem do Estado de Israel no mundo. Se as autoridades policiais argentinas descobrissem agentes do Mossad ou operações do Nokmin no país, poderia significar um sério problema para o governo trabalhista de Ben-Gurion.

Eitan pôs-se a ler um amplo dossiê enviado pela Unidade 8513, encarregada de colher informações fotográficas do alvo. O líder do Nokmin passava as páginas de uma pasta marrom-escura com uma fotografia de Eichmann vestido com um uniforme da SS. Várias fotografias de cor rosada e amarelada misturavam-se na volumosa pasta.

SS-OBERSTURMBANNFÜHRER Karl Adolf Eichmann (1906-1962), chefe do Departamento para Assuntos Judaicos da Gestapo, de 1941 a 1945, e chefe de operações na deportação de 3 milhões de judeus para os campos de extermínio. Uniu-se ao Partido Nazista austríaco em 1932 e algum tempo depois à SS. Em 1934, Eichmann serviu como cabo da SS no campo de concentração de Dachau. No mesmo ano, une-se ao SD e atrai a atenção de Heinrich Himmler e Reinhard Heydrich. Até 1935, Eichmann trabalhava na seção judaica, onde investigava as possíveis "soluções para a questão judaica". Eichmann foi enviado para a Palestina a fim de discutir a viabilidade da imigração em grande escala para o Oriente Médio. As autoridades britânicas expulsaram-no dali ao descobrirem o motivo de sua visita. Em março de 1938, Eichmann foi enviado novamente a Viena para promover a emigração judaica. Estabeleceu o chamado *Zentralstelle für jüdische Auswanderung* (Centro de Emigração Judaica). Abriram escritórios em Praga e Berlim. Em 1939, Eichmann regressou a Berlim, onde assumiu a direção da Seção IV B4, assuntos judaicos e evacuação, no Escritório Central de Segurança do Reich. Seria ele mesmo o organizador da Conferência de Wannsee, em janeiro de 1942, cujo ponto mais importante do tratado foi a chamada "Solução Final" à questão judaica. Com o fim da guerra, Eichmann foi detido pelos norte-americanos e confinado a um campo de prisioneiros. Pouco depois, conseguiu escapar sem ser reconhecido. Com a ajuda dos serviços secretos do Vaticano, conseguiu fugir para a Argentina e viver durante dez anos com nome falso.

Eitan deixou o relatório sobre a mesa. Ali estava exposta a vida do homem que levara ao extermínio milhões de judeus por toda a Europa. Sem dúvida que haveria de localizá-lo, e essa seria sua principal tarefa a partir daquele exato momento.

O criminoso de guerra nazista chegara a Buenos Aires no final do verão de 1950. Seu documento de identidade foi expedido pela polícia argentina em 3 de agosto daquele ano. Eichmann levava uma vida simples, procurando não se tornar muito popular e desconfiando o tempo todo de qualquer estrangeiro que entrasse em seu fechado círculo de amizades.[9]

Em 1952, muda-se para San Miguel de Tucumán e decide mudar também de profissão. Lá, aparece como cartógrafo. Essa mudança foi o que levantou as suspeitas da polícia argentina. Os serviços de inteligência descobriram que por trás da identidade de Ricardo Klement estava Adolf Eichmann. Apesar de o segredo ser conhecido por alguns poucos, decidiram colocar Eichmann sob contínua vigilância, algo que complicaria as coisas para a equipe do Mossad e da Metsada.

O primeiro-ministro de Israel desejava do Mossad uma confirmação absoluta de que Ricardo Klement e Adolf Eichmann eram a mesma pessoa. Quando David Ben-Gurion aprovasse e autorizasse o sequestro de Eichmann, Isser Harel devia se assegurar, sem sombra de dúvida, de que aquele homem que vivia num bairro operário, nos subúrbios de Buenos Aires, era de fato o antigo *Obersturmbannführer Adolf Eichmann*. Ben-Gurion não aceitaria nenhuma dúvida a esse respeito.

Eitan ordenou a Malkin, então, que encontrasse Vera Eichmann. Segundo o relatório do doutor Fritz Bauer, a esposa de Adolf Eichmann apresentara-se após o fim da guerra para pedir uma certidão de óbito em nome do marido. Segundo ela, ele havia morrido em Praga durante um bombardeio.

Vera Eichmann passou alguns anos em Viena, até que um dia desapareceu sem deixar o menor rastro. Voltou a aparecer na Argentina, instalada com os filhos no número 4.261 da rua Chacabuco, no bairro portenho de Olivos. Harel enviou para lá uma equipe de vigilância comandada pelo *katsa* Shalom Dani.[10]

O *katsa*, nome pelo qual são conhecidos os agentes de espionagem israelense, era um especialista que trabalhara durante muitos anos em operações do Mossad na América Latina e, por isso, dominava o castelhano. Dani redigia, todos os dias, um relatório muito preciso a Eitan e Malkin. Seu principal trabalho era investigar qualquer documento relacionado à família de Adolf Eichmann que se encontrasse nos arquivos argentinos. O *katsa* era um especialista nesse tipo de trabalho.

A equipe do Mossad na Argentina descobriu que Vera Eichmann tinha mudado seu nome para Verônica Liebl. Tinha sido emitido um passaporte argentino com esse nome. Dani encontrou também várias entradas e saídas da Áustria nos arquivos do Departamento de Imigração do país sul-americano, e, por fim, que a família, ela e seus filhos, havia se mudado para uma humilde casa formada por duas construções na rua Garibaldi.

Ben-Gurion dissera a Harel que, antes de dar sinal verde à operação, os colaboradores deviam reunir material fotográfico do alvo. Isser Harel, Rafi Eitan e Peter Malkin sabiam que seria muito difícil se aproximarem de Eichmann, mas que seria ainda mais difícil fotografá-lo sem levantar suspeitas. Eitan disse a Shalom Dani para ordenar a seus *katsa* que, enquanto investigassem Vera Eichmann/Verônica Liebl, fotografassem todos os que ela contatasse.[11]

A equipe do Nokmin precisava com a máxima urgência provar a identidade de Adolf Eichmann. Se este se desse conta de que estava sendo vigiado, talvez fugisse, escondendo-se em algum canto do mundo onde não chegasse o longo braço de Israel, o Mossad.

O relatório sobre a investigação de Ricardo Klement era absolutamente exaustivo, constando até o mais ínfimo detalhe. Mostraram-se até mesmo fotografias de Klement a vários israelenses que haviam visto Eichmann nos campos de concentração. Muitos deles, que asseguravam conhecê-lo perfeitamente, afirmaram, de modo categórico, que Ricardo Klement e Adolf Eichmann não eram a mesma pessoa.[12]

Os *katsa* de Dani também não estavam seguros de que aquele homem que trabalhava na fábrica da Mercedes-Benz, no distrito de Suárez, fosse o criminoso de guerra nazista que procuravam. Klement parecia muito mais velho que Eichmann. Mas a sorte estava prestes a mudar para o Mossad.

Um *katsa* que seguia Klement informou que o tinha visto parar numa floricultura para comprar um grande ramalhete de flores. A princípio, a informação, escrita numa folha de papel com a data de 21 de março encabeçando o relatório, não era mais que um simples e trivial detalhe dentro da busca, mas, para Shalom Dani, era muito mais que isso. O *katsa* decidiu estudar as datas importantes na vida dos Eichmann. Aquele simples detalhe marcaria toda a Operação Garibaldi e o destino de Klement/Eichmann, sem que ele sequer desconfiasse.

Em Buenos Aires, Nicolas e Dieter Eichmann preparavam-se para a celebração do vigésimo quinto aniversário de casamento dos pais, e este seria o erro que levaria o Mossad a confirmar que Klement e Eichmann eram a mesma pessoa. Adolf e Vera Eichmann tinham se casado em 21 de março de 1935, mas, segundo os documentos, Vera Eichmann e Ricardo Klement, seu suposto segundo marido, haviam se casado em 11 de agosto de 1958. Assim sendo, por que os Klement celebrariam seu aniversário de casamento na mesma data que os Eichmann deveriam celebrar?

Para Shalom Dani, aquele homem era Adolf Eichmann; para Rafi Eitan e Peter Malkin, responsáveis pelo Nokmin do Mossad, a certeza de que aquele homem era Eichmann estava cada vez mais próxima; para Isser Harel, aquela explicação sobre datas não era suficiente; e, quanto a David Ben-Gurion, ele precisava de mais provas conclusivas.

A segunda pista de maior importância para descobrir a identidade de Klement chegou ao Mossad por intermédio de Lothar Hermann, um alemão judeu que estivera enclausurado em Dachau, onde ficara cego, e que agora morava na Argentina. Por questões de destino, a filha de Hermann havia estabelecido uma relação de amizade com um jovem de origem alemã chamado Nicolas Klement. Era, com certeza, o filho de Adolf Eichmann.

Ela comentou que, durante um encontro de amigos, Nicolas disse abertamente que Hitler devia ter acabado com todos os judeus, e que o pai dele era da mesma opinião. Lothar pediu à filha que lhe descrevesse o pai de Nicolas. Lothar Hermann afirmou ter certeza absoluta de que aquele homem era de fato Adolf Eichmann.[13]

A terceira pista veio da antiga amante alemã de Eichmann. Ela seguira o dirigente nazista até a Argentina depois de terminada a guerra; contudo, ao chegar ao país sul-americano, foi abandonada. Sem dinheiro, a mulher conseguiu emprego de garçonete no restaurante da mesma fábrica da Mercedes-Benz na qual trabalhava Ricardo Klement. A mulher revelou o paradeiro de Eichmann a um judeu georgiano chamado Adolf Tauber, informante do Mossad.

Era claro que Klement/Eichmann se sentia seguro em seu refúgio argentino, escondido atrás da fachada construída à base de mentiras e documentos falsos. Shalom Dani saberia anos depois que Eichmann havia sido convidado a partir pelas autoridades argentinas. O ex-dirigente nazista viajou para a Bolívia, onde adotou o nome de Rodolfo Spee. Obviamente, a hierarquia dos serviços de inteligência argentinos sabia desde dezembro de 1959 que o Mossad vinha seguindo Klement por algum motivo. Para o governo argentino, a presença de Adolf Eichmann em seu país era um problema.

Ante Pavelic, ditador croata pró-nazista e assessor de Juan Domingo Perón, ajudou Eichmann entregando-lhe um passaporte e contatos para que se estabelecesse na Bolívia ou no Paraguai. Um memorando do serviço de espionagem argentino demonstra que tinham "detectado agentes israelenses muito ativos em território da República Argentina". Isser Harel soube, por intermédio do presidente Frondizi, que não interviriam no caso de se descobrir uma tentativa de sequestro de Eichmann por parte dos *kidon* do Nokmin.

Em finais de 1959, o comandante Jorge Messina, diretor-geral da Central de Inteligência argentina, recebeu um relatório no qual se afirmava que Ricardo Klement fora visto com um antigo nazista de alto grau hierárquico nas vizinhanças de La Gallareta, na província de Santa Fé. A descrição feita pelos agentes demonstrava que o outro homem era Josef Mengele, o "Anjo da Morte" de Auschwitz.[14]

Com todas as provas na mão, e dado o "sinal verde" por David Ben-Gurion, Isser Harel decidiu que o melhor era supervisionar pessoalmente a operação no próprio terreno, junto a Peter Malkin e Rafi Eitan.

Quando a ordem de partida foi dada, Eitan e Malkin, os líderes da equipe de ação, começaram a fazer perguntas, como o que aconteceria se, uma vez que tivessem Eichmann em seu poder, fossem descobertos pela polícia argentina. "Decidi que estrangularia Eichmann com minhas próprias mãos. Se me prendessem, argumentaria perante os tribunais que se tratava do conceito de justiça bíblico do 'olho por olho'", afirmou Rafi Eitan.[15]

Para tirar Adolf Eichmann do país, seria utilizado um avião Britannia com os distintivos da El Al, que deveria levar Abba Eban, ministro das Relações Exteriores de Israel, em viagem oficial à Argentina para a celebração do centésimo quinquagésimo aniversário da Independência.[16] No compartimento de carga do avião haviam construído uma cela especial onde viajaria o ex-dirigente nazista até Israel. A Metsada tinha a missão de levar Eichmann ao avião.

Em 1º de maio de 1960, os membros do Mossad que deveriam executar o plano voaram para Buenos Aires com Isser Harel, o *memuneh*. Uma vez na capital argentina, os *katsa* instalaram-se em sete apartamentos, um dos quais, a *Maoz* (ou "Fortaleza"), seria usado como centro de operações. Outro, o *Tira* (ou "Palácio"), serviria como prisão para Adolf Eichmann até que ele pudesse ser levado ao aeroporto a fim de embarcá-lo no avião da El Al, que o levaria a Israel. Para essa última etapa, os membros do Nokmin haviam alugado doze veículos da mesma marca e cor. Estava tudo preparado para se realizar o sequestro.

Dois carros com quatro *katsa* do Mossad em cada um deles participariam da ação. Os *kidon* do primeiro veículo vigiariam a esquina da rua Garibaldi para o caso de a polícia argentina aparecer. No segundo, viajariam um condutor, com Rafi Eitan a seu lado e Shalom Dani e Peter Malkin atrás. Eles executariam o sequestro. Apesar das ordens dadas por Isser Harel, de abandonar tudo caso a polícia argentina chegasse, Dani, Malkin e Eitan tinham combinado naquela mesma noite, antes de saírem do esconderijo, que, se algo desse errado, um deles devia acabar com a vida de Adolf Eichmann sem pensar duas vezes. Era um pacto de honra entre os *kidon* da Metsada.

A operação foi planejada para a tarde de 11 de maio. Uma hora antes da marcada para a ação, o primeiro carro de agentes do Mossad entrou na rua Garibaldi. Pouco depois, o segundo veículo pôs-se a uma distância prudente do primeiro e com perfeito campo de visão sobre a entrada da casa de Eichmann.[17] Agora, restava esperar.

No interior do segundo carro não havia tensão. Todos sabiam o que deviam fazer. Tinham ensaiado aquilo várias vezes durante as últimas duas semanas.

Por volta das 20 horas, Aarón, um dos *katsa* encarregados da vigilância, começou a ficar nervoso ao ver que Klement não aparecia como previsto. Eitan olhou para o relógio e, voltando-se, disse a Malkin que, se naquela noite Klement não chegasse, tentariam no dia seguinte, e assim por diante, até que conseguissem cumprir a missão.

Às 20h10, os faróis de outro veículo foram avistados pelos *katsa*, que estavam no carro à espera. Era um ônibus da linha 202, o que levava Eichmann todos os dias para a fábrica da Mercedes-Benz, onde trabalhava. De repente, o veículo parou e, ao abrirem as portas, pequenas luzes iluminaram o interior. Os agentes israelenses tentavam vislumbrar as pessoas que estavam de pé junto às portas para sair.

Desceu apenas um vulto do ônibus. Para Rafi Eitan, parecia a imagem de um "homem cansado". Para Peter Malkin, era um assassino, um criminoso de guerra, um genocida. Lembrava-se de sua irmã Frumma, de seus primos, dos familiares assassinados durante o Holocausto nazista, organizado por homens como o que aparecia diante dele agora, andando por uma escura rua de Buenos Aires.

A rua Garibaldi ficou vazia e em silêncio depois de o ônibus partir. Malkin, Dani e Eitan já estavam fora do carro, acelerando os passos para se aproximar de Eichmann. Malkin repetia em silêncio: "Sair, safanão, para dentro. Sair, safanão, para dentro" — as mesmas palavras que havia repetido durante semanas nos ensaios do sequestro.

Enquanto os *kidon* se aproximavam da presa, ouviram o carro segui-los com uma das portas aberta. Nesse momento, Peter Malkin chamou sua atenção: "Um momento, senhor". Eichmann se voltou e cruzou seu olhar com o de Malkin, que já se inclinava sobre ele, com Dani e Eitan prontos para ajudar, caso fosse necessário. O homem tropeçou num dos cadarços do sapato e quase caiu, mas várias mãos o impediram.

Malkin agarrou-o com tanta força pelo pescoço que quase lhe esmagou a carótida. "Se tivesse resistido, eu o teria matado nesse preciso momento", diria ele, já aposentado, 36 anos depois do sequestro, no Museu do Holocausto de Washington.

Shalom Dani já estava à espera de porta aberta, pela qual Malkin e Eitan quase fizeram Eichmann voar, atirando-o para dentro do carro. Malkin, com a mão enluvada, tapava a boca de Eichmann para que ele não gritasse. O veículo rodou pelas ruas sem asfalto, com Dani e Malkin segurando a presa de modo que não pudesse levantar a cabeça. O homem que na Segunda Guerra Mundial organizou o transporte de milhões de judeus para o extermínio nos campos de concentração estava agora metido num carro rumo a um apartamento de segurança máxima e nas mãos de uma unidade de operações especiais do Mossad.

Do assento dianteiro, Eitan podia ouvir a respiração entrecortada de Eichmann a poucos centímetros dele. Malkin começou a aliviar a pressão sobre sua garganta enquanto o ajudava a relaxar a mandíbula. Ninguém falou com ele. Ninguém se dirigiu a ele. De qualquer maneira, o sequestro de Eichmann deixaria sua família numa situação incômoda. Que denúncia fariam à polícia? O desaparecimento de um criminoso de guerra ou de um simples alemão? Essa ambiguidade dava aos *kidon* do Nokmin certa vantagem. Ainda assim, a operação tinha de ser executada de maneira rápida e eficaz. Adolf Eichmann podia ter aliados na Argentina.[18]

O silêncio foi quebrado quando Eichmann perguntou aos sequestradores qual o motivo daquele ultraje. Ninguém respondeu. Eitan e Malkin sabiam perfeitamente como proceder, algo que tinham repetido várias vezes. Uma vez no *Tira*, Rafi Eitan obrigou Eichmann a se despir. De pé, apenas de roupa íntima, um dos *katsa* e o médico destinado a manter o criminoso de guerra saudável até ser transferido para Israel começaram a lhe tirar as medidas. Isser Harel queria ter certeza quanto à identidade do homem que acabavam de sequestrar antes de comunicar ao primeiro-ministro Ben-Gurion.

Com uma pasta aberta, o *kidon* começou a ler, enquanto o médico do Mossad auscultava Adolf Eichmann:

— Uma cicatriz de três centímetros abaixo da sobrancelha esquerda. Duas pontes de ouro na arcada superior. Uma cicatriz de um centímetro à esquerda da décima costela. Uma tatuagem abaixo da axila esquerda com o seu grupo sanguíneo. Altura: 1,73 centímetros. Peso: 69,3 quilos (em 1934). Cabelo: castanho-escuro. Olhos: azuis-acinzentados. Circunferência do crânio: 558,8 mm. Número da SS: 45.326 e 63.752. Número de afiliado do Partido Nazista: 889895.

O médico tirou também as medidas do joelho até o tornozelo, e do cotovelo ao pulso. Rafi Eitan queria estar totalmente certo antes de chamar Harel. Em seguida, Eichmann foi algemado à cama pelo tornozelo e mantido em isolamento completo durante dez horas. O silêncio foi quebrado de repente quando Eitan e Malkin entraram no apartamento e, depois de o acordarem bruscamente, perguntaram qual era seu nome. Eichmann disse apenas: "Ricardo Klement". "Não, não! O seu nome alemão", gritava Eitan.

Novamente, Eichmann pronunciou o nome que usara para fugir da Alemanha.

Rafi Eitan saiu do apartamento à espera de que Malkin o seguisse, porém, antes de fazê-lo, o *katsa* se voltou e tornou a perguntar: "Qual é o seu nome? Qual é o seu nome da SS?" Nesse momento, como que numa reação automática, o homem deitado na cama se pôs em posição de sentido e respondeu, clara e pausadamente: "Adolf Eichmann". Não lhe perguntaram mais nada.

Durante os sete dias seguintes, Eichmann e os *kidon* do Nokmin permaneceram isolados no apartamento. Ninguém falava com ele. O prisioneiro tomava banho, comia e ia ao banheiro em completo silêncio.

Para Rafi Eitan, manter silêncio era mais do que uma necessidade da operação. "Não queríamos mostrar a Eichmann que estávamos nervosos. Isso teria lhe dado esperança. A esperança é perigosa para um homem encurralado. Era preciso que ele se sentisse desprotegido, tal como se sentia a minha gente enviada por ele em trens para os campos de extermínio."[19] Contudo, Peter Malkin atuou de maneira diferente com Eichmann. Talvez o *katsa* procurasse resposta para muitas perguntas: Como? Por quê? Como uma pessoa é capaz de assassinar tantos seres humanos? As respostas só podiam ser dadas por aquele homem estendido na cama do outro lado da porta.

"Tratei-o como devia tratar. Na verdade, não sentia ódio por ele. Sentia apenas que tinha de cumprir meu trabalho até o fim", afirma Malkin em seu livro *Eichmann in My Hands*. O único objetivo dos membros do Mossad era levá-lo com vida a Jerusalém de qualquer maneira.

Durante o cativeiro, só uma pessoa do Nokmin tinha autorização para falar com Adolf Eichmann, um interrogador especializado chamado Hans. Não obstante, Malkin não pôde resistir à tentação de dialogar com o criminoso nazista. Procurava de todos os modos possíveis descobrir o que se passava pela mente de um homem capaz de enviar milhões de pessoas à morte.

Certa manhã, quando o *katsa* abriu a porta para lhe servir o café da manhã, Eichmann quebrou o silêncio: "Você é o homem que me capturou?", perguntou. "Como sabe?", respondeu Malkin. "Nunca vou esquecer o que me disse: 'Um momento, senhor'. Lembro-me da sua voz", disse Eichmann a Malkin. Essa primeira troca de palavras abriu caminho para que Peter Malkin pudesse falar com Adolf Eichmann. Ali estavam, frente a frente, um agente do Mossad e um membro de alta patente da SS. Quem poderia imaginar?

A primeira coisa que o *kidon* Malkin fez foi lhe perguntar pelo seu filho. Eichmann, como que impulsionado por uma mola, saltou para a defensiva: "Vocês o mataram?" Malkin tranquilizou-o respondendo que não tinham nada contra sua família e que o único objetivo deles era levá-lo, são e salvo, para Jerusalém.

A pergunta seguinte que Malkin fez a Eichmann foi: "Quero que me fale do seu filho, com quem o vi brincando e abraçando tantas vezes. Por que ele está vivo, enquanto o filho da minha irmã, que tinha os mesmos olhos azuis e cabelos loiros que ele, está morto?" Então o membro da SS se endireitou e respondeu com frieza: "Era um judeu, não era? Esse era o meu trabalho. O que eu poderia fazer? Eu era um soldado. Você também é um soldado. Veio me capturar. Está cumprindo uma ordem". Para Malkin, era impensável que o alemão comparasse as ordens que recebia de Ben-Gurion e Harel com as dadas por homens como Himmler e Heydrich.

"Não matei ninguém, só fui responsável pelo transporte de pessoas", disse Eichmann. "Mas para onde os levou? Aos campos de concentração, à morte. Havia mulheres, crianças, minha irmã, os filhos dela. Esses eram os seus inimigos?", replicou o agente do Mossad. Adolf Eichmann não respondeu.[20]

Não havia dúvidas de que os membros do Nokmin que haviam estado com Adolf Eichmann durante esses dias não se esqueceriam nunca como, apesar de saber que vivia suas últimas semanas, o rosto do prisioneiro ainda se iluminava ao recordar de Adolf Hitler.

"Para ele, Hitler era um deus. Disse-me que Hitler havia mudado a vida dos alemães, que lhes tinha devolvido a honra. Mas não gostava de Himmler nem de outros superiores hierárquicos. Contou que esses tinham escapado sem terminar seu trabalho. Pelo contrário, ele se vangloriava de ter ficado até o último momento da guerra. Para ele, sua tarefa era o mais importante. Contudo, assim como os outros, acabou fugindo disfarçado de piloto."

Enquanto os *kidon* faziam planos para tirá-lo clandestinamente da Argentina, ocorreram algumas situações ridículas, e até mesmo grotescas. Por exemplo, no comando do Mossad havia uma mulher chamada Rosa que, entre outras coisas, devia cozinhar. Era muito religiosa, por isso toda a comida devia ser *kosher*. "Por que se preocupa com o fato de a comida ser *kosher*? Isto é para Eichmann, não para um rabino", diziam-lhe os agentes.

Outra das situações ridículas que ocorreram foi um dia em que Eichmann se recusou a ir ao banheiro. Apenas o fez quando Rafi Eitan lhe deu a ordem em tom militar. Então, em cada uma de suas flatulências, ele se desculpava, envergonhado. Nunca havia se desculpado por nada. Era alemão, muito eficiente, e alguém do alto comando da SS. Jamais reconheceu culpa por nada. Nunca disse "lamento muito" ou se desculpou pelo que causou a milhões de seres humanos. Apenas pediu desculpa pelo que lhe acontecia no banheiro de um apartamento isolado em Buenos Aires.

Enfim, chegou a hora de tirá-lo da Argentina. Nessa época, celebrava-se o centésimo quinquagésimo aniversário da Revolução de Maio, e foram convidadas para as celebrações delegações de todo o mundo, entre elas uma de Israel, liderada por Abba Eban, ministro das Relações Exteriores. Esta chegara num avião da El Al, que pela primeira vez aterrissava em Ezeiza.

O Mossad havia decidido levar Eichmann nesse voo. Malkin e Eitan disfarçaram o dirigente nazista com o uniforme de piloto da companhia aérea, depois o obrigaram a beber uma garrafa inteira de uísque e, por fim, injetaram-lhe um tranquilizante. Um falsificador do Mossad preparou um passaporte israelense para Adolf Eichmann.

Os *kidon* do Nokmin vestiram-se com uniformes de tripulantes da El Al e, depois de se borrifarem com uísque, entraram no carro que os levaria ao aeroporto. À entrada da instalação, soldados argentinos pararam o veículo.

Ao se abrirem os vidros, saiu do carro um forte odor de álcool. Um oficial, que estava um pouco mais distante, aproximou-se para pedir identificações e documentos aos ocupantes. Nesse momento, Shalom Dani, que estava sentado ao lado do motorista, introduziu os dedos na garganta, provocando uma série de vômitos. Os soldados, ao verem aquilo, pensaram que o piloto da El Al não tolerava muito bem o álcool e os deixaram passar.

Envolto em eflúvios de uísque e vômito, o veículo se aproximou a toda a velocidade do avião Britannia com os distintivos da El Al pintados na cauda. A passos trôpegos, Eitan, Dani, Malkin e Eichmann subiram a bordo.

Logo em seguida, o antigo membro da SS foi algemado e colocado numa cela construída exclusivamente para ele. A tensão se manteve entre os membros do Nokmin até passarem a ouvir o motor do Britannia aumentando as rotações para levantar voo até Israel. Era meia-noite do dia 21 de maio de 1960, exatamente dez dias depois de se ter realizado o sequestro na rua Garibaldi.

Adolf Eichmann não queria ir para Jerusalém. Perguntava aos *katsa* do Mossad por que não ir para Frankfurt, por que não ir para Munique. Talvez achasse que um tribunal da República Federal da Alemanha o condenaria à prisão perpétua, mas nunca à morte. Por fim, assinou uma declaração de que saía por livre e espontânea vontade da Argentina.

Quando Eichmann reapareceu, perante um tribunal de Israel, numa grande caixa de vidro blindada, o ministro argentino dos Negócios Estrangeiros, Diógenes Taboada, exigiu publicamente ao embaixador de Israel na Argentina, Aryeh Levavi, que explicasse o que havia acontecido. A única resposta oficial dada ao governo de Buenos Aires chegou do próprio David Ben-Gurion: "Tomamos as medidas adequadas a um caso excepcional. Agora todos os inimigos de Israel, no passado, no presente e no futuro, ficarão sabendo que, se ameaçarem nossa segurança, o longo braço de Israel poderá alcançá-los onde quer que se escondam".[21] Talvez essas palavras tenham se convertido em premonição, visto que, depois do êxito dos *kidon* do Nokmin ou "os Vingadores" no sequestro de Adolf Eichmann, o Mossad e seu novo diretor, Meir Amit, dariam sinal verde para a criação da temível unidade de operações especiais do Mossad, que se converteria no longo braço de Israel ao qual Ben-Gurion se referia.

No fim, Adolf Eichmann acabou pedindo a seu sequestrador, o *kidon* Peter Malkin, que fosse visitá-lo quando estivesse preso em sua cela em Jerusalém. O agente prometeu que assim o faria, e um dia apareceu na sala do tribunal durante o julgamento. Nessa ocasião, o *kidon* pôde ver sua presa dentro de uma caixa de vidro. Ambos se olharam a distância. Não havia nada a dizer.

O *katsa* do Mossad deu meia-volta e se perdeu nos corredores entre a multidão que se apinhava para ver, como se se tratasse de um animal no jardim zoológico, um homem que havia levado para a morte milhões de pessoas sem o menor vestígio de arrependimento.

Em 12 de dezembro de 1961, o presidente do tribunal leu as acusações e a sentença. Adolf Eichmann foi considerado culpado de quinze acusações, entre elas a de ser responsável pela deportação de meio milhão de poloneses e de 14 mil eslovenos para campos de concentração; de ser responsável direto pela morte de milhões de judeus e de dezenas de milhares de ciganos; e pela morte de 91 crianças de Lídice. Eichmann ouviu todas as acusações sem se alterar, assim como a sentença que o condenava a morrer enforcado num dia e lugar não divulgados.[22]

Depois de diversas apelações por parte dos advogados de Eichmann, os doutores Robert Servatius e Dieter Wechtenbruch, o Supremo Tribunal de Israel ratificou a sentença. Na madrugada entre o dia 31 de maio e o dia 1º de junho de 1962, Adolf Eichmann foi retirado de sua cela e acompanhado por William Hull, pastor protestante, até o patíbulo levantado para a ocasião.

Nesse dia estava presente Rafi Eitan, o mesmo que dirigiu a equipe de Vingadores que o sequestrara pouco mais de dois anos antes. Eichmann o olhou com certo desprezo e lhe falou: "Chegará o dia em que você me seguirá, judeu". Eitan respondeu: "Mas hoje não é esse dia, Adolf, não é esse dia".

Depois de breves palavras, o carrasco da prisão de Ramallah colocou a corda ao redor do pescoço do antigo membro da SS. Após uma indicação do diretor da prisão, acionou a alavanca, abrindo o alçapão sob os pés de Eichmann. O corpo se projetou para baixo dando um pequeno solavanco. Eichmann morreu com o pescoço quebrado. O odor de defecação inundou toda a sala do patíbulo. Talvez, apenas talvez, Adolf Eichmann tivesse experimentado a mesma sensação de medo antes de falecer que a sentida por milhões de pessoas antes de entrarem nas câmaras de gás.[23]

Havia se construído um forno especial para cremar o cadáver de um dos principais responsáveis pela Solução Final à questão judaica. Dois soldados do exército israelense baixaram-no com a corda ainda presa, despiram-no e o introduziram no forno a milhares de graus de temperatura. Poucas horas depois, restava apenas um pouco de cinzas, que foram arremessadas ao mar numa zona ampla por ordem expressa de David Ben-Gurion. O primeiro-ministro não desejava converter a morte e nem o cadáver de Eichmann num culto nazista. Em seguida, o forno foi desmantelado e destruído. Não restava mais nada de Adolf Eichmann na face da Terra.

O próximo alvo da Metsada e de seus *kidon* seria outro nazista importante, Herbert Cukurs, que o Mossad apelidara de "Carrasco de Riga". Ao contrário de Eichmann, Cukurs assassinara pessoalmente quase 30 mil judeus, homens, mulheres e crianças, na capital da Letônia. Eichmann não passava de um "burocrata", um dos responsáveis pelo Holocausto. Cukurs, porém, era pura e simplesmente um "assassino" e um "carniceiro".

A Operação Garibaldi gerou intenso debate na Argentina e um enérgico protesto do governo de Arturo Frondizi contra Israel. O governo de Buenos Aires chegou até a pedir a devolução de Adolf Eichmann.

Adolf Eichmann foi julgado em Israel entre 2 de abril e 14 de agosto de 1961. Condenado à morte, foi enforcado na prisão de Ramallah, entre 31 de maio e 1º de junho de 1962. Sua família, filhos e netos, ainda vivem na Argentina.

Isser Harel, o homem que tornou possível a primeira operação da unidade de operações especiais do Mossad, que pouco depois seria conhecida como Metsada, demitiu-se do cargo de *memuneh* no dia 1º de abril de 1963, após uma série de divergências com o primeiro-ministro David Ben-Gurion.

Peter Malkin faleceu no dia 1º de março de 2005. Até o momento de sua morte morou com a filha e as netas em Washington D.C.. O último contato que o autor teve com ele foi num domingo, 13 de outubro de 1996, durante uma celebração no Museu do Holocausto, na capital norte-americana.

Rafi Eitan teve em Israel uma longa carreira no Mossad, onde assumiu o cargo de chefe de Operações Especiais da *Metsada*. Como militar, atingiu o posto de general e chefe do Estado-Maior. Como político, foi membro do Parlamento até sua morte, ocorrida em 23 de novembro de 2004, aos 75 anos.

OPERAÇÃO RIGA

ALVO: Herbert Cukurs

POSIÇÃO: Membro da SS na Letônia e responsável pelo assassinato de 30 mil judeus no gueto de Riga

DATA: 23 de fevereiro de 1965

O maior Holocausto da história deu-se na Europa durante a Segunda Guerra Mundial. Cerca de 6 milhões de judeus foram assassinados em consequência do regime de terror imposto por Adolf Hitler. Organizações como a SS ou a Gestapo foram a mão executora do assassinato em massa. Eram formadas por homens e mulheres que atuavam de modo mecânico, sem sentimentos nem remorsos. Muitos deles conseguiram escapar depois da guerra para a América do Sul, mas Israel e o Mossad não estavam dispostos a esquecer.

O sequestro e a posterior remoção de Adolf Eichmann para Jerusalém, para que fosse julgado e executado, apenas cinco anos antes, converteu os *nokmin* ("Vingadores") do Mossad no longo braço de Israel. Em 1964, Meir Amit,[1] o *memuneh* do Mossad, com autorização do primeiro-ministro Levi Eshkol, decidiu criar a seção mais secreta de todo o serviço de espionagem israelense, a unidade de operações especiais do Mossad, a Metsada.

Seus membros, conhecidos como *kidon* ("Baioneta"), se tornariam assassinos, sequestradores ou carrascos, tudo em nome de Israel. Rafi Eitan seria o primeiro chefe da Metsada e afirmaria, durante uma reunião com Amit, que aquela unidade seria formada por "aqueles que nunca esquecem", e que este seria o lema da nova unidade.

O primeiro alvo da Metsada seria novamente um antigo nazista, conhecido no Mossad como "Carrasco de Riga". Seu nome era Herbert Cukurs.

As primeiras notícias que se tem dele são de 1919, como simpatizante do regime bolchevique. Pouco depois torna-se um famoso piloto. Entre 1924 e 1929, Cukurs projeta e constrói três aviões. Num deles, o C-3, realiza um voo com partida de Riga, a capital da Letônia, para a Gâmbia. Dois anos depois, da capital letã para Tóquio.

Quando o exército do Terceiro Reich invadiu os países bálticos no final de 1941 — a famosa Operação Barba Ruiva (*Unternehmen Barbarossa* em alemão) —, Herbert Cukurs uniu-se aos *Einsatzgruppen* da SS (forças-tarefa da SS), os esquadrões da morte incumbidos de exterminar todos os judeus da Europa. Para Amit, Adolf Eichmann era um burocrata dentro da maquinaria da morte imposta pelos nazistas na Europa, mas Herbert Cukurs era, pura e simplesmente, um carniceiro.[2]

Na cama de um pequeno e confortável hotel parisiense, Anton Kuenzle recordava como exatamente há um quarto de século haviam começado a soar os primeiros disparos da Segunda Guerra Mundial. Fazia 25 anos que as tropas alemãs tinham cruzado a fronteira com a Polônia. Ele aproximou-se da janela, de onde podia observar os telhados de Paris, e então o telefone tocou. Do outro lado da linha, Yoav, um agente do Mossad que tinha sido designado como *kidon* da Metsada para essa operação, estabeleceu um lugar de encontro naquele 1º de setembro de 1964.

Kuenzle e Yoav caminharam discretamente pela calçada, às margens do Sena, até um pequeno café. Num lugar afastado encontrava-se um tal de Michael, amigo de Yoav. Este fez as apresentações.

Sobre a pequena mesa de mármore, Michael deslizou uma pasta, enquanto expressava sua emoção. "Devem ficar contentes com o que ofereço a vocês. Eis toda a informação sobre um criminoso de guerra nazista, assim como seu paradeiro", disse. "Ele agora vive na América do Sul com a família e sob a proteção dos serviços de segurança do país".[3]

Alguns meses depois, exatamente no dia 8 de maio de 1965, se celebrariam os vinte anos da derrota da Alemanha na guerra, e algumas vozes, não na Alemanha, pediam o esquecimento dos horrores e a aplicação do Estatuto de Limitações aos Crimes de Guerra Nazistas aos antigos líderes do Terceiro Reich e a seus delitos.

"Você sabe, a Europa Ocidental está num processo de unificação e não quer perder de vista a Alemanha ante o avanço da União Soviética", disse Michael. Talvez tivesse razão. Naquela ocasião, várias publicações perguntavam aos maiores líderes da Alemanha o que haviam feito entre 1933 e 1945. No geral, as respostas eram "não me lembro", "lutamos contra os nazistas" ou "estivemos no exílio".

Nenhum dos mais de duzentos inquiridos respondeu: "Defendemos a Alemanha nazista, Hitler e seu regime".

Yoav ironizou: "Imagine alguém responder na época: 'Estive durante aqueles anos matando judeus ou ativando câmaras de gás em Dachau ou Auschwitz'". Desde o fim da guerra, 61 mil criminosos de guerra nazistas tinham sido levados a julgamento na Alemanha. Apenas 6.100 foram condenados,[4] e Anton sabia que essa sitação não mudaria. A Metsada poria seu grãozinho de areia na justiça internacional ou, pelo menos, tentaria.

"Nosso amigo Dova'le foi à América do Sul para comprovar uma informação que tínhamos recebido", disse Yoav. "A informação indica que um criminoso nazista que executara e torturara mulheres judias com as próprias mãos, e que disparara na nuca de crianças com idades entre 4 e 9 anos, tinha conseguido fugir com milhares de nazistas para um país sul-americano qualquer. O nome do nazista em questão era Herbert Cukurs."

"Já ouvi esse nome antes", disse Kuenzle, enquanto pegava a pasta que tinha à sua frente. Ao abri-la, a primeira imagem que aparecia era a fotografia um tanto manchada de um homem vestido com um uniforme da SS, o braço direito estendido enquanto a mão empunhava uma pistola. Ao fundo viam-se mulheres nuas e fossas escavadas diante delas. O *kidon* continuou a ler o relatório: "Herbert Cukurs era um nazista letão que ganhou o respeito dos superiores por sua crueldade. Participou pessoalmente da execução de várias dezenas de crianças judias no bosque de Rumbula, dançando sobre as sepulturas delas, e do extermínio de 30 mil judeus de Riga, ganhando com isso os apelidos de 'Carniceiro de Riga' e 'Carrasco de Riga', segundo algumas versões". Para o *kidon* da Metsada, o mais incrível não era que tivesse matado tanta gente com as próprias mãos, mas que se dedicasse em seu refúgio sul-americano a dar entrevistas aos jornais brasileiros. Este seria seu maior erro.

Yoav aproximou-se de Anton Kuenzle e, falando-lhe quase aos sussurros, disse: "Proponho que você, eu, Michael e Dova'le viajemos para o Brasil, o localizemos e o executemos, como ele fez com os nossos compatriotas em Riga". Com a fotografia em preto e branco ainda na mão, Anton pediu vários dias para pensar no assunto. Era evidente que semelhante missão devia ser discutida com Tel Aviv e o *memuneh*, o general Meir Amit, e com Rafi Eitan, chefe de operações especiais do Mossad.

A centenas de quilômetros de onde estavam, Meir Amit e Rafi Eitan combinaram um encontro para analisar os prós e contras de uma operação que implicaria a ativação de vários *kidon* da Metsada e o envio deles a um país sul-americano para tratar de um alvo protegido pelas autoridades. Tinham de ter tudo bem planejado antes de pedir a participação da Metsada ao primeiro-ministro Levi Eshkol.

Amit falou com Yoav e Anton, e lhes pediu um último relatório sobre como conseguiriam ultrapassar o círculo de segurança de Cukurs. Esse era realmente o principal problema. Dova'le afirmou a Yoav que seria melhor fazer com que o próprio Herbert Cukurs viajasse para um país menos rígido quanto às medidas de segurança, como, por exemplo, o Uruguai, para então executar o plano.[5]

Outro problema era como levá-lo do Brasil para o Uruguai. Yoav propôs uma operação parecida com a de Eichmann, mas para Anton aquele alvo não valia a pena: "Sai mais barato executá-lo no Brasil, e ainda é preciso localizá-lo", disse.[6] O que ele não sabia é que um *katsa* do Mossad já o tinha identificado. "O que acharia se eu lhe dissesse que sei onde vive o Carrasco de Riga?", comentou Yoav. Anton Kuenzle olhou-o surpreso e, depois de dar um salto, exclamou: "Vamos atrás dele". Em Tel Aviv, Eshkol não tinha dado autorização para executá-lo. Amit e Eitan comunicaram-lhe que Cukurs era pura e simplesmente um carniceiro que matara com as próprias mãos mais de 30 mil judeus na Letônia ocupada pelas tropas nazistas. "Se sabemos onde ele está e o deixamos com vida, significa que estamos esquecendo os judeus que morreram nas mãos de Herbert Cukurs e de outros carrascos como ele", disse Eitan.[7] Depois de uma breve pausa, o primeiro-ministro Eshkol falou: "Vão em frente". Esse era o tão esperado sinal verde à Operação Riga. Foi Rafi Eitan quem ordenou a Yoav e Kuenzle que se encarregassem da execução do Carrasco de Riga. "Não vamos trazê-lo a Israel para ser julgado. As provas que temos contra ele são suficientes para executá-lo", afirmou Eitan.

As melhores pistas sobre Cukurs vieram de seu ex-sócio encarregado de executar judeus em Riga, o também letão Viktors Arajs.

Viktors tinha sido elevado à posição de *SS- Sturmbannführer* (major) da Seção de Segurança Letã e promovido pela SS, devido a seu fanatismo e antissemitismo. Seu gosto por ocupar-se pessoalmente da execução de prisioneiros do exército soviético e judeus valeu-lhe a Cruz de Ferro com espadas. Nos primeiros dias de julho de 1941, e com Herbert Cukurs, formou um grupo conhecido como Bando Arajs, que ganhou fama em Riga devido à brutalidade exercida contra os membros da comunidade judaica.

Um de seus divertimentos favoritos era deter mulheres jovens, obrigando-as a se despirem no meio da rua e a saírem correndo, enquanto eram perseguidas por disparos perto dos pés. Várias de suas vítimas sofreram a amputação de um pé à altura do calcanhar, em consequência de um tiro mal calculado. Também eram comuns as incursões nos bairros judaicos, durante as quais os membros do Bando Arajs se dedicavam a roubar joias e objetos de valor das famílias mais abastadas.[8]

Quando a administração alemã determinou a deportação e execução de judeus, Arajs e Cukurs, desejosos de ganhar pontos junto às autoridades de ocupação da Gestapo e da SS, organizaram a matança dos judeus no gueto de Riga e realizaram as execuções no bosque de Rumbula. Existem fotografias de várias mulheres nuas correndo uma atrás da outra, tapando os seios a caminho de uma vala comum. Algumas delas levavam nos braços recém-nascidos.

Depois da guerra, Viktors Arajs escondeu-se numa zona rural da Alemanha com nome e identidade novos. Pouco depois seria detido pelas autoridades aliadas e levado a julgamento. Arajs foi condenado à prisão perpétua em Hamburgo. Seu sócio, Herbert Cukurs, simplesmente desapareceu.

Um *katsa* do Mossad, que se fez passar por jornalista austríaco, conseguiu entrevistá-lo na prisão. Arajs disse-lhe que sabia que Cukurs estava em algum lugar do Brasil protegido pela organização Odessa, que lhe tinha dado um novo nome e uma nova identidade. O criminoso de guerra letão chegou mesmo a assegurar que Cukurs chegara ao Brasil graças à intermediação do doutor Josef Mengele, o "Anjo da Morte" de Auschwitz. Este último dado nunca foi comprovado, mas serviu de incentivo a Meir Amit e Rafi Eitan. Se porventura conseguissem estabelecer contato com Cukurs, poderiam então localizar o esconderijo de Mengele, e este, para o Mossad, era uma presa mais importante.[9]

Antes de deixar a sala, o criminoso de guerra Arajs relatou ao suposto jornalista que Cukurs foi o responsável pelo incêndio da Grande Sinagoga de Riga na rua Gogol. "Era 2 de julho de 1941 quando Cukurs e mais algumas pessoas chegaram à sinagoga. Depois de queimar os pergaminhos sagrados, eles fecharam no primeiro andar do edifício quase trezentos judeus que tinham ali chegado à procura de refúgio. Cukurs ordenou que trancassem as portas da sinagoga com todos dentro, e que atirassem granadas pelas janelas. Ele pessoalmente salpicou de gasolina todo o edifício com os judeus lá dentro e ateou fogo. Ali morreram muitas crianças",[10] relatou Arajs ao *katsa* do Mossad.

Na verdade, Herbert Cukurs nem sequer se dera ao trabalho de mudar de nome. Residia com a família num bairro de São Paulo chamado Interlagos e tinha vários negócios, entre os quais uma agência de aluguel de barcos e hidroaviões na praia e plantações de banana no interior do Estado. O problema continuava a ser o mesmo. Como conseguir ultrapassar o círculo de segurança de Cukurs para que os *kidon* da Metsada pudessem executá-lo?

Por fim, decidiu-se que seria o *kidon* Anton Kuenzle, que dominava o alemão, quem se encarregaria de ganhar a confiança do criminoso de guerra. Para isso, o

Mossad providenciou ao *kidon* um passaporte austríaco e um perfeito perfil financeiro, apoiado por relatórios bancários de importantes entidades europeias como Amro Bank e Credit Suisse. Tudo falso. Também se fizeram cartões comerciais com o endereço de um correio na cidade holandesa de Roterdã. Era o momento de tentar levar a cabo a primeira aproximação ao alvo.

Herbert Cukurs chegara ao Brasil no dia 4 de março de 1946 e declarara às autoridades de imigração que era um refugiado letão, agricultor de profissão e vítima de comunistas, que arriscara a vida tentando salvar mulheres judias das perseguições nazistas. A única informação correta era a nacionalidade letã.

A Metsada sabia que Cukurs se instalara no Rio de Janeiro, no famoso bairro de Copacabana, no número 645 da rua Barata Ribeiro, e que era portador de uma cédula de identidade brasileira com o número 217.180. Cukurs acreditava estar a salvo do longo braço da justiça. Anton Kuenzle sabia que da alemã sim, estava mesmo a salvo, mas não da israelense. Contudo, um problema burocrático atrasaria a Operação Riga.

A essa altura, Cukurs tentava conseguir a nacionalidade brasileira, mas, quando estava a ponto de consegui-la, a Organização Judaica do Brasil tentou paralisar o processo. Isso colocou Herbert Cukurs na primeira página de todos os jornais do país, sendo, portanto, pouco recomendável executá-lo naquele momento.

Kuenzle consultou Tel Aviv. Tanto Amit como Eitan ordenaram ao *kidon* que esperasse no Brasil por uma nova oportunidade. O desejo de capturar Josef Mengele era ainda maior que o de executar um simples criminoso de guerra letão.[11]

Então, devido à pressão da imprensa, Cukurs e a família decidiram se mudar para São Paulo, sob a proteção do serviço secreto brasileiro, o DOPS — Departamento de Ordem Política e Social, que concedeu a Herbert Cukurs uma licença para portar armas em própria defesa. Um leitor judeu, Moshe Beilison, escreveu em iídiche no jornal nova-iorquino *Der Tog Morgen*: "O sangue dos inocentes judeus de Riga pede justiça e demanda a colocação perante o tribunal da SS Hauptmann Herbert Cukurs, o Eichmann de Riga. Devemos detê-lo antes que desapareça".

Naquela manhã, Anton Kuenzle almoçava tranquilamente um prato de ostras frescas e lagosta, especialidade da casa. O *kidon* olhou para o gramado bem cuidado que rodeava o restaurante e acabava num enorme lago artificial. Era o local preferido no fim de semana pelos moradores de São Paulo. Vários jovens nadavam e remavam em barcos de cores diferentes, e outras embarcações permaneciam amarradas a um cais de madeira.

Depois do almoço, o agente do Mossad aproximou-se do cais, onde estava uma linda jovem de cerca de 20 anos de idade com um maço de dinheiro na mão. Com um forte sotaque alemão, o *kidon* dirigiu-se a ela perguntando-lhe se falava francês ou inglês. A jovem respondeu que podia falar alemão.

Anton Kuenzle apresentou-se como um homem de negócios à procura de novas oportunidades de investimento no setor turístico da região. A jovem respondeu às perguntas do austríaco. Pouco depois, o agente do Mossad descobriria que aquela era a esposa de um dos filhos de Cukurs.[12]

Ela explicou-lhe que falava alemão porque nascera na pequena cidade de Dresden, que ficara completamente destruída após o bombardeio aliado em fevereiro de 1945, e que, desde 1964, fazia parte da República Democrática Alemã. Depois de várias perguntas, a jovem começou a se cansar de responder, dirigindo-se então a Kuenzle e lhe dizendo, enquanto apontava um homem vestido de maneira informal e com chapéu: "Está vendo aquele homem de cabelos brancos? É ele quem melhor conhece o setor turístico dessa zona. Fale com ele; com certeza ele o ajudará. Ele fala alemão, assim como o senhor". Esse homem era Herbert Cukurs, o Carrasco de Riga.

Depois de um breve cumprimento com forte sotaque alemão, o homem tirou os óculos e observou o recém-chegado. "Aquela bela e amável jovem disse-me que falasse com o senhor. Sou Anton Kuenzle, um homem de negócios, e estou interessado em investir no setor turístico. Ela me disse que o senhor é um especialista", falou o *kidon* da Metsada.

Cukurs levantou-se e, dirigindo-se ao recém-chegado, perguntou-lhe: "Gostaria de sobrevoar São Paulo num hidroavião?" O agente respondeu afirmativamente e, quando estava prestes a se levantar da cadeira, o homem estendeu-lhe a mão e lhe disse: "Sou Herbert Cukurs". Quando o avião começou a se mover, o *kidon* teve certeza de que estabelecera contato com o alvo e, portanto, informou Tel Aviv naquela mesma noite.

Depois de um voo de vinte minutos sobre as áreas industriais da cidade brasileira, o hidroavião voltou a pousar na água. Durante o voo, devido ao ruído do motor, foi impossível estabelecer um diálogo.

Já em terra, quando o agente do Mossad pensava ter perdido a oportunidade, Cukurs dirigiu-se a ele e perguntou: "Gostaria de beber uma cerveja comigo no meu barco? Assim poderei responder às suas perguntas".

Depois de várias cervejas e de falar sobre temas mais comuns, Cukurs aproximou-se mais do interlocutor e lhe disse: "Estou sendo acusado de ser um criminoso de guerra. Eu! Depois de ter salvado uma moça judia e de tê-la protegido durante toda essa merda de guerra", disse Cukurs.

Com essa informação, Herbert Cukurs desejava saber exatamente sobre as ideias políticas do interlocutor. O *kidon* permaneceu inalterável, e Cukurs perguntou-lhe: "Serviu na guerra?" "Sim", respondeu Kuenzle, "na Frente Russa, até que uma bala bolchevique me atingiu numa batalha, na frente oriental. Eu lutava para deter o avanço dos comunistas rumo à minha pátria".

"Chegou a que patente?", perguntou Cukurs. "Cheguei a tenente", respondeu o *kidon* da Metsada. Cukurs achou que Kuenzle servira com patente mais alta na *Wehrmacht*, mas que preferia ocultar o fato.

De imediato, Cukurs levantou-se e disse ao novo amigo: "Bem, *herr* Kuenzle, espero que voltemos a nos ver num jantar em minha casa. Moro no bairro da Riviera, não muito longe daqui. Venha um dia da semana, e lhe apresentarei a minha família".

Dias depois, Anton Kuenzle recebeu uma chamada de Cukurs convidando-o para jantar em sua casa. O *kidon* repetia várias vezes para si próprio: "Calma, calma". "Devo ir a Brasília e à Bahia a negócios", contestou Kuenzle a Cukurs.

No quartel-general do Mossad, Meir Amit leu: "Fiz contato com o Defunto.* Espero um novo contato de forma casual. Assinado: Anton".

A identidade do chefe de equipe do Mossad esteve a ponto de ser descoberta na recepção do hotel Nacional em Brasília quando um dia, enquanto recolhia suas mensagens, Anton Kuenzle ouviu alguém dizer em voz alta: "Ei! Isaac!" Num primeiro momento, o *kidon* tentou passar despercebido, dirigindo-se à área de cabines telefônicas. O homem o seguia enquanto continuava a chamá-lo: "Isaac, Isaac, sou o Josef". Ao dar a volta em posição defensiva, viu como Joseph Nachmias, o embaixador de Israel no Brasil, abria os braços para cumprimentá-lo. Nachmias tinha conhecido o *kidon* da Metsada quando este era comissário-chefe da Polícia de Israel. O diplomata pôs-se a perguntar em hebraico ao agente do Mossad pela sua esposa, enquanto este tentava desconversar.

A certa altura, o *kidon* agarrou fortemente o braço do embaixador e afirmou: "Sinto muito, mas está equivocado. Sou Anton Kuenzle, um homem de negócios da Áustria". Logo a seguir desapareceu pela porta lateral do hotel.[13] Nessa mesma época, o *kidon* se encontrou com outros dois grandes amigos, Efrayim Ben-Artzi, diretor-geral da El Al, e Shlomo Lahat, um dos diretores dessa mesma companhia. Ambos conheciam Anton Kuenzle, mas, ao cruzarem com ele, nem sequer o cumprimentaram. Anos depois, ele soube que o embaixador Nachmias advertira-os para fingirem não reconhecer o agente do Mossad caso o encontrassem. Os

---

* Mais à frente, o autor explicará que "Defunto" foi a alcunha escolhida para nomear o criminozo nazista em questão. (N.E.)

três homens entenderam que o *kidon* Anton Kuenzle estava no Brasil em missão para o Mossad.

Ao voltar para São Paulo, Anton tinha recebido ordens de Tel Aviv para tentar apertar um pouco mais o cerco sobre o Defunto. O encontro seguinte com Herbert Cukurs aconteceria numa sexta-feira, 25 de setembro de 1964. Já tinha se passado uma semana desde o primeiro convite para jantar.

O agente israelense conduziu seu Volkswagen laranja pela estreita estrada que levava à Riviera. Ao chegar a uma enorme porta de ferro, ladeada por vários pastores-alemães com uma atitude pouco amigável, tocou a campainha. Um homem armado com uma pequena pistola Beretta foi ao seu encontro. Sem se alterar, o *kidon* da Metsada disse-lhe: "Estou à procura de *herr* Cukurs". "Sim, procura o meu pai", disse o jovem armado.

Um caminho limpo rodeado por um jardim com grama bem aparada e flores levava a uma grande casa. O Mossad sabia que, entre 1941 e 1944, Herbert Cukurs tinha juntado uma grande fortuna roubando suas vítimas judias. O criminoso de guerra letão gastara parte da fortuna tentando escapar do avanço do Exército Vermelho para o Ocidente. A rota de fuga entre Riga e São Paulo era dispendiosa para um assassino nazista.

O interior da casa era simples. Móveis baratos misturavam-se com tapetes coloridos tecidos à mão por alguma tribo indígena do Brasil. A família Cukurs vivia com modéstia, embora em nível superior à de Adolf Eichmann.

Da cozinha saiu uma mulher pequena que se dirigiu ao *katsa* com a mão estendida. "*Guten Tag*", disse Milda Cukurs.

Herbert Cukurs e Anton Kuenzle detiveram-se diante de uma grande parede em que se alinhava um grande número de condecorações. A Ordem de Santos Dumont, concedida pelo seu voo à Gâmbia, era a que lhe dava maior orgulho.

Num dos cantos do escritório, o letão exibia uma vitrine na qual expunha uma grande quantidade de armas. Uma Beretta 6,35 mm, uma Mauser 7,63 semiautomática e uma carabina 5,56 mm, entre outras.

Era evidente que Cukurs tentava impressionar um alto e heroico oficial da *Wehrmacht* ferido em combate na Frente Russa. "Não vai ser fácil executar Cukurs", pensou o *kidon* da Metsada.

Depois de um almoço frugal, Herbert Cukurs propôs ao convidado visitar seus negócios na cidade. Na oficina de conserto de barcos, disse a Kuenzle que também era proprietário de duas plantações no interior. "Duas plantações?", comentou o *katsa* do Mossad. "Quer visitá-las?", propôs o criminoso de guerra.

Nessa mesma tarde, Anton Kuenzle comunicou a notícia a seus superiores em Tel Aviv e a outros *kidon* da Metsada que esperavam em Paris. Talvez, e apenas talvez, poderia executar o plano durante a visita à plantação. Para isso, decidiu informar a Apam (*Avtahat Paylut Modienit*), unidade encarregada da segurança das operações do Mossad.

Antes de lhe dar autorização, os *katsa* da Apam prepararam a operação para que a Metsada executasse Herbert Cukurs, o Carrasco de Riga.

Terça-feira, 29 de setembro de 1964, foi o dia escolhido para visitar as plantações. O caminho, partindo de São Paulo para as plantações de Cukurs, foi bastante monótono. Uma grande extensão de palmeiras alinhava-se em ambos os lados da estrada.

Fizeram apenas uma parada numa loja em que se vendia material esportivo. Ali Cukurs comprou uma navalha de lâmina pequena. Nada parecido com uma arma de combate, pensou o *kidon*.

No porta-malas do carro, o criminoso de guerra transportava um fuzil semiautomático. No caminho para Piedade, a cidade mais próxima das plantações, Herbert Cukurs disse a Kuenzle que o capataz era um antigo assassino profissional e guarda-costas do presidente Kubitschek. Por volta do meio-dia, o veículo chegou a uma área cercada com uma grande placa que indicava *Rancho Corujas* — o nome do sítio de Cukurs. O letão reparou que não conseguira impressionar seu convidado.

"Depois iremos ao *Rancho Esclavados*, que também é meu e muito maior", disse Cukurs. "Lá, tenho cerca de 120 mil pés de banana." Ao chegar à casa do sítio, um homem alto e forte veio ao encontro do veículo. O agente do Mossad pôde ver como lhe sobressaía a empunhadura de uma pistola do coldre que levava pendurado no ombro. Era evidente que aquele era o pistoleiro de que Herbert Cukurs havia falado.

Depois de um curto passeio pelo meio da mata que rodeava a plantação, o Carrasco de Riga tirou do estojo a semiautomática e, dirigindo-se ao *kidon*, perguntou-lhe se queria treinar sua pontaria. O agente do Mossad sabia que ele desejava testá-lo. "É pra já", respondeu.

Cukurs, o criminoso de guerra, fez dez disparos seguidos, todos eles agrupados num raio de cinco centímetros. "Sua vez", disse-lhe Cukurs, enquanto lhe passava a pistola sem recarregá-la. .

O ex-nazista estava convencido de que o convidado serviria como oficial de alto grau da *Wehrmacht* na Frente Russa, quando, na realidade, Anton Kuenzle, *katsa* do Mossad e agora destacado como *kidon* na Metsada, servira durante seis anos no Sexto Regimento Rei Jorge e outros tantos nas Forças de Defesa Israelenses, a FDI. O agente do Mossad pegou a arma, recarregou-a, apontou e disparou dez tiros. Todos os impactos ficaram dentro de um raio de três centímetros.

O eco dos disparos foi quebrado apenas pelos aplausos de Cukurs e do pistoleiro que estava ao seu lado. "Vamos beber, amigo Anton", disse Cukurs. Essa era a primeira vez que chamava o *kidon* pelo nome, e não pelo sobrenome. Aquele era outro sinal de que o Carrasco de Riga estava cada vez mais próximo de sua execução.[14]

O ex-nazista apoiou o braço no ombro do agente do Mossad para reafirmar os laços de amizade surgidos entre dois velhos camaradas a serviço do *Führer*, Adolf Hitler. A certa altura do caminho de volta, o agente do Mossad disse que precisava parar porque algo havia lhe entrado na bota. Por uma fração de segundo, passou-lhe pela cabeça pegar a pequena pistola que havia escondido na bota direita, destravá-la e disparar na nuca de Cukurs e do pistoleiro. Depois os enterraria num lugar seguro da plantação, e os corpos desapareceriam da face da Terra, adubando uma plantação de banana.

Seus pensamentos foram interrompidos quando o antigo guarda-costas presidencial aproximou-se do *kidon* e lhe perguntou se precisava de ajuda para andar.

Anton Kuenzle soube que aquele não era o momento. Teria de esperar um cenário mais oportuno. Estava longe demais da cidade e precisava de uma rota de fuga rápida depois de executar o plano.

O relatório que Meir Amit e Rafi Eitan puderam ler em Tel Aviv sobre o desenvolvimento da Operação Riga refletia minuto a minuto o que acontecera desde que o *kidon* Kuenzle chegara ao Brasil, vindo de Paris, há exatamente dezessete dias. Para o agente e seus companheiros da Metsada, aquilo era uma eternidade.

Durante a viagem de retorno, Cukurs comentou com Kuenzle que este devia conhecer Porto Alegre, um lugar ideal para investir dinheiro, não muito longe de São Paulo e bastante próximo da fronteira com o Uruguai.

O *kidon* lhe propôs uma visita a Porto Alegre com todas as despesas pagas. "Preciso que venha comigo, pois conhece a área e tenho muito dinheiro para investir. Talvez pudéssemos fazer negócios juntos", Kuenzle sugeriu a Cukurs. O Carrasco de Riga expressou sua alegria diante de tal hipótese.

Na realidade, as conversas entre ambos os homens jamais versavam sobre política nem sobre guerra, tampouco sobre o nazismo ou a figura de Adolf Hitler. Apenas em duas ocasiões o ex-nazista falou do passado. Na primeira, Herbert Cukurs mencionou durante uma conversa o *Oberstrumbannführer* Josef Kramer,[15] comandante do campo de concentração de Auschwitz, e, mais tarde, Bergen-Belsen, que disse ter conhecido durante uma visita a Berlim. Kuenzle tinha certeza de que também desta vez era testado, para que Cukurs observasse sua reação. O *kidon* da Metsada apenas permaneceu calado. Na segunda ocasião, Herbert Cukurs, com a ajuda das duas garrafas de vinho que ingerira durante o jantar, começou a recordar os anos de glória em Riga, quando da ocupação alemã da Letônia.

Dias depois, Anton Kuenzle convidou Herbert Cukurs para jantar no elegante restaurante suíço do hotel onde estava hospedado, a fim de prepararem a viagem a Porto Alegre. Coisas assim impressionavam Cukurs. Durante o jantar, o *kidon* da Metsada disse ao convidado que talvez precisasse de um passaporte com visto para o Uruguai. "Se estamos tão próximos, talvez devêssemos ir a Montevidéu para ver como estão os investimentos turísticos naquela área", disse Kuenzle a Cukurs. A Metsada já começava a preparar o golpe fatal.

Antes de voltar para o hotel, o agente israelense disse a Cukurs: "Devo fazer outra viagem ao Uruguai antes de voltar para a Europa. Ficarei hospedado no hotel Victoria Plaza. Tenho pensado em investir muito dinheiro lá e torná-lo sócio para que cuide dos meus negócios no Uruguai". "Quando chegar a Montevidéu, envie-me um telegrama, e eu o encontrarei lá", respondeu Cukurs.

Na mesma noite, Anton Kuenzle comunicou à equipe da Metsada que o golpe seria dado em Montevidéu e que todos deviam reunir-se lá para planejá-lo. Nessa ocasião, o *kidon* recebeu um telegrama: "*Herr* Kuenzle, fiz tudo o que me pediu. Tenho o passaporte, inclusive com vistos para o Uruguai e para o Chile. Aguardo seu regresso e novas instruções para nossa viagem de negócios. Com amizade, Herbert Cukurs".[16] "Ok. Tudo preparado para o golpe final", disse Yoav. "Agora é esperar que tudo dê certo."

O encontro seguinte entre Cukurs e Kuenzle aconteceu no aeroporto de São Paulo. Ao desembarcar do avião, o agente do Mossad viu Cukurs tirar uma câmera, mirá-la nele e clicar. Aquilo implicava um problema, pois, se após o golpe descobrissem a foto do *kidon*, seu rosto se tornaria um dos mais procurados pela Interpol. Se lhe pedisse a câmera, Cukurs suspeitaria, tanto que, a certa altura, Kuenzle comunicou à Apam, o contratempo levantado.

Certa noite, enquanto jantavam, alguém entrou na casa de Cukurs e, depois de retirar o filme da máquina fotográfica, substituiu-o por outro que, antes, estragara-se devido à ação da luz. Quando o ex-nazista fosse revelar as fotos no laboratório, perceberia que estavam inutilizadas.

"Meus sócios da Europa e eu desejamos nos concentrar em dois países nesta viagem. No Uruguai e no Chile. Trouxe bastante dinheiro para preparar tudo e comprar as passagens de avião para Santiago e Montevidéu", falou Kuenzle. "Você deverá ter tudo preparado para quando eu regressar de uma curta viagem que tenho de fazer a Buenos Aires", continuou a informar o agente israelense, sem levantar suspeitas.

Pelos alto-falantes do aeroporto já anunciavam a saída do voo da Air France com destino à capital argentina. "Tenho de ir, Herbert", disse Kuenzle. "Quando tiver tudo pronto, me informe." Nisso, apertou a mão de Cukurs e desapareceu por uma porta. Faltava pouco tempo. A contagem regressiva havia começado.

O primeiro *kidon* a chegar a Buenos Aires foi Oswald Taussing, agente do Mossad com quarenta e poucos anos, que apresentara o passaporte austríaco para passar pelo controle do aeroporto. Pouco depois chegaram à capital argentina, em voos diferentes, Yoav, Arieh e Dova'le, os outros três membros que formariam a equipe de execução da Metsada.

Na primeira reunião dos cinco *kidon*, Anton Kuenzle informou em hebraico a seus companheiros que não deviam se deixar enganar por Cukurs, apesar dos seus 65 anos. "Pode se comportar como um animal selvagem se se vir encurralado. Não se pode dar a ele a mínima chance", afirmou Kuenzle aos companheiros. Oswald era um especialista em estrangulamento. Sua especialidade era agarrar as vítimas com um fio de aço e mantê-las vivas durante algum tempo, sustentadas apenas por um fio de vida. Anton queria que Oswald mantivesse Cukurs vivo durante esse breve período, para ter tempo de lhe explicar por que razão iria morrer. "Quero ver a cara dele antes de morrer", disse.

Em 10 de fevereiro de 1965, parte da equipe da Metsada chegou a Montevidéu, instalando-se no elegante hotel Nogaro. Nos dias seguintes, seguiram-lhe Yoav e Arieh, um especialista em caratê que podia quebrar o pescoço de qualquer pessoa em plena rua sem que a multidão ao redor se desse conta. Uma de suas especialidades era agarrar a vítima pelas costas, rodear-lhe o pescoço com o braço e, apenas com a pressão dos dedos, quebrá-lo. Yoav, pelo contrário, era um exímio atirador cujo pulso jamais tremia quando disparava contra sua vítima. Sua marca era o disparo no olho, muito mais eficaz do que na nuca, segundo ele.

Durante dias, os cinco *kidon* se dedicaram a compor mapas em que até mesmo semáforos eram marcados, assim como o tempo que demoravam para passar do vermelho ao verde, no caso de ser necessário procurar uma rota de fuga depois do golpe, ou se fossem perseguidos pela patrulha da polícia.

Também procuraram rotas de fuga a pé, concentrando-se onde grandes armazéns cujos edifícios tivessem várias portas de acesso, ou em ruas em hora de grande movimentação de pedestres. Tudo foi estudado nos mínimos detalhes.

Os dias se passaram sem que o comando da Metsada soubesse ainda onde executar Cukurs, até que, certa manhã, Oswald Taussing anunciou que conhecera um grego chamado Dionysos Maverides, e que ele lhe dissera algo sobre uma grande casa num bairro de Montevidéu.

Taussing dissera a Maverides que precisaria alugá-la por vários meses, mas que gostaria que a esposa a visse antes. O grego decidiu então retirar a placa de aluguel da casa, chamada Casa Cubertini, na rua Cartagena, no tranquilo bairro de Carrasco. A casa era grande demais, contudo o bairro no qual estava localizada pelo menos era tranquilo. Pelas suas ruas quase não passavam veículos, o que era uma vantagem. O problema surgiu quando vários trabalhadores saíram da casa ao lado, na qual faziam reformas.

Para Anton Kuenzle, aquilo sim implicava um problema. O chefe da Metsada disse a Taussing que, se Cukurs gritasse e lutasse pela vida, talvez os homens daquela obra, que trabalhavam ao lado da casa, o ouvissem. No dia seguinte, os *kidon* da Metsada decidiram inspecionar o local em detalhes. Taussing apresentou Kuenzle ao caseiro como um amigo chamado Antonio Jiménez. Depois de pagar adiantado o aluguel de seis meses, Maverides entregou as chaves a Taussing. Já tinham o lugar para exterminar o criminoso de guerra nazista.

Naquela mesma noite, os *kidon* da Metsada reuniram-se no quarto de hotel e, depois de uma série de deliberações, concordaram em pôr o plano em ação no dia 23 de fevereiro próximo.

Na manhã seguinte, Anton Kuenzle dirigiu-se aos Correios e enviou um telegrama a Herbert Cukurs: "Caro Herbert: Os negócios andam bem. Preciso de sua ajuda. Ficaria muito grato se pudesse se encontrar comigo em Montevidéu na manhã de 23 de fevereiro. Seu amigo, Anton".[17]

Poucos dias depois, ao regressar ao hotel Victoria Plaza, o recepcionista fez um sinal ao *kidon* e lhe entregou um telegrama fechado. "Caro Anton: Chego no voo da Varig dia 23. Seu amigo, Herbert", dizia o telegrama. Ao comunicá-lo aos membros da Metsada, a alegria percorreu o ambiente. Tinham conseguido enganá-lo. Após uma breve conversa entre Kuenzle e Yoav, o chefe do comando dirigiu-se a seu quarto. Ao abrir a porta, encontrou um papel sobre o tapete verde. O *kidon* reconheceu o selo do serviço de correio do Uruguai. Naquele momento, várias ideias entraram em ebulição em sua mente. *Não pode vir, está doente, sabe de alguma coisa, desconfia...*

Abriu a fita adesiva que lacrava o telegrama e leu: "Caro Anton: Chego no voo 083 da Air France; esqueça o telegrama anterior. Seu amigo, Herbert". Sentou-se na beirada da cama, enquanto suspirava de alívio. Pensara por alguns segundos que a Operação Riga teria de ser abortada.

Oswald e Dova'le percorriam a essa mesma hora vários armazéns com a intenção de adquirir um grande baú e três grandes tapetes. Pelo baú pagaram 720 pesos e, pelos tapetes, 900. Anton Kuenzle, para não levantar suspeitas, dirigiu-se à agência de viagens Thomas Cook, em pleno centro de Montevidéu, e comprou duas passagens de avião Montevidéu-Santiago do Chile para o dia 25 de fevereiro, com seu nome e o de Herbert Cukurs. A contagem regressiva continuava.

Aquela noite, de 22 de fevereiro, seria a última em que todos os membros do comando israelense se veriam. Daquele momento em diante, Yoav seria o único contato entre os cinco *kidon* da Metsada que levariam a termo o golpe.

Jantaram no restaurante Malecón para desejarem-se sorte. Quando estavam sentados, Kuenzle disse a Dova'le que, há algumas semanas, estivera naquele mesmo lugar jantando com Cukurs e que o criminoso de guerra ocupara aquela mesma cadeira. O *kidon* estremeceu e se pôs de pé. "Não que seja supersticioso, mas prefiro mudar de lugar", falou.

No dia 23 de fevereiro de 1965, uma terça-feira, as primeiras páginas de todos os jornais do Uruguai anunciavam que o governo de Bona se reuniria na manhã seguinte para debater os crimes nazistas. Kuenzle, Yoav, Oswald, Dova'le e Arieh pensaram se tratar de uma mensagem divina. Os *kidon* da Metsada estavam a ponto de capturar e executar um criminoso de guerra nazista que 24 anos atrás participara de crimes hediondos contra a humanidade.

Depois de um café da manhã reforçado, os agentes do Mossad entraram em dois veículos e se dirigiram ao aeroporto Carrasco para buscar o Defunto. Pouco depois, o trem de pouso do Air France 083 tocava o solo do Uruguai.

A tensão acumulada nos últimos seis meses era notada entre os *katsa* do Mossad. Anton Kuenzle esperou, até que uma longa fila de passageiros começou a aparecer pelas portas de vidro que davam acesso ao terminal. Olhou por entre os ombros das pessoas que estavam diante dele, até que pôde discernir, entre os rostos, o de Herbert Cukurs.

"Bom dia, caro amigo", disse-lhe Cukurs. Quando o *kidon* lhe deu as boas-vindas, pôde observar que o Defunto vestia uma roupa clara e uma gravata em tons de vermelho. "Parece mais um respeitável homem de negócios do que um criminoso de guerra nazista", pensou Kuenzle.

"Minha esposa Milda perguntou-me o que íamos fazer no Uruguai, e eu não soube responder", assegurou Cukurs. Já dentro do Volkswagen preto alugado por Kuenzle, que seguia pela estrada em direção ao centro de Montevidéu, o agente israelense respondeu: "Realizaremos grandes coisas, e lhe asseguro que fará parte delas". Depois, manteve-se em silêncio enquanto o veículo se embrenhava no tráfego, seguido por outro Volkswagen vermelho com três *kidon* da Metsada. Oswald esperava pela chegada deles na Casa Cubertini.

Já no hotel, Cukurs ocupou o quarto 1.719, de onde se avistava toda a capital. "Que vista magnífica se tem daqui", comentou o recém-chegado, enquanto se encostava à grade da varanda. Por breves instantes, Kuenzle pensou em empurrá-lo, mas tinham planejado a operação detalhe por detalhe, e não poderia dar agora nenhum passo em falso.

"Tenho de ir ao escritório da Lufthansa pegar as passagens para o Chile. Depois, tenho várias outras coisas para resolver", Kuenzle disse a Cukurs. "Descanse um pouco que depois virei buscá-lo." Logo a seguir, saiu do quarto com o som das batidas do coração provocando estrondos nos ouvidos.

Uma hora depois, tocou o telefone do quarto 1.719. A chamada fora efetuada da recepção. A campainha acordou Cukurs. "Agora é preciso trabalhar", disse a voz do outro lado da linha. "Encontrei um escritório temporário. Você o verá mais tarde. Na realidade, não estou muito feliz com ele. Não é requintado. Planejo fazer grandes investimentos aqui, e temos de encontrar outro local." Imediatamente, Anton Kuenzle desligou o aparelho.

Poucos minutos depois, Kuenzle e Cukurs seguiam no Volkswagen preto rumo ao bairro de Carrasco. "Antes tenho de abastecer o carro", disse o agente israelense ao criminoso de guerra nazista. Numa zona isolada, aproximaram-se de um posto de gasolina, onde Dova'le e Yoav os esperavam, encarregados de assegurar que ninguém os seguia. Depois de partir, o veículo de Kuenzle e Cukurs foi seguido a certa distância pelo Volkswagen vermelho.

"Mais tarde", disse Kuenzle a um crédulo Cukurs, "temos de nos encontrar com o corretor para continuar a procurar um local para montar o escritório". O carro preto virou lentamente na rua Cartagena. Alguns metros adiante, Kuenzle avistou num relance o carro vermelho com os demais integrantes do comando israelense que os tinha seguido desde a parada no posto de gasolina. Quatro construções à frente, e chegavam ao gramado recém-aparado que dava acesso à Casa Cubertini. "É aqui. É esta a casa", disse o israelense a Cukurs, enquanto este descia com dificuldade do carro. Os dois homens caminharam alguns metros até alcançar a entrada principal da casa.

Kuenzle agarrou a maçaneta da porta e a empurrou. Ele podia ouvir os passos de Herbert Cukurs atrás de si. Segundos depois, ambos estavam no interior da casa. Os quatro membros da Metsada que formavam a equipe tinham despido as próprias roupas, ficando apenas de roupas íntimas.

Na penumbra, Kuenzle fechou a porta atrás de Cukurs e, nesse momento, os quatro *kidon* saltaram sobre a presa. Um deles prendeu o criminoso de guerra com um fio de aço à volta do pescoço, enquanto outros dois tentavam segurar os braços. Cukurs procurava o olhar de Kuenzle, como se tentasse pedir ajuda, o rosto avermelhado devido à falta de ar nos pulmões, como se não compreendesse o que estava acontecendo.

Apesar dos seus 65 anos, Herbert Cukurs defendia-se como um animal selvagem encurralado. Conseguiu libertar uma das mãos e procurava a maçaneta da porta para abri-la. Os cinco agentes da Metsada empurravam-no com força para afastá-lo dela e conduzi-lo ao centro do cômodo, onde o chão estava coberto por três enormes e grossos tapetes. Cukurs soube nesse exato momento que lhe restavam poucos minutos de vida.

Durante o ataque, o criminoso nazista havia conseguido libertar uma das mãos. "Deixem-me falar", suplicou uma voz entrecortada. O mais curioso de tudo é que o pedido foi feito em alemão, não em letão ou em português. O Defunto continuava a lutar, embora com menos força. Em certo momento, Herbert Cukurs levou a mão ao bolso de trás das calças, para tentar tirar uma pequena Beretta que tinha escondida ali. De um só golpe, Yoav conseguiu tirá-la do criminoso, dando ao mesmo tempo um grito de dor. O agente israelense tinha quebrado um dedo.

Um dos *kidon* pegou um martelo e bateu com ele no lado direito da cabeça de Cukurs. O sangue, que começou a jorrar em abundância, manchou um dos tapetes.

O plano original era neutralizar Cukurs, e não executá-lo instantaneamente. Os membros da Metsada tinham planejado formar uma espécie de tribunal para ler as acusações que o Estado de Israel tinha contra ele. Meir Amit, o *memuneh* do Mossad, tinha dado ordem para que tentassem lhe arrancar os nomes de outros criminosos de guerra nazistas refugiados na América do Sul e respectivos paradeiros. Mas, devido à resistência de Cukurs, um *kidon* colocou-lhe o cano com silenciador da pistola na nuca e disparou duas vezes. As duas balas acabaram com a vida de Herbert Cukurs, o "Carrasco de Riga", ou "Carniceiro de Riga", na terça-feira, dia 23 de fevereiro de 1965, às 12h30.

O clima na casa era tenso, e não havia tempo para celebrações. A Operação Riga ainda não tinha terminado.

Oswald dirigiu-se às janelas e fechou as venezianas de madeira para não deixar escapar nenhum som para fora. Os miolos saíam da cabeça do cadáver de Cukurs em decorrência dos tiros, e o sangue cobria-lhe o rosto e o casaco.

Em seguida, os *kidon* esvaziaram seus bolsos e colocaram os objetos num saco plástico. Um passaporte brasileiro com o número 27.999, expedido em 2 de fevereiro de 1965, óculos um pouco riscados e uma pistola Beretta 6,35 mm, modelo 950 e com número de registro B78137.

O corpo de Cukurs foi colocado dentro do baú de madeira e, antes de fecharem os três cadeados, os agentes israelenses colocaram lá dentro um papel em que se podia ler:

VEREDICTO
Tendo em conta a gravidade dos crimes de HERBERT CUKURS, pela acusação de ser pessoalmente responsável pelo assassinato de 30 mil homens, mulheres e crianças, e considerando a terrível crueldade mostrada por HERBERT CUKURS no cometimento dos crimes, condenamos o mencionado CUKURS à morte. Foi executado em 23 de fevereiro de 1965 por "aqueles que nunca esquecem".

Em seguida, Kuenzle fechou a tampa do baú, limparam todo o sangue, vestiram-se e simplesmente desapareceram. Yoav e Kuenzle dirigiram-se ao aeroporto no Volkswagen preto, e o resto da equipe no Volkswagen vermelho.

No próprio aeroporto, antes de entrarem no avião da Lufthansa que devia tirá-los do Uruguai, Anton telefonou para o hotel a fim de informar que receberiam pelo correio as chaves dos quartos dos senhores Kuenzle e Cukurs. Ambos tinham sido pagos adiantados.

Em 6 de março, dias depois de a equipe da Metsada ter executado o criminoso de guerra nazista, um carro da polícia estacionou na frente de uma casa na rua Cartagena. Como ninguém respondia, um dos agentes decidiu quebrar uma pequena janela para olhar lá dentro. Nesse momento, um fétido odor procedente do interior da casa inundou-lhe o nariz. Ao entrarem, os dois agentes encontraram, a alguns metros da porta de entrada, um baú com reforços de madeira e três cadeados grandes. De um lado saía uma grande mancha de sangue ressecado que sujara o chão.

Um dos agentes correu para o carro e deu sinal de alarme. No interior do baú tinham descoberto um cadáver num avançado estado de decomposição de um homem ainda por identificar. O outro agente pegou o papel em que estava escrito o veredicto. Era o corpo de Herbert Cukurs, criminoso de guerra da Letônia, que fora executado por um grupo anônimo que se autoproclamava "aqueles que nunca esquecem".

A notícia da descoberta do cadáver numa casa deserta do Uruguai correu de Moscou a Nova York, e de Buenos Aires a Tel Aviv. A imprensa de todo o mundo estava muito interessada em escrever sobre "aqueles que nunca esquecem", e a imaginação de muitos jornalistas começou a ferver.

Tinham se passado somente três anos desde a execução de Adolf Eichmann, e diversos meios de comunicação, como o jornal *The Times*, publicam na primeira página: "'Aqueles que nunca esquecem' só podem ser israelenses". Os jornais uruguaios, argentinos e brasileiros fizeram eco da notícia. Um jornalista amigo de Herbert Cukurs publicou que ele talvez tivesse sido assassinado por homens do círculo de Josef Mengele, porque ameaçara divulgar seu lugar de refúgio.

Os historiadores Gerald L. Posner e John Ware, na biografia completa sobre o "Anjo da Morte" de Auschwitz, *Mengele: The Complete Story*, explicam que Cukurs tinha graves problemas financeiros e talvez tenha estado a ponto de trair Josef Mengele para ganhar uma vultosa recompensa.[18]

Em 12 de março de 1965, o jornal israelense *Ma'ariv* publicou uma reportagem com o seguinte título: "Interpol pede ajuda à Polícia Criminal de Israel no caso de assassinato do criminoso nazista Cukurs". A notícia apareceu ilustrada com um retrato-falado enviado pela polícia de Montevidéu do homem de negócios austríaco que tinha sido visto com Cukurs poucas horas antes de sua morte. Em 16 de março de 1965, uma revista semanal do Brasil publicou uma entrevista com Milda Cukurs, a viúva do criminoso de guerra nazista, na qual ela assegurou que o esposo, antes de partir em viagem para o Uruguai, dissera-lhe: "Se algo me acontecer, o único responsável será o meu novo amigo austríaco, Anton Kuenzle, o homem que esteve aqui em casa tomando café com bolo".

Essas palavras implicaram a confirmação das suspeitas de Anton Kuenzle sobre o fato de que Cukurs nunca confiara nele cem por cento.

Aquele olhar do criminoso de guerra letão enquanto Oswald o segurava pelo pescoço com o fio de aço, segundos antes de morrer, era apenas a confirmação de suas suspeitas. Cukurs obteve tal confirmação segundos antes de sucumbir.

Entretanto, num escritório de Tel Aviv, Rafi Eitan entrou no escritório do *memuneh* e disse-lhe: "A Operação Riga foi concluída". Depois, fechou a porta, enquanto Amit continuava a trabalhar com um ligeiro sorriso nos lábios.[19]

Depois da Operação Riga, levada a cabo pela Metsada e que terminou com a execução do criminoso de guerra Herbert Cukurs, Israel e seu serviço de espionagem decidiram mudar de plano. Em junho de 1967, Israel estava quase se envolvendo em uma nova guerra com os vizinhos árabes, a chamada "Guerra dos Seis Dias", que acabou com a ocupação da Faixa de Gaza e da Cisjordânia — território habitado por um milhão e meio de palestinos.

Depois da guerra, mudaram as prioridades e os alvos inimigos a serem abatidos por Israel, pelo Mossad e pela Metsada. Os criminosos de guerra nazistas estavam escondidos, mortos ou simplesmente tinham deixado de interessar à opinião pública mundial. Agora, os novos alvos dos *kidon* já não eram mais os nazistas da SS ou da Gestapo: eram os terroristas palestinos de organizações como a Frente Popular para a Libertação da Palestina (FPLP), Abu Nidal ou o Setembro Negro. Os inimigos eram diferentes, e os métodos a serem utilizados pela Metsada também o seriam.

Yoav, *kidon* da Metsada, antigo soldado durante a Guerra da Independência em 1948, foi recrutado em 1956 pela Aman, inteligência militar na qual comandou unidades de operações especiais. Quando Meir Amit assumiu o cargo de *memuneh* do Mossad, levou-o com ele da Aman. Até se aposentar, Yoav participou de várias ações da Metsada. Morreu em 1998, aos 75 anos de idade.

Dova'le, *kidon* da Metsada, juntou-se ao Mossad vindo da unidade de comandos do exército israelense. Morreu em ação em 1973, durante a guerra do Yom Kippur.

Oswald Taussing, *kidon* da Metsada, uniu-se ao Mossad em 1950 e, depois de uma longa carreira com a Metsada e na espionagem israelense, aposentou-se. Agora vive em Israel.

Anton Kuenzle, pseudônimo do chefe da unidade da Metsada na Operação Riga, vive atualmente em Israel com a família. Em 1991 escreveu, com o jornalista Gad Shimron, o livro *The Execution of the Hangman of Riga. The Only Execution of a Nazi War Criminal by the Mossad*, no qual relata sua experiência na localização e execução do Carrasco de Riga.

Meir Amit abandonou o cargo de *memuneh* do Mossad em 1968, sendo substituído por Zvi Zamir.

OPERAÇÃO IRA DE DEUS

ALVOS: Terroristas do Setembro Negro

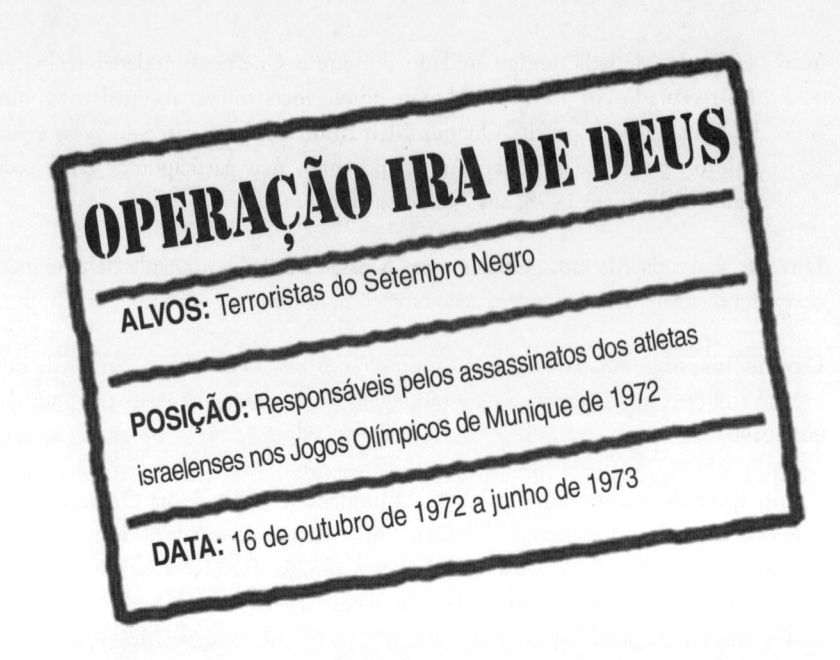

POSIÇÃO: Responsáveis pelos assassinatos dos atletas israelenses nos Jogos Olímpicos de Munique de 1972

DATA: 16 de outubro de 1972 a junho de 1973

Munique, 4h30, 5 de setembro de 1972

"É esta a equipe israelense?", perguntou um homem de rosto moreno e com péssimo sotaque alemão. Moshe Weinberg, treinador da equipe de luta livre, ficou em alerta quando observou que o outro homem colocava a ponta do pé na abertura da porta. Weinberg perguntou: "Quem quer saber a essa hora da madrugada?" Nesse momento, o israelense sentiu que o perigo estava à espreita. Com um forte golpe, conseguiu fechar a porta, enquanto gritava para os companheiros, que dormiam no mesmo dormitório: "Pessoal, fora daqui. Fora, todos!".

Gad Zavarj, lutador que dividia o quarto com Weinberg, saltou da cama, abriu a janela de vidro que dava para a varanda e preparou-se para saltar. Enquanto isso, Moshe Weinberg segurava a porta com força, para impedir que o grupo de assalto entrasse no quarto. Por fim, um dos desconhecidos tirou de uma bolsa esportiva um fuzil de assalto AK-47 e abriu fogo.

Segundos antes de saltar da varanda, Zavarj viu como o corpo do amigo era projetado para trás com uma força incomum, e a camisa se tingia de vermelho. Gad nunca soube que Moshe acabara de salvar sua vida, nem que, ao mesmo tempo, havia se tornado a primeira vítima dos onze atletas israelenses que seriam assassinados na Olimpíada de Munique de 1972.[1]

O comando palestino entrou às pressas na sala que dava acesso aos outros quartos da equipe olímpica israelense. No primeiro quarto, encontraram dormindo Joe Romano, o campeão de levantamento de peso que dois dias antes abandonara a competição por ter lesionado o pulso. Romano levantou-se com rapidez e se lançou ao ataque contra o primeiro homem que entrou no quarto. O que não viu foi o segundo terrorista, que chegava armado com um fuzil de assalto. Este disparou sobre Romano, transformando-o na segunda vítima. O barulho e os disparos puseram em alerta os demais atletas, que tentaram fugir pela saída mais próxima, mas os membros do grupo de assalto já invadiam o terceiro quarto. Nele, Joseph Gutfreund, árbitro de luta livre, lançou-se sobre a porta para travá-la com o próprio corpo, sacrificando-se pelos companheiros. Converteu-se, desse modo, no primeiro refém.

Tuvia Sokolsky, levantador de pesos, que dormia no outro lado do corredor, viu, momentos antes, como um grupo de homens armados tentava derrubar uma porta, tendo um deles disparado contra ela. Sokolsky fechou a sua em silêncio e liderou a saída de onze atletas israelenses da equipe de esgrima e judô, colocando-os a salvo nos fundos do prédio. Alguns, que dormiam no mesmo lado de Weinberg, tiveram menos sorte, e nove foram tomados como reféns.[2]

Os integrantes do grupo de assalto identificaram-se como membros do grupo palestino Setembro Negro e afirmaram ter se preparado para aquela ação, estando prontos até mesmo, se necessário, para morrer. Cinco deles haviam chegado a Munique vindos de um campo de treinamento nos arredores da cidade de Trípoli. Os outros três trabalhavam dentro da Vila Olímpica. As armas tinham sido armazenadas numa bilheteria da estação central de Munique.

O edifício situava-se no número 31 da Connolystrasse, e o Setembro Negro sabia que aquela era a sede da equipe olímpica de Israel. O comando terrorista chamou essa ação de *Iqrit e Kafr Birim*, nomes das duas aldeias cristãs maronitas do norte da Palestina que tinham sido forçadas a se restabelecer após a divisão que dera origem à criação do Estado de Israel.

Ali Hassan Salameh, chamado de "Príncipe Vermelho", principal líder do Setembro Negro, tinha gerado, com o assalto à Vila Olímpica de Munique, o primeiro drama de nível global. Salameh sabia que os Jogos Olímpicos seriam transmitidos pelas redes de televisão em caráter mundial, e que a repercussão da ação, assim como a reivindicação que pretendiam, chegaria a todos os cantos do planeta.[3]

Connolystrasse, 7 horas, 5 de setembro de 1972

Depois de os atletas israelenses que escaparam da Vila Olímpica terem dado o alarme, quase quinhentos policiais formaram um cordão ao redor do edifício.

O primeiro oficial graduado a chegar ao local foi Manfred Schreiber, chefe da polícia de Munique. Ele tentou contatar o líder do grupo de assalto, um sujeito chamado Tony, que usava óculos escuros e um boné branco esportivo estilo tenista. O Mossad o identificou como Mohammed Massalhad, arquiteto líbio que dominava várias línguas.[4]

Nesse exato momento, em Bona, o chanceler Willy Brandt começava seu longo caminho pelo que seria um de seus piores pesadelos. Depois de ouvir as notícias sobre o desenrolar dos acontecimentos, Brandt telefonou para o ministro do Interior, Hans-Dietrich Genscher, e posteriormente para o embaixador de Israel, Eliashiv Ben-Horin.[5]

Enquanto isso, o chanceler alemão informava constantemente o embaixador Ben-Horin e a primeira-ministra Golda Meir sobre as negociações com o grupo terrorista, além de transmoti-las para Zvi Zamir, o *memuneh* do Mossad.

À uma da tarde, por meio da rádio nacional Kol Israel, Golda Meir informou a nação sobre os fatos ocorridos em Munique para, em seguida, dar os nomes dos dois atletas assassinados e dos outros nove reféns em poder do Setembro Negro. Por fim, a primeira-ministra pediu a suspensão dos Jogos devido à crise que estava vivendo. Às 15h45, o Comitê Olímpico Internacional decidiu suspendê-los por 24 horas.[6] Enquanto as negociações prosseguiam, o Varash e a primeira-ministra Golda Meir decidiram enviar Zvi Zamir a Munique, onde prepararia uma possível operação de resgate com comandos israelenses.

Algumas horas antes, a própria Meir recebera um telefonema de Brandt, apresentando-lhe as propostas dos terroristas: "Só sairão da Vila Olímpica para um país árabe se estiverem protegidos pelos reféns. Assim que estiverem em segurança, vão libertá-los", disse o chanceler alemão. "O meu governo estudará a proposta", retorquiu Meir, "desde que o país árabe receptor se comprometa e garanta que os atletas não serão considerados prisioneiros, sendo imediatamente enviados ao nosso país".

Depois da conversa, Willy Brandt telefonou para o presidente egípcio Anwar el Sadat, que recebera o Prêmio Nobel da Paz havia apenas dois anos. O chanceler alemão pretendia, por meio da diplomacia secreta, conseguir a libertação dos atletas israelenses. A resposta do Cairo foi imediata. Aziz Sedki, primeiro-ministro do Egito, comunicou pessoalmente ao chanceler que a questão dos reféns israelenses na Vila Olímpica não era assunto egípcio e que, ao mesmo tempo, o governo do

Cairo não entendia como nem por que seu país teria de se envolver com o que estava acontecendo em Munique. Dessa maneira, o Egito e Sadat lavaram as mãos.

Às 22h15, os oito terroristas do Setembro Negro e os nove reféns israelenses deixaram a Vila Olímpica e entraram em dois helicópteros Huey Bell da Guarda de Fronteiras. Minutos antes, Golda Meir comunicava a Willy Brandt que Israel aceitava as condições de libertação. Os helicópteros eram seguidos de perto por um terceiro. Dentro dele, estavam Zvi Zamir, coronel do exército israelense, e Genscher e Schreiber como acompanhantes. Os três helicópteros dirigiam-se a Fürstenfeldbruck, a cerca de oitenta quilômetros a oeste de Munique. No pequeno aeroporto, cinco atiradores de elite do exército federal esperavam sua chegada.[7]

O helicóptero do diretor do Mossad aterrissou em trinta minutos, e os ocupantes dirigiram-se à torre de controle. Os outros dois aterrissaram pouco depois. Mohammed saltou do primeiro Huey e dirigiu-se ao segundo, enquanto empunhava com nervosismo uma AK-47; muito próximo, um 727 da Lufthansa aguardava com as turbinas ligadas. Manfred Schreiber, responsável pela operação, sabia que esse avião nunca levantaria voo, visto que a companhia aérea alemã não conseguira uma tripulação para pilotá-lo.

Outro dos erros cometidos por Schreiber foi providenciar apenas cinco atiradores de elite, três no telhado da torre de controle e dois perto da pista dos dois helicópteros, quando o número de terroristas a serem abatidos era oito.

Às 22h44, quando Mohammed e os outros terroristas se dirigiam para o avião, o silêncio foi quebrado pelo som de um disparo de fuzil. O líder dos atiradores de elite disparou contra ele, mas falhou. A bala entrou pelo ombro esquerdo e saiu pelas costas. Os outros quatro atiradores abriram fogo. Dois dos terroristas que escoltavam a tripulação dos helicópteros caíram mortos. Outro dos árabes foi ferido com um primeiro disparo e abatido com o segundo. Os terroristas responderam ao tiroteio, protegendo-se atrás dos helicópteros, ainda ocupados pelos reféns. Um sargento da polícia morreu ao ser atingido na cabeça. O tiroteio durou cerca de seis minutos, até que Schreiber deu ordem de cessar fogo. A polícia, com a ajuda do *memuneh* do Mossad, dirigiu-se aos terroristas em árabe, alemão e inglês, exigindo que se rendessem. Estes voltaram a abrir fogo contra a torre.[8]

À 00h05, um dos terroristas árabes levantou-se e lançou uma granada de mão para dentro de um dos helicópteros. A explosão iluminou a noite. Cinco dos atletas israelenses que estavam no interior começaram a gritar pedindo ajuda, mas as chamas alcançaram os tanques de combustível, e o helicóptero explodiu. Na pista, três árabes tinham sido feridos a bala e se renderam. Os quatro atletas restantes, que estavam no segundo helicóptero, morreram ao serem atingidos por uma rajada de metralhadora. Evidentemente, o Setembro Negro havia condenado os israelenses assim que os atiradores de elite abriram fogo.

Na manhã de 6 de setembro, o mundo acordou comovido pelo ocorrido nos Jogos Olímpicos. As bandeiras ondulavam a meia haste enquanto a Orquestra Sinfônica de Munique tocava a *Marcha fúnebre* de Beethoven. Mas nem todas as nações estiveram presentes no funeral do Estádio Olímpico. Árabes, a União Soviética e alguns países do Leste não assistiram à cerimônia.

Nessa mesma tarde, Zvi Zamir voltou a Israel, convencido de que a ineficácia dos alemães custara a vida dos onze atletas. Porém, ao mesmo tempo, o todo-poderoso *memuneh* do Mossad sabia que o ocorrido em Munique não era um ato isolado, mas sim o mais importante dos atentados perpetrados pelo grupo Setembro Negro na Europa em meses. Zamir compreendeu que Israel era carta fora do baralho assim que os grupos árabes tinham decidido levar o conflito para a Europa. Grupos como o Setembro Negro haviam escolhido o campo de batalha, e isso implicava que Israel estaria indefeso no novo cenário de guerra. O *memuneh* tinha consciência de que, se seu país quisesse evitar perdas inúteis, deveria jogar da mesma maneira que os terroristas árabes e, ao mesmo tempo, investir rápida e cirurgicamente, e em seguida desaparecer.

Um avião da Força Aérea Israelense levou o general Zamir de Munique ao aeroporto de Lod, onde um helicóptero o esperava. O chefe do Mossad foi levado ao heliporto contíguo à Casa Vermelha, o gabinete do primeiro-ministro que, por motivos de segurança, se localizava nos arredores do quartel-general do exército.

Fora do helicóptero, Zamir observou vários Dodge pretos blindados estacionados. O rude chefe de espionagem subiu as escadas acarpetadas com passos decididos, rumo à sala de espera do gabinete. Após uma breve espera, a assistente de Golda Meir deixou-o entrar. Em certo momento, Zvi Zamir observou os rostos sérios dos homens que ali se encontravam. "Estou à espera da sua opinião sobre os acontecimentos, general", disse Meir. "Senhora primeira-ministra, a única coisa que posso afirmar com certeza é que Israel continua sozinho em sua luta pela sobrevivência. Nesse caminho não teremos ajuda de ninguém, e muito menos dos alemães", replicou Zamir.

Pouco depois, o chefe do Mossad juntava-se à reunião do Comitê de Segurança e Relações Exteriores, cujas deliberações eram secretas. Golda Meir perguntou a Zamir, a Eli Zeira, chefe da Aman, e a Yosef Harmelin, chefe do Shin Bet, se seus homens seriam capazes de levar a guerra contra os terroristas árabes ao campo do inimigo. Tanto Zamir como Zeira e Harmelin responderam que estavam preparados para isso e que o massacre de Munique os deixara ainda mais decididos.

Tomando o velho ditado hebraico do "olho por olho, dente por dente", o Comitê votou unanimemente pela ativação de uma equipe do Kidon, a subunidade de assassinos da Metsada, apesar de a própria Golda Meir ter antes resistido a isso. Zamir disse-lhe: "Senhora primeira-ministra, não pode garantir a segurança de todos os cidadãos de Israel, mas, quando essa segurança for violada, os cidadãos deste país vão lhe perguntar o que a senhora e seu governo fizeram para punir tais violações". "Caro *memuneh*, a questão é saber quais serão as repercussões, diante do mundo, dos atos que iremos praticar. Como explicaremos aos nossos aliados o assassinato de um grupo de árabes?", perguntou a já idosa líder israelense.[9]

O chefe do Mossad pouco se importava com o que pensavam ou opinavam os aliados depois de ter assistido, horas antes, ao funeral dos onze atletas israelenses no Estádio Olímpico. Para Zvi Zamir, não era novidade ordenar a ativação de uma equipe do Kidon. Apenas alguns dias antes do início dos XX Jogos Olímpicos, explodira uma bomba instalada sob o veículo de Gassan Kanafani.[10]

Kanafani, poeta e romancista, tinha sido o porta-voz e um dos que idealizaram a Frente Popular para a Libertação da Palestina (FPLP), uma facção especializada em sequestro de aviões e, para o Mossad, responsável pelo ataque ao aeroporto de Lod, em Tel Aviv, executado por três terroristas japoneses do Exército Vermelho.

Naquele 8 de julho de 1972, Kanafani entrou, desafortunadamente, em seu Mercedes marrom com a neta Lamia. O Kidon não previra que nesse dia o líder palestino teria a companhia de uma adolescente, porém, ainda assim, apertou o botão que transmitia o impulso elétrico e acionava a bomba. O veículo voou pelos ares, e a explosão foi ouvida em Beirute. O corpo de Kanafani ficou espalhado pela rua, enquanto um homem com um *keffiyeh* vermelho se afastava da área.[11]

Zamir, depois do êxito da Operação Kanafani, recomendou ao Comitê Especial, após o desastre de Munique, a ativação de equipes de assassinos. Depois de ouvir as propostas do Comitê, Zamir esperou na antesala. Pouco depois, um porta-voz dirigiu-se ao diretor do Mossad: "O Comitê ouviu com atenção seu relatório e decidiu conceder à primeira-ministra total autoridade para dar os passos necessários na ativação do Kidon".

Os membros do Comitê foram saindo da sala sem olhar para Zamir. Talvez preferissem não olhar diretamente para o homem a quem acabavam de dar ordens para recrutar assassinos em nome de Israel. Golda Meir, ainda sentada na sala escura, chamou Zvi Zamir e Aharon Yariv, o ex-chefe da Aman. Meir ofereceu a Yariv o cargo de conselheiro especial para atividades antiterroristas. "Vou precisar do seu conselho para levar a bom termo a decisão que acabo de tomar", disse Meir. Depois de lhes falar sobre o Holocausto e a vida dos judeus na Europa, ajeitou o cabelo grisalho e despediu-se dos dois homens.

Depois de 24 horas de suspensão, o Comitê Olímpico decidiu recomeçar os Jogos; contudo, a equipe de Israel tinha se retirado da competição. Todos os atletas desceram do 707 da El Al acompanhando os dez caixões de pinho que, cobertos pela bandeira branca e azul, eram transportados por soldados das Forças de Defesa Israelenses. O corpo da décima primeira vítima, David Berger, cidadão norte-americano, fora levado por um C-141 da Força Aérea dos Estados Unidos para ser enterrado em Cleveland. Dias depois, a pedido do homem forte da Líbia, Muammar al-Gaddafi, os restos dos corpos dos cinco terroristas do Setembro Negro mortos em Munique foram despachados da Alemanha. Em Trípoli, os cadáveres foram recebidos como heróis e sepultados com honras militares. O funeral foi realizado na mesquita da praça dos Mártires, onde se recitou o *Ya Sin*, a oração dos mortos no Alcorão.

Desde o massacre de Munique, os jovens palestinos nos Territórios Ocupados gritavam: "Todos nós somos agora do Setembro Negro".

Zvi Zamir estava em seu gabinete no quartel-general do Mossad, em Tel Aviv, localizado no edifício de escritórios Hadar Dafna, na avenida King Saul, lendo um longo relatório sobre o Setembro Negro redigido pela Unidade 504, encarregada de coletar informações sobre essa operação para os serviços secretos. Na capa da pasta marrom, repleta de selos, lia-se em grandes letras negras escritas à mão. SETEMBRO NEGRO, ou *Ailul al-Aswad* em árabe, Arquivo 29981032. Ao abri-la, notou diversas páginas em cores e com fotografias. Seu misterioso título simbolizava um dos meses mais significativos da história do Oriente Médio.[12]

HISTÓRIA: *no verão de 1970, as guerrilhas palestinas tinham começado ataques a partir da Jordânia sobre o território israelense, com a esperança de exportar a revolução à Faixa de Gaza e à Cisjordânia, mas para isso contavam com a oposição do monarca hachemita. Por essa época, o rei Hussein tentava secretamente estabelecer contato com Israel, mas para isso precisava, antes, conter os ataques palestinos procedentes de seu território. Ao mesmo tempo, o secretário de Estado norte-americano, William Rodgers, tentava negociar um cessar-fogo entre Israel e dois de seus inimigos, Egito e Jordânia.*

Um dos mais firmes defensores em acabar com qualquer negociação entre as nações árabes e Israel era George Habash, o lendário líder da Frente Popular para a Libertação da Palestina (FPLP), que proclamava o regresso ao inferno de todo o Oriente Médio. Em 6 de setembro do mesmo ano, o grupo palestino sequestrou um avião da El Al, sendo este o quarto avião sequestrado em menos de três meses. O ponto mais alto dessa campanha foi o sequestro de um Boeing 747 da companhia norte-americana Pan American, que, depois de ser desviado para o aeroporto do Cairo, foi dinamitado diante das câmeras de televisão que se concentraram nas instalações. O rei Hussein não estava disposto a aceitar que os sequestradores aéreos utilizassem seu território para realizar ações de sabotagem e sequestro, mas ao mesmo tempo sabia que devia agir com cautela, visto que dois terços da população jordaniana eram compostos por palestinos ou de origem palestina. Por fim, num dia de setembro, o monarca lançou suas tropas beduínas de elite contra os campos de refugiados palestinos, provocando o chamado Setembro Negro. A artilharia arrasou grande parte das frágeis instalações, matando centenas de famílias. Os sobreviventes, que se viram obrigados a fugir para o Líbano, formaram seu espírito combativo ao longo de um dos períodos mais obscuros na já trágica história do povo palestino. Aquele Setembro Negro foi o mês em que as forças árabes destruíram a nação palestina, e os jovens guerrilheiros que testemunharam o massacre adotaram o nome daquele mês como símbolo de sua luta, e a vingança como razão da sua existência.[13]

ALVOS: *os seus inimigos seriam os europeus, que nunca protestaram pela atrocidade cometida contra o povo palestino na Jordânia; os norte-americanos, devido à política imperialista no Oriente Médio e por armarem os israelenses; os realistas jordanianos, por terem cometido alta traição contra o povo palestino; e os israelenses, pela sua política expansionista.*

OLP: *o Setembro Negro cultivou uma aura de mistério. Até mesmo o líder da OLP, Yasser Arafat, assegurou: "Nós não sabemos nada sobre esta organização e não estamos envolvidos em suas operações. Mas podemos compreender a mentalidade desses jovens, que estão dispostos a morrer e entregar a vida pela causa palestina". Alguns líderes palestinos também negam a existência do Setembro Negro e afirmam que ele é uma invenção da propaganda israelense para justificar o assassinato de árabes inocentes,* concluía o capítulo do relatório que o memuneh *tinha em mãos.*

Depois de um gole de café, Zamir continuou a ler.

Apesar de a OLP garantir que a organização não existe, as investigações no exterior não estão sendo bem-vindas. O jornalista britânico Christopher Dobson recebeu ameaças e Arnaud de Borchgrave, um dos editores da Newsweek, *recebeu um telefonema de um diplomata do Iémen para lhe comunicar que poderia haver fortes represálias se a revista publicasse uma reportagem sobre o Setembro Negro.*

O Mossad identificou o diplomata como Daoud Bakarat, um representante da República Democrática do Iémen com base em Genebra e um dos líderes do grupo terrorista.

Continuava assim o relatório:

Nenhum país ocidental manteve os militantes do Setembro Negro por muito tempo na prisão, sendo postos em liberdade de um modo até muito diligente. Mas não só os países ocidentais; também os árabes. Por exemplo, os assassinos do primeiro-ministro jordaniano, Wasfi Tell, foram rapidamente postos em liberdade pelas autoridades egípcias e nunca foram levados a julgamento.

O chefe do Mossad folheou várias páginas e fotografias em preto e branco de rostos, aviões queimados ou corpos deitados e rodeados por uma poça de sangue seco no chão de uma rua sem nome, de alguma cidade desconhecida.

ORGANIZAÇÃO: *o Setembro Negro não tem sede, nem quartel-general, nem porta-voz, mas é indubitavelmente uma organização com hierarquias e grande disciplina. Apenas um oficial do grupo foi detido e interrogado. Abu Daoud estava em Amã para arquitetar sequestros ou assassinatos de importantes políticos e militares do país. Durante o interrogatório, Daoud confessou que o Setembro Negro era o órgão de operações especiais afiliado aos serviços de inteligência da Al Fatah.*

O chefe de espionagem israelense anotou à margem: "A OLP é o instigador dos ataques do ST [Setembro Negro] e diante do mundo lava as mãos". Depois, escreveu suas iniciais e a data. Na página seguinte, deparou com um esquema com grandes linhas que ligavam alguns nomes a outros.

A página estava encabeçada com o logotipo da Apam (*Avtahat Paylut Modienit*), a unidade encarregada da segurança das operações do Mossad.

O chefe do Setembro Negro é Mohammed Yusif Najjar, conhecido como Abu Yussef. Tem experiência em questões de inteligência. É um dos principais conselheiros de Arafat. O segundo no comando é Ali Hassan Salameh. Foi Salameh quem disse: "Dará maior publicidade à nossa causa assassinar um judeu na Europa do que cem em Israel". As principais tarefas de Salameh dentro do Setembro Negro são as operações na Europa, e Najjar lhe dá plenos poderes para que as possa planejar e executá-las sem consultar ninguém.

MEMBROS: *para o recrutamento, o Setembro Negro atrai seus futuros membros no seio dos estudantes da Universidade Americana de Beirute ou entre os estudantes de outros países europeus. Após um duro treino de manejo das AK-47 e de explosivos, os novos membros prestam o juramento conhecido como "as três negociações". Diante de um exemplar do Alcorão, o novo membro, depois de jurar lealdade ao povo palestino, deve responder a uma pergunta feita por Abu Daoud: "Quantas negociações há, meu irmão?", ao que o jovem responde: "Três, meu ilustre amigo".*

As três negociações referem-se a: não à solução pacífica, não ao Reino Árabe Unido e não a uma solução em que não esteja incluído o povo palestino.

Zvi Zamir continuou a ler o relatório cuidadosamente. Uma página amarela indicava no cabeçalho:

FINANCIAMENTO: *os fundos do Setembro Negro provêm na maior parte da OLP e de alguns países do Golfo Pérsico, principalmente dos xeiques do petróleo. Um dos maiores apoios econômicos e de refúgio é o líder líbio Muammar al-Gaddafi. Depois da matança de Munique, a Líbia transferiu 5 milhões de dólares de fundos para uma conta numerada na Suíça. A conta pertencia a uma empresa cujo presidente está ligado ao Setembro Negro.*

A Líbia não só entrega fundos ao grupo como também lhe dá cobertura diplomática por meio de suas embaixadas na Europa. Os setembristas circulam de país em país sob imunidade diplomática, atravessando aeroportos e fronteiras sem nenhum tipo de controle. Até as armas e os explosivos são enviados da Líbia em suas malas diplomáticas. O armamento e os explosivos usados nos atentados procedem da Embaixada da Líbia em Bona, de onde foram distribuídos.

"Se alguém acendesse um fósforo no edifício diplomático líbio, metade de Bona voaria pelos ares", pensou Zamir enquanto fechava a pasta violentamente e a atirava sobre a mesa.

Apesar de, após cada ação, o Setembro Negro preparar eloquentes desculpas, como "nós não somos bandidos nem assassinos" depois do sucedido em Munique, o grupo palestino tornou-se o principal alvo a ser abatido pelo Mossad.

Curiosamente, o primeiro atentado do novo grupo terrorista não foi contra um alvo israelense, mas sim árabe. Na tarde do dia 28 de novembro de 1971, o grupo do Setembro Negro fez sua estreia. O primeiro-ministro Wasfi Tell, um dos mais obstinados defensores em acabar com a resistência palestina e um dos mais fiéis conselheiros do monarca jordaniano, estava no Cairo para participar de uma reunião dos chefes de Estado da Liga Árabe. À entrada do hotel Sheraton, no qual era realizado um almoço de trabalho, Tell foi assassinado com cinco tiros pelas costas.[14] Somente três semanas depois o grupo palestino lançou um novo golpe. Desta vez, o alvo era o embaixador jordaniano na Grã-Bretanha.

Certa manhã, quando o diplomata se dirigia à delegação jordaniana em seu veículo, um homem postado numa ilha de pedestres disparou contra ele, assassinando o motorista e deixando o embaixador gravemente ferido. As autoridades britânicas puseram-se no encalço do terrorista, que pouco tempo depois detido na França. O Mossad informara o MI6 de que o terrorista poderia ser um argelino chamado Frazeh Khelfa, mercenário dos grupos integristas. O governo de Londres pediu sua extradição à França, mas Khelfa já tinha sido extraditado para a Argélia, onde responderia por dois atentados cometidos num quartel da polícia de Argel. Khelfa foi julgado pelos dois delitos, condenado à morte e executado.

No dia 8 de maio de 1972, quatro terroristas sequestraram um avião da companhia aérea belga Sabena no voo de Viena para Tel Aviv, com noventa passageiros e dez tripulantes. Depois de aterrissar no aeroporto de Lod, dois homens e duas mulheres tomaram como reféns os passageiros israelenses e exigiram a libertação de centenas de prisioneiros árabes que se encontravam nas prisões de Israel. Moshe Dayan dirigiu pessoalmente a operação de comandos. O lendário general encarregou um jovem oficial chamado Ehud Barak[15] de liderar o grupo de assalto. Mais tarde, Barak seria nomeado chefe do Estado-Maior; Ministro sem Pasta no último governo de Yitzhak Rabin antes deste ser assassinado; Ministro de Relações Exteriores no último governo de Shimon Peres e, finalmente, primeiro-ministro de Israel. Disfarçados de mecânicos, os comandos israelenses tomaram o avião, executando a tiros os dois homens e capturando as mulheres, que foram condenadas à prisão perpétua. O fracasso de Sabena implicou um duro golpe para o Setembro Negro, e, devido a isso, o grupo viu-se obrigado a realizar novamente um atentado para recuperar sua imagem no mundo árabe.

Nesse mesmo mês, a FPLP, cujos membros são conhecidos como *flops* pelo Mossad, decidiu organizar uma conferência internacional de grupos terroristas no campo de refugiados de Badawi, perto da cidade libanesa de Trípoli. O tema principal tratado foi a coordenação entre os grupos para realizar ataques conjuntos. O *Saifanim*, departamento do Mossad encarregado de colher informações sobre a OLP, redigiu um relatório no qual se afirmava que tinham assistido à reunião representantes do Setembro Negro, do grupo Baader-Meinhof da Alemanha Ocidental, do Exército Republicano Irlandês (IRA), do Exército Vermelho do Japão e de diversas frentes de libertação procedentes do Irã e da Turquia. Num curto espaço de tempo, a chamada Conferência de Trípoli deu seus frutos. Alguns contatos da FPLP e do Setembro Negro contrataram três membros do Exército Vermelho japonês para realizar um atentado no mesmo aeroporto de Tel Aviv. Em 30 de maio de 1972, armados com fuzis de assalto tchecos, entraram no edifício do terminal principal e dispararam contra as pessoas que lá estavam. O resultado foram 27 mortos e 78 feridos em diferentes graus de gravidade. Alguns dos mortos eram peregrinos católicos porto-riquenhos que tinham chegado a Tel Aviv com destino a Jerusalém.

Após o massacre de Munique, e aconselhada por Zamir e Yariv, a primeira-ministra Golda Meir deu ordem às forças aéreas para que atacassem as bases guerrilheiras no Líbano e na Síria, incluindo o campo de refugiados de Deraa, local onde tinham sido treinados os agressores da Vila Olímpica. Vinte e cinco caças-bombardeiros da FAI atacaram os alvos deixando 66 mortos e 24 feridos.

Num sábado de setembro, o chefe do Mossad recebeu uma chamada em casa. Era proveniente da residência da primeira-ministra, cujo objetivo era convocar com urgência o Tsiach (*Tsorech Yediot Hasuvot*) — reunião de organizações de serviços secretos civis e militares. Golda Meir, a essa altura uma avó sexagenária, cogitara durante toda a noite sobre o passo que decidira dar e que naquela mesma manhã comunicaria aos chefes de espionagem. Com todos reunidos ao redor de uma grande mesa, a líder política dirigiu-se aos presentes: "Depois dos últimos e trágicos acontecimentos por meio dos quais nosso país foi gravemente atingido, decidi que Israel combaterá com persistência e engenho numa primeira linha vital, perigosa e de longo alcance", disse laconicamente Meir. Yariv tentou fazer uma observação, mas foi interrompido pela líder israelense, que levantou a mão em sua direção. "Ninguém escapará do longo braço da justiça israelense", concluiu ela.

Zamir dirigiu um olhar incrédulo a Yariv, que estava a seu lado, e perguntou: "Senhora primeira-ministra, o que decidiu?". "Decidi que seus homens executarão todos os responsáveis pelo massacre de Munique e qualquer terrorista que se interponha no caminho", disse ela.

Naquele momento, a ampla sala do gabinete cobriu-se de um denso silêncio, que foi interrompido novamente por Meir. "Amigo Zamir, você acha que poderá preparar uma equipe para executar essa operação?". "É possível", confirmou o chefe do Mossad.

Desse modo, Golda Meir dava sinal verde à ativação de uma das maiores equipes do Kidon, a subunidade de assassinos da Metsada. Na mente dos responsáveis pela comunidade de inteligência israelense, ficara gravada uma frase que Golda Meir pronunciara enquanto deixavam a sala: "Aconteça o que acontecer a partir de agora, lembrem-se de Munique e do que nosso país perdeu lá".[16]

Depois de assimilar a nova tarefa que lhes fora incumbida, tanto Zvi Zamir como Aharon Yariv tinham que decidir a estrutura das equipes do Kidon, uma vez que os primeiros alvos eram evidentes. Tinham sido encarregados pessoalmente por Golda Meir para dirigir uma das principais e mais importantes batalhas contra o terrorismo palestino que seria executada pelo Mossad. A primeira-ministra assinara a sentença de morte de 35 terroristas árabes diretamente relacionados ao Setembro Negro ou a seu aparelho político. A "Operação Ira de Deus" estava em andamento.[17]

O *memuneh* convocou o responsável pelo Melucha ou Tsomet, que em hebraico significa "Reino" — o departamento de recrutamento que forma os *katsa*. Depois de informá-lo sobre a decisão da primeira-ministra, Zamir disse-lhe: "Preciso de aproximadamente quinze 'combatentes' para uma missão especial. A maior parte deles deve ser especialista em execuções, comunicações e transporte. Você tem até amanhã pela manhã para me apresentar as fichas dos candidatos".

Para liderar a Operação Ira de Deus, o Tsomet elegeu Mike Harari, um *katsa* veterano de 46 anos que já há algum tempo dirigia os *kidon* da Metsada. Harari iniciou sua carreira em Roma durante a ocupação nazista na Segunda Guerra Mundial, ajudando judeus italianos a escapar para a Palestina. Em 1950, fora recrutado pelo Shin Bet e, em 1960, transferido para o Mossad. Dez anos depois, assumira o controle da temível Metsada.

As equipes do Mossad seriam formadas por cinco grupos: Aleph (a primeira letra do alfabeto hebraico), Beth (a segunda), Heth (a oitava), Ayin (a décima sexta) e Qoph (a décima nona).

Aleph seria formada por dois *kidon* especializados em execuções e combate corpo a corpo, provenientes do Mossad ou dos comandos especiais do exército. Beth seria formada por dois *kidon* especializados em segurança e estariam encarregados da proteção de Aleph. Heth seria formada por um homem e uma mulher, ambos *kidon* da Metsada, que operariam de forma independente em relação aos dois grupos anteriores. Ayin seria formada por uma equipe de seis a oito *kidon*, e sua missão seria realizar funções vitais para Aleph e Beth. Estas teriam que perseguir os alvos, reunir informações sobre eles e possíveis recomendações de formas e locais de ataque. A quinta equipe seria formada por dois agentes especializados em comunicações. Ao todo, entre catorze e dezesseis *kidon* da Metsada fariam parte da maior operação de represália conduzida pelo serviço de espionagem de Israel contra terroristas palestinos.[18]

Rafi Eitan, Aharon Yariv, Zvi Zamir e Mike Harari decidiriam qual seria o primeiro alvo a ser abatido na lista de 35 indivíduos relacionados ao Setembro Negro que deviam ser executados.

Wael Zwaiter era um palestino residente em Roma há dezesseis anos, onde exercia trabalho administrativo na Embaixada da Líbia. Um de seus trabalhos era, também, traduzir textos para o italiano; por exemplo, a magnífica tradução de *As Mil e uma Noites*.

O Mossad sabia que Zwaiter tivera ligações muito próximas com o Setembro Negro, assim como com o conluio de agosto de 1972 para fazer explodir um avião Boeing 727 da El Al em pleno voo, por meio de um mecanismo explosivo colocado num gravador. Enquanto os palestinos garantiam que Zwaiter era apenas um intelectual com muito boas amizades na cúpula de poder italiana, os israelenses garantiam que estava envolvido nos ataques do Setembro Negro em Roma.[19]

Em 16 de outubro de 1972, um *kidon* da equipe Ayin informou os assassinos da equipe Aleph que o alvo decidira sair naquela mesma noite para jantar com uma amiga. Assim que informou Harari, o *kidon* preparou-se para pôr o primeiro plano em ação.

Naquela tarde, o palestino saiu depressa de seu apartamento em direção à casa da amiga Janet Brown, uma australiana de 50 anos que vivia há algumas décadas na cidade italiana. Depois do jantar, os membros da equipe Beth seguiram Wael Zwaiter até sua casa na Piazza Annibaliano, ao norte da cidade. Zwaiter levava nas mãos vários pacotes com comida e uma garrafa de vinho. Por volta das 22h30, o palestino se dirigiu à porta de entrada.

Enquanto procurava uma moeda de dez liras para introduzir no contador do elevador, dois *kidon* saíram das sombras. Um deles disse: "Lembre-se de Munique". Ao se virar, o segundo disparou seis vezes. O primeiro *kidon* fez o mesmo, mas o último disparo acertou-lhe a boca. Segundos depois, ambos tinham desaparecido em um Fiat 125 verde alugado em nome de um turista canadense chamado Anthony Hutton.

Quase dois meses depois, a estação do Mossad na França informou Mike Harari que o segundo alvo fora localizado em Paris. Era o doutor Mahmoud Hamshari.

De meia-idade, o Mossad sabia que Hamshari era realmente um homem importante da OLP e representante oficial do Setembro Negro na França. Os *kidon* da equipe Ayin informaram os assassinos da Aleph que Hamshari não andava com guarda-costas e que vivia num elegante apartamento no número 175 da Rue d'Alésia com sua esposa francesa, Marie-Claude, e a filha Amina. Aparentemente, Mahmoud Hamshari não reforçara sua segurança depois da execução de Zwaiter.

Um dos *kidon* da equipe de assassinos decidiu utilizar um novo método para executar Hamshari, pois seria mais difícil aproximar-se dele em plena rua. No início de dezembro, um agente israelense fez-se passar por um jornalista italiano interessado na questão palestina. O *katsa* combinou um encontro com Hamshari num pequeno café no centro de Paris. Ali, ambos discutiram a situação no Oriente

Médio, e o jornalista mostrou sua clara desaprovação com a política israelense. Entretanto, do lado de fora, eram vigiados por dois *kidon* da equipe Ayin.

Durante uma segunda reunião entre o falso jornalista e o palestino, dois *kidon* conseguiram entrar em sua casa. Um deles abriu seu telefone e colocou no interior um dispositivo explosivo preparado em Israel pelos técnicos do Mossad. Em 8 de dezembro, uma sexta-feira, de manhã bem cedo, o telefone tocou. Mahmoud Hamshari dirigiu-se da cozinha ao escritório para atender. Ao levantar o telefone do gancho, uma voz do outro lado da linha perguntou: "É o senhor Mahmoud Hamshari?". "Sim", respondeu o palestino. Nesse momento, Hamshari ouviu um pequeno estalo na linha e em seguida uma forte explosão que lhe arrancou parte do rosto. Mahmoud Hamshari morreria dias depois no hospital.

Para a OLP e os líderes do Setembro Negro, era evidente que se desencadeara uma guerra cujos adversários eram os dirigentes palestinos e os *kidon* da Metsada.

Em janeiro de 1973, equipes do Kidon foram enviadas por Harari à ilha mediterrânea do Chipre. O alvo era Hussein Abdel Chir, também conhecido como Hussein Bashir ou Abdel Hir. O relatório que o Mossad tinha afirmava que o palestino tinha cerca de 36 anos de idade e que havia se tornado um importante intermediário dos serviços de segurança palestinos com o KGB soviético. Mike Harari deu carta branca quando os *kidon* da equipe Ayin informaram que Hussein Abdel Chir era na verdade o chefe supremo do Setembro Negro na ilha.[20]

As unidades do Mossad responsáveis por seguir alvos sabiam que Abdel Chir ficaria pouco tempo em Nicósia, visto que, desde os assassinatos de Zwaiter e Hamshari, muitos palestinos tinham decidido tomar precauções.

Os *kidon* seguiram o palestino até um pequeno restaurante, onde ele se encontrou com outro homem que o Mossad identificou como agente do KGB destacado para a Embaixada soviética no Chipre. Após o fechamento do local, o palestino e o russo despediram-se, e Hussein Abdel Chir dirigiu-se a pé ao hotel onde estava hospedado, o Olympic, na avenida Presidente Makarios. Em meados de janeiro de 1973, os assassinos do Kidon desembarcaram na ilha usando passaportes britânicos falsos e se registraram no hotel. Num dia em que Abdel Chir saíra, os dois *kidon* entraram em seu quarto e plantaram uma carga explosiva sob a cama.

Na noite de 24 de janeiro de 1973, Hussein Abdel Chir voltou ao hotel e, depois de tomar banho, decidiu se deitar para ler uma série de documentos. Os agentes israelenses, da rua, vigiavam a janela do quarto. Quando o palestino apagou a luz, um dos *kidon* ativou o mecanismo explosivo com um comando a distância, e Abdel Chir voou pelos ares em pedaços. O terceiro alvo fora eliminado.

Durante três meses, e depois do assassinato de três líderes palestinos, a equipe de carrascos viu-se obrigada a se manter às sombras até a localização de novos alvos. Abril seria um mês intenso para os homens de Harari e para a Operação Ira de Deus.

No início desse mês, as equipes do Kidon viajaram de novo a Paris. Desta vez, o alvo era o doutor Basil Al-Kubaissi, um professor de Direito na Universidade Americana de Beirute. Para o Mossad, ele era um contato importante do grupo Setembro Negro na Europa, além de encarregado de fornecer armas e explosivos a seus homens.

Na noite de 6 de abril, o professor saiu do Café de la Paix após um magnífico jantar e foi a pé ao hotel, perto da igreja de Madeleine. Ao se aproximar de uma esquina, o palestino reparou que era seguido por dois jovens que davam a impressão de ser estudantes, com mochilas às costas. As vozes que ele ouvia eram as dos dois estudantes, que discutiam em francês a respeito de algum exame. Quando ambos chegaram perto de Al-Kubaissi, um deles pegou a arma e disparou na nuca do palestino. Quando caiu ao chão, já estava morto. O segundo *kidon* aproximou-se do cadáver e lhe disparou na boca.[21]

Em 11 de abril, horas depois da denominada "Operação Primavera da Juventude",[22] os assassinos do Mossad deslocaram-se para Atenas, onde os *kidon* do grupo Ayin tinham localizado um novo alvo.

Zaiad Muchasi substituíra Hussein Abdel Chir no comando do Setembro Negro no Chipre e estava na capital grega para participar de uma reunião secreta. Os agentes da Operação Ira de Deus recorreram, para assassinar Muchasi, ao mesmo método usado para matar Abdel Chir. Um *kidon* entrou no quarto de hotel e colocou sob a cama um potente explosivo.

Um telefonema fez com que o palestino se sentasse na cama e ativasse o explosivo. O corpo dele voou pelos ares, e seu cadáver foi encontrado dois andares acima. Com os três líderes da OLP e do Setembro Negro assassinados em Beirute pelo Kidon dentro da Operação Primavera da Juventude, já eram oito os líderes palestinos ligados ao Setembro Negro executados pelos vingadores de Munique, e a contagem avança.

Poucos dias depois, a estação do Mossad em Roma lançou uma "Luz do Dia" — o estado de alerta máximo dos agentes dos serviços secretos israelenses. Aparentemente, um *katsa* instalado na Embaixada de Israel na capital italiana detectara Abdel Hamid Shibi e Abdel Hadi Nakaa, ativistas do grupo Setembro Negro. Ambos preparavam um ataque contra interesses israelenses na Itália.

Mike Harari, depois de consultar Zvi Zamir, ordenou a seus *kidon* que fossem a Roma e executassem Shibi e Nakaa. Os terroristas deslocavam-se sempre num

Mercedes-Benz preto. A unidade Ayin informou que em várias ocasiões enquanto o seguiam, os dois homens haviam deixado o automóvel no mesmo estacionamento do centro da cidade. Seria ali que preparariam o golpe.

Numa tarde, duas equipes do Kidon seguiram Abdel Hamid Shibi e Abdel Hadi Nakaa. Quando estes deixaram o veículo, um *kidon* abriu a porta do Mercedes e colocou uma mina sob o banco do motorista. Antes, o agente tinha posto ali uma chapa de aço, para que a deflagração fosse ascendente.

Sete horas depois, apareceram Shibi e Nakaa. O último ocupou o lugar do passageiro, enquanto Shibi abria a porta do motorista. Ao se sentar, ambos ouviram uma espécie de clique — haviam acabado de ativar a mina. A explosão deixou Abdel Hamid Shibi gravemente ferido e Abdel Hadi Nakaa em estado crítico. O teto do Mercedes foi separado da carroceria pela onda de choque e caiu a trezentos metros de distância. Ambos os palestinos morreram a caminho do hospital.

A poucos metros dali, um carro com quatro homens abandonava o local da ação, enquanto se ouviam as primeiras sirenes da polícia se aproximando.

Ainda restavam três alvos importantes: Jamal Al-Gashey, Mohamed Safady e Adnan Al-Gashey, todos eles sobreviventes do comando do Setembro Negro que adentrara a Vila Olímpica de Munique. Para Mike Harari, Adnan Al-Gashey era um alvo prioritário, uma questão pessoal. Al-Gashey era o terrorista que havia disparado a rajada fatal na direção dos vários atletas israelenses num dos helicópteros estacionados no aeroporto de Fürstenfeldbruck.[23]

Durante vários meses, Al-Gashey manteve-se escondido com a esposa em diferentes casas de Beirute, até o Mossad descobri-lo num país do Golfo Pérsico. O palestino, sobrevivente da operação de Munique, tentava encontrar trabalho como pedreiro. Os *kidon* da Metsada vigiaram-no durante duas semanas, até a equipe Ayin informar Harari de que o tinham descoberto com um primo seu. Quando o *kidon* entrou na sala da casa, o palestino estava sentado no sofá. O agente israelense o olhou e, depois de pronunciar a famosa frase "Lembre-se de Munique", disparou sua Beretta. A primeira bala, a que o acertou na cabeça, matou o terrorista do Setembro Negro.

Mohamed Safady foi localizado em Beirute, na casa da mãe. Ele nem sequer se motivara a se esconder. Safady sabia que os israelenses estavam atrás dele e que, mesmo que tentasse se esconder, os agentes do Mossad o encontrariam mais cedo ou mais tarde, como acabou por acontecer.

Certa manhã, quando caminhava por uma rua de Beirute depois de sair de uma padaria, alguém se aproximou por trás e lhe disparou várias vezes pelas costas. Quando o palestino caiu numa poça de sangue, o *kidon* da Metsada se aproximou, pôs o cano da arma na nuca dele e disparou. Em seguida, desapareceu nas sombras.

Os vingadores de Israel haviam conseguido matar ou neutralizar doze responsáveis pelo Setembro Negro ligados ao assassinato dos onze atletas israelenses durante os Jogos Olímpicos de Munique, mas ainda era preciso localizar os líderes principais: Ali Hassan Salameh, conhecido como "Príncipe Vermelho", Mohamed Boudia, Abu Daoud e Abu Iyad. Os homens de Mike Harari não permitiriam que nenhum escapasse ao Kidon, o longo braço de Israel.

Jamal Al-Gashey, de nacionalidade líbia e único sobrevivente do comando do Setembro Negro que entrou na Vila Olímpica de Munique, sobreviveu à vingança do Kidon. Seu rastro se perdeu na Líbia.

OPERAÇÃO DIAMANTE

ALVOS: Terroristas do Setembro Negro

POSIÇÃO: Salvar a primeira-ministra de Israel, Golda Meir

DATA: 15 de janeiro de 1973

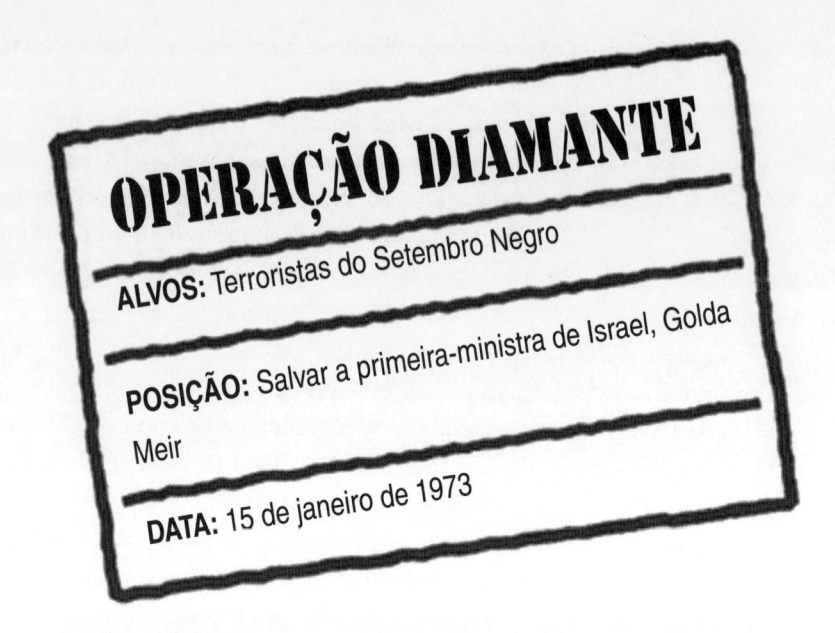

Enquanto os esquadrões de execução da Metsada trabalhavam a pleno vapor, exterminando quase uma dezena de membros do grupo palestino Setembro Negro, responsáveis pelos assassinatos de onze atletas da equipe israelense nos Jogos Olímpicos de Munique, Ali Hassan Salameh, que o Mossad conhecia pelo apelido de Príncipe Vermelho, preparava um ataque surpresa para liquidar a própria Golda Meir.

Os homens do Setembro Negro tinham descoberto, por meio de um elemento infiltrado no Vaticano, que a líder israelense planejava se encontrar com o Papa Paulo VI. Golda Meir tentava uma aproximação com o intuito de estabelecer relações diplomáticas entre Israel e a Santa Sé. Dois serviços secretos, o Mossad israelense e a Santa Aliança do Vaticano, teriam de trabalhar lado a lado se quisessem salvar a chefe do governo israelense.[1]

A Operação Diamante para o Mossad e a Operação Jerusalém para a Santa Aliança provaram a conivência entre os dois serviços de espionagem, uma colaboração que daria frutos alguns anos depois quando o Mossad, em plena guerra contra o Setembro Negro por causa dos assassinatos dos atletas israelenses no ano anterior, revelou conhecer um plano para sequestrar e assassinar o Papa Paulo VI.[2]

No final do outono de 1972, Golda Meir, por intermédio da Secretaria de Estado do Vaticano, recebeu um comunicado secreto do Papa Paulo VI em que indicava estar disposto a recebê-la numa audiência privada. Em 11 de dezembro do mesmo ano, Meir reuniu-se com seu gabinete e Zvi Zamir, o *memuneh* do Mossad, para lhes pedir conselhos sobre as medidas de segurança que deveriam ser adotadas.

Meir deixou claro a Zamir e a Aharon Yariv, seu consultor particular em matéria de terrorismo, de que "não pretendia ir a Canossa", um ditado popular israelense que faz referência ao castelo italiano onde o imperador Henrique IV, do Sacro Império Romano Germânico, se humilhou como penitente diante do Papa Gregório VII, no ano de 1077. Meir era orgulhosa demais para isso.

Zamir, por meio da Santa Aliança, e o Ministério dos Negócios Estrangeiros de Israel, por intermédio da Secretaria de Estado do Vaticano, souberam que o dia 15 de janeiro de 1973 seria a data escolhida para o encontro. O poderoso cardeal Jean Villot informou que o encontro entre Paulo VI e Golda Meir duraria 35 minutos, que posteriormente se trocariam presentes e que em nenhum momento se regeria por uma agenda específica, significando a possibilidade de ser tratado qualquer tema por ambas as partes. A segurança ficaria nas mãos do Mossad, liderado por Zamir, e da Santa Aliança, em contato com o serviço de espionagem italiano.[3]

A agenda da primeira-ministra de Israel estava programada até o último detalhe. Segundo o plano, Meir devia voar para Paris durante os dias 13 e 14 de janeiro para assistir à Conferência da Internacional Socialista, e dali viajaria a Roma em um avião sem identificação alugado pela El Al. Os acompanhantes de Golda Meir seriam informados do destino final apenas durante a viagem. Depois da reunião com o Sumo Pontífice, Meir viajaria até a Costa do Marfim para se reunir durante dois dias com o presidente, Félix Houphouët-Boigny, e depois regressaria a Israel.

Zamir decidira viajar uma semana antes para Roma a fim de preparar as medidas de segurança e estabelecer contato com os agentes da Santa Aliança. Mike Harari, o responsável pela equipe de assassinos da Metsada, foi informado também da viagem de Meir pelo próprio *memuneh*. Para ele, a Cidade Eterna era um cenário favorável para um ataque de terroristas árabes. Desde o ataque à delegação israelense nos Jogos Olímpicos de Munique, a capital italiana tornara-se uma cidade de encontro de terroristas à procura de uma boa informação e de traficantes de armas em busca de um bom cliente. Apenas alguns meses antes, em 16 de outubro, os *kidon* de Harari tinham executado Wael Zwaiter, um intelectual, tradutor de *As Mil e uma Noites* para o italiano e um dos homens do Setembro Negro na Itália.[4]

Os intermediários entre o Mossad e a Santa Aliança eram Mark Hessner, da parte israelense, e o padre Carlo Jacobini, da parte da Entidade, nome pelo qual o mundo da espionagem conhecia o serviço secreto do Vaticano. Shai Kauly, *katsa* responsável pela estação de Milão, se juntaria a Hessner. Num encontro secreto, Jacobini, Kauly e Hessner foram postos a par, por Zvi Zamir, de todos os detalhes da viagem de Golda Meir a fim de se reunir com o Papa Paulo VI. Era evidente que não poderia haver nenhum equívoco de informação se quisessem evitar um atentado contra Meir pelos homens de Ali Hassan Salameh, o Príncipe Vermelho.

Um dia depois, o serviço de contraespionagem vaticano, o *Sodalitium Pianum*, informou a Jacobini que alguém, possivelmente algum sacerdote ligado à Secretaria de Estado, transmitira uma informação sobre Meir a um contato em Roma conhecido por suas relações com o Setembro Negro. A Santa Aliança informou Zamir sobre o vazamento de informação. O *memuneh* chamou primeiro Aharon Yariv. Precisava de um bom aliado para convencer Golda Meir de que talvez fosse recomendável cancelar o encontro com Paulo VI. Por conhecer bem a primeira-ministra, Yariv sabia que uma simples ameaça não a faria voltar atrás em sua decisão de conseguir o reconhecimento de Israel pelo Vaticano, ainda que tivesse de assumir o risco de um atentado pelo mesmo grupo terrorista que, meses antes, ousara assassinar os atletas israelenses. A única resposta de Meir a Zamir foi: "*Memuneh*, o seu trabalho é evitá-lo. Israel não pode recuar por causa de uma ameaça".

Para a segurança da reunião, o Vaticano destacou outro sacerdote, um especialista em assuntos de contraespionagem que pertencia ao *Sodalitium Pianum*, o padre Angelo Casoni. Foi ele quem havia descoberto que a informação da viagem clandestina de Golda Meir para se encontrar com o Papa Paulo VI poderia ter chegado às mãos de Abu Yussef.[5] Carlo Jacobini, da Santa Aliança, e Zvi Zamir, do Mossad, sabiam que, mais cedo ou mais tarde, algum grupo terrorista apareceria.[6]

Yussef enviara um comunicado a Ali Hassan Salameh, o Príncipe Vermelho, líder supremo do grupo terrorista palestino Setembro Negro e cérebro da operação contra os atletas em Munique. O texto do comunicado dizia: "Acabemos com aquela que derrama nosso sangue por toda a Europa".[7]

O modo e o local exato do atentado contra Meir dependiam única e exclusivamente de Salameh. Enquanto para o Príncipe Vermelho o assassinato de Golda Meir seria uma surpresa aterradora na luta contra os israelenses, para Yussef implicava uma oportunidade espetacular de demonstrar ao mundo que o Setembro Negro continuava a ser um poderoso grupo terrorista a se considerar. O assassinato da líder israelense no Vaticano colocaria o grupo nas primeiras páginas de todos os meios de comunicação.[8]

Em 10 de janeiro, cinco dias antes da reunião, o *memuneh* Zvi Zamir e os *katsa* Mark Hessner e Shai Kauly foram conduzidos num carro preto pelas ruas de Roma rumo ao Vaticano. Os guardas suíços que protegiam o portão bateram continência enquanto o automóvel adentrava a área administrativa da Santa Sé. Ao saírem do carro, o padre Carlo Jacobini os esperava. Zamir sabia, pelo relatório que tinha sobre Jacobini, que o sacerdote estudara nos Estados Unidos e que sua experiência em inteligência fora adquirida fazendo vários cursos em Langley, o quartel-general da CIA, no Estado da Virgínia.

O agente da Santa Aliança falava fluentemente seis línguas e dentro do Vaticano era considerado um autêntico "nobre" devido à relação familiar com altos membros da Cúria romana, como o cardeal Domenico Maria Jacobini, o cardeal Ludovico Jacobini, secretário de Estado do Papa Leão XIII, e o cardeal Angelo Jacobini. Zvi Zamir sabia que o jovem espião era, sem dúvida, um bom contato para se movimentar pelos corredores do Vaticano, ainda mais depois da perda de confiança da Entidade em relação à CIA.[9]

Nada se sabia da reunião secreta realizada no Vaticano entre o Mossad e a Santa Aliança. Ao atravessar a praça de São Pedro, o *memuneh* disse ao motorista que o levasse ao aeroporto para que tomasse um avião para Tel Aviv.

No Instituto, nome pelo qual é conhecido o serviço de inteligência israelense, já se sabia, por meio do padre Angelo Casoni, que Ali Hassan Salameh fora informado da viagem de Golda Meir a Roma e que deviam estar preparados para evitar o atentado.

Ao mesmo tempo, a estação do Mossad em Londres informou a Mike Harari que tinham recebido um telefonema de um homem que dizia se chamar Akbar. Este era um "agente antiquado" que chegara à capital britânica para estudar economia. Akbar mantinha ótimas relações com a cúpula da OLP em Londres.

O relatório chegou à mesa de Harari em Tel Aviv por intermédio do código Berman, usado por todas as estações do Mossad. O chefe da Metsada pediu ao *Saifanim*, o Departamento encarregado de recolher informações sobre a OLP, o dossiê sobre Akbar. Depois de alguns minutos, uma ampla pasta marrom com vários selos na capa estava diante de Mike Harari. Ao abri-la, o chefe da Metsada descobriu o rosto do palestino que se dizia chamar Akbar. Uma fotografia de tamanho grande colocada na parte superior do relatório e outras três menores na parte inferior da folha mostravam o rosto do homem que telefonara para a estação londrina a fim de pôr o Mossad em guarda em relação à segurança de Golda Meir.[10]

Sempre que se recebia uma informação de uma fonte da OLP, por mais extraordinária que fosse, os *katsa* do Mossad deviam informar a Metsada e a Apam. Uma vez que ambos os departamentos confirmassem a segurança da fonte, o *katsa*, vigiado por dois *kidon* da Metsada, estabelecia contato.[11]

Akbar suspeitava de que o Setembro Negro preparava uma operação importante, e não havia dúvida de que queria dinheiro. Harari recomendou a Zamir que, até saberem do que se tratava, não se informasse o serviço de espionagem do Vaticano.

O encontro deveria se realizar em Paris. Para isso, a segurança do Mossad o marcou na estação de metrô Pyramides. O departamento parisiense de espionagem israelense começou a seguir rigorosamente Akbar. Outros três *kidon* da equipe Ayin, liderados por Harari e destacados para a Operação Ira de Deus, seguiam também o informante palestino.

Uma vez estabelecido contato com Akbar, o *katsa* do Mossad perguntou: "Quem é o alvo?". "Um dos seus", respondeu Akbar.

Nas facções do Mossad espalhou-se o pânico. Por um lado, os *kidon* da Metsada executavam aqueles membros do Setembro Negro ligados ao atentado de Munique; por outro, os *katsa* do Mossad tinham de saber o quanto antes a identidade do alvo dos terroristas palestinos.[12]

No dia seguinte ao contato, Akbar voltou a ligar para a estação de Paris a fim de informar que desejava marcar outro encontro com os israelenses. Desta vez, o local escolhido seria Roma.

O encontro entre um *katsa* e Akbar ocorreu numa rua do centro da capital italiana. O informante árabe disse ao agente que o Setembro Negro preparava um atentado contra uma figura importante do Estado de Israel e que ainda não tinha nenhuma informação sobre a identidade do alvo. Harari, já em Roma, diante da visita de Golda Meir, decidiu pedir ao *memuneh* que a convencesse a cancelar a viagem. De acordo com o chefe da Metsada, um agente do KGB informara-o extraoficialmente que tinham detectado movimentação de palestinos, constantes nos arquivos da espionagem soviética, em diversos pontos da Itália.

Zvi Zamir ignorou as recomendações de Harari porque, para ele, os grupos terroristas tinham uma relação especial com o KGB. Em Moscou, educavam-nos politicamente e os treinavam para assassinar e preparar explosivos, que depois colocavam em centros comerciais ou em terminais movimentados de aeroportos.

Tanto o Mossad quanto a Santa Aliança sabiam que não podiam contar com o KGB para localizar os terroristas do Setembro Negro incumbidos de atentar contra a vida de Golda Meir. Se quisessem evitar o atentado, teriam de correr eles mesmos contra o relógio.

Os soviéticos não revelariam que os homens de Ali Hassan Salameh contavam com mísseis de fabricação russa, escondidos num armazém industrial em um porto iugoslavo, e que seria com eles que tentariam abater o avião de Golda Meir quando este estivesse prestes a aterrissar no aeroporto de Fiumicino. O plano era simples. Consistia em embarcar os mísseis Strela, do tipo SA-7, num navio industrial no porto de Dubrovnik e levá-los ao porto de Bari, no Adriático italiano. Dali seriam transportados num caminhão até Roma, aguardando então a chegada da primeira-ministra de Israel.

Para introduzir os mísseis na Itália, o próprio Hassan Salameh percorreu diferentes bares no porto de Hamburgo. Lá, contratou um alemão mais interessado em ganhar dinheiro rápido do que em fazer perguntas indiscretas, e também duas jovens com desejo de aventura em troca de um cruzeiro pelo Adriático. Não havia necessidade de saberem qual o conteúdo das caixas que guardariam em seus porões.

O alemão e as duas mulheres tinham apenas que se dirigir a uma pequena ilha perto de Dubrovnik, esperar que alguns sujeitos levassem as caixas para os porões e regressar a uma praia deserta a norte de Bari. Ali, dois homens poriam as caixas num furgão Fiat e lhes pagariam uma boa quantia em dinheiro.

Um dos homens disse ao alemão que devia ancorar ali perto e esperar por novas instruções. Naquela noite, enquanto o alemão e as duas mulheres amargavam a ressaca de uma festa, três homens se aproximaram do barco num bote inflável. Dois deles, enviados por Ali Hassan Salameh, se aproximaram do alemão. O marinheiro, ainda sob o efeito da ressaca, viu um dos recém-chegados sacar um punhal e, com um movimento rápido, cortar-lhe o pescoço. O segundo assassino desceu pelas estreitas escadas e descobriu as duas mulheres deitadas na mesma cama. Colocou o silenciador na boca da primeira mulher e disparou. O som seco acordou a segunda. O homem teve tempo de encostar o cano da arma na cabeça dela e disparar.

Em seguida, os terroristas do Setembro Negro enviados por Salameh rebocaram o barco e, quando estavam a mais de duas milhas da costa, abriram uma brecha na quilha e o afundaram com os três cadáveres lá dentro.[13]

O furgão Fiat, carregado com os mísseis, viajou até Roma por estradas secundárias, atravessando as cidades de Avelino, Terracina, Anzio e Ostia.

Zvi Zamir, Mike Harari e o padre Carlo Jacobini continuavam a trabalhar lado a lado para descobrir quando e como seria o ataque.[14]

Os mísseis de fabricação russa foram construídos com base no sistema norte-americano Redeye. Os foguetes eram disparados em direção ao alvo por um lançador de aproximadamente dez quilos apoiado sobre o ombro. Cada míssil, pesando nove quilos, possuía um sólido e rápido motor, além de um sistema de orientação passiva por infravermelhos. Esse tipo de míssil era totalmente inútil se se desejasse derrubar um caça, mas, se o alvo fosse mais pesado e lento, como um avião Boeing comercial, seria extremamente eficaz e letal.

Para desviar a atenção do Mossad de Meir e Roma, o Príncipe Vermelho decidiu realizar um ataque-surpresa contra Israel nessas mesmas datas. Em 28 de dezembro de 1972, um comando do Setembro Negro atacou a Embaixada de Israel em Bangcoc.[15]

Angelo Casoni, do *Sodalitium Pianum*, disse que uma de suas fontes lhe indicara que o assalto do Setembro Negro à delegação diplomática israelense na Tailândia não era nada além de uma forma de distrair a atenção da opinião pública. Jacobini não acreditava, mas Zamir sim.[16] O Mossad sabia que jamais poderiam libertar os reféns com um ataque de comandos israelenses, e Golda Meir também não permitiria que os tailandeses entrassem na Embaixada aos tiros. No final, e após horas de negociação entre o embaixador do Egito na Tailândia e o chefe do comando, concederam-se salvo-condutos aos integrantes do grupo de assalto para saírem do país rumo ao Cairo. Carlo Jacobini recomendou não baixar a guarda ante a possibilidade de um ataque em solo vaticano contra a líder israelense. Os homens do Setembro Negro estavam bem treinados, motivados e financiados, e também eram famosos pela extrema violência. Deixavam sempre um cadáver para trás.

Nas primeiras horas do dia 14 de janeiro, um dia antes do encontro entre Paulo VI e Golda Meir, um agente do *Sodalitium Pianum* informou ao padre Angelo Casoni que um informante seu em Bari lhe transmitira que circulava um boato sobre uma operação por parte de guerrilheiros palestinos em solo italiano. Ao mesmo tempo, um *sayan*[17] informou à estação do Mossad na Embaixada de Israel na Itália que ouvira uma conversa na qual um sujeito com nítido sotaque árabe garantia a outro, também com o mesmo sotaque, que em pouco tempo receberia um "monte de velas".

Nesse mesmo dia, a estação do Mossad em Londres comunicou a Zvi Zamir que outro informante revelara que o alvo do Setembro Negro seria desta vez um cidadão israelense. O chefe do Mossad tinha certeza de que o "monte de velas" referido pelo contato podiam ser mísseis, mas Zvi Zamir estava certo de que tanto Golda Meir quanto Paulo VI jamais cancelariam o encontro.

Zamir chamou Hessner, membro da Metsada, e Kauly, e solicitou uma reunião com os padres Jacobini e Casoni. Os serviços secretos do Vaticano deviam ser informados de cada passo da operação, e com certeza a Santa Aliança tinha melhores fontes na cidade de Roma do que os serviços secretos israelenses.[18]

Ali Hassan Salameh, conhecido pelo codinome Abu Hassan, o Príncipe Vermelho, era um homem culto, diligente e cruel. Diz-se que matou o meio-irmão com um tiro no olho quando descobriu que este passava informação a uma facção dissidente palestina. Salameh era casado com uma belíssima libanesa, Georgina Rizak, que fora Miss Universo em 1971.[19]

De acordo com o Mossad, o Príncipe Vermelho estava por trás da tentativa de assassinato de Golda Meir; porém, para a Santa Aliança, era difícil que o terrorista palestino se movimentasse pela cidade de Roma sem que tivessem conhecimento disso.

O dia em que o encontro deveria se realizar, 15 de janeiro, amanheceu frio e chuvoso. Tanto o Mossad e suas unidades da Metsada quanto a Santa Aliança e a Digos, unidade antiterrorista italiana, estavam em estado de alerta máximo. O padre Carlo Jacobini tinha certeza de que o Setembro Negro não deixaria Meir sair viva de Roma e, assim, informou o Papa Paulo VI. Zamir e Mike Harari sabiam que, se o ataque envolvia mísseis, o único lugar em que poderiam usá-los era nas imediações do aeroporto e, definitivamente, quando o avião estivesse aterrissando ou levantando voo. Seria melhor disparar um SA-7 a curta distância, visto que o míssil seguiria o rastro do calor das turbinas do avião e, assim, a porcentagem de acerto seria maior.

O Mossad e a Santa Aliança colocaram agentes no aeroporto e nas proximidades para vigiar qualquer movimento suspeito.[20]

Enquanto os agentes do Vaticano tinham recebido ordens de entregar os terroristas às autoridades italianas, os israelenses tinham instruções expressas de Zvi Zamir para executar todos os que encontrassem no caminho.

O primeiro alerta chegou poucas horas antes da chegada de Golda Meir. Quando vigiavam os arredores das instalações aeroportuárias, um agente do *Sodalitium Pianum* avisou o padre Angelo Casoni que avistara um furgão perto de uma das pistas mais distantes e que se aproximara para perguntar se precisavam de ajuda. Os homens dentro do veículo responderam com tom de voz nervoso que já tinham avisado que precisavam de um guincho. Casoni chamou Zamir, Harari e Hessner por rádio, e estes partiram para o local. Ao chegar, descobriram três homens num furgão Fiat bege, supostamente avariado e muito distante da estrada. Harari suspeitou de imediato. "Ninguém se distancia tanto de uma área de circulação se o que espera é um guincho", pensou.

Armados, os israelenses aproximaram-se de onde o veículo estava estacionado e pediram ao motorista que saísse e se identificasse. Nesse momento, a porta de trás se abriu e começou uma chuva de balas. Harari deu um salto para trás e, enquanto caía, disparou várias vezes. Um dos disparos arrancou uma orelha de um dos terroristas. Hessner, que estava agachado, apontou a arma, através da janela, para o interior do carro e passou a disparar às cegas. Uma bala atravessou o ombro direito do segundo terrorista e a segunda lhe destroçou parte da bochecha esquerda. Ambos os terroristas ficaram gravemente feridos, num chão encharcado de sangue.

Os agentes do Mossad conseguiram sair ilesos do tiroteio, mas, durante o confronto, o motorista conseguira fugir a pé. Uma equipe da Metsada que vigiava seu chefe perseguiu o terrorista fugitivo e conseguiu capturá-lo quando tentava saltar a grade de acesso às pistas do aeroporto.

Entre socos, introduziram-no num carro. Na frente, sentaram-se Hessner, ao volante, e Jacobini ao lado. Atrás sentaram-se Zamir e Harari com o terrorista no meio. O *memuneh* do Mossad perguntava insistentemente ao palestino a localização dos outros mísseis, enquanto o agredia a coronhadas. O ativista do Setembro Negro sorria, garantindo que jamais diria nada, mesmo que o matassem ali mesmo. Harari engatilhou sua arma e, enrolando-a no casaco, fez menção de dispará-la na cara do terrorista. O agente da Santa Aliança, contudo, impediu a execução.

Quando a forma do avião em que viajava Golda Meir se avistou ao longe, os agentes viram outro furgão branco perto da pista norte, cujo teto havia sido adaptado, podendo se vislumbrar nele espécies de tubos apontados para o céu.

Hessner pisou fundo no acelerador e bateu numa das laterais do veículo, fazendo-o capotar. Dentro, dois membros do Setembro Negro ficaram presos sob os mísseis e os lançadores. Zamir pediu então ao padre Jacobini que dessem a volta para ele executar os terroristas, mas, antes que pudesse disparar, o agente da Santa Aliança disse ao chefe do Mossad que, se os matasse, ele não teria alternativa a não ser informar o Sumo Pontífice, e que Israel ficaria novamente numa posição difícil.[21] Zamir preferiu não colocar mais um obstáculo nas complicadas relações entre Israel e o Vaticano, decidindo entregá-los à Digos. Cinco terroristas do Setembro Negro ficaram fora de combate e nas mãos das autoridades italianas.

Golda Meir conseguiu se reunir com o Papa Paulo VI, e, embora o pontífice tenha assegurado que não era o momento indicado para estabelecer relações diplomáticas, comprometeu-se a visitar a Terra Santa. Ao sair do Vaticano, Golda Meir disse a Zvi Zamir que "o relógio do Vaticano é diferente do do resto do mundo", e talvez estivesse certo.

O fracasso na tentativa de matar Golda Meir implicou para o Setembro Negro e seu líder supremo, Ali Hassan Salameh, uma derrota mais moral do que efetiva. O Príncipe Vermelho ansiava por vingança, e seu alvo seria, nada mais, nada menos, do que o próprio Mossad. Hassan Salameh queria deixar bem claro aos israelenses que era capaz de dar um contragolpe rápido, eficaz e demolidor.

O alvo seria um homem de negócios chamado Moshe Hanan Yshai, que mais tarde se descobriria ser, na realidade, um *katsa* de 37 anos chamado Baruch

Cohen.[22] O agente, um israelense que falava árabe, trabalhara durante anos para o governador militar de Nablus depois da Guerra dos Seis Dias. Cohen fazia parte do comando que havia tentado capturar Yasser Arafat.[23]

Em 1970, juntou-se ao Mossad, sendo enviado a Bruxelas com a missão de estabelecer contato com jovens árabes que estudassem em universidades europeias. Pouco depois, seria destacado para Madri a fim de tentar recrutar um jovem estudante palestino.

Durante dias, o próprio Cohen seguiu o árabe passo a passo. O certo é que o indivíduo não levantou nenhum tipo de suspeita ao *katsa*, e esse foi seu erro.

Em 26 de janeiro de 1973, por volta das 10h15, Cohen conseguiu estabelecer contato com o palestino de 25 anos no café Morrison, localizado na avenida central de José Antonio (atualmente Gran Vía). Em dado momento, enquanto conversavam, o árabe meteu a mão dentro do casaco e, diante da expressão surpresa do *katsa*, tirou uma arma com silenciador e disparou quatro vezes. O agente do Mossad ficou estendido no chão, gravemente ferido, em meio a uma poça de sangue. Levado para o hospital Francisco Franco, morreu na mesa de cirurgia, tornando-se assim o primeiro homem do serviço de espionagem israelense assassinado na Europa.[24] Mas o Setembro Negro não queria deixar nenhuma ponta solta.

Akbar, o informante do Mossad, estava absolutamente convencido de que os assassinos que trabalhavam para Hassan Salameh o tinham descoberto. Sua primeira reação foi fugir de Londres, mas sabia que os homens do Setembro Negro o encontrariam onde quer que se escondesse.

Akbar telefonou então para seu contato do Mossad, na Embaixada israelense da capital britânica, informando-o que fora descoberto e precisava de uma grande quantia de dinheiro para fugir. O *katsa* respondeu que antes tinha de consultar Tel Aviv.

Zvi Zamir ordenou que, antes de lhe dar dinheiro, Akbar tirasse dos escritórios da OLP na Grã-Bretanha uma série de documentos e os entregasse ao Mossad em Londres. O *katsa* voltou a contatar Akbar e lhe transmitiu as ordens recebidas do próprio *memuneh*. Akbar sabia que, se entrasse na delegação palestina, o mais provável era não sair vivo de lá.

O agente do Mossad foi contundente em relação ao pagamento. Sem documentos, não havia dinheiro. Akbar aceitou.

Em certa tarde, o árabe informou seu contato israelense que tinha em seu poder os documentos exigidos, e lhe pediu que no próximo encontro levasse o dinheiro. O local escolhido foi uma esquina de Hyde Park. Os agentes do Mossad distribuíram-se em dois veículos. No primeiro, viajaram o *katsa* e dois membros da Apam; no segundo, dois *katsa* e um *kidon* de Harari.

Akbar entrou no automóvel e atirou a pasta de capa marrom no banco da frente. O *katsa* pegou a pasta para confirmar a autenticidade dos documentos. Nesse momento, um som colocou Akbar em estado de alerta. Então, gritou: "Não abra!". Uma grande explosão elevou o carro alguns metros no ar. Todos os seus ocupantes, menos o motorista, morreram. O motorista permaneceu em estado vegetativo pelo resto da vida.

Os agentes do Mossad que iam no segundo veículo puderam apenas ser testemunhas do modo como o outro voava pelos ares. Novamente, o Mossad sentia na pele que a mão de Ali Hassan Salameh e do Setembro Negro era tão grande quanto a de Mike Harari e seus *kidon* da Metsada.[25]

As suspeitas do *Sodalitium Pianum* sobre o indivíduo da Secretaria de Estado do Vaticano que poderia ter passado a informação aos terroristas do Setembro Negro em relação à viagem secreta de Meir recaíram sobre o padre Idi Ayad. O que o Mossad não sabia, e porventura nunca descobriu, é que Ayad era, na realidade, não só um agente da Santa Aliança como também um intermediário oficial entre o Papa Paulo VI e a cúpula da OLP.[26]

Entretanto, num escritório perdido nos corredores do Vaticano, um homem punha um selo numa pasta com o nome Operação Jerusalém e ordenava sua entrega aos Arquivos Secretos, localizados na Biblioteca Vaticana. Para o mundo, aquela operação de corrida contra o tempo da Metsada para salvar a vida de Golda Meir em sua visita à Santa Sé simplesmente nunca existiu, embora a guerra e as execuções às sombras continuassem como vingança da morte de onze atletas nos Jogos Olímpicos de Munique.

> Os cinco terroristas do Setembro Negro, integrantes do comando que tentara acabar com a vida de Golda Meir no aeroporto de Roma, detidos pelos *katsa* do Mossad, foram postos em liberdade pelas autoridades italianas pouco depois e enviados à Líbia. Ali, tal como acontecera com os sobreviventes do comando que tinha assassinado os atletas israelenses em Munique, foram recebidos como heróis. Meses depois, a maior parte deles seria executada pelos assassinos da Metsada.

OPERAÇÃO PRIMAVERA DA JUVENTUDE

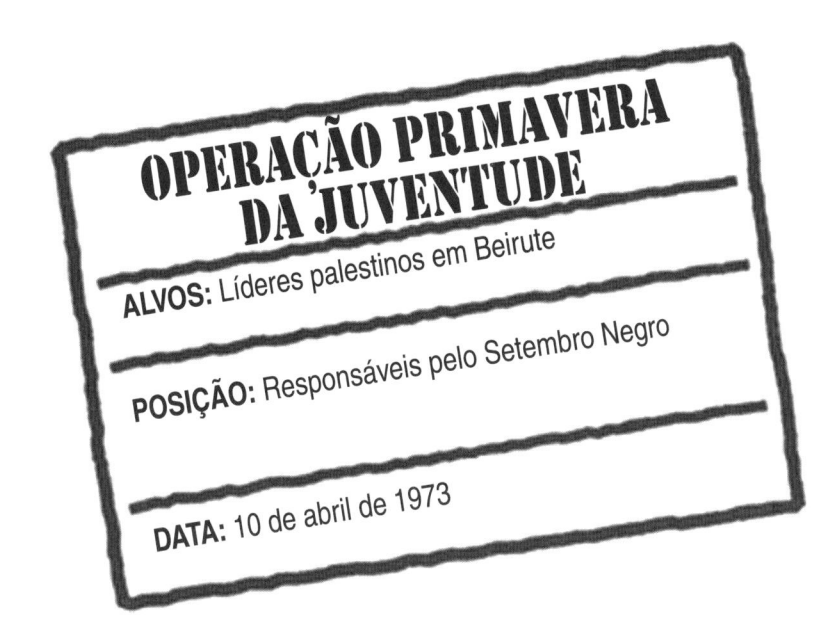

ALVOS: Líderes palestinos em Beirute

POSIÇÃO: Responsáveis pelo Setembro Negro

DATA: 10 de abril de 1973

Desde que a primeira-ministra de Israel, Golda Meir, dera carta branca à Operação Ira de Deus no mês de setembro de 1972, os *kidon* da Metsada já tinham executado mais de uma dezena de membros do grupo terrorista Setembro Negro por toda a Europa.

Contudo, a Mike Harari, o chefe da Metsada, restou um sabor amargo por ter sido possível atingir apenas membros de pequena ou média importância dentro da rede terrorista. Para os assassinos de Israel, apareciam três novos nomes na lista, autorizada por Golda Meir, de palestinos a executar. O primeiro era Mohamed Yussef Al-Najjar, conhecido como Abu Yussef e o número três da Al Fatah depois de Yasser Arafat e Abu Iyad. Najjar era o chefe de operações e de inteligência da Al Fatah para ataques terroristas no estrangeiro, figura do alto comando do Setembro Negro e um dos idealizadores do ataque de Munique. O segundo era Kamal Adwan, chefe de operações da OLP e de células terroristas em Gaza e na Cisjordânia. E o terceiro alvo era Kamal Nasser, porta-voz oficial da OLP e com alta posição dentro do Setembro Negro. Os três viviam em casas fortificadas na cidade de Beirute.[1]

O governo israelense autorizara Zvi Zamir e Mike Harari a eliminar os líderes da OLP como fizeram com seus ativistas executados em Roma, Paris e Nicósia. Quando decidiram quais seriam os três novos alvos e sua localização, Harari afirmou que para o cumprimento da missão seria necessária uma força combinada de comandos do exército e de alguns *kidon* da Metsada. Durante algumas semanas, as equipes da Operação Ira de Deus se converteriam em autênticos soldados, no que se chamaria Operação Primavera da Juventude. Embora os assassinatos devessem ser executados por agentes do Mossad, os comandos da Unidade (Sayeret Matkal)[2] seriam os dirigentes da operação. Em fevereiro de 1973, o comandante desse esquadrão era o tenente-coronel Ehud Barak, o mesmo que 26 anos depois se tornaria primeiro-ministro de Israel.

Barak tinha sido convocado para uma reunião secreta em Kirya,[3] o quartel-general do exército das FDI, em Tel Aviv. Ao entrar na grande sala de mapas, Barak e os segundos no comando, Muki Betser e Yoni Netanyahu,[4] encontraram-se com outros assistentes importantes. Ao redor da mesa estavam Moshe Dayan, ministro da Defesa, Aharon Yariv, conselheiro de Golda Meir para assuntos de contraterrorismo, Haim Bar-Lev, ex-chefe do Estado-Maior, David Elazar, chefe do Estado-Maior, o coronel Shaul Ziv, comandante do Comando da Marinha, Zvi Zamir, *memuneh* do Mossad, e Mike Harari, líder da Metsada na Operação Ira de Deus.[5]

Yariv atirou três volumosas pastas na direção de onde estavam Barak, Betser e Netanyahu. O comandante da Unidade leu os nomes que apareciam nas capas: Abu Yussef, Kamal Adwan e Kamal Nasser. Os três militares reconheceram rostos e nomes.

Os palestinos estavam envolvidos não só nas operações terroristas do Setembro Negro mas também em suas decisões. Elazar observava sobre a mesa dois grandes planos de edifícios situados em pleno coração de Beirute. O chefe do Estado-Maior pediu a Barak que se aproximasse. Nos planos podiam se ver as plantas, os perfis dos edifícios e anotações escritas à mão pelos *katsa* do Mossad.

Num dos edifícios, situado na rua Jartum, encontrava-se o quartel-general da Frente Democrática para a Libertação da Palestina (FDLP) de Nayif Hawatme. Em outro, localizado na esquina da rua Verdún, no bairro exclusivo de Ramlat al--Bida, muito perto da rua Hamra, principal artéria comercial da capital libanesa, residiam, no segundo andar, Kamal Adwan e, no terceiro, Kamal Nasser. Num edifício situado à frente, na mesma rua, no sexto andar, vivia Abu Yussef. "A Unidade será responsável por ajudar os *kidon* de Harari a entrar em Beirute, executar os três alvos e voltar sãos e salvos a Israel", disse David Elazar.[6]

Os *katsa* do Mossad tinham toda a informação necessária para realizar a operação. Plantas dos edifícios, retratos dos alvos, segurança e número de guarda--costas de cada um deles, fotografias das ruas de diferentes ângulos, número das placas e modelos dos veículos em que se movimentavam e coisas do gênero. Os comandos da Sayeret Matkal tinham pleno conhecimento da situação das praias em que desembarcariam seus homens, dos postos policiais de Beirute e dos quartéis das diversas facções que controlavam a capital do Líbano.

Barak não queria que, em plena luta, chegassem ao local guerrilheiros de alguma facção palestina e os encurralassem. Isso implicaria morte certa para ele, seus comandos e os agentes do Mossad.

O chefe da Unidade decidiu que a incursão não seria realizada com helicópteros, mas com potentes botes infláveis vindos de uma base naval ao norte de Israel. Dias antes, Barak e Betser entrariam em Beirute fazendo-se passar por turistas. Netanyahu se encarregaria de coordenar o desembarque dos comandos e de proteger os *kidon* que deveriam realizar as execuções dos alvos da OLP.

Ao sair do quartel-general do exército israelense, os três militares entraram nos veículos e se dirigiram em completo silêncio ao quartel da Sayeret Matkal. À primeira hora da manhã seguinte, Muki Betser, como líder da primeira companhia, reuniu seus comandos e lhes deu informações sobre a missão cuja incumbência o governo de Golda Meir acabava de lhes passar. "Fomos notificados de que o governo decidiu atingir e executar cada um dos efetivos ou comandantes que tiveram alguma ligação com o que aconteceu em Munique", disse Betser. "Sei o que se sente sendo israelense e muito mais quando se é soldado. A partir de agora, nossa unidade conduzirá uma guerra total contra cada uma das organizações terroristas que antes nos atacaram."[7]

Muki Betser nascera na cidade de Nahalal, no Vale de Jezrael, e crescera no seio de uma cooperativa agrícola fundada pelos avós. Em 1964, juntara-se ao exército israelense, tornando-se um dos melhores comandos da Unidade. Era um dos mais contundentes defensores do assassinato dos responsáveis pela morte dos onze atletas na Alemanha. Seria o próprio Betser quem batizaria a operação conjunta da Sayeret Matkal e da Metsada com o nome de "Primavera da Juventude".

Sob as ordens dos velhos Betser e Netanyahu, os comandos e os *kidon* treinaram arduamente durante semanas. Na base do Comando da Marinha levantaram-se estruturas semelhantes às dos dois edifícios de Beirute que abrigavam os três alvos. A força combinada devia ter claro que a missão teria êxito se seguissem as diretrizes à risca: entrada nos edifícios, neutralização rápida da resistência, chegada ao alvo assinalado e saída rápida para entrar nos veículos, chegar à praia pelas rotas de acesso estabelecidas a fim de entrar nos botes e então regressar a águas territoriais israelenses.[8]

Cinco equipes, cada uma formada por quatro homens, foram designadas para assassinar um dos alvos. A equipe Avivah, sob as ordens do tenente-coronel Ehud Barak, com comandos e *kidon* da Metsada sob as ordens dos majores Yoni Netanyahu e Muki Betser, se encarregariam do assassinato de Abu Yussef, Kamal

Adwan e Kamal Nasser. A Gilah, sob as ordens do tenente-coronel Amnon Shahak, trataria da destruição do complexo da FDLP na rua Jartum. A Vardah, sob as ordens do coronel Shaul Ziv, dos comandos navais do quartel-general da Al Fatah. A Tzilah, sob as ordens do coronel Shumel Pressberger, da destruição do depósito de munições da Al Fatah num porto a norte de Beirute. E a Yehudit, sob as ordens do tenente-coronel Amos Yarom, de outro depósito de munições da Al Fatah a norte do porto de Sidon.

A Betser, junto a outro comando e dois *kidon*, foi confiada a tarefa, dentro da equipe Avivah, de executar Abu Yussef, o terceiro homem mais importante da Al Fatah. Este andava sempre fortemente protegido pelos homens da Força 17, a guarda pretoriana da OLP, e isso era um inconveniente para os israelenses. O que já era evidente é que a Operação Primavera da Juventude teria repercussões internacionais e regionais, entre elas sanções de Washington e das Nações Unidas, mas um golpe de sorte para o governo de Golda Meir ajudaria a suavizar essa reação.

Na tarde de 1º de março de 1973, um comando do Setembro Negro atacou a Embaixada da Arábia Saudita em Jartum. Nesse momento, celebrava-se uma festa em honra de George Moore, o segundo no comando da missão norte-americana no Sudão. Para os terroristas do Setembro Negro, os sauditas eram colaboradores próximos dos norte-americanos e, portanto, contra os interesses da causa palestina na região.

Alguns dos convidados conseguiram escapar pelos jardins da residência quando viram chegar vários homens armados com granadas nas mãos. Outros, pelo contrário, não tiveram tanta sorte. Entre o grupo de reféns que ficaram cercados dentro da Embaixada encontravam-se Cleo Noel, o embaixador norte-americano no Sudão, George Moore, seu segundo homem no comando, Guy Eid, conselheiro político da Embaixada belga, e os conselheiros políticos das Embaixadas da Arábia Saudita e da Jordânia.

Os integrantes do grupo de assalto exigiam a libertação de uma dúzia de terroristas alemães e palestinos, principalmente do Setembro Negro, que estavam confinados em prisões europeias e israelenses. Golda Meir já tinha se mostrado contrária a negociar com eles na ocasião da crise de Munique. Agora era o presidente Richard Nixon quem se negava a negociar com os terroristas na crise de Jartum.

Enquanto o presidente egípcio Anwar el Sadat tentava encontrar uma solução para a crise, os terroristas separaram o embaixador Noel, Moore e o belga Guy Eid do grupo de reféns. Numa sala contígua, obrigaram-nos a se colocarem de joelhos, e um membro do comando os executou com um tiro na nuca.[9]

Enquanto, nos Estados Unidos, celebravam-se os funerais oficiais do embaixador Noel e de George Moore, a Administração Nixon fez chegar a Golda Meir a notícia de que seu país fecharia os olhos diante de uma operação de vingança contra a OLP e o Setembro Negro, o que resultou no sinal verde à Operação Primavera da Juventude.

Em 1º de abril de 1973, um turista belga de 35 anos chamado Gilbert Rimbaud alugou um quarto no hotel Sands de Beirute para "descansar alguns dias"; o mesmo alegou o turista alemão Dieter Altnuder. O primeiro pertencia à Sayeret Matkal. O segundo era um *kidon* da Metsada.

Em 6 de abril, o hotel Sands recebeu três novos turistas, dois ingleses e um belga: Andrew Wichelaw, George Elder e Charles Boussard. Os *katsa* alugaram quartos em outros hotéis com escadas de emergência nos fundos, algo muito útil se tivessem que fugir rapidamente. Também alugaram seis veículos com os quais realizariam a operação e que abandonariam na praia antes da evacuação. A frota era composta por um Renault 16, três Buicks modelo Skylark branco, um Plymouth e um furgão. Outro turista com passaporte britânico, Andrew Macy, reservou quarto no hotel Atlantic.

Estava previsto que a operação fosse realizada durante a noite para não levantar suspeitas nos funcionários dos hotéis; um dos *kidon* que viajava com passaporte britânico comentou em voz alta durante o café da manhã que um de seus maiores passatempos era a pesca submarina noturna. Outros agentes do Mossad, especialistas em fugas rápidas, dedicaram-se, ao volante dos carros alugados, a traçar rotas de fuga de todos os membros do comando que executariam os três líderes da OLP. As equipes de Ehud Barak e Mike Harari estavam prontas para o ataque.

Na manhã do dia 9 de abril, nove lanchas armadas com mísseis e dois barcos Dabur da patrulha naval já estavam preparados no cais da base de Haifa. Poucas horas depois, os radares e os meios de comunicação militares de Israel foram cortados. Por volta das 21 horas, os homens do comando Avivah avistaram o contorno dos edifícios de Beirute. De um barco Zodiac, Barak transmitiu por rádio a David Elazar: "Chegamos". Logo a seguir, a comunicação foi cortada.

A Operação Primavera da Juventude começara e, como se se tratasse de uma grande orquestra de música, todos os músicos deviam alcançar rigorosamente o mesmo ritmo. Se algum deles cometesse um erro, o concerto poderia se tornar um verdadeiro desastre. Os primeiros a entrar em ação foram os comandos de Barak e os *kidon* de Harari.

Passados alguns segundos da meia-noite, as equipes restantes começaram a desembarcar e a se aproximar dos veículos alugados pelos *katsa* do Mossad.

Três deles, avançando pela estrada, entraram na rua Verdún, perto do consulado iraquiano. Os comandos e os *kidon* da Metsada começaram a carregar as Berettas automáticas de calibre 22 e suas metralhadoras Uzi de nove milímetros. Os executores israelenses tinham silenciadores em todas as armas.

Os primeiros membros dos comandos estavam preparados para atacar o primeiro edifício. Ehud Barak, vestido de mulher com uma peruca loira, abraçava com ternura, na rua, um homem disfarçado de árabe, o major Muki Betser. Quando uma patrulha da Guarda Nacional libanesa passou, o casal fingiu se beijar.[10] Afastado o perigo, os dois soldados entraram no edifício.

Encontraram dois guerrilheiros palestinos sentados em cadeiras com os fuzis de assalto sem montar entre os joelhos. Quando Barak e Betser dispararam na cabeça de ambos, os dois viam um jogo de futebol na televisão.

Logo a seguir, Barak deu sinal ao restante da equipe que esperava na rua. "Boa sorte", disse o militar aos seus comandos e aos *kidon*, que já subiam as escadas rumo aos andares superiores.[11]

À medida que Betser, Dani e Zivka subiam ao sexto andar seguidos por Barak, os guarda-costas de Abu Yussef iam caindo mortos com os disparos. Ao chegar ao andar onde se encontrava o apartamento do líder da OLP, Muki Betser abaixou-se, colocou explosivo nas dobradiças da pesada porta e a fez explodir. Antes mesmo que caísse, Dani e Zivka já saltavam para dentro do luxuoso apartamento de cinco quartos.

Como se conhecessem a residência, ambos os agentes do *kidon* correram à parte norte. Ao chegar ao quarto principal, Abu Yussef tentava alcançar um AK-47 que tinha debaixo da cama. Sua esposa, Maha, o protegia com o próprio corpo. O primeiro *kidon* já estava de pé diante dele. Sem dizer uma palavra sequer, acionou o gatilho da sua Uzi e de seu cano saíram vinte disparos pelo silenciador. O primeiro alvo estava morto.

Ao sair, o israelense percebeu que alguém o seguia pelo longo corredor. Ao virar-se, viu atrás de si a esposa de Yussef com algo na mão. Em questão de segundos, o *kidon* levantou a sua arma e, gritando em árabe, ordenou à mulher que se atirasse ao chão. Esta continuou a avançar em direção ao *katsa* do Mossad, brandindo uma pistola na mão direita. O agente voltou a ordenar que ela se atirasse ao chão, mas a mulher preparou-se para disparar. O *katsa* agachou-se instintivamente e abriu fogo, matando-a no ato.

Barak e Muki Betser cobriam a saída caso chegasse algum guarda-costas atrasado. Enquanto isso, Zivka dirigiu-se ao escritório de Yussef para pôr num saco preto todos os documentos que conseguisse reunir em questão de segundos. Pastas, cartas, fotografias, tudo foi confiscado pelo Mossad.[12]

Em outro edifício, situado à frente, acontecia, simultaneamente, ação parecida. As equipes israelenses formadas por comandos do exército e por alguns *kidon* da Metsada subiam às pressas pelas escadas, eliminando qualquer indício de resistência.

Ao chegarem ao segundo andar, os israelenses arrombaram a porta e entraram sem resistência. Um silêncio abateu-se sobre eles. Os assassinos do Kidon percorreram quarto a quarto, sem encontrar o mínimo rastro de Kamal Adwan. O comandante da Sayeret Matkal pensou que teria de regressar a Israel sem ter cumprido sua missão, mas um pequeno ruído atraiu sua atenção. Dirigindo-se a um quarto no fundo, os agentes do Mossad descobriram alguém que se escondia atrás de uma cortina. Era Kamal Adwan, chefe de operações da OLP e de células terroristas em Gaza e na Cisjordânia. Um *kidon* desarmou Kamal. Não tinha ainda sequer destravado o AK-47 que tinha nas mãos. Obrigaram-no a se ajoelhar, e o agente do Mossad disparou-lhe na cabeça e na nuca. Sua mulher e os três filhos foram obrigados a permanecer em silêncio num quarto contíguo. O segundo alvo estava morto.

Kamal Nasser, o porta-voz oficial da OLP, estava sentado no escritório, preparando um comunicado para o dia seguinte. Um som semelhante a um baque seco chamou sua atenção. No momento em que se preparava para tirar os óculos e se levantar, um homem vestido com roupas árabes apareceu à sua frente. Segundos depois, o recém-chegado, empunhando uma Beretta, disparou. A primeira bala acertou o crânio daquele que brindara com champanhe ao saber sobre o ataque à Vila Olímpica de Munique. Com o palestino já no chão, o agente da Metsada colocou o cano da arma na boca do homem e disparou duas vezes. O terceiro alvo estava morto.

Os israelenses queriam encontrar Abu Iyad ou Hassan Salameh, porém, afortunadamente para eles, tinham decidido dormir naquela noite em outro lugar, na zona norte de Beirute. Isso lhes prolongaria a vida pelo menos por mais alguns anos.

"Minha casa estava a menos de quinhentos metros da casa de Abu Yussef", declararia pouco depois Ali Hassan Salameh, líder do Setembro Negro. "Os assassinos israelenses não vieram a minha casa por uma simples razão. Estava protegida por catorze homens."[13]

Enquanto as equipes de executores desciam as escadas, Ehud Barak falava pelo rádio, solicitando a rota de fuga. Ao sair do edifício, os israelenses depararam com uma Land Rover da Guarda Nacional libanesa. Um atirador de elite da Sayeret Matkal que cobria a primeira equipe deu um primeiro disparo de um terraço próximo. A bala atravessou a garganta de um dos guardas. Outro disparo matou o segundo. Um terceiro disparo atravessou o ombro esquerdo do motorista da Land Rover, que tentava se proteger enquanto pedia reforços pelo rádio. Um quarto tiro o atingiu na cabeça.

Sem resistência, a equipe liderada por Barak conseguiu entrar num dos carros alugados e se dirigiu a Dove Beach, onde os barcos já começavam a recolher as equipes de comandos e da Metsada.

Mas as quatro equipes encarregadas de explodir o quartel-general da FDLP enfrentavam dificuldades. Avida Shor e Hagai Ma'ayan, ambos disfarçados de *hippies*, tinham se entrincheirado num local situado à frente do edifício da FDLP. Os israelenses estavam em clara desvantagem, visto que os guerrilheiros palestinos disparavam de posições mais altas.[14]

À medida que os israelenses se defendiam com armas leves, os palestinos os atingiam com granadas antitanque. Shor caiu morto, enquanto Ma'ayan ficou gravemente ferido. A batalha na rua Jartum estava sendo muito dura para os israelenses. Outro comando israelense, Yigal Pressler, tombou ferido numa perna quando tentava resgatar um *kidon* que ficara estirado na calçada com dois tiros nas pernas. Pressler pediu ajuda por rádio aos homens que já se concentravam na praia para serem evacuados.

Os reforços chegaram pela parte norte do edifício, através de uma rua paralela. Os comandos passaram a instalar os cem quilos de explosivos nos pilares do quartel-general da FDLP enquanto os guerrilheiros palestinos se concentravam no ataque aos israelenses cercados. Quando acabaram de instalá-los, saltaram para a rua às pressas em direção aos sitiados. Dois veículos conseguiram evacuar todos para a praia.

Enquanto se distanciavam, os ocupantes de ambos os automóveis, assim como os cidadãos de Beirute, puderam ouvir a terrível explosão procedente da rua Jartum. Um edifício inteiro tinha voado pelos ares, desaparecendo por completo da paisagem libanesa. Na destruição do quartel-general da FDLP morreram trinta guerrilheiros palestinos.

Os israelenses contaram dois mortos e três feridos, incluindo Pressler, que foram transportados de helicóptero até um hospital militar em Israel. À 1h40 do dia 10 de abril, uma força de comandos liderada pelo coronel Ziv atacou o depósito de explosivos situado em Al-Ouzai. Foi possível ouvir a explosão a centenas de quilômetros. Fora a última unidade a entrar em ação e a primeira a ser evacuada. O ataque contra o segundo depósito de armas da OLP, a norte do porto de Beirute, também se encerrou sem incidentes. Os comandos sob as ordens do coronel Amos Yarom conseguiram cumprir seu objetivo em apenas 17 minutos.

A Operação Primavera da Juventude, que durou apenas 29 minutos, tornou-se um dos maiores êxitos de toda a história do exército israelense. Foram eles que sentiram a glória depois de serem recebidos em Israel como autênticos heróis. Foram eles que apareceram em coletivas de imprensa diante dos meios de comunicação.

Os agentes do *kidon* e os *katsa* do Mossad que participaram da operação não tiveram recepções gloriosas, nem banda de música, nem discursos bajuladores, nem medalhas, nem condecorações. Ao chegarem à base militar de Haifa, alguns agentes do Mossad receberam tratamento para ferimentos leves, outros dormiram durante horas e outros ainda deixaram a instalação no mesmo dia com destino desconhecido. Não receberam sequer um telefonema de agradecimento de Zvi Zamir, o *memuneh* do Mossad, ou de Mike Harari, chefe da equipe de executores na Operação Ira de Deus.[15]

Alvos tão importantes, como o próprio líder do Setembro Negro, Ali Hassan Salameh, ou Mohamed Boudia, tinham conseguido evitar o longo braço da Metsada, a justiça de Israel. Mas não por muito tempo.

No Líbano, a cólera se disseminou durante o funeral dos três líderes palestinos. Mais de 250 mil pessoas acompanharam a cerimônia, enquanto o presidente do país, Soleiman Frangi, confessava a Yasser Arafat que era impossível protegê-los. "Façam-no vocês mesmos", disse.[16]

Para os comandos que participaram da Operação Primavera da Juventude, aquilo terminara; era apenas mais uma operação de retaliação. Mas, para os agentes do Mossad que também fizeram parte da missão, ainda restava um longo caminho para eliminar todos os responsáveis pelos assassinatos dos atletas israelenses nos Jogos Olímpicos de Munique no ano anterior. A Operação Ira de Deus ainda vigorava por ordem da primeira-ministra Golda Meir, e muitos dos alvos marcados pela famosa "Lista dos 35"[17] ainda não tinham sido localizados nem executados.

OPERAÇÃO BARBA AZUL

ALVO: Mohamed Boudia

POSIÇÃO: Líder do Setembro Negro na Europa

DATA: 28 de junho de 1973

O êxito da Operação Primavera da Juventude apenas dois meses antes, que acabou com a vida de Mohamed Yussef Al-Najjar, conhecido como Abu Yussef, número três da Al Fatah, chefe de operações e de inteligência para ataques terroristas no exterior, pertencente ao alto comando do Setembro Negro e um dos idealizadores do ataque de Munique; de Kamel Adwan, chefe de operações da OLP e chefe de células terroristas em Gaza e na Cisjordânia; e de Kamal Nasser, porta-voz oficial da OLP e oficial superior do Setembro Negro, não era suficiente nem para Golda Meir, nem para Zvi Zamir, tampouco para Mike Harari. Ainda restava muito por fazer, e agentes do Kidon continuavam à espera da localização de um novo alvo a ser eliminado.

Os líderes do Setembro Negro em Beirute sabiam que os assassinos do Mossad estavam atrás deles e que, mais cedo ou mais tarde, o longo braço de Israel os apanharia. Desejavam pôr a salvo Ali Hassan Salameh, tanto que o avisaram de que deveria desaparecer durante algum tempo. O Príncipe Vermelho aceitou a recomendação. Para substituí-lo, os líderes do Setembro Negro designaram Mohamed Boudia, intelectual argelino, famoso nos elegantes círculos de Paris em que chegara a organizar a própria célula terrorista, a chamada Célula Boudia. Por ora, e até nova ordem, o argelino se encarregaria apenas das operações na Europa.[1]

Os primeiros relatórios sobre Boudia que o *memuneh* Zvi Zamir folheava sobre a mesa eram de abril de 1971. Exatamente no dia 21 desse mês, um membro da segurança do aeroporto de Lod, de Tel Aviv, informou que duas atraentes loiras tinham chegado num voo procedente de Paris. Curiosamente, o Shin Bet, a segurança interna, informou que ambas haviam sido seguidas e que chegaram a Lod separadas, embora, assim que se encontraram fora do terminal, tenham tomado um táxi juntas.[2] Isso levantou as suspeitas dos agentes da contraespionagem.

Durante três dias fizeram turismo por Jerusalém e Tel Aviv, fazendo compras nas lojas mais caras da capital israelense. Passado esse tempo, foram de novo ao aeroporto de Lod para regressar a Paris num voo da Air France.

As duas apresentaram separadamente os passaportes aos agentes de segurança, que as detiveram na fiscalização. Uma delas disse se chamar Danielle River, tinha 26 anos de idade, era secretária e de nacionalidade francesa. A segunda, que também trabalhava como secretária, de nacionalidade francesa e com 21 anos, chamava-se Martine Garcier.

Em seguida, três agentes do Shin Bet aproximaram-se delas e lhes informaram que seriam interrogadas. Enquanto as mulheres eram colocadas em salas separadas, agentes do Shin Bet e *katsa* do Mossad dedicaram-se a registrar, uma a uma, cada mala e cada caixa que já tinham sido embarcadas no avião da Air France.

Os agentes encontraram duas com os nomes das mulheres. Com cautela, as malas foram colocadas dentro de um caminhão do exército com alarme antibomba e afastadas do aeroporto. O chefe do Shin Bet decidiu então chamar Zvi Zamir para informá-lo do que se passava. O *memuneh* ordenou que estivessem presentes no interrogatório dois *katsa* do Mossad da Unidade LAP (Lohamah Psichlogit), especialistas em guerra psicológica e em interrogatórios de espionagem israelense.

Os *katsa* começaram a vasculhar a bagagem. Vestidos, camisolas, sapatilhas, *nécessaires*, roupa íntima, cremes, tudo foi inspecionado. A certa altura, um dos agentes do Shin Bet pegou uma caixa de absorventes internos cujo peso lhe pareceu suspeito. Com imenso cuidado, o israelense abriu a caixa. Dentro de cada absorvente alguém introduzira um poderoso explosivo plástico.

Os *katsa* revistaram a mala da segunda mulher e descobriram, numa falsa dupla sola de madeira de uma sandália, explosivo plástico. Também encontraram dentro dos absorventes internos dois detonadores elétricos ligados a uma pequena quantidade de explosivo.

Os *katsa* da LAP começaram a pressionar as duas mulheres, até que um deles atirou para cima da mesa a caixa de absorventes internos e os detonadores. Nesse momento, ambas começaram a chorar e confessaram que os respectivos nomes verdadeiros eram Nadia e Marlene Bardeli, filhas de um abastado comerciante marroquino.

Nadia confessou aos agentes do Mossad que haviam sido enviadas a Israel por um homem que vivia na França, com o fim de transportar o explosivo plástico. Em Tel Aviv, deviam se encontrar com outros membros do grupo.

Zvi Zamir perguntou: "Quem são os outros?" Nessa mesma tarde, uma unidade de agentes do Mossad e agentes da polícia entraram de surpresa num quarto do hotel Commodore, situado na praça Dizengoff, em Tel Aviv. Nele, encontraram dois idosos chamados Pierre e Edith Bourghalters. Um *katsa* que inspecionava o local confiscou um radiotransmissor. Os especialistas do Mossad o desmontaram e descobriram no interior uma potente carga de explosivo plástico e um detonador elétrico para acioná-lo.

Quando o avião da Air France estava prestes a decolar, Zamir deu ordem à torre de controle para detê-lo e fazer com que todos os passageiros saíssem da aeronave. "Alegue problemas técnicos", disse o *memuneh* ao chefe da torre.

Os *katsa* da LAP misturaram-se aos passageiros, analisando a reação deles. A maioria mostrava-se indignada pelo atraso, outros pela falta de explicações, outros porque chegariam tarde a reuniões de negócios ou porque teriam de protelar assuntos importantes em seu destino, mas quem mais chamou a atenção dos agentes foi uma jovem sentada tranquilamente no fundo da sala conversando com um grupo de idosos.

Um agente do Mossad dirigiu-se a ela, à medida que outro *katsa* o cobria, com a mão numa Beretta 22. Se a mulher fosse uma terrorista profissional, era possível que começasse a disparar em pleno terminal se detectasse algum sinal de perigo. Se ela fizesse o mínimo movimento, o *katsa* da segurança tinha autorização do próprio Zamir para abrir fogo. "É melhor uma do que vinte", disse o *memuneh* ao agente.

O israelense se aproximou e inclinou-se sobre a mulher. A princípio, ela pensou se tratar de algum jovem atrevido tentando paquerá-la, mas mudou logo de ideia ao vislumbrar o contorno da arma do *katsa* sob o casaco. Em seguida, avistou atrás dele um segundo *katsa* que dava cobertura ao primeiro.

Zvi Zamir sabia, após os interrogatórios e as lágrimas dos quatro interrogados, que as irmãs Bardeli e os Bourghalters eram tão somente amadores. O chefe da espionagem israelense também sabia que no avião devia viajar alguém com maior preparo em questões terroristas.

A mulher apresentou um passaporte britânico com o nome de Francine Adeleine Maria. O Mossad tirou as impressões digitais dela e enviou um requerimento ao MI6 britânico. Na manhã seguinte, um extenso relatório sobre a mulher apareceu na mesa do *memuneh*.

A verdadeira identidade de Francine Adeleine Maria era Evelyne Barges. Apesar de seu rosto angelical, Barges era uma professora inglesa e marxista fanática que estivera envolvida em vários sequestros de aviões em setembro de 1970, e também com o tráfico de armas para grupos terroristas e na sabotagem de uma refinaria no porto de Roterdã.[3] Uma informação que chamou a atenção de Zvi Zamir foi que Barges, segundo o relatório do MI6, se envolvera sexualmente com vários dos árabes que posteriormente foram assassinados. Desse modo, aquela mulher de 26 anos era a pessoa com experiência que Zvi Zamir intuíra viajar no avião.

Durante quatro dias, Evelyne Barges recusou-se a pronunciar uma só palavra. A única coisa que expressou foi o pedido de um advogado. O agente do Mossad que vigiava constantemente sua cela disse-lhe que em Israel não lhe permitiriam ter um advogado, e que, sem que ninguém soubesse, ela seria enclausurada perpetuamente numa prisão de segurança máxima em pleno deserto de Beersheba. Aquela ameaça deu resultado.

No dia seguinte, Barges decidiu confessar que era a líder do comando. Sua missão consistia em montar nove poderosas bombas com o explosivo e os detonadores que os *katsa* do Mossad e do Shin Bet tinham encontrado na bagagem das irmãs Bardeli. As bombas deviam ser colocadas em grandes hotéis de Tel Aviv durante o verão, o que causaria uma grande perda não só de vidas humanas, mas também prejuízo econômico para a indústria turística do país.

Para o Mossad, Evelyne Barges agia por convicções políticas e por fanatismo; Pierre e Edith Bourghalters por dinheiro; mas o que mais chamou a atenção de Zamir foi a motivação das irmãs Bardeli: ambas reconheceram que o faziam por amor a quem lhes confiara a missão, um homem com quem mantinham relações íntimas com grande encanto e que transmitia às amantes paixão e emoções fortes. "Seu nome é Mohamed Boudia", disse Nadia Bardeli. Os interrogatórios seguintes sobre a figura de Boudia elucidaram que ele dominava com absoluta precisão os jogos sexuais. Devido a esse talento, o Mossad o batizou com o codinome Barba Azul.[4]

Depois do ataque dos terroristas do Setembro Negro à Vila Olímpica de Munique, o Mossad qualificou Boudia como um dos líderes supremos do grupo terrorista palestino e, portanto, um alvo a ser abatido pelos *kidon* da Metsada.

Mohamed Boudia era um homem que gostava de desfrutar dos prazeres da vida, fazer refeições em elegantes restaurantes parisienses, dirigir carros esportivos italianos, vestir-se com trajes sob medida confeccionados na exclusiva Saville Row de Londres, calçar sapatos John Lobb, ser visto com mulheres espetaculares e assistir a leilões de arte em salas da Sotheby's ou da Christie's de Londres e Nova York.

Durante a guerra da Argélia pela independência, Boudia tornou-se um importante combatente e líder da Frente de Libertação Nacional (FLN), sendo enviado para a França a fim de cometer atos de sabotagem. Detido pela contraespionagem gaulesa e enviado à prisão, foi posto em liberdade após a proclamação da independência da Argélia, em 1962. Depois de regressar ao país natal, Boudia tornou-se um intelectual aficionado por teatro. Em 1964, fundou a *Alger Ce Soir*, para mais tarde tomar posse como administrador do Teatro Nacional Argelino. Durante aqueles anos, Mohamed Boudia converteu-se em informante do presidente Ahmed Ben Bella.

Após o golpe de Estado liderado por Houari Boumédiène, o presidente deposto foi condenado a quinze anos de prisão, e Boudia, obrigado a fugir do país, exilando-se na França. Segundo o Mossad, teria sido em Paris que estabelecera contato com o KGB soviético, que lhe abrira as portas da Universidade Patricio Lumumba de Moscou.[5] Em suas aulas, Mohamed Boudia completou sua formação marxista e o treinamento em táticas de guerrilha, montagem de explosivos, criação de células revolucionárias e técnicas de propaganda e infiltração social. Tudo isso lhe seria de grande proveito na promissora carreira no Setembro Negro.

Depois de se instalar de novo na capital francesa, Boudia tomou posse como administrador do Théâtre de l'Ouest Parisien. Enquanto dirigia obras de teatro de dramaturgos de esquerda, começava sua carreira como "Casanova". Casou-se com uma francesa, uma italiana, e novamente com uma francesa, e costumava ter casos com várias mulheres. Uma delas era a própria caixa do teatro, uma inglesa com ideias românticas sobre a revolução social chamada Evelyne Barges. Essa era a imagem que Boudia passava para o exterior, a imagem pública de um homem que, na verdade, tinha duas faces.

No final dos anos 1960, Mohamed Boudia já era um dos melhores homens da organização terrorista palestina na Europa, principalmente devido à sua íntima relação com o doutor George Habash, líder da FPLP. O argelino era um especialista no recrutamento de mulheres jovens. Por exemplo, para levar armas num veículo Volkswagen da França até a Alemanha para membros do grupo Baader-Meinhof, Boudia usou uma jovem italiana de 18 anos com quem tinha mantido relações sexuais. Os israelenses perceberam, por meio dos serviços secretos franceses, que Boudia também mantinha relações sexuais com a mãe dessa jovem e com a irmã menor, de 16 anos. A jovem foi detida pela BfV,[6] a agência de contraespionagem alemã, e julgada por colaborar com grupos terroristas, sendo condenada a dezoito anos de prisão.

Para sabotar uma refinaria em Trieste, Boudia usou duas jovens alemãs de 20 e 22 anos, com as quais vivia supostamente em um apartamento no bairro de

Trocadero. As mulheres deviam deixar os explosivos o mais próximo possível dos depósitos de gasolina. Quando uma delas manipulava os explosivos dentro do carro, estes detonaram, matando-a na hora.

Para colocar nove bombas em hotéis de Tel Aviv, Mohamed Boudia usou as irmãs Bardeli de Marrocos, Evelyne Barges da Grã-Bretanha e Edith Bourghalters, de 58 anos e nacionalidade francesa. Tinha mantido relações sexuais com as quatro.

O Mossad sabia que ele era o intermediário de importantes grupos terroristas na Europa e que se relacionava com o próprio Carlos, o Chacal, embora devesse lealdade apenas à Al Fatah e ao Setembro Negro, que lhe "bancavam" o altíssimo nível de vida em Paris.

Era o argelino quem coordenava o envio de combatentes terroristas e grupos de guerrilheiros como o Exército Vermelho japonês, o Exército Popular de Libertação turco, o IRA ou o grupo Baader-Meinhof ao campo de treinamento de Badawi, em Beirute.[7] Lá, eram recebidos por três homens do Setembro Negro: Ali Hassan Salameh, Abu Iyad e um terceiro indivíduo de quem o Mossad conhecia apenas o apelido, um tal de Shemali.

No início de 1972, a estação do Mossad em Paris informou que tinham localizado Mohamed Boudia numa estação de metrô da capital francesa. O *katsa* disse também ao quartel-general em Tel Aviv que, enquanto seguia Boudia, percebera que o alvo era vigiado por agentes franceses e alemães. Zvi Zamir ordenou a seus homens que atenuassem a vigilância do argelino. O *memuneh* sabia que seria impossível executá-lo enquanto os homens do SDECE[8] francês e da BND[9] alemã estivessem próximos dele. Dois dias após estabelecer contato, Boudia desapareceu. Não havia dúvida de que os conhecimentos adquiridos nos treinamentos dados pelo KGB sobre evasão quando em suspeita de estar sendo seguido tinham dado frutos.

Mohamed Boudia reapareceu uma semana depois num elegante hotel de Genebra. O serviço de segurança federal da Suíça informou ao Mossad que o argelino que procuravam fora visto na recepção de um estabelecimento dessa cidade acompanhado por duas jovens.[10] As polícias suíça, alemã, italiana e francesa já estavam em seu encalço.

A questão agora era saber se o Mossad permitiria que alguma dessas forças de segurança o detivesse, o prendesse ou o matasse.

Depois dos assassinatos dos onze atletas da equipe israelense nos Jogos Olímpicos de Munique, em setembro de 1972, pelo comando do grupo terrorista palestino Setembro Negro, todos os líderes do grupo, de agentes a comandantes militares e intelectuais, foram incluídos na famosa "Lista dos 35".[11] O nome de

Mohamed Boudia aparecia como sétimo alvo a ser executado pela equipe do Kidon liderada por Mike Harari.

Desde o assassinato dos atletas, a morte de Boudia deixara de ser um assunto do Mossad e passara a ser assunto da Metsada. Os *kidon* de Harari não o deixariam escapar tão facilmente como acontecera com os franceses e os alemães. Em novembro de 1972, chegara ao Mossad um novo relatório sobre Mohamed Boudia no qual se afirmava que, por ordens expressas do alto comando do Setembro Negro em Beirute, o argelino tornara-se líder supremo do grupo terrorista na França e braço direito do próprio Ali Hassan Salameh na Europa.

O Mossad sabia que o argelino estava envolvido no assassinato em Paris, em novembro de 1972, do jornalista sírio Khader Kanou, que o Setembro Negro desconfiava ser um informante do serviço de espionagem israelense. Kanou, de 36 anos, foi baleado à porta de seu apartamento parisiense por dois terroristas palestinos. Mohamed Boudia dera ordem de execução do sírio pensando que era um agente duplo que passava informação a Tel Aviv sobre os círculos palestinos em Paris, o que não era verdade.[12] O antigo *katsa* do Mossad, Victor Ostrovsky, revelou em seu livro *By Way of Deception* que, na realidade, o Mossad usava poucos agentes duplos e que a maioria deles costumava se encontrar em estáveis ambientes burocráticos.

Em pouco tempo, Boudia tornara-se um dos mais poderosos chefes terroristas de todo o continente europeu. Sua importante agenda de contatos ia de Paris a Moscou, de Londres a Munique, de Trípoli a Beirute, de Gaza a Damasco.

Após o assassinato de Mahmud Hamshari,[13] o número dois no comando, por agentes do Kidon, em 8 de dezembro de 1972, Mohamed Boudia desapareceu da face da Terra. O argelino sabia que era considerado pelo Mossad um dos terroristas mais perigosos na Europa e, sendo o segundo no comando depois de Ali Hassan Salameh, tinha certeza de que, mais cedo ou mais tarde, os israelenses o encontrariam.

Boudia tinha um intermediário que viajava constantemente entre Paris e Beirute com um grande número de mensagens que levava memorizadas. Era um palestino chamado Michel Moukharbel. Na ocasião do ataque pelos comandos e *kidon* da Metsada e dos demais agentes ao quartel-general do Setembro Negro em Beirute, em 10 de abril de 1973, durante a chamada Operação Primavera da Juventude,[14] o Mossad se apossou da ficha completa e das fotografias do intermediário de Boudia.

De Tel Aviv ordenou-se ao *katsa* Oren Riff, que dominava a língua árabe com perfeição, que entrasse em contato com Moukharbel. O intermediário costumava hospedar-se num elegante hotel de Londres, onde o Mossad o tinha sob vigilância dia e noite. Riff decidiu entrar em ação e, certificando-se de que não carregava armas de nenhum tipo, seguiu-o e esperou que entrasse no quarto. Passados alguns minutos, o *katsa* bateu à porta. Em poucos segundos, um Moukharbel surpreso a abriu.

"Sou membro do serviço secreto israelense", disse Oren Riff, "e estamos dispostos a compensá-lo generosamente. Queremos que trabalhe para nós." O árabe era um homem alto e elegante. Pausadamente, ele respondeu: "Por que demoraram tanto?" O contato fora estabelecido.[15]

O *katsa* do Mossad e o intermediário árabe mantiveram uma breve conversa e combinaram um encontro com medidas de segurança. O mais curioso de tudo era que Moukharbel não exigia grande quantia de dinheiro, e isso foi considerado estranho em Tel Aviv. Mike Harari disse a Zvi Zamir que havia a possibilidade de o intermediário árabe desejar manter boas relações com os dois lados para, caso acontecesse alguma coisa, poder encontrar um terreno seguro. "Seria uma questão de sobrevivência", falou Harari. A primeira informação que Moukharbel passou a Riff foi uma lista de 22 locais que Boudia costumava frequentar.[16]

Em 4 de maio de 1973, um grupo de estrangeiros chegou de avião e de metrô a Paris. A missão era localizar Mohamed Boudia. O Mossad suspeitava que os franceses soubessem de seu paradeiro e que o tivessem sob vigilância. Os *katsa* recém-chegados tinham apenas de confirmar essa suspeita.

A primeira pista foi dada por uma jovem e bela professora de Direito da Universidade de Argel. Ao conversar com vários amigos, ela mencionou a inacreditável potência sexual de um homem que conhecera há pouco tempo em Paris. Referia-se a Boudia sem nomeá-lo, mas confidenciou que seu parceiro era capaz de manter-se ativo por nove ou dez horas seguidas. Esclareceu apenas que se tratava de um intelectual árabe amante de teatro. Duas noites depois, duas equipes de perseguição, formadas por dois *katsa* do Mossad cada uma, tornaram-se a sombra da professora argelina. Quando o casal saía do apartamento, os *katsa* tentavam vislumbrar em meio à penumbra o rosto do homem que a acompanhava. Para alguns dos israelenses, ele era Mohamed Boudia; para outros, não era o perigoso terrorista que procuravam.

Devido às dúvidas, os *katsa* obrigaram-se a esperar ao ar livre em pleno inverno parisiense, até terem certeza de que aquele árabe era ou não o líder supremo do Setembro Negro na França. Naquela manhã, apenas a mulher regressou ao apartamento da rua Boinod, dessa vez disfarçada com grandes óculos escuros, uma peruca loira e uma minissaia.[17] Mohamed Boudia voltara a desaparecer sem deixar o menor rastro. Apenas algumas semanas depois é que os *katsa* se deram conta do próprio erro — um grande erro.

Boudia era um ator com ampla experiência em teatro e interpretação, e uma de suas maiores habilidades era se disfarçar de mulher. Aquela jovem de peruca loira, grandes óculos de sol e minissaia não era ninguém mais senão o próprio chefe do Setembro Negro. Quando os *katsa* regressaram ao apartamento da professora argelina, já fazia algum tempo que o terrorista abandonara o refúgio. Em Tel Aviv, Zvi Zamir se enfureceu e ordenou que todos os agentes instalados na França encontrassem Mohamed Boudia a qualquer custo.

Enquanto se tentava localizá-lo, chegaram ao Mossad rumores que indicavam que o terrorista planejava um atentado contra a Embaixada de Israel na Europa. Mas a sorte estava a favor dos agentes do Mossad, porque, numa certa manhã, por volta das nove horas, um dos *katsa* informou que detectara Boudia saindo do metrô na estação Étoile. O problema é que a Étoile era um cruzamento de linhas e corredores que davam acesso a outra dezena de linhas e corredores. Encontrar Mohamed Boudia em meio a centenas de pessoas era como procurar uma agulha num palheiro.

Nos três primeiros dias, as equipes israelenses esperaram durante horas, sem nenhum resultado. Dois agentes do Mossad que circulavam de carro pelas ruas de Paris, percorrendo repetidas vezes os locais que Boudia costumava frequentar, descobriram que o terrorista se deslocava num Renault 16. Ao segui-lo, puderam ver como ele dava voltas em vários blocos de edifícios, formando sempre um oito. Os *katsa* chamaram a estação de Paris por rádio e comunicaram que haviam localizado Mohamed Boudia perto do popular Bairro Latino.

Imediatamente, seis equipes de perseguição, em veículos diferentes, se deslocaram para apoiar a primeira. Em carros, furgões de entrega e até motocicletas, os *katsa* seguiam o perigoso argelino. Zvi Zamir queria que o alvo fosse localizado com precisão antes de dar carta branca aos *kidon* de Mike Harari ligados à Operação Ira de Deus, os quais aguardavam em várias capitais europeias.[18]

Agora o líder do Setembro Negro fora localizado e não o perderiam de vista. Curiosamente, o Mossad descobriu, por intermédio de um contato judeu no Departamento de Registros de Veículos, que o Renault 16 estava registrado em nome de Mohamed Boudia. Parecia inacreditável para Harari que um homem que tomava tantas medidas de segurança e precauções tivesse deixado escapar um detalhe como aquele.

Durante a vigilância de Mohamed Boudia, os *katsa* do Mossad viram como a cada manhã o chefe do Setembro Negro se aproximava do veículo, dava duas voltas ao redor dele, abria o porta-malas e o capô, para confirmar que não o tinham tocado, e inspecionava os quatro pneus, para se assegurar de que os israelenses não haviam colocado nenhuma bomba. "Um homem precavido, sem dúvida alguma", pensou Zvi Zamir de uma distância prudente. Teriam de colocar o explosivo em algum lugar que ele não suspeitasse.

A primeira proposta do Kidon foi colocar o explosivo na caixa de correio do prédio, mas tinham certeza de que Boudia inspecionaria também esse local. A segunda proposta foi o telefone, mas os *katsa* de vigilância informaram que Mohamed Boudia raramente o usava em casa. Um dos homens de Mike Harari que chegara a Paris teve uma boa ideia. "Se Mohamed Boudia verifica sempre o exterior do carro, então vamos colocar algo no interior", sugeriu. Para Zamir e Harari, parecia uma boa solução. Com isso, de modo simples, os agentes do Mossad colocaram sob o banco uma mina antipessoal, dessas que têm vários fusíveis.

Para causar maior impacto, a explosão devia se projetar para o alto, e não se expandir para os lados. Foi Mike Harari quem teve a ideia de colocar sob a mina uma grossa placa de aço, o que provocaria esse efeito.

Por volta das 23 horas do dia 28 de junho de 1973, os agentes do Mossad observaram Boudia sair do prédio. Vestido de maneira impecável, o terrorista dirigiu-se à rua Fossés Saint-Bernard, no coração do Bairro Latino. Com imenso cuidado, aproximou-se do Renault 16, deu duas voltas ao redor do carro, abriu o porta-malas e o capô, colocou com cuidado um jornal no chão e se ajoelhou. Olhou atentamente de um lado e de outro, em busca de algum sinal estranho. Boudia procurava cabos ou qualquer outra pista de explosivos, mas não encontrou nada.

Depois de limpar as mãos em um lenço branco, o argelino tirou as chaves do bolso e se aproximou da porta do motorista. Olhou para dentro do automóvel. Não parecia que tivesse sido mexido; introduziu a chave na fechadura e as travas subiram.

O homem abriu lentamente a porta, olhou para dentro como se procurasse algo suspeito e começou a entrar no carro. Primeiro, apoiou a perna direita, e depois se abaixou para se sentar no banco do motorista. Um breve silêncio, e depois Mohamed Boudia ouvia o mecanismo que detonava a mina colocada sob o banco.[19] Em seguida, a explosão fez voar metade do carro, arrancando o teto. Milhares de estilhaços metálicos atravessaram em poucos segundos o corpo de quem até aquele momento era o líder supremo do Setembro Negro na França e o braço direito de Ali Hassan Salameh, o Príncipe Vermelho.

Mohamed Boudia estava morto. A uma distância razoável, um misterioso veículo Volkswagen, com vidros cobertos por cortinas, arrancou e se distanciou, numa imagem mais própria de Beirute do que de Paris. Em seu interior encontravam-se o *memuneh* do Mossad e Mike Harari, líder da Operação Ira de Deus. Já se podia riscar outro nome da lista de alvos.

Apesar de o Setembro Negro não ter provas concretas de que a Metsada executara Boudia, sabiam que a espionagem israelense estava envolvida de alguma maneira no seu assassinato. O próprio Ali Hassan Salameh ordenou uma vingança na guerra do "olho por olho, dente por dente" que se estabelecera entre o Mossad e o grupo terrorista palestino.

Para tal missão encarregaram um estudante palestino da UCLA (Universidade da Califórnia, Los Angeles) de adquirir uma arma, para que fosse à Embaixada de Israel em Washington. No dia 1º de julho, o jovem aproximou-se do coronel Yosef Alon, ajudante do agregado da Força Aérea Israelense na capital norte-americana, e matou-o a tiros em plena rua.[20] Poucos dias depois, Michel Moukharbel telefonou para seu contato no Mossad, Oren Riff, e informou-o que, por ordem do próprio Hassan Salameh, um tal de Carlos Ramírez Sánchez, de nacionalidade venezuelana, assumiria os poderes de Mohamed Boudia na Europa. Nascia uma lenda do terrorismo mundial.

A equipe de *kidon* de Mike Harari teve de esperar até 1979 para dar o golpe final da Operação Ira de Deus, e este seria nada mais, nada menos que o assassinato de Ali Hassan Salameh, conhecido como o Príncipe Vermelho.

Michel Moukharbel, o melhor agente duplo do Mossad, que ajudou a localizar Mohamed Boudia, foi assassinado numa sexta-feira, 27 de junho de 1975, junto a três agentes da DST (Direction de la Surveillance du Territoire) francesa, num apartamento no número 9 da rua Toullier de Paris. Carlos pensou que Moukharbel o tinha denunciado à contraespionagem gaulesa. Os três agentes mortos eram Raymond Doubs, Jean Donatini e Jean Herranz.

Carlos Ilich Ramírez Sánchez, conhecido como Carlos, ou "o Chacal", se tornaria mundialmente famoso após o golpe de mestre do sequestro dos representantes da OPEP durante uma reunião em Viena, em 21 de dezembro de 1975. Em junho de 1992, foi condenado "em ausência" à prisão perpétua pelo assassinato dos três agentes franceses. Em 1994, com a colaboração da polícia sudanesa, uma equipe do serviço de espionagem francês, a DGSE, sequestrou-o e o enviou à França. Atualmente com 56 anos de idade, encontra-se recluso numa prisão francesa de segurança máxima, cumprindo pena de prisão perpétua.

OPERAÇÃO RAIO

ALVO: Resgate de reféns e execução de sequestradores

POSIÇÃO: Voo AF139 da Air France em Entebbe, Uganda

DATA: 4 de julho de 1976

Em uma manhã de domingo, 4 de julho de 1976, uma equipe de resgate formada por comandos de paraquedistas israelenses da Unidade Sayeret Matkal e alguns *kidon* da Metsada especialistas em operações especiais e execuções, libertava os reféns retidos no voo AF139 da Air France no aeroporto ugandês de Entebbe. A Operação Raio, como ficou conhecida, durou apenas noventa minutos, enquanto, em Maryland, os ouvidos eletrônicos da Agência de Segurança Nacional (ASN) detectavam conversas em hebraico entre os pilotos dos quatro gigantescos Hércules e dos dois Boeings 707, com os comandos e os *kidon* que combatiam nas instalações aéreas.[1]

Para os agentes da ASN e para o próprio secretário de Estado, Henry Kissinger, que abandonara os festejos oficiais do bicentenário da independência dos Estados Unidos celebrados na Casa Branca, aqueles sons faziam sentido. Algumas horas antes, o próprio Kissinger falara ao telefone com o então chefe de governo, Yitzhak Rabin, sendo informado por este da operação de resgate em Entebbe, assim como a rota que tomariam os aviões de transporte dos comandos do exército e da Metsada.[2]

Tudo começara às 6h17 de 27 de junho. Uma mulher com cerca de 30 anos, olhos avermelhados e profundas marcas no rosto devido à acne, permanecia silenciosa e afastada na sala de espera da Air France. Ao lado, um homem, que se fazia passar por seu namorado, não deixava de olhar inquieto de um lado para o outro. Ambos chegaram a Atenas vindos do Bahrein, no voo 763 da companhia Singapore Airlines.

Outro casal de jovens, também procedentes do Bahrein, preparava-se para entrar no voo AF139 da Air France que, procedente de Tel Aviv e com destino final em Paris, fazia escala técnica em Atenas. As medidas de segurança gregas não eram muito rígidas, portanto os quatro embarcaram no Airbus francês com armas nas malas e debaixo das roupas. Mais tarde, o Mossad identificaria os quatro como Brigitte Kuhlmann, uma terrorista de 29 anos pertencente ao grupo terrorista de extrema esquerda Célula Revolucionária (*Revolutionäre Zellen* ou ZR), grupo que se autodefine como "Guerrilha Urbana", e o seu companheiro, Wilfried Böse, membro liberto do grupo Baader-Meinhof.[3] O outro casal era composto por dois membros da Frente Popular para a Libertação da Palestina — Comando Especial (FPLP-CE). Ao entrar no avião, a mulher ocupou um lugar na primeira classe, e os outros três em poltronas do corredor da classe econômica. Às 12h15, um grito acordou os passageiros sonolentos que tentavam dormir. A cortina da primeira classe abriu-se, aparecendo a comissária de bordo com ar assustado e atrás dela Kuhlmann com uma pequena pistola.[4]

Kuhlmann, que parecia a líder do grupo de sequestradores, identificava-se como membro do grupo Unidade Gaza da FPLP-CE. Na parte de trás do avião, havia dois terroristas com pistolas numa mão e granadas na outra. Pouco depois, o voo AF139 desapareceu dos radares do controle de espaço aéreo iugoslavo.

O *memuneh* do Mossad, Isaac "Haka" Hofi, e o chefe da Aman (Inteligência Militar), Shlomo Gazit, foram os responsáveis por informar o desaparecimento do Airbus francês ao primeiro-ministro Rabin. "O avião que decolou do aeroporto Ben-Gurion, com um grande número de passageiros israelenses, sofreu um acidente ou foi sequestrado", afirmou Hofi com contundência. O ministro dos Transportes, Gad Yaakobi, um economista de 41 anos, telefonou para o chefe de segurança do aeroporto Ben-Gurion para que enviasse ao seu escritório a lista de passageiros israelenses e judeus que voavam no AF139.[5]

"Se o avião sofreu um acidente, será o exército a tratar do assunto, mas se foi sequestrado, será você, amigo Gad, quem se responsabilizará pela informação com a ajuda do Mossad", ordenou Rabin.

A lista de passageiros chegou ao gabinete do primeiro-ministro, informando que no voo viajavam 245 passageiros, mais 12 membros da tripulação. O Mossad sabia que, deles, 38 eram israelenses, embora não pudessem saber quantos judeus de outras nacionalidades estavam nesse voo. Hofi também informou Rabin que um número indeterminado de árabes embarcara no voo em Atenas procedentes de um voo das linhas aéreas de Cingapura.

"Acha que foi um sequestro?", perguntou Rabin. "Estou cem por cento certo", respondeu o diretor do Mossad. "Temos certeza", confirmou Shlomo Gazit, chefe da Aman.

Nesse meio-tempo, Paris vivia a pior onda de calor dos últimos cinquenta anos, e o presidente Valéry Giscard d'Estaing voava para Porto Rico para participar de uma reunião com o presidente dos Estados Unidos, Gerald Ford. Com o mandatário francês, viajavam também os ministros da Administração Interna, da Defesa e dos Negócios Estrangeiros, os quais deviam se encarregar da informação do sequestro do voo da Air France.[6] Entretanto, nos painéis do aeroporto Charles de Gaulle, a palavra "atrasado" estava na linha que indicava AF139-TLV-Paris.

À mesma hora que deveria ter aterrissado em Paris, o voo sequestrado aterrissou no aeroporto líbio de Bengasi. O Mossad confirmou os seus receios sobre o voo AF139, ao receber no seu quartel-general um comunicado de um *katsa* da unidade Dardasim que operava em Trípoli, informando que um voo não previsto da Air France aterrissara para abastecer no aeroporto líbio. Depois de o primeiro-ministro ser informado, ordenou-se a criação de um comitê de emergência formado pelo próprio primeiro-ministro, Rabin, o *memuneh* do Mossad, Isaac Hofi, o chefe da Aman, Shlomo Gazit, o ministro dos Transportes, Gad Yaakobi, o diretor da El Al, Mordechai Ben-Ari, o ministro da defesa, Shimon Peres, e o chefe do Estado-Maior, o general Mordechai Motta Gur.[7]

Isaac Hofi tinha certeza de que os sequestradores estavam sob o comando de Wadi Haddad, chefe de operações da FPLP — Comando Especial, uma divisão da FPLP de George Habash. Haddad conseguira fugir de um atentado preparado pelo Kidon no Líbano, refugiando-se num país africano, de onde dirigia sequestros de aviões. Porém, fosse como fosse, os *katsa* do Mossad destacados na África e na Europa estavam à espera de algum sinal providencial.[8]

Este apareceu quando o serviço secreto britânico informou à estação do Mossad em Londres que uma das passageiras fora libertada pelos sequestradores. Patricia Heyman, com passaporte britânico, ainda que com residência própria em Israel, estava grávida, e por esse motivo deixaram-na sair do avião. Assim que chegou à capital britânica num voo da Lybian Airlines, a jovem foi enviada para a polícia do aeroporto de Heathrow, onde membros da unidade LAP (Lohamah Psiclogit), especialistas do Mossad em interrogatórios, já a esperavam. Heyman informou os agentes israelenses que os sequestradores eram quatro e que estavam bem armados com pistolas, granadas e material explosivo camuflado em latas de tâmaras que tinham colocado nas portas do avião para fazê-las explodir caso alguém tentasse uma missão de resgate. No relatório, o chefe da estação de Londres informava Hofi e o ministro da Defesa, Peres, que o destino final do avião seria um país da África Central ainda a ser determinado. Em 28 de junho, Isaac Hofi já sabia que o voo AF139 aterrissara no aeroporto ugandês de Entebbe, o seu destino final.⁹

O *memuneh* informou Peres que, tendo em conta a tragédia por que estavam passando os passageiros no avião, Entebbe era o melhor lugar em que podiam ter aterrissado. Poucos anos antes, membros da Força Aérea Israelense (FAI) treinaram pilotos ugandeses para pilotarem o Westwind, avião de fabricação israelense. Nas equipes de pilotos enviadas ao país africano foram infiltrados *katsa* do Mossad que se dedicaram a fotografar todas as instalações do aeroporto, assim como a elaborar planos em relação às mesmas.

"Também é preciso levar-se em conta que os terroristas têm o apoio pessoal do presidente Amin", confirmou Hofi; "podemos apenas contar com o apoio do Quênia, enquanto eles têm uma boa organização em Uganda e na Somália".¹⁰

Peres debruçou-se sobre os grandes mapas postos sobre a mesa, concentrando a atenção em Yibuti, ainda sob domínio francês. O ministro da Defesa telefonou ao seu colega do Ministério dos Negócios Estrangeiros, Yigal Allon, para que informasse oficialmente os franceses sobre a possibilidade de abastecimento de combustível na sua base no Nordeste Africano, e pediu a Isaac Hofi que informasse extraoficialmente o serviço secreto francês, o SDECE, sobre o mesmo assunto. Entretanto, o chefe do Mossad e o general Gur comunicaram aos chefes de operações para que fossem colocados, na "Luz do Dia", o máximo de agentes dos serviços secretos israelenses em estado de alerta.

Na madrugada de 29 de junho, as estações do serviço secreto israelense em Londres, Roma, Paris, Bonn e Atenas informavam que os outros três sequestradores não identificados eram Wilfried Böse, um anarquista alemão e amigo de Carlos Ramírez, o Chacal, Fayez Abdul-Rahim Jaber, nascido em Hebron em 1930 e fundador do grupo Heróis do Retorno, ligado à FPLP — Comando Especial, e Jayel Naj Al-Arjam, também membro da FPLP-CE. O Mossad tinha Jaber em seus arquivos. No seu longo currículo de terror, aparecia o ataque contra um avião das linhas aéreas norte-americanas Pan-Am em dezembro de 1973, no qual 31 pessoas perderam a vida.¹¹

Isaac Hofi precisava saber o máximo possível sobre o local onde o avião tinha aterrissado, e então decidiu ativar as unidades 504, 8200 e 8513: a primeira, encarregada de recolher informação de âmbito militar; a segunda, intercepções de comunicações; a terceira, informação fotográfica. Mas também precisava ganhar tempo.

Na tarde de 29 de junho, o comando transmitiu, por meio da Rádio Kampala, a lista dos terroristas que deveriam ser libertados em troca dos passageiros do

AF139. Quarenta presos em Israel, seis na República Federal da Alemanha, cinco no Quênia, um na Suíça e mais outro na França. Yitzhak Rabin, assim como Allon, Peres e Hofi, estavam de acordo que receberiam o apoio da França e da Suíça, mas não sabiam se os governos de Bonn e de Nairóbi concordariam em libertar os terroristas detidos em suas prisões.[12]

Logo surgiu uma nova surpresa quando os *katsa* das estações africanas começaram a transmitir que os sequestradores do avião francês poriam em liberdade um número indeterminado de reféns. De fato, os relatórios se confirmaram quando a estação de Paris comunicou que 47 passageiros tinham chegado e sido colocados sob proteção do SDECE. Nos interrogatórios estiveram presentes três *katsa* do Mossad, um deles era Ariel L., um *kidon* destacado em operações especiais e que mais tarde participaria da equipe de assalto ao Airbus.[13]

No resumo que se fez dos diferentes interrogatórios, descobriu-se que os judeus tinham sido separados do grupo principal. Por fim, Yitzhak Rabin deu sinal verde ao chamado plano B, a alternativa militar para libertar os reféns israelenses e judeus do AF139, assim como a ativação do Kidon.[14]

Em Beersheba, ao sul do país, os comandos do exército israelense e os membros das equipes de operações especiais da Metsada treinavam duro. Vários engenheiros e arquitetos tinham sido chamados em segredo para reconstruir, em escala original, o aeroporto de Entebbe naquele lugar desértico.

Ambas as equipes foram colocadas sob a liderança do jovem general de 39 anos, Dan Shomron, que seria chefe do Estado-Maior de Israel durante a Guerra do Golfo. Para evitar que os serviços secretos estrangeiros detectassem a ligação de Shomron com a operação, foi decidido que ele se retirasse para uma casa em Ramat Gan, um bairro dos subúrbios de Tel Aviv, sob proteção dos *katsa* de Hofi. Diariamente, o general era informado dos avanços e dos retrocessos das negociações pelo chefe do Estado-Maior, Mordechai Motta Gur, pelo próprio Isaac Hofi ou pelo assistente do ministro da Defesa, Israel Tal.

Rapidamente, começaram a surgir sérios problemas no comando da missão quando Shomron discutiu com alguns dos membros das operações especiais do Mossad e, em especial, com os assassinos da Metsada, sobre o modo de levar a termo o resgate. Foi necessária a intervenção do todo-poderoso Hofi para que se acalmassem os ânimos.[15]

Hofi ordenou que três dos seus agentes viajassem a Nairóbi para iniciar os contatos com as autoridades. Os *katsa* que chegaram ao Quênia com passaportes britânicos eram Uri Delard, Dan Kovek e um gigante chamado Ariel Kleimann.[16] O presidente, Jomo Kenyatta, deu a sua aprovação aos três *katsa*, permitindo-lhes até interrogar dois terroristas de nacionalidade alemã que foram detidos poucos meses antes, quando tentavam atacar um avião da El Al em Nairóbi. Delard, o chefe da equipe, informou Hofi que o governo do Quênia dava todo o seu apoio à causa, embora não pudesse garantir que Kenyatta mostrasse a mesma predisposição para autorizar a aterrissagem de aviões militares israelenses em seus aeroportos, tendo em vista que estes iriam empreender uma ação bélica.

Em 1º de julho, o Comitê de Emergência reuniu-se na sede do Ministério da Defesa por volta das sete da manhã para analisar toda a informação recebida das diferentes estações do Mossad. Uma hora e meia depois, o gabinete votou, por unanimidade, conceder a máxima autoridade ao Comitê de Emergência, o que dava total liberdade a Isaac Hofi e, consequentemente, aos *kidon* da Metsada para agir.

Após a reunião, o ministro dos Negócios Estrangeiros, Yigal Allon, informou o embaixador Gazit, em Paris, que o governo decidira discutir com os sequestradores a libertação dos terroristas que Israel tinha em seu poder e que isso devia ser comunicado ao governo francês. A ideia desse comunicado era a de ganhar tempo para evitar que a França tomasse alguma decisão que colocasse em perigo a Operação Raio, que ainda não tinha sido decidida, mas que estava cada vez mais próxima, devido ao parco resultado obtido pelo governo israelense com o plano A, ou seja, o diplomático.[17]

À uma da tarde, a Rádio Kampala anunciava a intenção dos sequestradores de prorrogar o ultimato até domingo, dia 4 de julho. Era preciso tomar uma decisão o quanto antes.

Quinta-feira também foi um dia duro para Rabin, porque uma delegação formada por um grupo de familiares dos reféns exigiu, no seu gabinete, que Israel negociasse o quanto antes para que eles pudessem regressar aos seus lares. Na reunião esteve presente Isaac Hofi, embora não tenha dito uma palavra até a delegação sair do gabinete.[18]

"É necessário dar sinal verde ao plano B", disse Hofi. "Nosso tempo está se acabando." Rabin soube então que se encontrava entre a cruz e a espada e que tinha de se decidir. Entretanto, seus comandantes e os *kidon* da Metsada continuavam a treinar no sul do país à espera da decisão.

"Se temos de fazê-lo, deve ser no domingo. Amin é um homem que gosta de controlar pessoalmente seu exército, e nesse domingo ele estará na conferência de cúpula dos Estados africanos para completar o seu mandato como presidente da OUA — Organização da Unidade Africana", disse Rabin. Enquanto isso acontecia em Tel Aviv, os *katsa* do Mossad chegavam a Nairóbi num voo da El Al vestidos como homens de negócios. Yerucham Amitai, um veterano piloto da FAI, treinara os pilotos ugandeses até que os russos e os seus caças Mig entraram em ação. Foram, inclusive, os engenheiros israelenses que realizaram as obras de ampliação do aeroporto de Entebbe para acomodar os caças soviéticos.

Novamente, o MI6 informou a estação do Mossad, em Londres, que os sequestradores haviam libertado 101 reféns. Os agentes da unidade LAP deslocaram-se para o aeroporto, onde, depois de interrogar os libertos, descobriram que os terroristas tinham retido apenas os membros da tripulação e os judeus. A palavra *seleksia* voltava a aparecer nas mentes de Israel trinta anos depois, a mesma que os membros da SS usavam ao enviar os judeus para as câmaras de gás a partir das estações de trem em Auschwitz.[19]

Outro passageiro informou um *katsa* da LAP que o Airbus tinha sido batizado com o nome de Arafat e que a terrorista alemã confiscara os passaportes dos passageiros, separando os de nacionalidade israelense dos não israelenses que tinham sobrenomes judeus.

Durante todo o dia, os reféns eram vigiados, tanto pelos terroristas como pelos soldados ugandeses armados com metralhadoras. Os agentes do Mossad fizeram um esboço muito preciso com os resultados dos interrogatórios realizados com os libertos. No relatório transmitido a Isaac Hofi, os seus *katsa* indicavam-lhe que os reféns estavam há 24 horas rodeados por três círculos de segurança; o primeiro era formado pelos terroristas; o segundo, por membros da sede de Kampala da Frente de Libertação Palestina (FLP); e o terceiro, por soldados ugandeses.[20]

A cada dia que passava, Yitzhak Rabin, pressionado por Isaac Hofi, estava mais convencido de que o plano B era o mais indicado para solucionar o sequestro do AF139. Na sexta-feira, 2 de julho, o chefe de governo já havia decidido que seus homens atacariam o aeroporto de Entebbe e libertariam os reféns, israelenses e franceses. Desde então, começaram a chegar informações das estações do Mossad, em Paris, ao quartel-general do Instituto sobre detalhes técnicos do Airbus; sobre o terrorista Wilfried Böse da estação de Bonn; e sobre os palestinos da estação de Montreal.[21] Tudo passava por um processo de triagem, que descartava a informação inútil e transmitia a útil para que fosse colocada no lugar que lhe correspondia.

No seu gabinete em Tel Aviv, Peres convocou uma reunião de urgência com o seu comandante supremo, Mordechai Motta Gur. "Temos apenas que decidir quando e a que horas", disse Gur. Mas Peres esperava o relatório de Isaac Hofi para dar a aprovação do plano B a Rabin. Quase no início da noite, o *memuneh* apareceu no gabinete com uma só folha de papel. Era o relatório final. O documento tinha cinco pontos claros:

- O presidente Amin está usufruindo da publicidade e é certo que Israel não conseguirá a cooperação do ditador africano em hipótese alguma.
- O Mossad sabe que seis dirigentes terroristas viajaram de carro da Somália a Kampala. O presidente Amin falou do "número um" nas suas conversas telefônicas com Bar-Lev. Esse "número um" podia ser o doutor Haddad.
- O presidente Amin usará a conferência de cúpula da OUA como forma de propaganda e regressará rapidamente a Uganda para controlar a situação.
- Os *katsa* do Mossad acreditam que, a partir de domingo, os terroristas começarão a executar os reféns.
- O Departamento Estatal de Investigação ugandês, pouco partidário de Amin, controlaria qualquer movimento do ditador antes de domingo. O problema poderia ser os serviços secretos ugandeses, muito próximos do presidente.

Depois de analisar a informação explicada com precisão pelo diretor do Mossad, decidiu-se que o plano B seria executado em não menos de seis horas antes da madrugada de domingo, 4 de julho. A questão agora era se seria útil capturar os sequestradores com vida. "A prioridade são os reféns. No entanto...", Peres olhou fixamente para Hofi, tentando conseguir uma resposta de se isso seria possível. "Poderíamos tentar", respondeu o poderoso chefe do Mossad.

Rabin ligou pela manhã para um telefone situado num pequeno apartamento de um bairro suburbano de Tel Aviv. Do outro lado da linha, o lendário general Moshe Dayan ouviu as suas explicações sobre a Operação Raio.

"Se os deixarmos vivos, voltarão a atacar Israel com muito mais força, por terem perdido a batalha do AF139. Devemos executar todos eles. Convença-se logo disso e ative a Metsada", disse Dayan.[22]

Depois de consultar Hofi, decidiu-se unir um comando do Kidon com os outros que partiriam para Uganda. As suas ordens eram claras: enquanto os comandos paraquedistas libertavam os reféns, eles deviam matar todos os terroristas que encontrassem em Entebbe. Na cabeça de Isaac Hofi apareciam os rostos de Carlos Ramírez, o Chacal, e do doutor Wadi Haddad. Seria realmente uma grande vitória para a Metsada, o Mossad e, portanto, para Israel, se conseguissem assassinar os dois.

Na madrugada de sexta-feira, Shimon Peres reuniu os militares e os Kidon da Metsada que fariam parte da missão de resgate. "Estou orgulhoso de vocês e do que vão fazer pelo seu país, mas também estou dos reféns que estão há vários dias lutando por suas vidas. Tenham cuidado, tragam para casa seus compatriotas e voltem sãos e salvos ao lar de vocês, que é Israel. É só, e boa sorte."[23]

Enquanto os paraquedistas treinavam para ter uma ideia das instalações de Entebbe, os *kidon* da Metsada estudavam as fotografias dos terroristas que possivelmente estariam nas instalações aeroportuárias. Os rostos em branco e preto de cidadãos árabes e alemães passaram diante dos olhos atentos dos assassinos do serviço secreto israelense. Cicatrizes, expressões e traços faciais ficaram gravados em suas mentes.

O doutor Haddad, um palestino de 40 anos, segundo no comando da FPLP, logo abaixo de George Habash, era uma figura lendária no mundo terrorista, quase tanto quanto o Chacal. Haddad já havia sofrido dois atentados em Beirute, o primeiro organizado pelos homens de Abu Nidal, mas que ele atribuíra ao Mossad para, com isso, voltar a se destacar dentro do movimento nacionalista árabe.[24]

O segundo atentado foi realizado com o lançamento de foguetes contra a casa de Haddad, em 11 de julho de 1970, de forma muito similar ao realizado contra os escritórios da OLP em Beirute, em setembro de 1969. Aparentemente, uma equipe do Kidon seguira durante meses o líder da FPLP até conhecer o local no qual ficava a sua residência. Às 2h14, ouviu-se uma forte explosão no terceiro andar do edifício Katarji, no distrito beirutense de Almalah, esquina com a rua Muhi Aldin Alhayat. Seis mísseis katyusha de fabricação soviética foram lançados de um apartamento situado no quinto andar do edifício em frente. Três penetraram na sala e no quarto de Haddad e dois não explodiram devido a falhas técnicas. O doutor Haddad saiu ileso, enquanto a esposa e a filha sofreram queimaduras graves, sendo transportadas para o Hospital Universitário Americano.[25]

O apartamento de onde se lançaram os foguetes estava mobiliado com um armário e uma cama. Na janela, encontraram-se luvas cirúrgicas e um bilhete escrito em árabe que dizia: "Isto é uma mensagem de Fatah". A polícia de Beirute identificou o inquilino como um homem chamado Ahmad Batzrat, com passaporte iraniano, que chegara à capital libanesa havia três meses. Na realidade, o assassino iraniano era Yariv Barlatov, um *kidon* da Metsada. O serviço de segurança da FPLP procurou averiguar como o Mossad descobrira que Haddad estava em Beirute se ele tinha chegado de Paris havia apenas dois dias e que, em seu apartamento, dormia a guerrilheira palestina Leila Khaled,[26] que também saiu ilesa.

O primeiro-ministro Yitzhak Rabin sabia que, se quisesse libertar todos os reféns do voo AF139 da Air France, teria de ser à custa de Israel e da habilidade dos seus comandos e membros da Metsada. Aconselhado por Hofi, Rabin decidiu dar uma coletiva à imprensa na sexta-feira, dia 2 de julho, dois dias antes do ataque impetuoso, para informar que o sequestro do avião era mais um golpe contra

Israel por parte da FPLP e de um dos seus mais violentos líderes, o doutor Wadi Haddad.[27]

No rodapé do relatório confidencial do Mossad indicava-se que Wadi Haddad nunca se deixava fotografar e que era extremamente cauteloso nos seus movimentos e nas suas viagens, tanto fora do Líbano como dentro de Beirute. A Operação Raio estava em curso. Depois de tomar essa decisão, Rabin comentou com seu chefe de espionagem: "Uma democracia só pode manter uma ação firme em política externa com grandes dificuldades e resoluções lentas. Se rompemos o processo democrático a fim de sobreviver, podemos chegar a perder as razões morais da nossa luta".[28]

Durante os últimos quatro dias, Rabin tentara, por todos os meios, fazer seus chefes militares e de inteligência entenderem a necessidade de a Operação Raio ser conduzida dentro de alguns limites, algo difícil de fixar dentro de uma ação de guerra e ainda mais quando o próprio Rabin autorizara a Isaac Hofi a participação do Kidon no grupo de comandos que teriam que libertar os reféns em Entebbe.

No sábado, dia 3 de julho, a unidade do Mossad na área continuava a informar Hofi, através da chamada "Inteligência Fibra", ou seja, baseada em observações, rumores ou sentimentos gerais procedentes dos *katsa* da área. Uma dessas informações, a que mais preocupava o Comitê de Emergência, era a que indicava que, a partir de domingo, dia 4 de julho, os terroristas começariam a executar os reféns.

"A Operação Raio seria um êxito espetacular ou uma catástrofe terrível para Israel", segredou Rabin a Zbigniew Brzezinski, um dos principais conselheiros de política externa do então candidato presidencial Jimmy Carter durante um jantar em Jerusalém, cujo anfitrião era o ministro da Defesa Shimon Peres.[29]

Após o banquete, Peres agarrou o conselheiro norte-americano pelo braço e levou-o para outro lado do grande salão. Falando em polonês, comentou-lhe, embora com pouca precisão, a possibilidade de Israel agir por conta própria para solucionar o problema dos reféns no voo AF139 da Air France. Aparentemente, Isaac Hofi tinha recomendado a Rabin e a Peres que informassem Brzezinski, um catedrático cinquentão de Política Internacional da Universidade de Columbia, de que poderia vir a substituir Henry Kissinger se Carter vencesse as próximas eleições. O professor telefonou para a sua casa de Nova York no domingo à tarde, quando o puseram a par da operação em Entebbe. Brzezinski se deu conta de que os israelenses podiam estar guardando um segredo e, no entanto, ao mesmo tempo, dar certa dose de informação, algo que para um analista como ele deveria ter sido suficiente. O próprio chefe do Mossad escreveu em rodapé num grosso relatório sobre Idi Amin Dada: "Nada pode debilitar mais a sua posição e a sua autoestima que uma derrota em Entebbe. Por essa razão, devo supor que Amin pode ser mais perigoso que nunca".

Na manhã de sábado, 3 de julho, um assistente de Hofi entrou no seu gabinete às pressas e entregou-lhe um envelope lacrado procedente do departamento de Dardasim em Nairóbi, que um *baldar* (mensageiro) tinha transportado até o quartel-general do Instituto. O relatório mostrava que o líder ugandês não colaboraria com as forças israelenses para o resgate e até informava que ele permitira que outros membros da FPLP, procedentes da Somália, se unissem ao grupo de sequestradores do AF139. Ao todo, seis homens armados mais os quatro sequestradores formavam o grupo mais próximo aos reféns. Esta informação foi passada imediatamente a Ariel L., responsável pela equipe do Kidon que deveria matar os terroristas em Entebbe, e a Dan Shomron, chefe dos comandos e da Operação Raio.

Novamente, os sequestradores libertaram outro grupo de passageiros. Um deles foi Murray Schwartz, um produtor de televisão, que contou à SDECE e ao Mossad que, quando o AF139 da Air France chegou a Entebbe, tudo parecia indicar que o esperavam. Hofi confirmou então os seus medos, uma vez mais, e informou o primeiro-ministro Yitzhak Rabin: "Uganda está envolvida no sequestro".[30]

Foi então que o chefe do Mossad ordenou que um caça Phantom da força aérea israelense seguisse o avião particular de Amin até as Ilhas Maurício, local no qual se devia realizar a reunião de cúpula da OUA. Se o AF139 fosse dinamitado ou algum dos reféns executado, o piloto poderia derrubar o avião de Amin.[31] Para Isaac Hofi e Dan Shomron, era extremamente importante ter o presidente ugandês vigiado em cada minuto durante o sábado, 3 de julho, e o domingo, 4 de julho, data prevista para a tentativa de resgate.

Shomron e seus comandos, homens duros pertencentes ao corpo de elite do exército israelense, sabiam que seriam novamente escolhidos para atacar em defesa do seu país em algum lugar do mundo. Aos comandos que iriam para Entebbe, a frase de Oliver Cromwell, "Saibei por que lutais e amai o que sabeis", se ajustava como uma luva. Por fim, o general Shomron obtem a aprovação final dos chefes militares para fazer as forças combinadas aterrissarem em Entebbe, sob o seu comando: um grupo de forças especiais liderado por Yoni Netanyahu e outro de *kidon* da Metsada liderado por Ariel L.

A Unidade Dardasim e os seus *baldar* do Mossad em Nairóbi e Kampala recolhiam uma grande quantidade de informações sobre o local onde os comandos deviam aterrissar e com que se deparariam. O número de defesas ugandesas era relativamente alto. Duzentos e cinquenta transportes blindados de tropas, uma desconhecida quantidade de obuses, mísseis e morteiros e, o pior de tudo, cinquenta aviões de combate Mig 17 e Mig 21, cuja base era a mesma de Entebbe.

Isaac Hofi ordenara o envio a Nairóbi no voo da El Al 535 de uma unidade especial de informação do Mossad, composta por cinco equipes de seis *katsa* cada uma. Geoffrey Karithii, chefe da GSU General Service Unit — Unidade de Serviços Gerais) queniana, garantiu ao Mossad que o seu presidente aprovara a ajuda à força expedicionária israelense, algo que foi comunicado de imediato a Isaac Hofi e ao chefe da operação, Dan Shomron. Apenas Charles Njojo, procurador-geral do Quênia, comentou a Kenyatta que, segundo as leis internacionais de aviação civil, o seu país não podia impedir que aviões de carga israelenses aterrissassem no aeroporto internacional de Nairóbi, mas recomendava que a pequena esquadrilha de aviões Hércules aterrissasse numa pista distante do terminal principal.[32]

O chefe da estação do Mossad na capital francesa enviou uma mensagem ao seu chefe no Ministério da Defesa em Tel Aviv, transmitida pela Embaixada de Israel, em que se recomendava alterar as avaliações anteriores a respeito do presidente Amin. "A sua tendência tem sido prolongar as negociações por motivos publicitários. Achamos que o ditador está ansioso por satisfazer os sequestradores. A partir das evidências, acreditamos que Amin dará seu consentimento para começar as execuções na madrugada de domingo, 4 de julho", terminava assim a mensagem. Após lê-la atentamente, Isaac Hofi enviou uma cópia "confidencial" ao ministro da Defesa, Peres, ao chefe militar da Operação Raio, Dan Shomron, e ao chefe da equipe dos *kidon*, Ariel L.

No seu gabinete provisório em Tel Aviv, Rabin analisou toda a informação que tinha nas pastas vermelhas e azuis que haviam sido ordenadas sobre a mesa. Dentro do espaço, sem mais adornos além da bandeira com a estrela de davi e os retratos de Theodor Herzl e Chaim Weizmann, Rabin falava com as suas visitas sobre os prós e contras da Operação Raio. Após quatro horas de debate, exclamou: "Vamos em frente com a operação de resgate".[33]

Isaac Hofi e Motta Gur correram ao telefone e comunicaram aos chefes da operação que o governo de Israel dera carta branca ao plano B. Rabin saiu da sala e fez o mesmo com o chefe da oposição, Menahem Begin, para lhe informar da decisão e conseguir um consenso político com a ação militar que se realizaria poucas horas depois. Aconselhado pelo *memuneh* do Mossad, não descartou a decisão de continuar com a negociação. Nesse mesmo dia, Rabin informava Begin: "Penso que podemos pôr em prática essa operação. Só falta o general Gur assistir a um ensaio da Operação Raio e, se ele ficar satisfeito, pediremos a aprovação do gabinete e da Comissão de Defesa da Knesset".

Na desértica Beersheba, os comandos israelenses e os *kidon* da Metsada sabiam que sexta-feira à noite seria realizado um primeiro ensaio geral. O assalto simulado foi dividido em seções. Mordechai Gur decidiu reunir-se com os comandos e com os agentes do Mossad que deveriam voar nos Hércules e perguntou-lhes se estariam dispostos a fazer isso. Ariel L., o chefe dos *kidon*, disse: "Que os Hippo nos deixem em Entebbe e nós terminaremos a tarefa em uma hora". "Que sejam 55 minutos", replicou Gur.[34]

As equipes do Mossad deveriam se encarregar não só de executar e identificar os terroristas mortos, mas também de proteger os reféns na longa distância entre o hangar em que se encontravam fechados e as plataformas dos C-130, com a equipe de atiradores da inteligência israelense que viajaria no primeiro Hércules que aterrissaria em Entebbe.[35] Ariel L. sabia, assim como a sua equipe, que disporia apenas de um minuto e quinze segundos para acabar com os terroristas antes que reagissem e começassem a matar os reféns.

O departamento de análise do Mossad foi obrigado por Yitzhak Rabin a preparar um relatório em que deviam fazer um cálculo das possíveis baixas o mais aproximado e pessimista possível. No relatório, que foi apresentado três dias depois, aparecia uma estimativa de 30 a 35 mortos. "É aceitável", dizia o relatório. Entretanto, o MI6 britânico informava que alguns estrategistas da OLP já tinham sido deslocados para Kampala, o que aumentava o risco de execuções de reféns do AF139. A equação pensada agora por Rabin era muito simples: ou o risco de perder 35 reféns ao agir, ou enfrentar a morte de 105 por pecado de omissão.

Sábado, 3 de julho, parecia um dia normal em Israel. As praias de Tel Aviv estavam lotadas de gente, o Hayarkon com tráfego intenso, Jerusalém vazia, assim como os serviços públicos, e os hotéis lotados devido ao grande fluxo de turistas que chegavam à Cidade Santa. Nesse mesmo dia, numa base ao norte do país muito próxima ao histórico lago Tiberíades, Dan Shomron reunia-se com Isaac Hofi, o general Motta Gur e Benni Peled. Diante deles, perfeitamente formados, estavam os escolhidos para a Operação Raio. Comandos da Sayeret Matkal, paraquedistas da 35ª Brigada Aerotransportada, *gadnas* (jovens militares) das forças antiterroristas, os *kidon* da Metsada e oficiais femininos do corpo aéreo que deveriam assistir os feridos dentro dos Hércules C-130. O ensaio geral estava previsto para essa mesma noite, para o qual os engenheiros da companhia construtora Solel Boneh tinham reproduzido em escala o aeroporto de Entebbe.

A primeira equipe a desembarcar do Hippo 1 seria a de Yehonatan Netanyahu, conhecido como Yoni, que deveria acabar com a primeira linha de resistência. Em seguida, seria a equipe de Ariel L. com os seus *kidon* da Metsada, incumbidos da execução dos sequestradores e a possível captura do doutor Wadi Haddad.

Ambas as equipes estavam disfarçadas com uniformes do exército ugandês. A média de idade dos homens de Yoni era de 20 anos, enquanto a da equipe de assassinos da Metsada era de 25.

"Estavam nervosos no sentido de que não tinham conhecimento algum da África. Estávamos habituados a ataques noturnos e a combater em condições desconhecidas. Mas Entebbe era diferente. Estávamos preparados para atacar poços de petróleo, aeroportos ou instalações militares, mas nenhum de nós pensara jamais em combater num país da África Negra", disse Shomron após a operação.[36] A cada minuto que se passava recebia-se, no quartel-general do Mossad, informações precisas sobre Entebbe, até mesmo, por exemplo, se tinha começado a chover. Tais informações eram transmitidas dos aviões israelenses que sobrevoavam o aeroporto ugandês, observando as mudanças de clima, os movimentos dos aviões ugandeses e a contínua posição do presidente Idi Amin Dada e do seu avião particular.

Os 707 podiam aterrissar em Nairóbi sem provocar nenhum distúrbio; pelo contrário, os Hércules, equipados para uma ação bélica, podiam provocar o alarme no aeroporto.

Benni Peled informou explicitamente o Mossad, o ministro da Defesa e o primeiro-ministro, que um dos Hércules C-130 carregaria tanques de combustível para que os outros Hippos reabastecessem assim que aterrissassem em Entebbe. "O perigo seria para os pilotos e para a tripulação dos C-130, que deveriam reabastecer com os motores ligados", informava o chefe da FAI. O ministro dos Negócios Estrangeiros de Israel sabia que se a missão de Entebbe não fosse bem-sucedida e se tivessem de aterrissar com urgência em alguma base do Quênia, os quenianos seriam acusados de participar em conjunto com Israel de uma ação bélica contra Uganda. Hofi informou Shimon Peres que no dia previsto para o resgate não haveria tráfego aéreo comercial entre Nairóbi e África do Sul, até as 2h30, quando aterrissaria ali um VC10 da British Airways na rota Londres-Ilhas Maurício.[37]

Isaac Hofi recomendara ao exército que fossem os homens de uma unidade de intervenção do Mossad os encarregados de vigiar as operações de carga e preparação de transportes. Os únicos oficiais presentes eram o general Dan Shomron, o tenente-coronel Yehonatan "Yoni" Netanyahu e Ariel L., do Kidon. Se a Operação Raio tinha se mantido em segredo dentro do âmbito político, isso não foi nada comparado ao muro de silêncio levantado dentro do exército e das forças aéreas. Hofi ordenara a todos os responsáveis pelas equipes do Mossad implicados na Operação Raio que destruíssem todos os documentos para evitar um vazamento de informação.

Em um grande espaço que servia como hangar, os membros dos comandos, sentados no chão diante de um grande mapa de Entebbe e uma grande planta baixa do aeroporto, atentavam às indicações de Yoni Netanyahu: "É preciso chegar aos reféns com a máxima velocidade e deixar que os homens da Metsada se encarreguem de eliminar os sequestradores. Temos somente alguns segundos entre o êxito e a matança", disse ele.[38]

"Que acontecerá se os reféns se levantarem e nós os confundirmos com os sequestradores?", perguntou um jovem oficial. "Devem deixar que a Metsada se encarregue dos sequestradores e é por isso que eles atacarão o hangar no qual se encontram os reféns", explicou Yoni.[39]

Na mente de todos, Entebbe aparece como um lugar próximo e conhecido, devido ao estudo feito do aeroporto por todos os membros que participariam da Operação Raio. Os únicos sentados num canto, afastados da grande sala, eram os cinco membros da Metsada. Vestidos com macacões pretos de piloto e com relógios de mergulho nos pulsos, pareciam ser os mais tranquilos, quando na verdade seriam eles a encabeçar o ataque a Entebbe.[40]

"Seria melhor que apressasse o seu dirigente, Jaber", disse Yoni, "pois são assassinos. Não teremos uma segunda oportunidade".

"Então cumprirei as ordens à risca. Executaremos todos eles", respondeu Ariel enquanto se distanciava para se reunir novamente com os seus homens.

Durante as últimas horas, e à espera da decisão final do gabinete do primeiro-ministro Rabin, 280 homens, fortemente armados, permaneciam num hangar ao lado de caminhões e jipes armados com canhões sem recuo.

Ao sair do grande edifício, as equipes de resgate começaram a se acomodar nos diferentes aviões que já tinham sido atribuídos. Homens com uniforme de combate, *kidon* vestidos com macacões pretos e paraquedistas vestidos à paisana, como se fossem passar um fim de semana no camping.

Nessa mesma tarde, num lugar de Tel Aviv, o governo reunia-se em sessão plenária, conduzida pelo seu chefe, Yitzhak Rabin. Revelando ansiedade, confessou aos seus ministros que se a Operação Raio não fosse bem-sucedida, ele assumiria a responsabilidade pelo fracasso, mas se, pelo contrário, o resgate de reféns fosse levado a êxito, o único vitorioso seria o Estado de Israel e o seu desejo de sobrevivência.[41]

Os ministros ouviram-no em silêncio, e ele anunciou que aprovava o plano, mas que de qualquer maneira levaria em conta as opiniões de todos os membros do gabinete. Se no fim da sessão houvesse uma maioria contra o anúncio, os aviões não levantariam voo. A discussão continuou durante horas.

Entretanto, na base aérea, os aviões já estavam preparados para decolar, à espera da senha: "*Zanek!*" (Salte!). Os motores rodavam aquecendo-se e lançavam fumaça e cheiro de combustível.

"Por que não nos dão o *zanek*?", questionavam-se Ariel e Yoni. Finalmente, os aviões decolaram em direção ao seu destino, embora sem a ordem final. Estavam em constante contato com Tel Aviv, para o caso de lhes pedirem para regressar à base. Com um forte estrondo, os Hippos começaram a levantar voo. "Vamos até Entebbe sem uma ordem do primeiro-ministro", disse Yoni Netanyahu. "Se não se decidirem rápido, em sete horas estaremos sobrevoando a própria casa de Idi Amin Dada em Uganda", confirmou Ariel.

O ambiente estava ficando mais tenso à medida que os ponteiros do relógio continuavam a avançar. Um som seco parecido com o de um trovão indicou aos pilotos dos Hércules que três caças de escolta tinham se unido à esquadrilha de aviões sem destino definido. Algumas horas depois aterrissavam na zona de segurança máxima do aeroporto de Nairóbi. Um segundo 707 de apoio seguia o mesmo procedimento.

Surgiu um novo problema quando o serviço secreto sul-africano (BOSS) informou a estação do Mossad em Nairóbi que Idi Amin decidira regressar a Uganda, vindo das Ilhas Maurício, antes do tempo. "E se os comandos e o avião de Amin aterrissassem no aeroporto de Entebbe ao mesmo tempo?", pensou Isaac Hofi, uma pergunta que só podia ser respondida na própria instalação ugandesa.[42]

A esquadrilha de quatro Hércules sobrevoava o Sinai quando eles receberam de Tel Aviv a tão esperada senha: *Zanek*. A partir desse momento, os rádios ficaram mudos. O caça principal, com seu grande radar, informava aos outros três o caminho que os levaria ao coração de Uganda. David, o comandante do esquadrão, ia à frente quando recebeu a ordem de voar à velocidade máxima até Entebbe.

No último trecho, as extremas variações atmosféricas obrigaram a mudanças nos planos de voo. Cada Hippo voava em silêncio e isoladamente dos restantes durante a noite, caso algum fosse interceptado. Horas depois desciam pelo escuro vale do Rift em direção ao lago Vitória. Dentro do primeiro Hércules, a equipe da Metsada comandada por Ariel preparava as armas com miras telescópicas infravermelhas e silenciadores, enquanto pintavam os rostos e as mãos com tinta preta. Dan Shomron, Yoni Netanyahu e Ariel L. reviam os últimos detalhes do plano operacional com as suas equipes.

Ariel, o chefe da equipe de assassinos da Metsada, era um homem de contrastes. Nascido no bairro nova-iorquino do Brooklyn, esteve à frente de uma unidade especial durante a guerra dos Seis Dias, em que foi ferido. Recebeu baixa da FDI e regressou aos Estados Unidos. Isaac Hofi, o poderoso chefe do Mossad, tinha um interesse pessoal por Ariel e foi o seu "cavalo", nome que os agentes do Mossad davam ao apoio dentro do Instituto. O próprio Hofi fez com que o *kidon* fosse tratado no hospital Hadasah da sua ferida de guerra. Estava tecnicamente incapacitado para realizar operações especiais na Metsada, mas Ariel estava decidido a fazer parte da unidade mais secreta e de elite do Instituto. Passou três meses no deserto do Neguev, treinando com os comandos do exército, até que um dia Ariel Sharon perguntou-lhe: "O que você pode oferecer ao Mossad?". Ele pensou durante alguns segundos e respondeu: "Posso recitar de cabeça os poemas de Nathan Alterman, um dos principais poetas de Israel". Sharon olhou-o surpreso e, depois de soltar uma forte gargalhada, disse: "Certo, filho, e bem-vindo ao Instituto".[43]

Uma densa neblina cobria por completo o aeroporto de Entebbe enquanto os Hércules se aproximavam voando à distância de 750 metros entre eles. Em Tel Aviv, no gabinete do ministro da Defesa Peres, os membros do gabinete reuniam-se por conta da proximidade da Hora H. Ao final de alguns minutos chegaram também Rabin, Mordechai Ben-Ari, diretor da El Al, e os membros de operações especiais. Sentaram-se em silêncio, à espera das primeiras mensagens. Nenhum dos presentes na sala perdia de vista a grande mesa com intercomunicadores que se encontrava no fundo do gabinete. Às 23h03, hora local, ouviram o som dos primeiros disparos dos agressores através dos emissores que carregavam.[44]

No desconjuntado terminal de Entebbe, os reféns suportavam o sexto dia em Uganda. Os vigilantes, nesse turno, eram dois alemães. Os passageiros padeciam de vômitos e forte diarreia, e havia um com malária. No sábado, dia 3 de julho, Idi Amin Dada apresentou-se diante deles e anunciou que acabava de regressar das Ilhas Maurício e que estava fazendo o máximo possível para salvá-los. "Devem culpar o senhor Rabin, se algo lhes acontecer, visto que o seu governo nega-se a negociar", afirmou Amin de modo contundente.

Um grupo de terroristas dispersou-se entre os reféns. Os que ficaram fora do terminal eram os melhores homens de Wadi Haddad. Na entrada, dois palestinos guardavam o acesso direto ao primeiro grupo de reféns. Um era Fayez Abdul-Rahim Jaber, oficial de operações da FPLP. O seu companheiro, um tanto nervoso, era Abdel Latif, que vigiava o lado de fora da porta do terminal com um fuzil Kalashnikov, com a trava de segurança destravada, nas mãos. Jayel Naji al-Arjam, um palestino baixo e robusto próximo dos 40 anos e que exibia uma boina ao estilo de o Chacal, estava de guarda em outro lado do edifício. A sua tarefa dentro da FPLP era supervisionar ações terroristas contra interesses israelenses na África do Sul. De acordo com um relatório em poder de Hofi, Al-Arjam ajudara o Chacal na tentativa de assassinato de Edward Sieff, o presidente judeu da empresa de grandes armazéns Mark & Spencer de Londres.⁴⁵

Voando com a ajuda de um sinal, os Hércules aproximavam-se de Entebbe. No primeiro, a equipe da Metsada e os homens de Yoni esperavam, ali espremidos, que o avião aterrissasse e abrisse a sua grande plataforma traseira para saltar em terra. No avião também era transportado um Mercedes-Benz preto parecido com o de Amin, ocupado por dois homens dos comandos que deviam dirigir-se à entrada principal do aeroporto para eliminar as sentinelas ugandesas.

A esquadrilha de quatro aviões cobriu o último trecho de aproximação em pouco mais de dez minutos, separando-se dela os dois primeiros Hércules.

Um aterrissaria na nova pista principal, e o segundo na antiga pista, já em desuso. O caça principal voava já sobre o lago Vitória, enquanto imensas gotas de água atingiam repentinamente os pequenos para-brisas. Num segundo, diante dos seus olhos, apareceu uma iluminada Entebbe; este era o momento mais discutido pela liderança da operação e pelos *kidon* da Metsada que trabalhavam na zona antes da operação. O primeiro avião planou ao longo da margem ocidental do lago; Ariel viu que a velocidade do Hippo baixava para 159 nós, enquanto o seu copiloto mantinha o avião em voo baixo para aterrissar na pista lamacenta. O piloto gritou ao seu passageiro especial poucos segundos antes de o trem de aterrissagem tocar a terra de Uganda.⁴⁶

Com os músculos do abdômen tensos, os homens da Metsada prepararam-se para saltar em terra assim que a plataforma se abrisse. Os cinco sabiam que o êxito do resgate e o destino dos seus companheiros dependiam da sua rapidez em eliminar o maior número de terroristas no menor tempo possível.

Ariel subiu na parte alta da cabine e, diante dele, apareceu o primeiro bloco de edifícios. Todos eram conhecidos, assim como a distância entre eles. O piloto deteve o monstruoso avião de setenta toneladas com os seus 35 metros de envergadura de asas diante do hangar em que se encontravam os reféns. Nesse mesmo momento, Ariel gritou aos seus homens: "Fechem os olhos para que a luz não os cegue. Verifiquem o armamento e boa sorte".

O ruído chilreante da plataforma rompeu o que bem se podia definir como um silêncio de morte. Estavam em Entebbe. Fora, o calor era úmido e pegajoso. Em questão de segundos, os cinco homens da unidade *kidon* dispersaram-se. O Mercedes desceu a rampa em direção à entrada principal. Abriram-se as portas diante de três soldados ugandeses que saudaram marcialmente o veículo recém-chegado. Em pouco tempo, estavam mortos.

Os *kidon* da Metsada lavaram o rosto e as mãos, livrando-se da tinta preta e avançaram rapidamente para o hangar. Os comandos de Yoni já tinham tomado uma zona do aeroporto e dirigiam-se à torre de controle. Cada um deles sabia o que tinha de fazer.[47] Outro Hércules estava para aterrissar perto do novo terminal, porém, aparentemente, na torre perceberam que não era normal tanto movimento de aviões.

Quando aterrissava, viu-se em meio a um fogo cruzado entre tropas ugandesas e comandos israelenses. Foram estes os disparos que ouviram em Tel Aviv.

Ylan, um dos *kidon* de Ariel, correu até o alvo designado, a alemã que se acreditava ser Brigitte Kuhlmann. O compatriota desta, Wilfried Böse, estava fora, fumando perto da janela, de costas para a imensa silhueta de um dos Hippos, ignorando o homem vestido de preto que se aproximava dele com botas silenciosas de sola de borracha.

Dentro do mal iluminado terminal, vários reféns permaneciam de pé. De repente, o alemão, alerta, levantou a sua arma. Ouviu-se um ruído seco, e Böse girou e caiu no chão com uma expressão de surpresa no rosto e com a sua Kalashnikov ainda travada. O "encobridor" dos *kidon*, nome como é conhecido o segundo agente, que se faz de escudo, saltou e rodou sobre si mesmo até ficar de barriga para cima. Mesmo em perigo, vários reféns levantaram-se e correram até as instalações abandonadas da East African Airlines.[48]

Ylan, com a arma na mão, prendeu a respiração e olhou fixamente por uma fração de segundo para o rosto da terrorista alemã, que segurava uma granada. Ele viu a surpresa no rosto da mulher quando apontou a arma para a cabeça dela e disparou.[49]

Os atacantes do terceiro Hércules já estavam em terra quando os comandos de Yoni irromperam pelas janelas da sala onde se encontravam quase todos os reféns, gritando em hebraico. Entre o ruído e a confusão, os reféns deitaram-se. Jaber e Latif abriram fogo contra os atacantes com um fuzil e uma pistola, ferindo uma refém, Ida Borochovitz, de 56 anos. O tiroteio fez com que começassem a cair pedaços de gesso do teto. Os reféns tropeçaram uns nos outros tentando se proteger dos disparos.[50] Um tiro certeiro atingiu Latif na cabeça, deixando-o gravemente ferido no chão. Um segundo *kidon* concluiu o serviço, em cumprimento à ordem de não fazer prisioneiros. Outros dois *kidon* da Metsada saltavam por uma janela superior gritando: "Israel! Israel! *Tiskavu!*", a ordem para se deitarem em hebraico. Vários passageiros do AF139 deitaram-se sobre seus filhos tentando protegê-los com o corpo. O tiroteio dentro da sala dos reféns durou um minuto e 42 segundos. Jean Jacques Maimoni, um judeu do norte da África, foi morto ao se levantar.

A segunda equipe da Metsada informou que tinham executado Fayez Abdul-Rahim Jaber, um amigo íntimo do doutor Haddad. Os médicos israelenses moviam-se rapidamente entre os disparos para retirar os feridos, no total cinco reféns e quatro soldados. Quando começou o ataque israelense, Jaber escondeu-se nos fundos de um prédio. Ariel o surpreendeu ali, tremendo e escondido debaixo de um colchão. Apoiou o cano da arma na cabeça dele e, depois de dizer "Isto é por Israel", disparou.[51]

Nesse meio-tempo, num dos hangares, uma unidade de comandos era cercada pelos disparos de uma metralhadora instalada numa torre. Nesse momento, alguém gritou: "Yoni está ferido!". Netanyahu fora atingido com um disparo nas costas, caindo na entrada do edifício principal. Tentou levantar-se, mas voltou a cair para trás sangrando pelo nariz e pela boca. Poucos minutos depois, estava morto.[52]

No outro extremo do aeroporto, um clarão iluminava o céu: eram os Mig russos em chamas. Na entrada principal aconteceu um combate aberto entre israelenses e ugandeses, em que alguns desses últimos se renderam ao grupo de resgate. Começou a chover enquanto os executores do Mossad fotografavam os rostos sem vida e tiravam as impressões digitais dos terroristas mortos.

Os reféns, protegidos pelos comandos, corriam em direção aos Hércules, onde se reuniam os feridos na Operação Raio. Os primeiros Hippos começaram a virar para sair de Entebbe protegidos em terra por unidades israelenses. Minutos depois, os jipes rápidos com os últimos comandos e com os *kidon* entraram no último Hércules que decolava do aeroporto ugandês. No total, foram necessários noventa minutos para aterrissar, resgatar os reféns e levantar voo de volta para casa.

A Operação Raio fora um sucesso graças à informação recebida dos *katsa* do Mossad, dos serviços secretos britânico, francês, sul-africano e queniano, e a uma célere decisão política do primeiro-ministro, Yitzhak Rabin, do seu ministro da Defesa, Shimon Peres, e do *memuneh* do Mossad, Isaac Hofi, em coordenação com as Forças Armadas e a Força Aérea Israelense.

De um dos Hércules, que aterrissara numa base aérea secreta no norte do país, desceu um grupo de cinco homens da Metsada em trajes civis. Para eles, não haveria recepções honoríficas, nem bandas de música, nem condecorações. Os cinco deixaram a base, tomaram caminhos diferentes e perderam-se entre um grupo de pessoas que saía de um *kibutz* próximo.

> O doutor **Wadi Haddad**, cérebro por trás do sequestro do AF139, faleceu, vítima de câncer, dois anos depois da Operação Raio, num hospital público da República Democrática Alemã.

OPERAÇÃO PRÍNCIPE VERMELHO

ALVO: Ali Hassan Salameh

POSIÇÃO: Líder supremo do grupo Setembro Negro

DATA: 22 de janeiro de 1979

Algumas semanas depois do massacre de Munique, a revista alemã *Quick* publicou uma reportagem sobre as atividades terroristas na Alemanha. O texto revelava detalhes sobre as estreitas relações entre a Al Fatah e o Setembro Negro, seu *modus operandi* e o nome de todos os líderes com as funções que desempenhavam dentro da organização terrorista.

O principal atrativo da reportagem era a fotografia de um homem jovem, de pele escura, a respeito de quem se comentava ter sido o verdadeiro idealizador da operação na Vila Olímpica de Munique. Abaixo da fotografia, aparecia um nome e um cargo dentro do Setembro Negro: Ali Hassan Salameh, chefe de operações.[1] Esta era a primeira vez que o nome e o rosto de Salameh eram revelados. No corpo principal da reportagem, era descrito como "um homem que gosta de boa vida, bebe champanhe, vive rodeado de mulheres deslumbrantes, mas que é, na verdade, um dos mais brutais e cínicos assassinos do nosso tempo".

Alguns jornalistas alemães investigaram as fontes utilizadas pela *Quick* e descobriram que somente o Mossad poderia ter entregado semelhante documentação à revista. Por uma boa matéria exclusiva, estava claro que os editores alemães não fariam muitas perguntas. Após a publicação, as autoridades federais puseram-se em ação e ordenaram primeiro a expulsão do país de milhares de jovens palestinos suspeitos de pertencer ou de dar assistência ao Setembro Negro. Como segunda medida, ordenou-se à BfV, a contraespionagem alemã, a localização dos seus principais dirigentes na República Federal da Alemanha e a sua expulsão imediata do território.

Pouco antes da chegada de seis agentes da BfV em uma casa nos arredores de Berlim, um jovem, de pele escura e bem vestido, abandonava o edifício. Salameh conseguiu salvar-se novamente fugindo para Beirute, mas não três dos seus principais comparsas. Por conseguinte, Salameh, com permissão de Arafat, ordenou o sequestro de um avião da Lufthansa para forçar as autoridades alemãs a colocá-los em liberdade. Antes de os libertar, a BND interrogou-os. Nas suas declarações, ficou claro que Hassan Salameh era um verdadeiro profissional do terrorismo e um inimigo perigoso.[2]

Depois de uma curta estada na segura capital libanesa, Salameh viajou novamente para a Europa. Enquanto que em Beirute andava sempre fortemente armado e até com uma dezena de guarda-costas recrutados entre os melhores guerrilheiros palestinos da Al Fatah, nas suas idas ao exterior, o líder do Setembro Negro movimentava-se sozinho para passar despercebido. Utilizando sempre os serviços de um contabilista do Setembro Negro, Ali Hassan Salameh visitava alguns bancos suíços em que depositava ou de onde retirava milhões de dólares em dinheiro para financiar operações terroristas.[3]

Também usava esses fundos com o objetivo de financiar operações privadas que lhe traziam imensos benefícios. Enquanto nas capitais europeias Ali Hassan Salameh vivia no luxo, rodeado de belas mulheres, quando regressava a Beirute transformava-se num autêntico pai de família.

Quando começou a queda de líderes do Setembro Negro em Roma, Paris, Nicósia e outras cidades, vítimas das balas ou das bombas do Kidon, Ali Hassan Salameh soube que não só se tinha declarado uma guerra entre o seu grupo terrorista e os assassinos da Metsada, como também ele mesmo se tornara um alvo prioritário dos israelenses. Zvi Zamir e Mike Harari desejavam que ele fizesse apenas um movimento em falso para atacá-lo de modo implacável.

O Mossad sabia que, desde 1969, a CIA mantinha contatos diretos com a OLP por intermédio do seu chefe da estação de Beirute, Robert Ames. Este recebera indicações da Casa Branca para se aproximar das facções moderadas palestinas.[4] Por essa data, Ames e Salameh tinham iniciado conversações que eram transmitidas pela CIA ao presidente Nixon e ao então poderoso conselheiro de Segurança Nacional, Henry Kissinger. Ali Hassan Salameh, para desgosto dos israelenses, tornou-se o representante pessoal de Yasser Arafat nas reuniões com os norte-americanos.

Tanto Zvi Zamir do Mossad, como, anos depois, William Casey da CIA, sabiam que o líder do Setembro Negro era um protegido do presidente Amin

Gemayel e que este desejava distanciar-se das diretrizes de Tel Aviv e de Washington e aproximar-se das dos seus vizinhos árabes. Ao fim, Bashir, o irmão do novo presidente, fora assassinado por esse motivo.[5] A CIA oferecera a Ali Hassan Salameh 3 milhões de dólares em dinheiro para que trabalhasse para eles. O problema é que Salameh era um idealista e recusou a oferta cortando a comunicação com Ames. Depois do massacre de Munique, a relação entre a CIA e Ali Hassan Salameh simplesmente esfriou.

Os agentes do Kidon de Harari esperavam apenas um sinal para poder acabar com a vida de quem liderara os assassinatos dos onze atletas israelenses durante os Jogos Olímpicos. A Operação Príncipe Vermelho seria o ponto final à Operação Ira de Deus ordenada por Golda Meir.

Em junho de 1973, Salameh iniciou uma campanha de desinformação com os israelenses. As estações da inteligência israelense começaram a informar o Mossad de que Ali Hassan Salameh fora visto em Paris, Londres, Zurique e em um país escandinavo.[6]

No final de julho desse mesmo ano, os agentes da Ira de Deus estavam exaustos devido às contínuas viagens por toda a Europa na tentativa de localizar o responsável pelo Setembro Negro. Mike Harari decidiu então montar uma nova equipe de *kidon* com o intuito de localizar Hassan Salameh e executá-lo.

A equipe de assassinos israelenses seria formada por quinze agentes da Metsada. Harari e mais dois agentes se encarregariam da execução de Salameh, outros dois lhes dariam cobertura, e dois *katsa* especialistas em logística, um em comunicações e sete *kidon* ficariam apenas à espera das ordens de Harari.

O chefe da Operação Ira de Deus viajaria com passaporte francês com o nome de Edouard Stanislas Laskier. O seu número dois, Abraham Gehmer, com passaporte britânico com o nome de Leslie Orbaum. Mike escolheu Sylvia Rafael para a sua equipe da Metsada, uma bela sul-africana que fora recrutada pelo Mossad num *kibutz* no norte de Israel. Ela viajava com passaporte canadense com o nome de Patricia Roxborough, fazendo-se passar por fotógrafa de imprensa.

O próprio Harari convocou também Marianne Gladnikoff, uma loira de 25 anos com dupla nacionalidade, sueca e israelense. Ela conhecia perfeitamente, desde os seus tempos de estudante, a Suécia, a Dinamarca e a Noruega, seus costumes, modo de vida e, o mais importante, as línguas.[7] O chefe da operação recrutou um judeu brasileiro de 36 anos chamado Zvi Steinberg.

Para especialista em comunicações, a Metsada recrutou Dan Aerbel, um judeu dinamarquês que tinha negócios no exclusivo bairro de Herzliyya, a norte de Tel Aviv. Dan seria o intérprete da equipe. O resto da equipe do Kidon era formado por Michael Dorff, Gustav Pistauer, Nora Heffner, Raoul Cousin, Jean-Luc Sévenier e outro *katsa* conhecido simplesmente por Tamar.

Em 11 de julho de 1973, três membros da Metsada chegaram a Estocolmo e alugaram um apartamento por seis meses, para usá-lo como esconderijo durante a operação. Heffner fez cópias das chaves para cada um dos agentes. Somente três dias depois, Mike Harari e os seus homens receberam informação procedente da Unidade 8200, encarregada da interceptação de comunicações. Aparentemente, Ali Hassan Salameh recebera na Noruega um mensageiro chamado Kemal Benamane, que trazia para o Príncipe Vermelho uma embalagem procedente de Beirute.[8]

Zvi Zamir deu ordens expressas a Harari para que iniciassem a procura do mensageiro nos arredores de Oslo. O resto dos *kidon* já estava pronto para ir à capital norueguesa.

Pouco depois, os agentes do *kidon* chegaram à Noruega com identificações falsas. Benamane desaparecera de Oslo e reaparecera numa pequena cidade, a 150 quilômetros ao norte, chamada Lillehammer. Harari e o seu segundo no comando do Mossad, Abraham Gehmer, chegaram à conclusão de que Benamane podia ter viajado a essa cidade com um só propósito: encontrar-se com Ali Hassan Salameh.[9]

Os oitos membros da equipe da Metsada viajaram até Lillehammer em dois carros alugados e encontraram Kemal Benamane no hotel Skotte, muito próximo da estação de trem. Fazendo-se passar por turistas, os dois *katsa* do Mossad jantaram ao lado do mensageiro árabe e até o ouviram dizer que estava cansado e que ia para a cama.

No dia seguinte, o resto da equipe israelense começou a espalhar-se por Lillehammer à procura de qualquer árabe suspeito de ser o líder supremo do Setembro Negro. Durante a perseguição do mensageiro, perderam-no de vista, mas voltaram a localizá-lo no Karoline Café, perto do edifício da Câmara Municipal.

Os *katsa* do Mossad sentaram-se perto de Benamane e de outro árabe que se reunira com eles no café. Marianne Gladnikoff comparou o rosto da fotografia de Ali Hassan Salameh que tinha no bolso com o do árabe que estava ali sentado a poucos metros. Estava convencida de que aquele homem não era o alvo, mas o outro *katsa* afirmou ter certeza.

A segunda equipe do Kidon seguiu o árabe quando ele saiu do café. Chamou a atenção de Harari o fato de o árabe ter arregaçado as calças, montado numa bicicleta e saído em direção à rua principal.

Para o Mossad, o chefe do grupo terrorista era um *playboy* que gostava de boa vida, de mulheres bonitas e de carros esportivos. "Se aquele tipo era o Príncipe Vermelho", pensou Harari, "era um mestre do disfarce".

À tarde, Harari e Gehmer receberam uma comunicação dos dois *katsa* que estavam na estação ferroviária informando-lhes que tinham visto Benamane deixar Lillehammer e voltar para Oslo com um bilhete de ida. Entretanto, outra equipe do Mossad seguia o árabe da bicicleta.

Por volta das quatro horas da tarde, o árabe parou numa piscina pública. Após alguns minutos no vestiário, apareceu com uma roupa de banho e uma toalha em volta da cintura. Cumprimentou o guarda e mergulhou na piscina aquecida. Marianne Gladnikoff, a *katsa* do Mossad, fez o mesmo, mas quando estava sentada na borda da piscina, ouviu o alvo falar fluentemente em francês com outro homem também de aspecto árabe. O Mossad sabia que Ali Hassan Salameh fora educado em bons colégios e que dominava várias línguas. Não restava a menor dúvida de que aquele árabe era o Príncipe Vermelho, o líder supremo do Setembro Negro e o cérebro que planejara os assassinatos dos onze atletas israelenses em Munique no ano anterior.

Quando o homem saiu da piscina, outra equipe israelense o seguiu, vigiando-o. O alvo morava numa casa simples, na rua Rugdeveien 2-A. Nos carros alugados, os *katsa* do Mossad se revezavam em turnos para vigiar qualquer movimento ou pessoa que entrasse ou saísse dali.

Mike Harari, Abraham Gehmer e o brasileiro Zvi Steinberg formariam o esquadrão de execução. Por volta das duas da tarde do dia 21 de julho, os três chegaram num Mercedes-Benz verde-escuro e instalaram-se no hotel Oppland Tourist de Lillehammer. Às três, o próprio *memuneh* do Mossad, Zvi Zamir, indicou a seus agentes que seria testemunha da execução. Queria ver pessoalmente como morria o responsável pelo massacre de Munique. Zamir, com o seu guarda-costas, deu entrada com o nome de Roland Tahl no hotel Esso Olrud, no sul da cidade.[10]

Às seis da tarde, o governo israelense, presidido pela primeira-ministra Golda Meir, decidiu dar sinal verde à Metsada para executar o assassinato. Agora era preciso esperar o melhor momento para concluir a Operação Ira de Deus. Na tarde de 21 de julho de 1973, os *katsa* do Mossad e os *kidon* da Metsada viram quando Salameh saía de casa acompanhado de uma mulher jovem. Os israelenses seguiram-no até um cinema próximo em que projetavam o filme *O Desafio das Águias*, com Richard Burton e Clint Eastwood.

Quase duas horas depois, o suposto Ali Hassan Salameh saiu do local abraçando a mulher e rindo, junto a outros dois casais. Os seis dirigiram-se ao ponto de ônibus de Furubakken. Ele usava um casaco curto verde, um suéter marrom de gola alta e calças com vários bolsos. Depois de se despedir dos outros, o casal começou a caminhar devagar em direção à rua Rugdeveien. Um Mazda branco parou perto deles. Dentro estavam Marianne Gladnikoff, Sylvia Rafael, Zvi Steinberg e Tamar. Estavam sendo seguidos por um Volvo branco com Mike Harari, Abraham Gehmer e Dan Aerbel.[11]

Steinberg e Tamar saíram do veículo armados com duas pistolas Beretta. O árabe tentou correr, afastando instintivamente sua acompanhante, mas Steinberg já tinha começado a disparar. As primeiras balas atingiram Ali Hassan Salameh acertando-o no joelho esquerdo, amputando seu dedo indicador da mão direita, e outras duas balas atingiram-no no estômago. Quando estava estendido no chão, suplicando para que não disparassem, um dos *kidon* da Metsada se aproximou dele, colocou o cano da pistola atrás da orelha e apertou o gatilho. A bala ricocheteou dentro do crânio do árabe, matando-o na hora. Enquanto os agentes israelenses entravam novamente nos carros, a mulher correu até o cadáver chorando e pedindo ajuda.[12]

Mas os israelenses não tinham matado Ali Hassan Salameh, o Príncipe Vermelho, o cérebro do massacre de Munique, o lendário líder terrorista palestino e amigo íntimo de Yasser Arafat. Os *kidon* da Metsada, os assassinos de Israel, acabavam de matar Ahmed Bouchiki, um simples garçom argelino de 30 anos que voltava para casa com a sua esposa norueguesa e grávida, Torill, depois de ver um filme. Acabavam de realizar um dos maiores desastres de que se tem lembrança em toda a história do Mossad.

Por volta das 22h50, a polícia norueguesa recebeu o primeiro telefonema de alerta do tiroteio. Quatro minutos depois, chegavam ao local dois carros de patrulha. Nesse preciso momento, os esquadrões de execução do Mossad começavam a operação de evasão. Mike Harari já conduzia um Volvo verde pela autoestrada até Oslo; dentro de uma mochila esportiva, ao seu lado, tinha guardadas as Berettas usadas na execução de quem acreditavam ser Ali Hassan Salameh. Em um Peugeot azul, escapavam Sylvia Rafael, Abraham Gehmer, Dan Aerbel e Marianne Gladnikoff.

O assassinato de Ahmed Bouchiki era o primeiro em Lillehammer em quarenta anos. A impressão imediata da polícia foi que era um ajuste de contas por causa de drogas, mas a vítima, segundo os vizinhos, levava uma vida exemplar e participava com a sua esposa das atividades comunitárias. Numa cidade de 20 mil habitantes, alguns deles declararam ter visto vários estrangeiros circulando por ali dias antes do assassinato. A essa altura, os *katsa* e os *kidon* do Mossad tinham conseguido chegar a Oslo.

Mike Harari subiu a bordo de um *ferry* e conseguiu voltar a Israel; Dan Aerbel e Marianne Gladnikoff foram detidos quando tentavam devolver o carro alugado no aeroporto; Sylvia Rafael e Abraham Gehmer foram apanhados no apartamento; Tamar, Michael Dorff e Zvi Steinberg conseguiram refugiar-se na casa de um tal de "Zigal", que era Yigal Eyal, chefe de segurança da Embaixada de Israel em Oslo. Quando a polícia norueguesa entrou na sua residência, Eyal identificou-se como diplomata e os obrigou a saírem, mas antes prenderam Dorff, Tamar e Steinberg.[13]

Os primeiros detalhes da operação foram revelados por Dan Aerbel à polícia. Ele sofria de claustrofobia e fora fechado num cubículo escuro. Em troca de ser transferido para uma cela maior, com janela, revelou até os mais insignificantes detalhes do assassinato.[14]

A mais profunda humilhação sofrida pela Metsada em toda a sua história chegou quando um dos seus agentes foi detido num esconderijo em Paris pela polícia francesa e entregue à promotoria norueguesa. Os serviços secretos norueguês e francês já tinham começado a juntar as peças do assassinato de Lillehammer e os sucedidos em Roma, Paris e Nicósia no âmbito da Operação Ira de Deus. Estavam todos ligados e os seus executores eram membros de elite da espionagem israelense.[15]

Com as novas detenções, começou a espalhar-se o pânico em Tel Aviv entre os líderes do governo e os dos serviços de inteligência. A "perda" de agentes do Mossad e da sua ultrassecreta unidade de assassinos, o Kidon, colocava a própria Golda Meir em apuros. Quando os jornais noruegueses publicaram a verdadeira identidade de Ahmed Bouchiki, desapareceu, para muitos israelenses, a aura de mistério em volta do Mossad, o guardião secreto do povo judeu.

O governo de Israel tentou, por todos os meios, atenuar o escândalo e o papel do Mossad na questão Lillehammer, prometendo "estreita colaboração" com o serviço secreto norueguês, mas a polícia do país europeu não pensava da mesma maneira. Para a polícia e para Leif Lier, investigador-chefe, existiu uma clara conivência da espionagem norueguesa com o Mossad israelense, o que permitiu o assassinato de um pobre garçom argelino em Lillehammer. De acordo com o chefe da polícia norueguesa, seus serviços de inteligência deviam ter detectado uma operação em tão grande escala montada pelos israelenses em pleno coração do país. A oposição alegou então que, se estavam a par, deviam tê-lo evitado e que, se estavam a par e não evitaram, isso os tornava cúmplices do assassinato.

Dan Aerbel deu aos seus interrogadores um número de telefone (256 230), e o nome de Miko em Tel Aviv, a linha de emergência da espionagem israelense. Do outro lado da linha confirmaram que Aerbel era um agente ativo do Mossad.

O certo é que, quando o pelotão de executores israelenses estava para assassinar Ahmed Bouchiki em Lillehammer, Ali Hassan Salameh, o Príncipe Vermelho, estava também na região, só que em Estocolmo, mantendo reuniões secretas com terroristas árabes. Quando o chefe do Setembro Negro leu a notícia do assassinato em Lillehammer, soube logo que o alvo daquele assassinato era ele e que os israelenses não descansariam até vê-lo morto.[16]

Em 6 de outubro de 1973, tropas egípcias e sírias cruzaram a fronteira durante a festa mais sagrada dos judeus, o dia do perdão ou dia do Yom Kippur. Os tanques sírios entraram nos Montes Golã e os egípcios cruzaram o Canal de Suez. Os israelenses, assim que recuperados da surpresa, contra-atacaram e fizeram os egípcios recuarem até poucos quilômetros do Cairo. Aquela guerra implicou o ponto-final para a Operação Ira de Deus, porém, para o Mossad e a Metsada, o assassinato de Ali Hassan Salameh era mais uma questão de honra e orgulho patriótico do que qualquer outra coisa.

Em 3 de novembro de 1973, o Mossad soube que Hassan Salameh havia se encontrado em segredo, no Marrocos, com Vernon Walters, o subdiretor da CIA. Os norte-americanos queriam saber qual a posição que os palestinos adotariam em hipotéticas negociações de paz para o Oriente Médio e o fim dos ataques terroristas sobre alvos norte-americanos.[17] As relações entre Salameh e a CIA eram tão estreitas que o líder do Setembro Negro chegou a avisar o serviço de espionagem norte-americano de uma conspiração para assassinar Henry Kissinger durante uma excursão deste pelo Líbano. A proteção de Kissinger em Beirute foi comandada pelos homens da Força 17, a unidade de proteção de Arafat.

Para lhe retribuir o favor, quando Arafat foi convidado a falar perante a Assembleia Geral da ONU em Nova York, em 13 de novembro de 1974, Ali Hassan Salameh foi recebido com honras de Estado pela CIA e convidado a se hospedar, com tudo pago, numa elegante suíte no hotel Waldorf-Astoria.

Nos inícios de 1975, quando irrompeu a Guerra Civil no Líbano, centenas de cidadãos norte-americanos tiveram de abandonar suas casas. Os guerrilheiros da Força 17, fortemente armados, escoltaram os dois comboios com os refugiados norte-americanos, o primeiro através de Beirute e até as praias tomadas pelas marinas pertencentes à Sexta Esquadra da Marinha Americana no Mediterrâneo, e o segundo, através das montanhas do Shouf até Damasco. Todas as milícias combatentes no Líbano receberam a informação de que, se alguma atacasse os comboios, ganharia a inimizade da OLP e dos seus guerrilheiros.[18] Henry Kissinger escreveu pessoalmente uma nota de agradecimento a Yasser Arafat pela ajuda prestada, enquanto Hassan Salameh era recebido novamente no quartel-general da CIA em Langley, Virgínia, como autêntico e firme aliado.

Em junho de 1977, o idealizador da matança de Munique casou-se com Georgina Rizak, uma ex-Miss Líbano e Miss Universo que lhe deu dois filhos, Ali e Osama. Rizak era filha de um cristão libanês e de uma húngara católica. A CIA pagou todos os gastos da lua de mel do casal no Havaí e na Disney World.[19]

Em finais de 1978, o Mossad, desta vez sob o comando do poderoso Isaac "Haka" Hofi, ordenou aos seus *katsa* que concentrassem novamente sua atenção no protegido de Yasser Arafat. O *memuneh* sabia que não teria muitos problemas em ativar o Kidon com a autorização do primeiro-ministro Menahem Begin, um ex-líder do Irgun, a organização extremista judaica que conseguira vencer as eleições no ano anterior.[20] Porém, antes de apresentar o pedido a Begin, Hofi desejava reunir o maior número de provas. Por meio do chefe da estação da CIA em Paris, o Mossad informou Langley que Ali Hassan Salameh era um alvo para eles, mas antes precisavam saber se o líder palestino era ainda um dos seus informantes. Se os norte-americanos não apoiavam Salameh, o Mossad não perderia uma boa oportunidade de eliminar o idealizador da matança de Munique.[21]

Na zona muçulmana de Beirute, todos os estrangeiros eram suspeitos de ser agentes israelenses, mas Erika Mary Chambers, de 30 anos e conhecida como "Penélope", era vista pelos seus vizinhos como uma mulher estranha e excêntrica. Chambers chegara à capital libanesa em combate em novembro de 1978. Vivera durante vários anos na Alemanha, embora viajasse com passaporte britânico, expedido em 1975. Alugara um apartamento no oitavo andar de um edifício na esquina das ruas Verdún e Madame Curie. Saía apenas para comprar comida e para tomar notas para os seus quadros, a sua grande paixão.

Todos os vizinhos afirmavam que era uma mulher amável, sempre seguida por dois gatos e que todo dia se debruçava à janela para observar o pôr do sol. O que não sabiam era que Chambers, ou Penélope, não olhava para o pôr do sol, mas sim para os veículos, um Chevrolet Wagon e um Land Rover, que, quase sempre à mesma hora, passavam sob sua janela.

Usando um bloco de notas organizado, a mulher anotava meticulosamente os números das placas dos veículos, sua cor, quantas pessoas havia dentro, que caminho seguiam assim que passavam o edifício etc. Os dois carros faziam todos os dias o mesmo caminho sem tomar a mínima precaução. Com binóculos potentes, Erika Chambers pôde vislumbrar Ali Hassan Salameh no banco de trás do Chevrolet, sentado entre dois guarda-costas. No Land Rover que o seguia, viajavam sempre, armados até os dentes, seis guerrilheiros da Al Fatah. Isaac Hofi não tinha dúvidas de que o casamento de Ali Hassan Salameh com Georgina Rizak o tornara descuidado. O Príncipe Vermelho, um dos terroristas mais procurados pela Metsada, era um homem que confiava demais na sorte, e isso se tornaria o seu principal inimigo. No início de janeiro de 1979, Erika Chambers já estava preparada.[22]

Em 13 de janeiro, por volta das onze da manhã, o telefone da locadora de carros Lenna Car Hire tocou. A chamada vinha de Zurique, e o homem identificou-se como Peter Scriver. Este pediu um carro pequeno para o dia 18 de janeiro.

Em 17 de janeiro, Scriver aterrissou num voo da Swissair no aeroporto internacional de Beirute. O oficial de imigração abriu o passaporte britânico número 260896, expedido em Londres em 15 de outubro de 1975. Um táxi levou o britânico até o hotel Méditerranée, muito perto da praia. Na manhã seguinte, por volta das 10 horas, Peter Scriver seguiu a pé até a locadora de carros. Ao entrar, um homem ofereceu-lhe um café turco.

Depois dos trâmites necessários, incluindo o seguro contra todos os riscos, o funcionário entregou ao britânico as chaves de um Volkswagen Golf. Uma vez dentro do automóvel, ele dirigiu até Beirute Ocidental. Scriver não voltou ao hotel.

Num café discreto, Peter Scriver encontrou-se com outro turista estrangeiro de nacionalidade canadense chamado Ronald Kolberg. No dia anterior, registrara-se no hotel Royal Garden com passaporte número DS 104227 e dissera ser representante de uma empresa de cutelaria de aço com sede em Nova York. Ele também tinha alugado um carro Simca-Chrysler na empresa Lenna Car Hire.[23]

Na sexta-feira, 19 de janeiro, Erika Chambers alugou um pequeno automóvel Datsun na mesma empresa. Ao funcionário que a atendeu, disse-lhe que precisava do carro para fazer uma excursão às montanhas. O funcionário da Lenna Car Hire recomendou-lhe que não viajasse sozinha, devido às contínuas patrulhas de guerrilheiros sem controle que impunham a sua lei nas diferentes zonas de Beirute. Chambers agradeceu-lhe a recomendação e deixou o local.

No domingo, 21 de janeiro, Peter Scriver fez o *check-out* na recepção do hotel Méditerranée. Depois de pagar em dinheiro, disse ao recepcionista que se dirigia a Amã. Saiu do estabelecimento e, a bordo do Volkswagen Golf, foi para a rua Madame Curie, paralela à rua Verdún. Estacionou o seu Volkswagen em plena esquina e à vista das janelas do apartamento de Erika Chambers.

Em seguida, chamou um táxi para que o levasse ao aeroporto e pegou um voo da Cyprus Airlines com destino a Nicósia. Chambers jamais estabeleceu contato com Scriver ou Kolberg, mas reconheceu perfeitamente o Volkswagen estacionado em frente à sua casa.

Segunda-feira, 22 de janeiro de 1979, manhã fria e úmida. Um vento gélido varria as ruas e avenidas de Beirute que davam para o porto e para as praias. Ronald Kolberg fez o *check-out* na recepção e saiu do hotel vestido com um elegante terno cinza. O representante da cutelaria conduziu o seu veículo até a rua Verdún, passando em frente ao prédio onde viviam Ali Hassan Salameh e a sua esposa, Georgina Rizak. Kolberg observou os guardas posicionados ao longo da rua e os veículos abertos armados com metralhadoras e pequenos canhões sem recuo. Continuou a dirigir pelo bairro cristão de Beirute Oriental e tomou o caminho para o porto de Junieh. Lá, registrou-se no hotel Montmartre e reservou um quarto para uma só noite.[24]

Em Damasco, Yasser Arafat inaugurava, com um discurso, a reunião da Assembleia Nacional Palestina. Estava ansioso pela chegada do seu jovem protegido ao final da tarde. Ali Hassan Salameh prometera discursar no encerramento de sessões da noite.

No seu apartamento, Umalih, a mãe de Ali Hassan Salameh, esperava a visita do filho para comemorar o aniversário de Yihad, irmã de Salameh. O homem mais procurado por Israel prometera passar por lá antes de ir para Damasco. Umalih estava orgulhosa do poderoso papel desempenhado pelo filho na OLP. Um pouco antes, Arafat nomeara-o comandante-chefe de todas as forças palestinas.[25] Curiosamente, dois dias antes, a mãe de Hassan Salameh perguntara-lhe pelas suas medidas de segurança. "Eu viverei cem anos, e você estará aqui para ver, mãe", respondeu o líder palestino.

Por volta das 15h45, Salameh saiu do edifício com o seu motorista, Jamil, e os dois guarda-costas. Atrás dele estava já o Land Rover com a sua escolta armada. Ali Hassan Salameh sentou-se no banco traseiro. Os dois veículos dirigiram-se à casa de Umalih. Um quilômetro mais à frente, Erika Chambers fechou as janelas do seu apartamento e esperou como que hipnotizada sem deixar de olhar para o Volkswagen Golf que estava estacionado em frente. De um grupo de veículos apareceu o reluzente Chevrolet Wagon seguido pelo Land Rover. Ambos diminuíram a velocidade e seguiram pela rua Verdún para virarem para a rua Madame Curie. Pouco a pouco, o primeiro automóvel, que transportava Ali Hassan Salameh, aproximava-se do Volkswagen estacionado. Quinhentos metros, trezentos metros, duzentos metros, cem metros. Chambers mudou a expressão do seu rosto, abriu a boca para se proteger da onda de choque e apertou o botão vermelho do comando que tinha ao lado. O Chevrolet passava nesse momento junto ao Golf azul. Milésimos de segundo depois, o carro estacionado explodiu, envolvendo, numa enorme e destruidora bola de fogo, tudo o que estava à volta.[26]

O Chevrolet voou pelos ares transformado numa massa de ferros, pedaços de vidro e partes de membros humanos que ficaram espalhados pela rua. O chassis do automóvel ficou praticamente destruído, enquanto o fogo consumia os corpos dos quatro passageiros. As sirenes dos carros de polícia e das ambulâncias quebraram o silêncio após a explosão. As primeiras ambulâncias da Média Lua Vermelha retiraram os quatro passageiros do Chevrolet. O Land Rover que o seguia desapareceu completamente, e os seus seis ocupantes morreram no ato devido à onda de choque.[27]

Georgina Rizak chegou ao Hospital Universitário Americano dirigindo o seu esportivo inglês. Centenas de quilos de explosivo plástico tinham matado dez pessoas e ferido dezenas, a maioria transeuntes. Durante o tumulto provocado pela explosão na esquina das ruas Verdún e Madame Curie, ninguém prestou atenção em Erika Chambers, que partiu em um Datsun alugado, afastando-se do local. Quinze minutos depois, pegava a estrada rumo ao porto de Junieh. Ronald Kolberg deixava o hotel Montmartre e dirigia-se de carro à praia.

Nessa mesma hora, numa sala de cirurgia do Hospital Universitário Americano, um cirurgião tentava tratar as graves feridas de um dos corpos que se esvaía em sangue. Um fragmento da carroceria do Chevrolet estava espetado no cérebro e saía pela nuca de um homem jovem. Minutos após as dezesseis horas, Ali Hassan Salameh morria na mesa de cirurgia.[28]

Pouco depois, a polícia descobriria dois automóveis, um Datsun e um Simca-Chrysler abandonados em plena praia. Ronald Kolberg e Erika Chambers desapareceram entre as misteriosas sombras do Kidon, a subunidade de assassinos da Metsada. Por fim, e sete anos após a matança dos atletas israelenses nos Jogos Olímpicos de Munique de 1972, aquele que fora o líder supremo da organização terrorista Setembro Negro tinha sido alcançado pelo longo braço da justiça de Israel.

Nessa mesma noite, em Tel Aviv, vários líderes do governo e dos serviços de inteligência brindavam o êxito da Operação Príncipe Vermelho. Golda Meir, a mesma que em 1972 ordenara a chamada Operação Ira de Deus, não pôde testemunhar a morte de um dos últimos responsáveis pelos assassinatos dos atletas israelenses. Ela falecera apenas alguns meses antes na sua casa em Jerusalém. O "olho por olho, dente por dente" fora cumprido.

Peter Scriver, **Ronald Kolberg** e **Erika Chambers** faziam parte de um pelotão de execução do Kidon, a subunidade de assassinos da Metsada. O Kidon foi ativado por ordem do primeiro-ministro Menahem Begin ao *memuneh* do Mossad, Isaac Hofi, em novembro de 1978, dois meses antes do assassinato de Ali Hassan Salameh e dentro da chamada Operação Príncipe Vermelho.

Sylvia Rafael foi sentenciada a cinco anos e meio de prisão pelo assassinato em Lillehammer. Durante a reclusão, aprendeu a tocar guitarra e a falar hebraico, e estudou Psicologia. Quando o procurador norueguês que a condenara sofreu um acidente de carro e foi hospitalizado, Sylvia Rafael enviou-lhe um cartão desejando-lhe uma rápida recuperação. A agente do Mossad assinou o cartão com o nome de "005 e meio, a espiã que chegou do frio", em referência aos seus anos de condenação. Após ser posta em liberdade, depois de cumprir 22 meses de prisão, casou-se com seu advogado, Anneus Schodt, e estabeleceu-se na Noruega. As autoridades italianas reclamaram, sem êxito, a extradição de Sylvia Rafael como suspeita de participar do assassinato de Wael Zwaiter em outubro de 1972.[29]

Abraham Gehmer foi sentenciado a cinco anos e meio de prisão e posto em liberdade depois de 22 meses de reclusão. Abandonou o Mossad e acabou os estudos de Arte na Universidade de Tel Aviv. Atualmente, vive com sua família no bairro de Herzliyya.

Dan Aerbel foi condenado a cinco anos e posto em liberdade após cumprir 19 meses de reclusão. Regressou a Israel, onde ocupou o posto de chefe de publicidade da empresa OSEM Food Industries.

Marianne Gladnikoff foi condenada a dois anos e meio de prisão; Zvi Steinberg a um ano de prisão sob a acusação de espionagem, e os demais detidos, incluindo Michael Dorff, foram absolvidos pelo tribunal norueguês.

Mike Harari, chefe da equipe do Kidon e responsável pela Operação Ira de Deus e pelo assassinato de Ahmed Bouchiki, recebeu apenas uma severa repreensão após o fiasco de Lillehammer e continuou em serviço como chefe da estação do Mossad, no México. Segundo dizem, Harari dirigiu a equipe do Kidon que executou Ali Hassan Salameh em janeiro de 1979. Anos depois, abandonou o Mossad e tornou-se assessor especial do ditador panamenho Manuel Antonio Noriega até dezembro de 1989, quando os Estados Unidos invadiram o país da América Central.

Golda Meir, depois do fiasco de Lillehammer, ordenou a desativação do Kidon e o fim da Operação Ira de Deus. O irromper da quarta guerra israelo-árabe (guerra do Yom Kippur, outubro de 1973) causou a queda de Meir, substituída por Yitzhak Rabin, tanto à frente do Partido Trabalhista como do governo israelense.

Familiares dos atletas israelenses assassinados em Munique viajaram para Montreal em 1976, durante os Jogos Olímpicos, para pedir ao Comitê Olímpico Internacional (COI) que decretasse um minuto de silêncio durante a cerimônia de abertura em memória das vítimas. O pedido foi rejeitado.

O **Comitê Olímpico Internacional** jamais admitiu a sua responsabilidade na falta de medidas de segurança durante a realização dos Jogos Olímpicos de Munique, que levou aos assassinatos de onze atletas da equipe olímpica de Israel.

Ulrich Wegener, fundador do GSG-9, as forças especiais da polícia alemã, reconheceu que a atuação da polícia no aeroporto de Fürstenfeldbruck foi "um dos maiores erros cometidos pelo governo alemão daqueles anos e que aquilo não voltaria jamais a acontecer em solo alemão".

Em 1996, **o governo de Israel**, liderado pelo trabalhista Shimon Peres, reconheceu oficialmente, 23 anos depois, que o argelino Ahmed Bouchiki não era um terrorista, que a Noruega era um país aliado e que o Mossad jamais voltaria a realizar operações secretas em seu território.

Torill Larsen-Bouchiki, viúva de Ahmed Bouchiki, e a sua filha de 22 anos, Malika, receberam uma boa indenização do governo de Israel.[30] A quantia permaneceu em segredo.

OPERAÇÃO ÁTOMO

ALVOS: Cientistas nucleares iraquianos

POSIÇÃO: Impedir o desenvolvimento nuclear do Iraque

DATA: 5 de abril de 1979 a 7 de junho de 1981

Entre abril de 1979 e junho de 1981, Isaac Hofi, o *memuneh* do Mossad, dirigiria uma das maiores campanhas secretas contra o Iraque em toda a história do serviço de espionagem israelense. Para esta guerra que iria acontecer, Hofi utilizaria uma das armas mais secretas do Mossad, o Kidon. O primeiro-ministro, Menahem Begin, daria o seu total apoio e o do seu governo com o intuito de impedir que o Iraque alcançasse o seu tão ansiado sonho nuclear.[1]

Israel e Iraque viviam em permanente estado de guerra desde 1948, quando o país árabe contribuiu com tropas para uma força militar conjunta, depois da declaração oficial do Estado de Israel. Isto tornou-se uma verdadeira obsessão para o presidente iraquiano, Saddam Hussein, que, com um poder nuclear nas mãos, poderia indubitavelmente pôr em perigo o equilíbrio militar no Oriente Médio.

O programa nuclear iraquiano teve início formalmente, e em total segredo, em 11 de julho de 1970, quando os governos de Bagdá e de Paris assinaram um acordo de cooperação mútua através do intercâmbio de peças e material francês dessa natureza por petróleo iraquiano. O Mossad sabia, desde então, que Saddam Hussein ordenara a um dos seus mais fiéis generais, Abdel Jabbar Shanshall, que entrasse em contato com os russos para tentar conseguir apoio de Moscou para o desenvolvimento do seu projeto nuclear armamentista.[2]

O Kremlin deixou claro a Jabbar que nunca permitiria que se utilizasse o material nuclear russo para a produção de armas atômicas.[3] Contrariado, o líder iraquiano, depois de cogitar a decisão soviética, achou que seria o melhor. Moscou, por intermédio do KGB, pretendia pressionar Bagdá com a intenção de terminar com a repressão do governo de Saddam Hussein contra os membros do Partido Comunista Iraquiano. Saddam não estava disposto a libertar os comunistas iraquianos em troca de resíduos nucleares.[4]

Zvi Zamir, o então diretor do Mossad, sabia que os iraquianos e o Mukhabarat de Saddam, a espionagem iraquiana, andavam inquirindo, por diversos países, à procura de um fornecedor. Primeiro Golda Meir, e depois Yitzhak Rabin, tinham dado carta branca a Zamir para frear os desejos nucleares do líder iraquiano. Se fosse necessário, nenhum primeiro-ministro de Israel se negaria a ativar o braço executor da Metsada se com isso impedisse que Saddam Hussein produzisse a bomba nuclear.

Em 1972, a estação de Paris do Mossad informou Tel Aviv que tinham detectado movimentos dos iraquianos para se reunirem com altos dirigentes do governo francês e, em especial, com técnicos nucleares. Os *katsa* conseguiram até fotografar militares iraquianos visitando uma empresa de reciclagem desse material nos arredores de Marselha.

Tanto o Mossad como o governo de Israel sabiam que o líder iraquiano tinha boas relações e contatos com as altas esferas do governo e da indústria bélica gaulesa. O Iraque adquiriu uma boa quantidade de armamento como recompensa ao governo francês pelo apoio de Paris à nacionalização do crude iraquiano.[5] Por um lado, Golda Meir tentava pressionar o governo e, por outro, o Mossad pressionava o SDECE, a espionagem gaulesa, com o intuito de prejudicar a cooperação franco-iraquiana em material nuclear, na verdade com muito pouco êxito.

Em março de 1974, Isaac Hofi recebeu uma comunicação por meio do Kaisarut,[6] o intermediário na Embaixada de Israel em Paris, que informava que Saddam Hussein estava investindo grandes quantias de dinheiro na aquisição de armamento francês sofisticado por intermédio de uma sociedade chamada Arab Projects & Development (APD), que fazia parte de outra chamada Arab Resources Management (ARM), presidida por um tal de Ramzi Dalloul. Os fundos da APD provinham de dois magnatas palestinos da construção chamados Hassib Sabbagh e Kamel Abdul Rahman. O Mossad soube que a Arab Projects & Development funcionava como uma ONG sem fins lucrativos para desenvolver projetos de cooperação e desenvolvimento em diversos países árabes. Tanto Sabbagh como Rahman eram ativistas palestinos que destinavam enormes quantias de dinheiro à OLP,[7] com importantes contatos com os líderes no exílio e que tinham estudado em universidades norte-americanas e europeias.

Num primeiro momento, Hofi tentou convencer o primeiro-ministro Rabin a levar a termo uma operação do Kidon contra ambos os empresários, mas o sucessor de Golda Meir era muito mais cauteloso na hora de usar o que o *memuneh* denominava "o bisturi de Israel". Na verdade, nenhum dos magnatas palestinos participava das decisões da APD. O Mossad concluiu que, para desferir um golpe contra a APD, seria necessário atacar os talentos que se reuniam em torno dela, como o empresário Basil Aql, o cientista nuclear Tony Zahlan ou o próprio presidente da Arab Projects & Development, Ramzi Dalloul.

Este último dirigia a organização como uma espécie de consultora para os países pobres com grande desejo de adquirir armamento sofisticado. Devido às estreitas relações pessoais com Saddam Hussein, a APD tornou-se uma importante intermediária do governo iraquiano na sua intenção de desenvolver o projeto nuclear. A primeira missão encomendada a Dalloul foi procurar e repatriar, para o Iraque, cientistas árabes especialistas em física nuclear que estivessem naquele momento trabalhando para outras potências. Muitos deles colaboraram nesses programas na Alemanha, na França, no Canadá, na Grã-Bretanha e até na França.[8] Nessa altura, Hofi já sabia que era mais importante atacar os técnicos nucleares do que os líderes da APD. Estava claro que, se o Kidon eliminava um executivo, ele era facilmente reposto, mas se o eliminado era um cientista nuclear com anos de experiência, a sua substituição seria certamente mais complicada.

Dalloul conseguiu que muitos especialistas árabes abandonassem seus confortáveis trabalhos no Ocidente para trabalhar em Bagdá. O que não se sabe é se a APD ou ele mesmo sabiam que Saddam Hussein tinha o propósito de construir armamento nuclear. O jornalista e escritor palestino Saïd Aburish, na sua magnífica biografia sobre o líder iraquiano Saddam Hussein, *The Politics of Revenge*, afirma que nenhum alto cargo daquela companhia, depois de descobrir que o Iraque tentava construir armas atômicas, aconselhou ao seu líder que se concentrasse no desenvolvimento de armas de destruição em massa, químicas ou biológicas, enquanto continuava a desenvolver o programa nuclear. Para os conselheiros de Saddam, as armas desse tipo eram eficientes e a sua montagem mais fácil, mais rápida e mais barata, enquanto a das nucleares era mais complicada, mais lenta e muito mais cara.

No início de 1975, a companhia Arab Projects & Development começou a trabalhar única e exclusivamente para Saddam Hussein. A CIA informou então o Mossad que, 57 cientistas de várias nações árabes, especialistas em diferentes áreas, entre elas, biologia molecular, química, física nuclear e materiais, tinham viajado para o Iraque. Foram recrutados por dois organismos, um com sede em Bagdá, o Instituto Sahd Bin Heitham, e outro com sede na cidade suíça de Berna, o Instituto Árabe de Investigações. O Mossad, através do serviço de espionagem britânico MI6, descobriu que ambas as instituições estavam relacionadas com um cunhado do próprio Saddam Hussein. Novamente, Hofi propôs a Rabin atacar com maestria as instalações onde eles trabalhavam. As intenções do *memuneh* eram, em primeiro lugar, eliminar o maior número possível de cientistas e, em segundo, dar uma lição a outros que fossem tentados pelo Iraque no futuro para trabalhar no seu programa armamentista. Tinha de se deixar claro a Bagdá que Israel não permitiria o progresso do projeto empreendido por Saddam Hussein.

A partir desse momento, o Iraque começou uma corrida contra o tempo para desenvolver, secretamente, os programas de armamento nuclear e biológico, enquanto Israel, com informação dos britânicos e dos norte-americanos, começava a traçar estratégias para paralisá-los ou, pelo menos, atrasá-los. Em 6 de novembro de 1975, a França aceitou formalmente o contrato para o fornecimento de material ao Iraque para a construção de dois reatores nucleares, um pequeno para investigação e batizado com o nome de *Ísis*, e outro maior, com uma capacidade de setenta megawatts, denominado *Osíris*. O valor do contrato chegava a quase 275 milhões de dólares. Os franceses incluíam, como presente, cerca de doze quilos de urânio enriquecido a 93%, suficientes para poder montar quatro cabeças nucleares.[9]

Entretanto, num ponto de ônibus em Paris, Butrus Eben Halim olhava atentamente para uma loira deslumbrante que todas as manhãs se aproximava desse mesmo local, aguardava a chegada de um homem a bordo de uma Ferrari BB512, entrava no automóvel e iam embora juntos. Durante semanas, aquela jovem fez sempre a mesma coisa.

Halim era um iraquiano que levava uma vida monótona e que passava todo o trajeto do ônibus pensando naquela mulher. Não falava com ninguém e, seguindo as recomendações dos serviços secretos iraquianos, mudava de caminho todos os dias para chegar sempre ao mesmo local, o ponto de ônibus próximo à sua residência em Villejuif.[10]

A partir dali, o iraquiano fazia sempre o mesmo trajeto. Estação de metrô de Saint-Lazare e, dali, de trem até Sarcelles, a norte de Paris, onde trabalhava num projeto altamente secreto destinado à construção de um reator nuclear no Iraque.

Numa abafada manhã de agosto de 1978, o ônibus chegou antes da Ferrari. A loira olhou para os dois lados à procura do carro esportivo e, não o avistando, decidiu usar o transporte público.

O ônibus que devia apanhar o técnico iraquiano estava atrasado. Depois de alguns instantes, a Ferrari parou ao seu lado. O motorista saiu do veículo e começou a olhar de um lado para o outro à procura da mulher. Halim dirigiu-se a ele e explicou-lhe que ela tinha ido num ônibus anterior. O homem, um pouco contrariado, agradeceu-lhe e, antes de voltar para o carro, perguntou ao iraquiano para onde ele ia e ofereceu uma carona. Então, Butrus Eben Halim entrou no carro. O motorista, que se fazia passar por um cidadão inglês chamado Jack Donovan, era na realidade Ran S., um *katsa* da estação do Mossad em Paris. O peixe mordera a isca.

O chefe do Tsomet[11] deu ordens de "atacar" o alvo mais fácil, e este acabou por ser Butrus Eben Halim. O Mossad escolheu o iraquiano porque era o único que vivia num apartamento privado. Os demais cientistas e técnicos viviam com suas famílias num bairro vigiado pelos serviços secretos de Saddam Hussein. Halim era casado, mas não tinha filhos. Sua esposa era uma atraente mulher árabe chamada Samira que levava uma vida monótona na capital francesa.

O Mossad plantara escutas em toda a casa do cientista iraquiano. No momento em que estavam instaladas, um *shicklut*, o responsável por controlar as escutas, dedicou-se a gravar as conversas.

O contato foi estabelecido por uma jovem *katsa* chamada Dina. Uma manhã ela apresentou-se na casa dos Halim, fazendo-se passar por uma vendedora de cosméticos. A esposa do cientista, assim como o restante das mulheres do edifício, ficou encantada com o que Dina oferecia.

O relacionamento entre as duas mulheres se estreitou a tal ponto que Samira costumava convidar a agente israelense para tomar café e conversar. Esta fingia ser a filha de uma família humilde do sul de França que, para ganhar um dinheiro extra, vendia cosméticos de porta em porta. Entretanto, outra equipe do Mossad tentava estabelecer contato com o cientista iraquiano. Usar a esposa para poder recrutar o marido parecia não dar resultado e era preciso mudar de tática.

Uma tarde em que Dina e Samira estavam na casa desta última experimentando novos cosméticos, Butrus Eben Halim chegou. Num momento em que Samira saiu da sala, Dina, que usava um vestido vermelho justo, pôs-se a olhar para a estante de livros. A atraente jovem subiu uns poucos degraus para chegar à parte mais alta. De soslaio, observou como o iraquiano tentava olhar por sob seu vestido. O primeiro passo para o plano estava acontecendo sem que ele se desse conta.

Através das escutas, os agentes do Mossad puderam ouvir nessa mesma noite como sua esposa recriminava Halim por ter tentado cortejar a jovem vendedora de cosméticos. Depois daquele dia, a mulher árabe simplesmente deixou de contatar Dina, mas uma nova possibilidade surgira.

A primeira vez que o iraquiano entrou na Ferrari não falou sobre o seu trabalho com o novo amigo, Jack Donovan. Apenas mencionou que sua esposa regressaria ao seu país de origem, que gostava de comer bem e que não bebia álcool devido à sua religião.[12]

Nos dias seguintes, Donovan (Ran S.) continuou a apanhar a loira espetacular. Uma manhã, a mulher desapareceu, mas o inglês já tinha estabelecido uma relação de amizade com o iraquiano. "Que aconteceu à mulher?", perguntou Halim a Donovan. "Era só alguém exigente demais", respondeu o inglês. Quando o Mossad soube que Samira regressara ao Iraque, a aproximação do *katsa* com o cientista começou a ser muito mais estreita.

Clubes noturnos, bebidas alcoólicas e mulheres eram algumas das novas atrações que Jack Donovan presenteava a Butrus Eben Halim. Em dado momento, o inglês disse ao seu novo amigo que tinha planejado viajar a Toulon para finalizar um bom negócio que consistia na aquisição de contêineres em mau estado para vendê-los a países africanos com o fim de utilizá-los como casas para pessoas pobres. Nesse mesmo fim de semana e depois de realizar o suposto negócio, Donovan entregou ao amigo árabe um envelope com mil dólares. "Pegue. Ganhei muito dinheiro, e você tem me ajudado nisso", disse-lhe.

Ran S. recebera ordens do próprio Hofi para o converter (*Tachless*). No Instituto, estavam ansiosos por terem Halim como informante e, para o *memuneh* Isaac Hofi, esse momento havia chegado.

O *katsa* do Mossad decidiu dar o golpe fatal, para o qual reservou uma elegante suíte no hotel Sofitel-Bourbon, no número 32 da rua Saint-Dominique. Contratou uma prostituta chamada Marie-Claude Magalle e organizou um encontro casual com ela no restaurante do estabelecimento, para que se fizesse passar por uma das suas tantas amigas. Enquanto os três jantavam, um mensageiro do hotel aproximou-se de Ran e entregou-lhe um telegrama que acabara de chegar. Alguém solicitava a Donovan uma reunião de última hora.

Em seguida, o agente israelense pediu licença e deixou Halim na companhia da mulher. A noite de sexo de ambos na suíte foi filmada por uma unidade especial do Mossad.[13]

Dois dias depois, Jack Donovan (Ran S.) voltou e encontrou-se com Halim. O israelense disse-lhe que um alemão lhe propusera um negócio de venda de tubulações com material radioativo para uso médico e que para isso precisava encontrar algum especialista no ramo.

"Eu poderia ajudar", disse o iraquiano.

"Obrigado, mas preciso de alguém que conheça do assunto. Alguém com experiência em matéria nuclear", respondeu Donovan.

"Sou cientista e vivo aqui na França destacado pelo Iraque para desenvolver um projeto secreto. Posso ajudar", afirmou taxativamente Butrus Eben Halim.

A reunião teve lugar em Amsterdã com outro *katsa* chamado Itsik E., além de Benjamin Goldstein, cientista nuclear israelense, que tinha passaporte alemão. Após negociar durante horas e fechar o suposto negócio, Donovan e Itsik deixaram Goldstein e Halim a sós. Nesse momento, o iraquiano falou-lhe sobre o seu trabalho.

Durante o jantar desse dia, Goldstein e Itsik propuseram a Halim que lhes facilitasse o acesso a desenhos da nova planta nuclear com o objetivo de copiá-los para vendê-los a países menos favorecidos. "Pagaremos muito bem por qualquer informação", disse Goldstein, "mas deixaremos Donovan fora disso". Butrus Eben Halim viu em seguida a possibilidade de ganhar grandes somas de dinheiro e aceitou.

Enquanto Itsik pressionava Halim para que lhe desse mais informação sobre o reator que os iraquianos desenhavam, o árabe começou a sentir remorsos. Uma manhã telefonou a Donovan para lhe confessar tudo. O agente israelense tranquilizou-o, mas sugeriu-lhe que Itsik e Goldstein talvez trabalhassem para a CIA. Halim assustou-se ainda mais. "Eu sei quem pode ajudar", disse-lhe Donovan. "Vão me matar se em Bagdá perceberem que passei informações à CIA", respondeu Halim. Os iraquianos desenvolviam em segredo o chamado "projeto Tammuz".[14]

Desde a tomada de posse de Menahem Begin como primeiro-ministro em 1977, o governo de Israel vinha pressionando, diplomaticamente, a França, o Brasil, a Itália e outros países para que abandonassem a ideia de fornecer equipamentos ao Iraque. Os *katsa* do Mossad localizados em Bagdá informaram o *memuneh*, Isaac Hofi, que tinham detectado um fluxo contínuo de material nuclear para o Iraque. Relataram até mesmo a chegada de um carregamento especial que continha urânio enriquecido procedente de um país europeu.

Begin tentou pressionar os Estados Unidos. Numa reunião secreta na Casa Branca, o primeiro-ministro israelense pediu ao presidente Jimmy Carter que obrigasse os países fornecedores a cessar os envios a Bagdá. Israel acreditava que Washington aceitaria intermediar, posto que Carter temia cada vez mais o poder que a França vinha adquirindo na sua política de desenvolvimento e proliferação nuclear.[15] O presidente Valéry Giscard d'Estaing e o iraquiano Saddam Hussein garantiam, a quem os quisesse ouvir, que em nenhum momento o Iraque desenvolveria uma política atômica que pudesse provocar uma escalada nuclear no Oriente Médio. Todavia, a realidade era que o Iraque estava cada vez mais perto de se tornar o primeiro país árabe com capacidade nuclear e, sem dúvida, Saddam Hussein, o seu presidente, tentaria utilizá-la militarmente se fosse necessário.

Menahem Begin decidiu então mudar sua política moderada por outra de atacar para depois perguntar. Para isso, convocou o Tsiach,[16] espécie de conselho secreto formado por todos os chefes da espionagem israelense. Os seus membros tinham a certeza de que, se o Iraque conseguia pôr em funcionamento o reator nuclear, o desenvolvimento de armamento estaria ao alcance de Saddam Hussein e, portanto, representaria uma clara ameaça para a segurança de Israel. Begin ordenou aos seus responsáveis pela inteligência que concentrassem os seus objetivos na coleta de informações sobre Tammuz Uno.

O primeiro ataque ao programa nuclear iraquiano pelo Mossad seria em 5 de abril de 1979.[17] Para isso, Menahem Begin ordenou a Isaac Hofi a ativação de uma equipe do kidon.[18] Os *kidon* chegaram à cidade francesa de Toulon de diferentes pontos da Europa. O seu alvo era um armazém, propriedade da companhia *Constructions Navales et Industrielles de la Méditerranée* (CNIM), situada num dos principais cais da cidade de Seyne-sur-Mer, onde se encontravam armazenados os dois núcleos para os reatores de Tammuz que no dia seguinte seriam embarcados secretamente rumo ao Iraque.

Um comboio formado por dois caminhões de grande tonelagem circulava devagar pela estrada para Toulon com vários motores para aviões Mirage procedentes das fábricas de Dassault Breguet. Num cruzamento, antes de entrar na cidade, um Peugeot conduzido por um *katsa* os fez frear bruscamente. Ninguém reparou que havia um terceiro caminhão. No interior, havia seis agentes do Mossad, dois pertencentes ao departamento encarregado das sabotagens na espionagem israelense, três *kidon* da Metsada e um especialista nuclear. O comando sabia que seria mais simples passar pelas portas das instalações numa fila de veículos, visto que os guardas tinham menos cuidado na hora de registrar os enormes caminhões com contêineres l crados com cadeado.

Outra vantagem era a hora em que cruzariam o controle de segurança. O primeiro caminhão chegaria à guarita às três e meia de uma manhã tão fria e chuvosa que os vigilantes não teriam muito interesse em detê-lo.[19]

Já no interior do armazém, e seguindo as instruções do especialista nuclear, os *katsa*, protegidos pelos *kidon*, colocaram os explosivos em lugares estratégicos. Às sete da manhã, ouviram-se quatro fortes explosões que deixaram as peças destinadas ao Iraque inutilizáveis. As perdas em material chegaram a um número próximo de 20 milhões de dólares.

Um grupo ecologista francês, autodenominado *Groupe des Écologistes Français*, se responsabilizou pelo ataque, mas o SDECE, o serviço de espionagem gaulês, concluiu a sua investigação com um relatório dirigido ao primeiro-ministro. No documento, classificado de "altamente secreto", garantia-se que, devido à eficácia do trabalho, estavam certos de que tinha sido uma operação organizada pelo Mossad.[20]

Menahem Begin esperava que o ataque na La Seyne-sur-Mer fizesse com que o governo francês reconsiderasse a ideia de ajudar Saddam Hussein a desenvolver o seu programa nuclear. Pouco tempo depois, as esperanças do político israelense desvaneceram-se quando o relatório da Aman[21] confirmou que o fluxo de peças da França para Bagdá, para o projeto Tammuz, não tinha cessado.

Begin reuniu-se novamente com Isaac Hofi e disse-lhe que, se o Kidon não podia acabar ou atrasar o programa nuclear iraquiano através de sabotagens, deveria pensar em exterminar todos os que colaborassem com o Iraque no seu sonho de se tornar uma potência nuclear. Para o *memuneh*, era evidente que chegara o momento de escolher os alvos a serem atacados.

O primeiro alvo era o doutor Yahia al Meshad, um cientista egípcio que cresceu no Iraque, que fazia parte da equipe que aconselhava o presidente Saddam Hussein e a Comissão de Energia Atômica em Bagdá. Meshad era, junto a Salman Rashid e Abdel Rahman Abdul Rassool, um dos mais importantes cientistas recrutados pela Arab Projects & Development para trabalhar no programa secreto iraquiano de armas de destruição em massa. Meshad era o especialista em energia atômica, Rashid em combustíveis e Rahman em materiais.[22]

Isaac "Haka" Hofi tinha sobre a sua mesa um relatório que indicava que Meshad nascera em 11 de janeiro de 1932 na cidade egípcia de Banham e que era um dos cérebros licenciados na exclusiva Universidade de Alexandria. Os israelenses tinham interceptado uma comunicação dos franceses em que se mostrava todo o plano de viagem do cientista à França. O Mossad sabia que se hospedaria no quarto 9041 do hotel Meridien de Paris, o que lhes permitiu colocar escutas.

Apenas Hofi tinha autoridade suficiente para recomendar ao primeiro-ministro Begin a ativação de uma equipe da Metsada, mas estava decidido a tentar capturar Meshad antes e, se isso não fosse possível, sempre poderia dar a ordem de "execução" ao Kidon. O cientista egípcio poderia ser uma valiosa fonte de informação para os israelenses, não só pelos seus conhecimentos do programa nuclear iraquiano e da central de Osirak, mas também pela relação próxima que mantinha com Saddam Hussein.[23]

O *memuneh* do Mossad decidiu encarregar a um *katsa* chamado Yehuda Gil o contato e recrutamento de Yahia al Meshad. Gil era um agente do serviço de espionagem israelense e especialista em efetuar alistamentos desse gênero, e nisso lhe ajudava muito seu perfeito domínio do árabe.

Em 13 de junho de 1980, o *katsa* chegou ao Meridien, atravessou o amplo *hall* e entrou num dos elevadores. Ao chegar ao nono andar, dirigiu-se devagar ao quarto 9041. Bateu na porta e esperou. Esta entreabriu-se, e Meshad espreitou com o cabelo desgrenhado. O cientista iraquiano perguntou ao homem o que desejava.

O *katsa* comunicou-lhe unicamente a mensagem que o *memuneh* lhe ordenara dar: "Trabalho para uma potência estrangeira e gostaria de lhe oferecer uma boa quantia em dinheiro para se juntar a nós".

"Vá embora, maldito judeu", gritou Meshad. Sem responder, Yehuda Gil saiu do hotel em direção ao aeroporto e apanhou um voo da El Al com destino a Tel Aviv. Horas depois, o agente israelense informou pessoalmente Hofi sobre o acontecido. Depois de ouvir o breve relato, Menahem Begin ordenou a Meshad, que contatasse uma equipe do Kidon com o objetivo de assassinar Yahia.[24]

Para esta operação, contaram com cinco agentes que atuariam individualmente. Como isca, os *kidon* usaram Marie-Claude Magalle, a prostituta perita em trabalhos especiais que já colaborara em outras ocasiões com o serviço de espionagem israelense, como no contato com Butrus Eben Halim.

Meshad era um entusiasta do fetichismo e do sadomasoquismo, motivo pelo qual foi fácil para Magalle entrar em contato com ele. Na noite de 19 de junho de 1980, o egípcio estava na recepção do hotel quando uma mulher, Magalle, começou a se insinuar para ele. Minutos depois, ambos tomavam uma bebida no bar e em seguida subiam para o quarto de Yahia al Meshad. Depois de um tempo, a prostituta saiu deixando a porta entreaberta, enquanto Meshad dormia na cama. Segundos depois, três assassinos da Metsada chegaram. Enquanto o primeiro dos israelenses vigiava a entrada, os outros dois punham o cientista egípcio de barriga para baixo, segurando-lhe a cabeça para o alto e cortando-lhe a garganta com uma faca. Na manhã seguinte, o cadáver, coberto de sangue, foi encontrado dentro da banheira.

Depois de tomar conhecimento do assassinato em Bagdá, Saddam ordenou o envio de quatro agentes do Mukhabarat, a espionagem iraquiana, com o fim de investigarem paralelamente à polícia francesa. Os espiões de Saddam procuraram a prostituta durante meses sem resultado. Os israelenses encontraram-na antes.

Na noite de 12 de julho, a prostituta fazia o *trottoir* em busca de algum cliente no bulevar Saint-Germain quando um Mercedes-Benz preto parou ao seu lado. Enquanto negociava o preço com o motorista, outro Mercedes surgiu na direção contrária grande velocidade. No último momento, o motorista que conversava com Magalle empurrou-a com força para a rua, no momento em que o outro carro passava, derrubando e matando no ato a prostituta — a única testemunha incômoda da execução do homem que mais ajudara o Iraque e Saddam Hussein a desenvolver seu programa nuclear.[25]

Os próximos alvos do Kidon seriam os cientistas Salman Rashid, o especialista em combustíveis, e Abdel Rahman Abdul Rassool, o especialista em materiais. O problema para o Mossad foi que, desde o assassinato de Yahia al Meshad, Saddam Hussein ordenara expressamente aos seus serviços secretos a proteção de ambos. Apesar disso, Hofi não deixaria de tentá-lo.

Salman Rashid estudara na Grã-Bretanha, onde participara no projeto e na construção de um magneto para urânio enriquecido. Tinha muito boas relações com o Centro Europeu de Investigação Nuclear em Genebra. Em 16 de julho de 1980, Rashid saiu sem aviso prévio da capital suíça com a desculpa de ver a família e sem a proteção dos agentes do Mukhabarat.

Permaneceu desaparecido por nove horas, reaparecendo num hotel em que se reuniam vários cientistas e técnicos árabes. Nessa mesma noite, após o jantar, Rashid começou a sentir-se indisposto, com uma espécie de resfriado. Com o passar das horas, a saúde do cientista piorou; cada vez lhe era mais difícil respirar. No meio da noite, Salman Rashid sofreu um colapso, tendo que ser levado com urgência ao Hospital Americano de Genebra. Saddam enviou dois dos seus médicos particulares para tratar de Rashid, mas foi-lhes negada a autorização de entrada no hospital. Depois de dez dias de agonia, o cientista morreu com fortes dores e com o rosto, os testículos, a boca e a área entre os dedos das mãos e dos pés cheios de feridas.[26]

Os quatro agentes do Mukhabarat que deviam protegê-lo foram chamados a Bagdá pelo chefe de espionagem, Barzan al Tikriti. Dois deles afirmaram que nunca tinham perdido Rashid de vista, nem quando o cientista se encontrava a sós em sua residência. Os outros dois confirmaram a versão dos primeiros.

Um relatório confidencial chegado às mãos de Saddam e redigido por agentes na Embaixada do Iraque em Genebra garantia que Salman Rashid fora visto nessa mesma noite sem nenhum tipo de proteção ou cobertura num local famoso frequentado pela comunidade diplomática e funcionários dos organismos do sistema das Nações Unidas.[27]

Na presença de Barzan al Tikriti, Saddam Hussein chamou os quatro agentes iraquianos. Sem dizer uma palavra, o líder iraquiano tirou a sua arma do coldre e disparou entre os olhos de um deles perante o olhar atônito do resto dos presentes. Em seguida, Saddam perguntou a outro membro da segurança se alguma vez tinham perdido de vista Salman Rashid. Com lágrimas nos olhos, o espião confessou que tinha sido despistado numa rua de Genebra famosa pelas suas zonas de prostituição. Os outros dois membros do Mukhabarat confirmaram a versão. Depois, e sem o menor sinal de compaixão, Saddam Hussein ordenou a Barzan al Tikriti que executasse os três agentes por alta traição ao país.[28] O cientista morto tinha tido contato, no bar, com uma jovem de não mais de 20 anos vestida com um uniforme escolar.

A jovem suplicou a Rashid que lhe pedisse uma bebida, porque era menor de idade. Se ele o fizesse, ela iria ao banheiro masculino com ele. O cientista iraquiano aceitou. Enquanto faziam sexo num dos reservados, Salman Rashid sentiu uma leve picada no couro cabeludo. A moça pediu desculpas, garantindo-lhe que o picara com a pequena pulseira de prata.

A jovem era na realidade uma *kidon*, e o fecho da sua pulseira tinha sido besuntado com um potente veneno criado nos laboratórios do Mossad. Dias depois, o segundo alvo estava morto.

O terceiro a ser eliminado por ordem de Menahem Begin era Abdel Rahman Abdul Rassool, especialista em materiais de alta resistência. Há meses, ele era vigiado por uma unidade especial do Mossad à espera de novas ordens. Os *katsa* informaram Isaac Hofi, o *memuneh*, de que seria difícil assassinar o cientista devido à rígida vigilância dos espiões de Saddam Hussein.

Hofi dera ordens explícitas aos seus *katsa* de não tocarem Abdel Rahman. O *memuneh* ainda tinha a vaga esperança de que algum dos membros da ultrassecreta equipe de cientistas, que colaborava no desenvolvimento nuclear e biológico iraquiano, passasse para o lado deles por uma boa quantia de dinheiro.

Os *katsa* encarregados da vigilância de Abdel Rahman Abdul Rassool informaram o Instituto[29] que ele gostava da companhia de homens jovens, e que enquanto o seguiam tinham visto como o iraquiano fugia da vigilância e procurava esse tipo de companhia em diversos bairros. Para entrar em contato com Rahman, o Mossad utilizou um *kidon* que devia estabelecer uma relação com o cientista. Isso permitiria eliminar a acirrada segurança em torno dele pela espionagem iraquiana, que vinha desde o assassinato de Salman Rashid, seis meses antes.[30]

Uma noite, Rahman Abdul Rassool violou a sua própria segurança e foi acompanhado da sua nova conquista a um jantar oficial oferecido por uma instituição científica ligada ao governo francês. O jovem, alto, robusto e aparentando 20 ou 25 anos, tinha se registrado no mesmo hotel que o cientista, provocando um encontro entre eles. Uma noite, quando o *kidon* observou que a comitiva composta pelo iraquiano e os dois agentes do Mukhabarat se dirigia ao elevador, entrou com eles. Enquanto Abdel Rahman olhava o jovem fixamente, este observava os movimentos dos agentes.

O quarto do israelense estava apenas a duas portas do quarto do cientista. Alguns minutos depois de entrar, o agente do Kidon ouviu que alguém batia à porta. Abriu e encontrou-se com o próprio Abdel Rahman Abdul Rassool. Depois de trocarem algumas palavras, os homens combinaram de se encontrar nessa mesma noite para beber no bar do hotel.

Quando se encontraram, o iraquiano convidou o agente israelense para acompanhá-lo a um jantar ao qual iria naquela mesma noite. Ao terminar o banquete, o cientista e seu acompanhante dirigiram-se a uma sala privada, onde permaneceram durante cerca de uma hora e meia. Depois, saíram juntos em direção a um Mercedes-Benz preto que os esperava à porta. Depois de passarem algum tempo num endereço em pleno centro de Paris, despediram-se, e Abdel Rahman Abdul Rassool voltou ao seu hotel regozijante, saboreando as trufas que seu novo amante lhe dera de presente, amante esse com quem tinha combinado um encontro na manhã seguinte. Poucos quilômetros antes de chegar, começou a sentir-se indisposto, com fortes enjoos. Durante toda a noite, o cientista iraquiano especialista em materiais sofreu dores fortes e espasmos musculares.

Levado a um hospital, os médicos, após vários exames, não conseguiram descobrir o motivo da indisposição. Não restava a menor dúvida de que o homem tinha sido envenenado com alguma substância desconhecida. No dia seguinte, Abdel Rahman Abdul Rassool, o terceiro alvo do Kidon, estava morto.[31]

O SDECE francês tinha certeza de que o longo braço de Israel, mais especificamente o Kidon, atacara de novo. Aparentemente, as primeiras investigações demonstraram que o acompanhante do cientista poderia ter sido visto nos arredores da embaixada israelense e que poderia ter colocado o veneno nas trufas com que o presenteara. A questão foi que tanto o caso de Rashid como o de Rahman ficaram sem solução apesar dos protestos formais do governo francês ao de Tel Aviv.

Depois dos ataques contra as instalações de Toulon e os assassinatos dos cientistas Yahia al Meshad, Salman Rashid e Abdel Rahman Abdul Rassool, Israel esperou antes de tomar outra decisão que pudesse complicar as tensas relações diplomáticas entre Tel Aviv e Paris. Menahem Begin esperava que as ações realizadas pelo Mossad dessem a entender a Saddam Hussein que Israel jamais permitiria que o Iraque desenvolvesse o seu poder nuclear no coração do Oriente Médio.[32] Por outro lado, o líder iraquiano não estava disposto a ceder um centímetro na sua intenção de conseguir armas nucleares, ainda que para isso tivesse de pagar cinco vezes mais pelas peças e material desse tipo.

Begin voltou a reconsiderar a proposta militar para acabar de uma vez por todas com o ímpeto do líder iraquiano. Juntamente com o chefe do Estado--Maior, o general Rafi Eitan, outrora responsável por ações nas origens do Kidon, de operações como Garibaldi ou Riga, Begin ordenou ao Mossad e à Aman que averiguassem a possibilidade de dirigir um ataque militar direto contra Tammuz utilizando forças aerotransportadas. Após uma longa reunião, a ideia foi posta de lado, visto que nenhum explosivo portátil poderia provocar dano suficiente ao núcleo, e a sua inutilização não seria definitiva.[33]

Eitan apresentou então um plano para realizar um ataque aéreo controlado. Para isso, decidiu-se construir no deserto de Beersheba, a sul de Israel, um modelo de escala da instalação nuclear iraquiana. À medida que tomavam decisões políticas sobre a conveniência ou não do ataque ao Iraque com eleições gerais no horizonte, Menahem Begin decidiu convocar o chefe da oposição, Shimon Peres. O líder dos trabalhistas conhecia o plano devido às suas relações com os serviços secretos, muitos deles dirigidos por antigos companheiros de armas. Publicamente, Peres enviava sinais ao Likud sobre a sua oposição a um ataque ao Iraque, pelas possíveis repercussões nas relações entre Israel e Washington. Shimon Peres até ouvira rumores de que Isaac Hofi, chefe do Mossad, e o general Yehoshua Saguy, chefe da Aman, não estavam muito seguros da eficiência do suposto ataque aéreo.

Os principais problemas apresentados a ele mesmo eram que os caças israelenses F-16 tinham de evitar a vigilância dos radares iraquianos, em estado de alerta máximo devido ao estado de guerra que o país vivia com o vizinho Irã há um ano. Por outro lado, Begin contava com o apoio incondicional de outro representante dos falcões do Likud, o ex-general Ariel Sharon.

Por fim, decidiu-se, numa reunião secreta, dar sinal verde ao plano assim que passassem as eleições, que estavam prestes a acontecer. Se Menahem Begin fosse reeleito, a Operação Babilônia seria levada a cabo. O primeiro-ministro israelense calculava os danos diplomáticos que o país sofreria nas relações com Washington[34] e Moscou, que fechavam os olhos para o desenvolvimento nuclear iraquiano. O papel mais importante era o desempenhado pela França e o seu recém-eleito presidente, o socialista François Mitterrand. O carismático político gaulês já deixara claro a Israel que não restituiria ao Iraque o material destruído pelo Mossad no armazém do porto de La Seyne-sur-Mer.[35]

Na noite de sábado, 6 de junho de 1981, Begin telefonou para Eitan, dando--lhe ordem para atacar o reator nuclear de Osirak, na periferia da cidade iraquiana de Al-Tuweitha, a norte de Bagdá. Às quatro da tarde do dia 7 de junho, 24 caças

F-15 e F-16 partiram de uma base aérea no coração de Israel. O piloto mais jovem da missão era Ilan Ramon.[36]

O plano consistia em sobrevoar quase 1.050 quilômetros sobre diversos países inimigos, localizar e destruir um alvo no Iraque e regressar à base. As esquadrilhas iriam protegidas por um Boeing 707 da Força Aérea Israelense, a FAI, com cobertura da Air Lingus, as linhas aéreas irlandesas. Os bombardeiros voariam em formação fechada ao 707, o que faria com que os radares jordanianos, sírios e iraquianos detectassem um simples voo comercial em direção a alguma rota na Ásia. A ordem dada aos pilotos era que se mantivessem em comunicação.[37]

Quando os aviões sobrevoavam o espaço aéreo sírio, o Boeing começou a virar para oeste até a ilha de Chipre, escoltado por dois F-16, após abastecer o resto da esquadrilha, que em poucos minutos entraria em posição de ataque. Os bombardeiros começaram a alinhar-se em formação de combate por pequenos grupos, armados com mísseis Sidewinder, bombas blindadas e bombas de novecentos quilos dirigidas por laser. A ideia era concentrar a primeira onda de ataques na cúpula central do reator, a fim de deixar o interior descoberto.

Os pilotos israelenses tinham dois sistemas claros para localizar o alvo.[38] O primeiro era localizá-lo a olho nu, difícil quando se voa a 1.500 quilômetros por hora e o alvo é relativamente pequeno. O segundo, por meio de radiofaróis móveis. Para o ataque a Osirak, usaram-se dois destes, um exterior e outro interior.

O exterior funcionava com um agente do Mossad que enviava sinais de radiofarol apontando para o alvo, o que permitia que os pilotos lançassem bombas com maior precisão. O interior foi depositado por um engenheiro nuclear francês, recrutado pela espionagem israelense, chamado Damien Chassepied.[39] O técnico escondeu, perto do núcleo, uma mala em cujo interior havia um sofisticado radiofarol que lançava sinais intermitentes aos caças. Às seis e meia da tarde do dia 7 de junho, duas das esquadrilhas começaram a elevar-se a seiscentos metros. Os primeiros F-16 da Força Aérea Israelense se exibiram para atrair o fogo da artilharia antiaérea iraquiana. O restante dos F-15 iniciaram o seu devastador ataque à central nuclear de Osirak.

A primeira onda de ataques derrubou a cúpula até o chão, além dos grossos muros reforçados. A segunda danificou gravemente dois edifícios contíguos onde se encontrava parte do material que seria montado nos dias seguintes pelos técnicos franceses e iraquianos. A terceira irrompeu sobre o núcleo do reator, que desmoronou no poço de refrigeração.

Três horas depois do início do ataque, os bombardeiros regressavam às suas bases em Israel atravessando o espaço aéreo da Jordânia. William Casey, diretor da CIA, recebeu a comunicação do ataque justamente três horas depois do começo do bombardeio. Curiosamente, os norte-americanos tinham descoberto que, recorrendo a um acordo de cooperação aprovado pelo próprio diretor da CIA, os israelenses tinham utilizado o material fotográfico dos satélites de espionagem desse país para preparar o ataque a Osirak.[40] Indubitavelmente, Casey fora muito generoso com a inteligência israelense e seu *memuneh*, mas o problema era que o ataque de Israel sobre solo iraquiano colocava a administração do presidente Ronald Reagan em sérios apuros.

Numa reunião secreta na Sala Oval da Casa Branca, da qual participaram Caspar Weinberger, então secretário da Defesa, George Shultz, secretário de Estado, o presidente Ronald Reagan, o vice-presidente George Bush e o diretor da CIA, William Casey, Shultz acusou o chefe de espionagem norte-americano de pôr Washington numa situação delicada caso os aliados árabes descobrissem que Israel estava para lançar bombas pelo Oriente Médio, utilizando material delicado procedente da CIA.

A partir desse dia, todo o material da CIA ficou restrito a Israel, menos o que implicasse países altamente perigosos para a segurança do Estado hebraico ou que simplesmente partilhassem linhas fronteiriças. Como medida contra o governo de Begin, Reagan decidiu impor sanções a Israel suspendendo a entrega de 75 caças F-16 que já tinham sido pagos. Casey disse a Weinberger e a Shultz que a medida servia apenas para contentar os aliados e os países árabes do Golfo produtores de petróleo. Pessoalmente, para os falcões de Reagan, a medida era realmente estúpida, destituída de sentido e sem nenhum tipo de resultado, visto que, no final, Washington era um dos mais interessados em que o Iraque não desenvolvesse um programa nuclear numa zona do planeta tão explosiva e instável como o Oriente Médio.[41]

Utilizando a administração democrata de Jimmy Carter, o Mossad tentara convencer Washington a obrigar o Iraque a parar o desenvolvimento do programa de armas de destruição em massa, mas o problema era que Carter estava demasiadamente ocupado para tentar libertar os reféns da Embaixada dos Estados Unidos em Teerã e, portanto, preferia não perturbar um aliado como o Iraque.[42] O que mais perturbava Casey era que o *memuneh* do Mossad não tinha comunicado absolutamente nada da Operação Babilônia antes da sua realização.

Desde aquele ano, William Casey contatou diretamente o general Yehoshua Saguy, que todos conheciam pelo cognome Sagi. O chefe da Aman, a inteligência militar, se encarregaria, a partir daí, de informar diretamente e de modo extraoficial a CIA de qualquer operação que os serviços de inteligência israelenses executassem fora das suas fronteiras ou contra dirigentes da OLP dentro das fronteiras do Estado hebraico.⁴³ O primeiro-ministro Menahem Begin esperava, reunido com o seu gabinete em sua residência em Tel Aviv, a tão ansiada chamada de Rafi Eitan. O ataque destruíra por completo a instalação iraquiana.

A Operação Átomo, levada adiante pelos homens do Kidon, e a Operação Babilônia, pela Força Aérea Israelense, em colaboração com alguns *katsa* do Mossad, foram um sucesso. Os dois ataques de Israel acabaram temporariamente com o desejo de Saddam Hussein de alcançar um poder nuclear que pudesse ser usado como arma de destruição em massa em caso de um conflito armado entre as nações.

OPERAÇÃO VANUNU

ALVO: Mordechai Vanunu

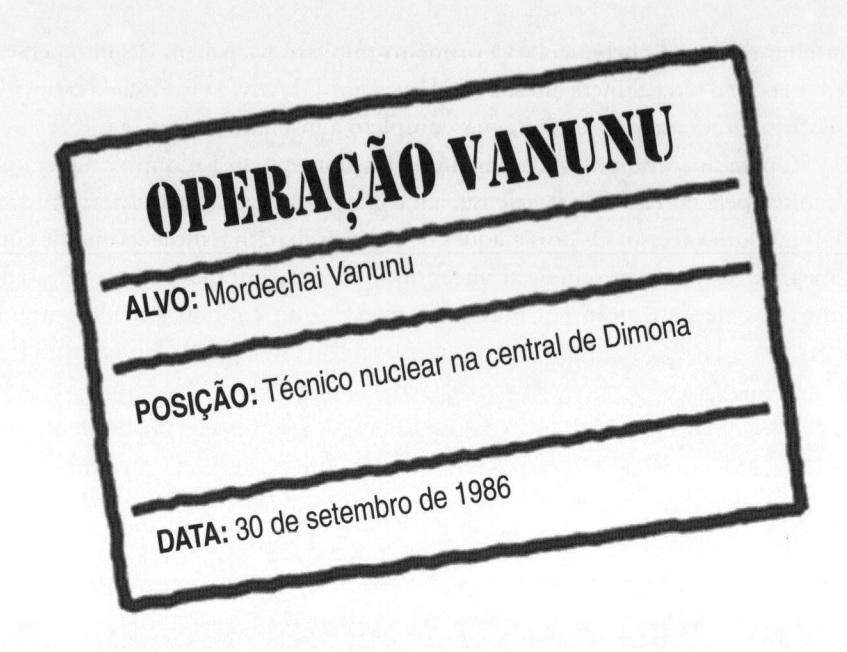

POSIÇÃO: Técnico nuclear na central de Dimona

DATA: 30 de setembro de 1986

A cidade de Sydney amanhecia chuvosa no dia 24 de maio de 1986. Mordechai Vanunu, vestido com jeans e uma camisa, caminhava pelas ruas do bairro de Darlinghurst em direção à igreja anglicana de St. John. Entrou num café nas proximidades para beber um copo de água e conversar com um catequista chamado David Smith. Depois dirigiu-se à igreja. O recém-chegado disse ser judeu e querer converter-se. O pároco John McKnight acompanhou Vanunu ao interior do recinto, mas antes pediu que tirasse a pequena estrela de davi de ouro que levava pendurada ao pescoço. A conversa girou em torno da filosofia e, em especial, das ideias do filósofo dinamarquês Søren Kierkegaard. Após quatro horas de conversa, Vanunu confessou a McKnight a sua desilusão com o judaísmo.[1]

Mordechai Vanunu era o segundo de nove irmãos de uma família muito unida em torno da figura paterna. Chegaram a Israel vindos do Marrocos, formando no seu novo lar uma das etnias mais humildes desse país. Os judeus marroquinos com dinheiro e instrução que chegavam do Canadá e da França eram acomodados em postos e profissões liberais, enquanto os marroquinos vindos dos guetos de Marrakech e das montanhas do Atlas eram alojados em lugares desérticos, distantes dos grandes núcleos urbanos como Tel Aviv, Haifa e Jerusalém.

Em 1972, Mordechai Vanunu ingressou nas Forças de Defesa Israelenses, chegando ao grau de primeiro-sargento numa unidade destacada nos Montes Golã. Depois de se licenciar, sem nenhum mérito especial, matriculou-se na Universidade de Ramat Aviv, em Tel Aviv. Gostava de Física, porém, após ser reprovado nos cinco primeiros exames, decidiu desistir e voltar para casa. No verão de 1976, Vanunu encontrou, na seção de classificados do diário *Yedioth Ahoronoth*, uma oferta de emprego. O texto não indicava grande coisa, apenas se pedia um técnico e fornecia-se um número de telefone de seis dígitos.[2] Mordechai discou o número e do outro lado uma voz feminina identificou-se como operadora do KMG, o Kiryale-Mehekar Gariny, o centro de investigação nuclear pertencente à Autoridade de Energia Atômica de Israel no deserto do Neguev.

Três meses depois, um homem do KMG entrou em contato com ele para lhe informar que não fora escolhido para o trabalho, mas que, devido à sua preparação, poderia ingressar no curso de física, matemática, química e inglês concedido pela Autoridade Nuclear. Em fevereiro de 1978, uma carta com um timbre que mostrava um átomo anunciava que ele havia sido aprovado nos testes e que deveria ingressar na Central Atômica de Dimona.[3]

No seu primeiro dia de trabalho, antes de entrar no automóvel Volvo azul e branco, Mordechai Vanunu foi levado a um pequeno escritório e obrigado a assinar a chamada "Ata de Segredos Oficiais do Estado de Israel" e a "Ata 123". Depois, o silencioso homem que lhe entregara o documento estendeu-lhe um pequeno cartão eletrônico com a sua fotografia. O passe lhe permitiria atravessar as duas portas de aço que davam acesso ao Machon 2, a zona mais secreta do complexo de Dimona, o lugar no qual se fabricavam as bombas nucleares.[4]

Os novos empregados dedicaram as primeiras semanas a conhecer os labirintos subterrâneos da instalação até que, no final de junho, terminou o treinamento. Nesse mesmo mês, Mordechai Vanunu foi chamado como reservista no exército numa unidade de engenheiros. Uma semana depois, a convocação foi anulada quando se descobriu que Vanunu fazia parte da equipe da secreta Dimona. Em 7 de agosto de 1977, passava nos testes, sendo destacado como controlador no turno da noite, trabalhando das 23h30 às oito horas da manhã.

Em 1978, o técnico de Dimona matriculou-se na Universidade Ben-Gurion de Beersheba, dedicando o resto do tempo ao seu trabalho no Machon 2. O que ele não sabia era que passara a ser investigado pelo Shin Bet, por ordem expressa do seu diretor, Avraham Ahituv, depois de ganhar uma forte reputação pelos seus pontos de vista de extrema direita e por ser um *kahanista* intransigente, seguidor do rabino Meir Kahane.[5]

Na universidade, Mordechai Vanunu formou-se em Geografia e Filosofia, enquanto suavizava as suas posições a respeito da questão palestina. Alguns estudantes descreviam-no como um homem introvertido, muito inteligente, bom conversador e especialista em Filosofia, ainda que os agentes do Shin Bet tivessem descoberto que Vanunu mostrava posições contrárias à política de segurança do governo e ao forte poder dos judeus *ashkenazi* na sociedade israelense. "Na realidade, o espírito *antiashkenazi* de Vanunu era até mais forte que o seu espírito antijudeu ou anti-israelense", relatou ao *Jerusalem Post* o seu antigo professor de história, o doutor Zeev Tsakhor.[6]

O relatório do Shin Bet chegou às mãos do novo diretor, Avraham Shalom, que deu a ordem de convocar Vanunu com o fim de ser interrogado pelos seus agentes e por membros de segurança da Autoridade Nuclear. Como resultado do interrogatório, foi obrigado a pedir demissão em novembro de 1985, embora o motivo usado como explicação fora que ele fazia parte dos 180 empregados que seriam despedidos para redução de custos do KMG. Mas o que ninguém sabia era que Vanunu, semanas antes, fotografara as equipes e os processos de produção da instalação mais secretamente guardada, a fábrica de armas nucleares de Israel, conhecida como Machon 2. Burlando as medidas de segurança, o técnico conseguira entrar na fábrica com uma câmera e dois rolos Kodak de 35 mm de 36 fotografias cada um. Depois de tirar fotos de todo o interior, colocou os filmes numa simples sacola de praia. Sem que estes fossem detectados, entrou num dos carros Volvo e atravessou os três perímetros defensivos eletrificados de Dimona.[7]

Assim que chegou em casa, Mordechai Vanunu comprovou que tinha em seu poder sessenta negativos de fotos de equipamentos, modelos em escala e componentes usados na produção do arsenal nuclear de Israel. Depois de vender seu carro e seu apartamento de Beersheba, viajou de ônibus até o aeroporto Ben-Gurion de Tel Aviv e comprou uma passagem de avião para uma cidade europeia, para depois pegar um avião para a Austrália. O que ele não sabia é que desde que atravessou a fronteira de Israel, o seu caso passaria para as mãos do Mossad, conduzido nessa altura por Nahum Admoni, um *memuneh* muito predisposto a usar os esquadrões especiais de assassinos da Metsada, o temível Kidon.

Durante as três semanas que se seguiram à sua fuga de Israel, Vanunu dedicou-se, na igreja de St. John, a procurar um caminho que resolvesse o dilema entre seu patriotismo e lealdade a Israel e suas crenças morais. Foi David Smith, o catequista, quem lhe disse que a sua intenção de se converter ao cristianismo era inseparável da sua obrigação de fazer alguma coisa com a informação que tinha de Dimona. Por fim, ele decidiu expor a sua história sobre a fábrica de bombas nucleares de Israel, mas foi um homem chamado Óscar Guerrero quem lhe disse como fazer.

Este era um refugiado colombiano que chegara a St. John em junho de 1986, com a incumbência de pintar o interior da igreja, como parte de um programa de auxílio ao emprego do governo australiano. O hispânico afirmou ser um famoso jornalista no seu país, o que lhe tinha permitido conhecer pessoalmente figuras como Lech Walesa, Raúl Alfonsín, Issam Sartawi, um alto oficial da OLP assassinado em Portugal, e até o próprio primeiro-ministro Shimon Peres.[8]

Guerrero contou que fora forçado a sair da Colômbia depois de ter escrito vários artigos criticando o governo, embora não tivesse como comprovar. Para alguns, o colombiano era um simples oportunista, como se comprovaria pouco tempo depois.

Num encontro entre Guerrero e Vanunu, o israelense revelou-lhe a informação que dispunha, e que não tinha interesse em receber nenhum tipo de pagamento por ela, algo com que Guerrero não concordou. Uma semana depois, o colombiano começou a pressioná-lo para que contasse a história aos contatos jornalísticos do seu país. Na verdade, Vanunu não sabia da péssima reputação de um homem que tentara vender algumas fotografias sobre um suposto massacre em Timor Leste cometido pelo exército indonésio ao *Sydney Morning Herald* em maio de 1986, que posteriormente se descobriria terem sido tiradas durante a guerra do Vietnã.

Mas os planos de Guerrero mudariam de repente quando, em um dia em que consertava o teto da igreja, "escorregou" misteriosamente, caindo de uma altura de dez metros. O pároco McKnight chamou a ambulância para que o levassem a um hospital e depois à polícia. Óscar Guerrero não quis falar com os agentes, mas uma espécie de medo começou a percorrer-lhe o corpo. Sabia o que o Mossad podia fazer com ele se descobrisse que estava ajudando Vanunu a tornar pública a informação sobre Dimona, até mesmo que não hesitariam em assassiná-lo.[9]

Durante algum tempo, as coisas se acalmaram, até que Carl Robinson, o correspondente da *Newsweek* no Pacífico Sul, entrou em cena. Guerrero oferecera novamente a história para sua revista, mas Robinson queria entrevistar o israelense. Para isso, viajou até Sydney no mês de julho. Numa casa do subúrbio, encontrou-se com Óscar Guerrero, que se autodenominava Alberto Bravo, e com um tal de David. Após mais de três horas de entrevista, e depois de ouvir a história, o correspondente da *Newsweek* pediu a David o seu passaporte ou algum documento que comprovasse que era técnico da central de Dimona. Três semanas depois, Robinson recebeu um telefonema de David em que este lhe pedia que não publicasse a história, visto que temia o que lhe pudesse acontecer.

Em 10 de agosto de 1986, Mordechai Vanunu foi batizado assumindo o nome cristão de John Crossman. Depois disso, Vanunu, ou melhor, Crossman, confessou a John McKnight: "Hoje a minha família deve estar realizando um funeral para mim. Eles pensam que estou morto".[10]

Nos meses seguintes, Guerrero abandonou a sua intenção de publicar a história na Austrália. O *Sydney Morning Herald* perdeu, desse modo, um dos melhores furos jornalísticos desde o Watergate e os Papéis do Pentágono. Com algumas das fotografias de Vanunu nas mãos, Guerrero voou para a Europa com o intuito de falar com alguns repórteres. Uma das escalas foi em Madri, onde entrou em contato com os escritórios do *The Sunday Times* de Londres. Mordechai Vanunu sabia que as suas convicções morais o obrigavam a tornar pública a informação de que dispunha; porém, ao mesmo tempo, sabia que, ao violar a Ata de Segredos Oficiais que assinara, se colocaria na mira do Kidon e dos *katsa* de Nahum Admoni.

Desde que em 1960 uma unidade especial do Mossad sequestrou, em Buenos Aires, o criminoso de guerra Adolf Eichmann,[11] Vanunu sabia que nada impediria que um dos comandos do Kidon fizesse o mesmo com ele ou o executasse em plena rua. O correspondente do diário entrou em contato imediato com o seu jornal em Londres, depois de ouvir a incrível história, mas o *The Sunday Times* não moveria um só dedo antes de entrevistar Mordechai Vanunu, e para tal empreitada destinaram o repórter Peter Hounam, da seção de investigação. O jornalista era formado em física e, embora nunca tivesse trabalhado na área, tinha conhecimentos suficientes para saber se a história era verdadeira ou não.[12]

O encontro aconteceu no quarto 1.202 do hotel Hilton de Sydney. Durante a primeira hora, Vanunu se dedicou a corrigir os exageros da história contada por Guerrero. Em primeiro lugar, informou que ele não era um cientista, mas sim um técnico na central de Dimona. Houman declarou pouco tempo depois: "Durante o meu primeiro encontro com Vanunu, ele confessou que temia ser assassinado por um agente do Mossad, bem como não tinha certeza se eu não seria um agente do Mossad, ou do Shin Bet em vez de jornalista".

O israelense contou sua história ao jornalista, mas sem se identificar. Hounam comentou que precisaria saber seu nome, já que a história devia ser personalizada; no entanto, depois de vir a público em seguida ao primeiro artigo, ela lhe garantiria uma maior segurança pessoal, pois os agentes do Kidon ou os *katsa* do Mossad não ousariam tentar nada. No segundo encontro no apartamento do Hilton, Hounam, Vanunu e Guerrero fecharam as cortinas, deixando a sala às escuras para verem os *slides* dispostos em sequência num projetor. As primeiras imagens mostravam controles, luzes e painéis que Hounam identificou como parte da operação de processamento de plutônio de Dimona. Então, o jornalista percebeu que tinha diante de si uma história verdadeira e que Vanunu de fato trabalhara na fábrica de bombas nucleares de Israel.[13]

Alguns diretores do *The Sunday Times* em Londres rejeitaram a história que Vanunu tinha contado. Apenas três anos antes, o jornal, junto a outras publicações de prestígio, fora enganado pelos chamados *Diários de Hitler*.[14]

Uma das questões, entre outras, que os fizeram duvidar da história de Vanunu foi que ele não soube informar com exatidão a localização da central de Dimona. Só agora se sabe que ela está localizada na autoestrada que vai de Beersheba a Sodoma. O complexo está rodeado por três barreiras eletrificadas e por vários metros de areia que é alisada a cada meia hora por tratores, para detectar se alguém atravessou. O seu espaço aéreo é patrulhado por helicópteros Cobra de combate, os mesmos usados para bombardear as posições do Hezbollah no sul do Líbano.[15]

As fotografias de Vanunu mostravam algumas imagens exteriores da instalação nuclear, mas o *The Sunday Times* não podia comprovar se eram autênticas ou não. Nesse momento, percebendo que o diário britânico estava pedindo informações sobre questões nucleares e que tudo isso tinha relação com um cidadão de Israel, o MI6 britânico entrou em ação. O serviço secreto britânico sabia que a informação manipulada pelo jornal era verdadeira, mas, tal como este, outros grupos terroristas também poderiam tê-la. Foi desse modo que o Mossad soube que havia vazamento de informação.[16] Donald Wellerd, agente intermediário do MI6 com os diferentes serviços secretos aliados, informou o chefe da estação do Mossad, em Londres, sobre o material obtido pelo jornal. De imediato, a informação foi transmitida ao Instituto e o pior dos medos de Vanunu começou a tornar-se realidade. Ele sabia que os *katsa* de Admoni não ficariam de braços cruzados.

A primeira notícia de que o Mossad estava no encalço de Vanunu veio do jornalista Peter Hounam. Numa manhã, ele recebeu um telefonema do seu editor, em Londres, que o informou que os homens, que tinham se identificado como agentes do Shin Bet, estavam à procura do técnico israelense para interrogá-lo. O jornal pediu ao seu investigador que tivesse cuidado.

Nahum Admoni, o *memuneh* do Mossad, enviou dois agentes da unidade LAP a Beersheba para falar com os membros da família de Vanunu com o único objetivo de saber: "Onde está Mordechai Vanunu?". Os interrogatórios duraram mais de três horas ininterruptas.

Certo dia, o Instituto recebeu de Sydney uma comunicação proveniente do Serviço de Inteligência Australiano, a ASIO, informando que três agentes da contraespionagem o tinham localizado naquela cidade, mas que dois dias depois tinham perdido a pista dele. Hounam sabia que tanto ele como Vanunu estariam em perigo se viajassem de avião para Londres, já que era isso que os agentes do Kidon esperavam.

Em 11 de setembro, ambos os homens deixaram Sydney. A ASIO informou o Mossad que localizara novamente Vanunu saindo do país via Sydney e com destino a Londres. Com toda a informação em mãos, Admoni deu ordem à estação de Londres, "Luz do Dia", enquanto informava o primeiro-ministro Shimon Peres sobre a situação atual do caso Vanunu. Admoni tentava convencê-lo a dar ordem a uma equipe da Metsada para que eliminasse Vanunu caso este aparecesse em Londres. O chefe do governo não estava muito convencido, visto que sabia dos efeitos que a sua decisão poderia acarretar, tanto que a adiou até receber novos relatórios. John McKnight confidenciara seus medos ao seu amigo Vanunu sobre o que o Mossad podia fazer com ele caso publicasse as fotografias de Dimona num jornal britânico.[17]

O voo na Continental Airlines foi longo, mas permitiu que os dois aliviassem a tensão acumulada de uma semana. Uma hora antes, alguém com uma voz desconhecida telefonou para o Gabinete Especial, em College Street, em Sydney. Pediu para falar com um oficial de operações especiais da ASIO. O desconhecido informou que Mordechai Vanunu saíra rumo a Londres e o voo que pegara, o que foi repassado ao oficial do MI6 no aeroporto londrino de Heathrow. Quando Hounam e Vanunu desembarcaram, três agentes do MI5, a contraespionagem britânica, já os esperavam para segui-los.

Na verdade, para os serviços secretos da França, da Grã-Bretanha e dos Estados Unidos, a informação de Dimona tornar-se pública não era um contratempo, já que havia quase trinta anos que sabiam da sua existência. Em 1960, Charles de Gaulle e o seu ministro dos Negócios Estrangeiros, Maurice Couve de Murville, receberam a visita de Shimon Peres e do então chefe do Mossad, Isser Harel, para convencê-los de que Israel seria o único bastião do Ocidente válido para o resto das nações árabes e antiocidentais.[18] Nessa mesma data, a CIA começou a fazer perguntas ao seu aliado, o Mossad, sobre a instalação nuclear que dois aviões espiões U-2 tinham detectado no deserto de Neguev. Os norte-americanos receberam como resposta do próprio Harel: "Fotografaram uma grande fábrica de produtos têxteis que estávamos construindo". Mas a explicação não convenceu ninguém.[19] O diretor da CIA informou o presidente John F. Kennedy que Israel estava possivelmente tentando desenvolver armamento nuclear. Em 3 de janeiro de 1961, Kennedy enviou Ogden Reid, o embaixador especial para o Oriente Médio, para se encontrar com David Ben-Gurion e a ministra dos Negócios Estrangeiros, Golda Meir. Ogden foi taxativo a respeito das suas perguntas, que deviam ter respostas claras antes da meia-noite. A CIA detectara um movimento de plutônio enriquecido no que os israelenses afirmavam ser uma fábrica têxtil.[20]

Harel e Meir afirmavam que os Estados Unidos estavam agindo de maneira hostil em relação aos assuntos internos de Israel, enquanto Ben-Gurion, mais diplomático, decidiu informar a CIA e a Casa Branca de que de fato desenvolviam uma central nuclear para proporcionar energia elétrica a todo o país e que o reator nuclear de Dimona tinha sido projetado para fins pacíficos, aceitando as inspeções de cientistas norte-americanos.[21] Durante os seis anos seguintes, em que Dimona se encontrou em plena atividade, os norte-americanos cansaram-se de realizar inspeções de rotina e retiraram-se. Isso permitiu que Israel desenvolvesse a energia nuclear até o armamento atômico.

Em 1968, o diretor do Mossad, Meir Amit, ordenou uma das operações mais espetaculares levadas a cabo pelos serviços secretos israelenses. Uma unidade especial de comandos do Kidon capturou um carregamento de duzentas toneladas de urânio enriquecido procedente da Bélgica, num navio de carga em meio ao Mediterrâneo.[22] O navio *Scheersberg A* partira de um porto daquele país com urânio com destino a uma indústria petroquímica de Milão. O navio foi interceptado em alto-mar por outro navio da ZIM, a companhia marítima nacional de Israel, que confiscou todos os barris. Quando o *Scheersberg A* atracou, vários agentes do serviço de espionagem alemão, o BND, inspecionaram as fichas de embarque e investigaram o registro de propriedade do navio, que pertencia à companhia de Dan Aerbel, agente do Kidon da Metsada detido anos depois pela sua implicação no fiasco de Lillehammer.[23]

Anos depois, a CIA descobriu também que 217 kg de plutônio tinham desaparecido misteriosamente dos depósitos da NUMEC, a Corporação de Equipamentos e Materiais Nucleares. Carl Duckett, subdiretor da CIA para assuntos técnicos e científicos, calculou que com essa quantidade seria possível montar 45 bombas atômicas. As investigações concentraram-se num dos fundadores da companhia, Zalman Shapiro, um químico judeu que trabalhava no projeto Manhattan. Ele passava informação e grandes quantidades de plutônio ao Mossad para o desenvolvimento do armamento nuclear.[24] A CIA sabia exatamente do potencial atômico que Israel desenvolvera, tanto que, em 15 de março de 1976, o *The Washington Post*, citando Duckett como fonte, tornou pública a informação. O diretor da CIA pediu desculpas a Israel pela indiscrição do seu subdiretor, prometendo que a partir daquele momento os Estados Unidos não voltariam a pedir explicações a Israel sobre o seu potencial nuclear. O diretor do serviço de espionagem norte-americano era um tal de George Bush.

Em Jerusalém, Shimon Peres, Yitzhak Rabin, ministro da Defesa, Yitzhak Shamir, primeiro-ministro anterior no governo de coligação, Nahum Admoni, diretor do Mossad, e Avraham Shalom, diretor do Shin Bet, reuniram-se a fim de decidir o que fazer com Mordechai Vanunu. Shamir, Admoni e Shalom eram a favor de assassiná-lo ativando uma equipe do Kidon, enquanto Peres e Rabin preferiam tomar uma medida menos drástica e ordenar o seu sequestro, para depois transferi-lo para Israel a fim de ser julgado por alta traição. Peres ordenou a Admoni que elaborasse um plano para sequestrar Vanunu e ativasse o Kidon para levá-lo a cabo. No *The Sunday Times* já se pensava na hipótese de que a sua melhor fonte no caso, o ex-técnico de Dimona, pudesse ser sequestrada pelos israelenses, fato que fez com que o diretor do jornal destacasse três repórteres para que não o perdessem de vista durante todo o dia. Depois, concordou em pagar ao ex-técnico de Dimona 75 mil dólares pela exclusividade da história e das fotografias, mas Mordechai não estava muito contente, visto que o diretor do *The Sunday Times* ordenara que se confirmassem e reconfirmassem todos os dados entregues.

Ele queria deixar o hotel onde estava hospedado, a noventa quilômetros de Londres, e voltar à cidade, pois achava que, se o Mossad queria sequestrá-lo ou assassiná-lo, seria mais difícil numa cidade grande, cercado de gente, do que num hotel solitário em pleno campo inglês, rodeado de vacas. O *The Sunday Times* deu a sua aprovação, e Vanunu registrou-se com o nome de George Forsty no hotel Mountbatten, perto de Covent Garden.[25]

O que ele não sabia era que há semanas uma equipe de vigilância do Yarid, o departamento responsável pela segurança das operações do Mossad na Europa, não o perdia de vista. Em 20 de setembro, os repórteres do *The Sunday Times* enviaram à Embaixada de Israel, em Londres, um envelope com toda a história, as fotografias e uma cópia do passaporte de Vanunu, à procura de uma declaração oficial. O assessor de imprensa da delegação diplomática israelense declarou que não faria comentários sobre uma história absolutamente falsa.

Cada vez mais, Vanunu temia que a qualquer momento os agentes do Kidon caíssem sobre ele. Cindy Hanin, uma bela norte-americana de 25 anos, era a isca que a Metsada usaria para caçar o traidor; na verdade, a mulher era um membro da equipe de operações especiais do Mossad, uma *kidon*.[26]

O dia 24 de setembro foi o escolhido por Cindy, protegida por dois agentes do Kidon,[27] para tentar entrar em contato com a "presa". Todas as manhãs, Vanunu aproximava-se de um pequeno café situado em Leicester Square, em West End, para observar as pessoas, até que um dia o seu olhar fixou-se na jovem a seu lado lendo um exemplar do *Times*. Ela também o olhou, ainda que não fixamente, sem lhe dar importância. Vanunu pensou: "Está se achando muito bonita e pensa que vou flertar com ela"; porém, nesse momento, ouviu uma voz ao fundo que dizia qualquer coisa sobre o café. Voltando à realidade, o seu olhar fixou-se novamente na jovem loira de calças justas, que o olhava atentamente enquanto apontava para a pequena xícara branca de café que tinha à frente.[28]

Vanunu sorriu ao se levantar; nesse momento, os dois agentes do Kidon que o vigiavam pensaram que ele não tinha sido fisgado, mas o pensamento se esvaiu quando viram que o ex-técnico de Dimona se sentava à mesa da mulher. Falaram muito sobre coisas banais e combinaram se encontrar no dia seguinte. Nessa mesma noite, no Instituto, Nahum Admoni recebia no seu gabinete um comunicado da estação de Londres com uma mensagem sucinta: "A presa mordeu a isca. Os caçadores estão atentos".

A identidade de Cindy foi mantida em segredo absoluto até que dois jornalistas do *The Sunday Times* a descobriram. O seu nome verdadeiro era Cheryl Bentov e vivia na cidade de Netany com o marido, Ofer Bentov, um major pertencente à inteligência militar israelense, a Aman. Cheryl adotara o nome de Cindy por causa de sua cunhada.

Nascida no seio de uma família rica da Flórida, seus pais tinham se divorciado quando ela era muito pequena, ficando sob a proteção de um rabino do seu bairro chamado Dov Kentof, que a enviara a Israel, por três meses, para fazer um curso sobre judaísmo. Ela, pelo contrário, estava mais interessada em política do que em religião. Depois do trimestre, voltou aos Estados Unidos, mas a sua mente ficara em Israel. Quando Cheryl regressou ao Oriente Médio, foi recrutada pela Nahal, uma organização encarregada da proteção dos colonos nos Territórios Ocupados. Não restava a menor dúvida de que Cheryl Bentov podia ser uma perfeita agente de operações especiais do Mossad, a Metsada, como ficou demonstrado.[29]

Assim que foi recrutada pelo Mossad, Cheryl Bentov foi entrevistada. Perguntaram-lhe se dormiria com estranhos caso a missão exigisse. Ela disse a verdade. Se o sucesso da missão dependesse disso, iria para a cama com o "alvo". Bentov aprendeu a usar o sexo para coagir, seduzir e dominar, mas também aprendeu a matar disparando um carregador inteiro. Aprendeu a roubar carros, a parecer bêbada e a enganar os homens.[30]

A sua primeira missão foi no Kaisarut, destacada em embaixadas de Israel na Europa, fazendo-se passar pela esposa norte-americana de algum *katsa* do Mossad. Por fim, em uma manhã, recebeu um telefonema do próprio *memuneh*. Ele pessoalmente a colocou a par da Operação Vanunu, ainda que ela já soubesse como conseguiria "caçar" a sua "presa" e as armas que usaria para tal empreitada. No dia 23 de setembro de 1986, Cheryl Bentov, agora agente do Kidon, viajou para Londres para se juntar a outros nove *katsa* sob as ordens de Beni Zeevi, o responsável por toda a operação.

Nos dias seguintes, Mordechai Vanunu telefonava diariamente para o hotel Eccleston, situado muito perto da estação Victoria, onde estava hospedada a agente israelense. Vanunu violou assim todas as normas básicas de segurança, dando o seu número de telefone, o nome do hotel em que estava hospedado, o número do quarto e o nome com o qual se registrara. Cindy retornou várias ligações de Vanunu, mas a escolta particular da *kidon* não a perdia de vista. Um dia, os telefonemas cessaram. Vanunu começou a ficar nervoso, então decidiu procurá-la. Durante o encontro, Cindy disse que ia a Roma e que, se ele quisesse, poderia acompanhá-la. A agente israelense prometeu que se ele fosse com ela à capital italiana iria recompensá-lo com uma boa noite de sexo.[31]

Os repórteres do *The Sunday Times* aconselharam-no a ser prudente na sua relação com a loira que aparecera de surpresa, mas Vanunu, há tanto tempo só e encorajado pela possibilidade de ter relações sexuais com uma bela jovem, não deu ouvidos a ninguém. Cindy conseguira uma forte influência sobre Vanunu e, Mata Hari ou não, sabia como controlar a sua presa. O jornal pediu a Vanunu que aceitasse um guarda-costas pago por eles, mas o técnico israelense recusou taxativamente. "Ele não queria nenhuma interferência na sua relação com Cindy", explicaria um dos repórteres do *The Sunday Times*, "e esse foi o seu erro. Acho que menosprezou a importância que ele mesmo tinha para o Mossad e para Israel."

Num domingo, dia 28 de setembro, o colombiano Óscar Guerrero voltou a aparecer em cena, ameaçando o *The Sunday Times*. Por não ter recebido nenhum dinheiro pela história de Mordechai Vanunu, iria levá-la ao *The Sunday Mirror*. Por fim, foi publicada, por este último, com uma grande manchete: "O estranho caso de Israel e o seu poder nuclear". O proprietário do jornal, o magnata Robert Maxwell, foi quem telefonou para o próprio *memuneh* para contar a história.[32]

Antes, a direção do *Times* tinha telefonado para o *Mirror* para lhes informar que Guerrero tinha um acordo com eles e que, se fosse violado, poderiam reclamar os pagamentos recebidos. Óscar Guerrero queria vingar-se de Vanunu por ter sido ridicularizado diante dos repórteres do *Times* corrigindo os seus exageros. O que ficou claro é que era um oportunista, um charlatão e uma fraude, e nunca chegou a perceber o quão perto esteve de ser executado por uma equipe do Kidon que seguia seu rastro. Foi Nahum Admoni, o *memuneh* do Mossad, quem decidiu que o colombiano não valia a pena.

Peter Hounam, o jornalista do *Times*, tentou fazer Vanunu entender que Cindy talvez fizesse parte de um plano da espionagem israelense para capturá-lo ou até para assassiná-lo. De qualquer forma, ele recusava-se a ouvir os conselhos de Hounam. Numa dessas tentativas, o jornalista convidou Vanunu para jantar em sua casa, numa terça-feira à noite, e pediu que levasse Cindy, para que conhecesse a sua esposa, mas novamente ele recusou o convite alegando que nesse dia talvez fossem viajar pelo país ou fora dele. Ao ouvir a desculpa, Hounam começou a ficar nervoso, porque sabia que, se Mordechai Vanunu saísse da Grã-Bretanha, talvez o perdessem para sempre e com ele a sua incrível história.[33] Continuou a pressioná-lo a fim de saber em qual cidade e em que hotel se hospedariam, mas Vanunu não disse uma só palavra. A direção do jornal pressionava Hounam para que o israelense assinasse o contrato ou, pelo menos, a autorização para publicar a primeira versão da questão Dimona.

O técnico sabia que, se assinasse um contrato com o *The Sunday Times*, teria que se envolver de tal modo que se veria obrigado a aparecer em coletivas de imprensa e a dar entrevistas a outros meios de comunicação quando a sua história viesse à tona. Vanunu prometeu voltar quinta-feira para assinar o contrato, mas a questão fundamental era fazer Vanunu entender o perigo que corria se saísse da Grã-Bretanha.

Peter Hounam tentou convencê-lo por todos os meios a ficar, dizendo que sua identidade poderia ser descoberta, e ele seria obrigado a permanecer no país, mas Vanunu sabia que isso não era possível, visto que, tanto para o governo britânico como para o MI6 e o MI5, livrar-se definitivamente desse assunto era a melhor solução.[34]

Àquela altura, dois acontecimentos faziam com que fosse perigoso que Vanunu circulasse livremente. O primeiro era o chamado "julgamento Hindawi", em que a Grã-Bretanha pediu sanções econômicas aos países-membros da Comunidade Econômica Europeia (CEE) contra a Síria, quando a espionagem britânica descobriu que o governo de Damasco estava envolvido numa conspiração para derrubar em pleno voo um avião da British Airways.[35] O segundo foi o chamado "Caso Dikko", em que agentes do Mossad se viram envolvidos na tentativa de sequestro e assassinato de um diplomata nigeriano suspeito de vender armas a grupos palestinos. O Mossad cometeu o erro de atentar contra ele em solo britânico, violando assim a palavra dada ao MI6 de que nenhum membro da comunidade da espionagem israelense cometeria jamais uma ação ou operação encoberta em solo britânico. O "Caso Dikko" provocou um esfriamento nas relações entre os governos de Londres e de Tel Aviv assim como entre o MI6 e o Instituto.[36] Mordechai Vanunu sabia dos riscos a que se expunha se atravessasse a fronteira da Grã-Bretanha, um dos quais era cair nas mãos dos homens do Mossad.

Na manhã do dia 30 de setembro de 1986, Vanunu fez um único telefonema ao seu amigo, o reverendo John McKnight, da igreja de St. John, mas, como não o encontrou, preferiu não deixar mensagem e desligou. Quando McKnight retornou à igreja e o informaram que um homem com um mau sotaque inglês telefonara, ele soube que era Mordechai Vanunu, e decidiu telefonar para Peter Hounam, do *The Sunday Times*, para perguntar por ele.

O jornalista disse que a credibilidade de Vanunu tinha sido questionada pela direção do jornal devido à péssima história que Guerrero vendera ao *The Sunday Mirror*. Também lhe disse que Vanunu dera autorização ao *Times* para publicar o seu relato. Nesse momento, McKnight soube que o ex-técnico de Dimona estava em perigo, o que acabou convencendo-o de que devia informar à polícia, enquanto dizia a Peter Hounam que se preparasse para comunicar o desaparecimento de Vanunu. Esta seria a última vez que os dois homens entraram em contato. Depois, Vanunu simplesmente desapareceu.[37]

Quando por fim o *The Sunday Times* publicou a primeira história sobre Dimona, a direção do jornal não sabia que Mordechai Vanunu estava em perigo. Curiosamente, foi o próprio primeiro-ministro de Israel, Shimon Peres, que convenceu os diretores do *Times* a divulgarem a história. Antes, porém, reuniu o Comitê de Editores de Israel para informá-los que o periódico britânico tinha em seu poder a história de Vanunu e Dimona, a qual em poucos dias seria publicada. Mas estes não ficaram muito tranquilos, tanto que o editor do jornal *Ha'aretz* pediu ao seu correspondente em Londres que confirmasse a história. Este telefonou ao *The Sunday Times* para comunicar a Hounam que o Comitê de Editores de Israel decidira não fazer eco do que o jornal publicasse por ordem expressa do primeiro-ministro Peres. Isto era esclarecedor. "Quando soubemos da censura imposta pelo próprio Shimon Peres, nos demos conta de que a história relatada por Vanunu era totalmente verdadeira e que era isso que assustava os israelenses", declararia o próprio Hounam anos depois.

Em 5 de outubro de 1986, apareceu na capa do *The Sunday Times* uma grande manchete: "Revelação: os segredos do arsenal nuclear de Israel". Nas páginas interiores, outra manchete dizia: "Dentro de Dimona, a fábrica de bombas nucleares de Israel". Em dez linhas destacadas indicava-se: "[...] durante vários anos suspeitava-se da sua existência. Agora, um técnico que trabalhou na fábrica relata a história de como o seu país se tornou uma das maiores potências nucleares". O texto vinha acompanhado de um desenho do edifício que albergava o Machon 2, reproduzido com a ajuda de Vanunu e das fotografias que ele tirara. Explicava-se com detalhes precisos os pesos e as temperaturas, como o urânio era dissolvido depois de ser submerso em ácido nítrico e como posteriormente a mistura era removida devido à radioatividade para, com uma solução, extrair o plutônio dela.[38] O *The Sunday Times* revelou que o plutônio conseguido nas instalações de Dimona dava a Israel total capacidade para produzir armas termonucleares, mais poderosas que as nucleares convencionais. Os materiais usados para a fabricação das bombas tinham sido transferidos em vários caminhões para um local secreto perto de Haifa, cidade na qual se encontra a maior base naval de Israel.

A reportagem concluía: "Israel produziu plutônio para cem bombas nucleares de não menos de duzentas quilotoneladas de potência cada uma. Se os cálculos realizados são aproximados, pode-se dizer que Israel tem, neste momento, um arsenal nuclear próximo de duzentas bombas". Israel, dizia o jornal, tornara-se uma das maiores potências nucleares atrás apenas dos Estados Unidos, da União Soviética, da Grã-Bretanha, da França e da China, sem contar com a possibilidade de que a Índia, o Paquistão e a África do Sul também o tivessem conseguido.

O testemunho de Mordechai Vanunu indicava que Israel tinha recursos e bons técnicos para projetar e construir uma bomba de nêutron. A história publicada vinha acompanhada de um texto escrito pelo doutor Frank Barnaby, um físico nuclear que trabalhara no centro britânico de investigação de Aldermaston, sendo atualmente diretor do Instituto de Investigações para a Paz na Suécia, e pelo doutor Theodore Taylor, antigo chefe do programa de testes de armas nucleares do Pentágono e um dos melhores seguidores do criador da bomba, Robert Oppenheimer. Ambos concordavam ao afirmar que Israel estava capacitada para construir bombas termonucleares e de destruição em massa.[39]

A matéria publicada pelo *The Sunday Times* circulou por todos os meios de comunicação do mundo, confirmando a história de Mordechai Vanunu, incluindo o rádio e a televisão de Israel. O conservador *Jerusalem Post* dava nota dela na sua primeira página do dia seguinte, com um título que dizia: "Israel é agora o sexto poder nuclear do mundo". O segundo número surgido no *The Sunday Times* tinha o título: "Atrás das portas do Machon 2". Quando essa matéria foi publicada, Shimon Peres já tinha tomado a decisão de "neutralizar" Vanunu com a ajuda de um dos comandos do Kidon.

McKnight, suspeitando de que alguma coisa poderia ter acontecido a Vanunu, saiu à caça de informações para tentar descobrir onde ele estava. Primeiro, entrou em contato com Terry Waite, do escritório do arcebispo de Canterbury, depois com o vice-secretário de estado dos Negócios Estrangeiros e os chefes dos departamentos do Oriente Médio e do Oriente Próximo e Norte da África. Os pedidos do clérigo foram atendidos, embora o comunicado final fosse que ele deveria entrar em contato com a polícia, uma vez que o desaparecimento de Vanunu não era assunto da diplomacia britânica. McKnight telefonou da Austrália para o Ministério do Interior, e estes, do mesmo modo, disseram que o desaparecimento do técnico israelense não era problema deles, e sim do Ministério das Relações Exteriores. Ele então concluiu que, se quisesse fazer algo de concreto, deveria pegar um avião para Londres, mas só depois de convocar uma coletiva de imprensa para comunicar o desaparecimento de Vanunu. Em 7 de outubro, uma terça-feira, McKnight deixou a Austrália.[40]

Poucas horas depois, o clérigo aterrissava no aeroporto de Heathrow e notificava no departamento de polícia de Holborn o desaparecimento de Vanunu. McKnight hospedou-se no Conselho Consultivo Anglicano e entrou em contato com dois detetives do Gabinete Especial da Scotland Yard. Estes interrogaram-no sobre todo tipo de questões relacionadas com o técnico israelense. Ele estava ansioso para saber o que tinha acontecido com o seu amigo e, ao mesmo tempo, na sua mente, passava a ideia de que o Mossad o sequestrara. Em 12 de outubro, o *The Sunday Times* publicou um artigo no qual relatava, resumidamente, o caso Vanunu e o desaparecimento do israelense.

Por fim, McKnight decidiu viajar para Jerusalém, onde esperava obter mais respostas. Ao chegar, convocou uma coletiva de imprensa com o intuito de pressionar os israelenses a explicarem onde estava Vanunu. A censura militar de Israel deu um comunicado à imprensa estrangeira e nacional informando que tudo o que se falasse na coletiva ficaria sob "censura". Se algum deles a violasse e publicasse alguma informação sobre os serviços secretos, correria o risco de ser detido e condenado à prisão. De qualquer forma, os jornalistas que assistiram estavam muito interessados no caso. No final, um deles, israelense, passou um bilhete a McKnight marcando um encontro no parque em frente ao Consulado dos Estados Unidos, na parte oeste de Jerusalém.

O que o reverendo não sabia era que desde que aterrissara no aeroporto Ben-Gurion em Tel Aviv, os *katsa* de Nahum Admoni não o tinham perdido de vista um só instante.

Certo dia, esperando o carro, McKnight viu um homem ao seu lado que lia o jornal *Yedioth Ahronoth*, no qual aparecia uma fotografia de Mordechai Vanunu. McKnight pediu que lhe traduzisse a informação. O texto em hebraico explicava que Vanunu estava detido na prisão de segurança máxima de Gedera, perto de Rehoboth, sob vigilância 24 horas por dia, por ordem do juiz Aaron Simcha. Alguns dias depois, citando fontes da segurança israelense, o *Financial Times* confirmava a informação.[41]

Entretanto, a tempestade desencadeava-se na própria Austrália. Quando os jornais publicaram informações relacionadas a Vanunu e o seu suposto sequestro, vários parlamentares começaram a perguntar aos serviços secretos australianos que papel tinham representado nesse evento. A ASIO informou que nada teve a ver com o sequestro nem com o Mossad. Definitivamente, mentia. Numa entrevista para a televisão australiana, John McKnight disse que os serviços secretos tinham informado diretamente o Mossad e que o chefe da ASIO, Alan Wrigley, mantivera diversos contatos com Nahum Admoni. Um dia, quando o clérigo caminhava pela rua, foi interceptado por um veículo com dois homens que se identificaram como agentes da ASIO. Um deles pediu que os acompanhasse.[42]

Quando chegaram ao destino, Alan Wrigley, diretor-geral da ASIO, a Organização de Inteligência e Segurança Australiana, garantiu a McKnight que suas conversas sobre o caso Vanunu seriam gravadas e que, na verdade, apenas informara sobre os passos de Vanunu ao MI6 britânico, e não ao Mossad. Quando a notícia saiu nos jornais, Wrigley negou categoricamente que a ASIO tivesse colaborado com o Mossad.

Em 30 de setembro, dias após o desaparecimento de Mordechai Vanunu, surgiram novos rumores. Alguém informou que o israelense, depois de ser sequestrado, fora internado numa clínica clandestina do Mossad para ser submetido a uma cirurgia plástica para mudar o rosto, mas aquilo não poderia estar mais distante da realidade.

Na segunda-feira, dia 29 de setembro, Shimon Peres dera carta branca a Admoni para que os homens do Kidon levassem a cabo a operação. Nesse mesmo dia, Cindy telefonou a Mordechai para obrigá-lo ou, pelo menos, pressioná-lo a comprar uma passagem de avião para Roma. Meia hora depois, Vanunu dirigiu-se à agência Thomas Cook, em Berkeley Street, não muito longe de Leicester Square, e comprou uma passagem de classe turística por 426 libras esterlinas, embora pela sua mente ainda passassem rapidamente os conselhos dados por Hounam. Indeciso, telefonou novamente para Cindy, no hotel, para dizer que talvez não pudesse acompanhá-la porque não tinha muito dinheiro, mas o que podia fazer era encontrar-se com ela mais tarde em Roma.

A agente israelense tentou convencê-lo de várias maneiras, chegando a dizer-lhe que na capital italiana não seria necessário pagar um hotel, já que a sua irmã tinha um pequeno apartamento onde ambos poderiam se hospedar. Desde o momento em que Vanunu decidiu sair de Londres, Cindy não se separou dele um só instante.

Às 10h30 de terça-feira, 30 de setembro, Vanunu saiu do hotel Mountbatten e foi se encontrar com ela no monumento ao almirante Nelson, na central Trafalgar Square, para dali partirem juntos, num táxi, em direção ao terminal internacional de Heathrow. O que ele não sabia era que uma equipe de *katsa* do Mossad não o perderia de vista.

O trajeto para o aeroporto foi tranquilo, com as consequentes paradas devido às obras que se realizavam na autoestrada, e Cindy não parava de falar como seria boa a estada em Roma e que, inclusive, se tivessem tempo, poderiam passar um dia na praia. Mordechai Vanunu não suspeitava que, na realidade, já estava totalmente envolvido numa operação de sequestro do Kidon.

Às 14h30, o casal embarcou no voo da British Airways BA504, que devia aterrissar no aeroporto Leonardo da Vinci, nos arredores de Roma, às 18h35. Cópias da passagem nas mãos do *The Sunday Times* mostraram que Mordechai Vanunu usou o próprio nome, ainda que isso já não tivesse importância. Pouco a pouco a presa aproximava-se das garras dos predadores, da própria boca do lobo.[43]

O avião aterrissou às 18h28. Quando saíram do avião, Cindy mostrava-se muito mais carinhosa. Tomou a mão de Vanunu, e foram pegar a bagagem no terminal principal. Uma mochila e uma bolsa verde eram a única bagagem que levavam, tanto que a passagem pelo controle de passaportes foi bastante rápida. Assim que chegaram à saída, Cindy fez Vanunu esperar alguns minutos enquanto telefonava pedindo um táxi. Isto fez o técnico israelense suspeitar, pensando por que não pegavam um dos que havia na entrada do aeroporto.

Enquanto falavam de coisas sem importância, um pequeno Fiat amarelo com o emblema de táxi chegou em grande velocidade. Entraram no automóvel e minutos depois seguiam em alta velocidade pela autoestrada de Roma. Talvez era o primeiro momento em que Vanunu realmente teve medo. Dentro do carro notava-se uma certa tensão, mas ele não conseguia entender o motivo. Chegou um momento em que até sentiu que o perigo aproximava-se cada vez mais dele, mas já era tarde. Vinte minutos depois, o veículo parou diante de um prédio cinzento de apartamentos modestos nos arredores de Roma, num lugar que Vanunu não conseguiu identificar.[44] Subiram por uma estreita escadaria até chegarem a uma porta no segundo andar. Cindy tocou a campainha, mas não atenderam. Tocou mais três vezes, com toques curtos, mas ninguém apareceu. A mulher abriu a bolsa e tirou algumas chaves: "A minha irmã não deve estar em casa, mas de qualquer modo tenho as chaves", explicou a Vanunu.

A porta foi destrancada, abrindo caminho a uma grande escuridão. Eram os seus últimos segundos de liberdade e talvez Mordechai Vanunu o soubesse. Cindy deixou o técnico entrar primeiro. Não havia um só móvel, nem sequer um quadro. Foi quando Vanunu percebeu que estava num esconderijo do Mossad. Voltou-se para tentar sair, e então viu que Cindy mudara de expressão. Aquele rosto doce transformara-se num rosto de expressões duras. Não soube de onde saíram, mas nesse momento sentiu quatro braços fortes o agarrando, enquanto Cindy, ou melhor, Cheryl Bentov, lhe injetava uma forte dose de soníferos. Depois disso, Vanunu perdeu os sentidos, e as horas se passaram.

Os três *katsa* da Metsada, liderados por Beni Zeevi, envolveram o corpo do técnico num saco de dormir, enquanto Cheryl pegava uma grande caixa de papelão vazia, para que os vizinhos não suspeitassem que estavam colocando um corpo num caminhão de transporte. Mordechai Vanunu acha que esteve drogado de 30 de setembro até 4 de outubro. Um médico do Mossad controlava as doses de soníferos que lhe ministravam. Queriam-no adormecido, não morto. Nesse tempo, o pequeno caminhão tinha percorrido os 425 quilômetros que separam a cidade de Roma do porto de La Spezia.

Na tarde de 4 de outubro, as autoridades portuárias italianas receberam uma comunicação de avaria vinda de um navio que navegava com bandeira israelense, propriedade da companhia naval pública ZIM. O Noga era um navio de 11 mil toneladas que descarregava no porto de Barcelona e regressava à base no porto israelense de Haifa.[45]

Para o Mossad, era mais simples ultrapassar a débil segurança do porto que passar pela sofisticada segurança que existia em qualquer aeroporto. Quatro horas depois do Noga ter voltado ao mar, os efeitos dos soníferos e das drogas começaram a desaparecer do organismo de Vanunu. Ele abriu os olhos lentamente; sentia uma forte dor de cabeça, e descobriu que estava acorrentado e fechado num camarote sem claraboias. Durante dias, os dois guardas, os mesmos *katsa* do Kidon que o tinham agarrado dentro do apartamento, foram as únicas pessoas que Vanunu viu. Estes apenas se comunicavam com ele em inglês com sotaque hebraico. Não lhe faziam perguntas, e a única coisa que diziam era: "Quando quiser ir ao banheiro, peça". Apenas no último dia, um deles dirigiu-se a Vanunu e disse-lhe: "Sabemos tudo. Sabemos até que se converteu ao cristianismo, mas para nós continua sendo israelense".

Por fim, seis dias depois da partida de La Spezia, o Noga chegou ao porto de Haifa, em Israel. Colocaram um capuz preto na cabeça do prisioneiro e o puseram em um carro da polícia. O trajeto, segundo calcula o próprio Vanunu, foi bastante curto. De repente, pararam diante de um grande portão de ferro, a prisão de segurança máxima de Ashkelon, aproximadamente cinquenta quilômetros a sul de Tel Aviv.

O prisioneiro foi escoltado por quatro agentes até uma cela sem janelas, com um colchão no chão como única mobília. Ali ele permaneceu dois dias, até que o fizeram sair para ser interrogado por quatro pessoas, um oficial do Mossad, um do Shin Bet, outro da polícia e, o último, um membro da segurança da Kirya-le-Mehekar Gariny ou KMG, a autoridade nuclear de Israel.

"Vê o que você fez?", disse-lhe este último, enquanto lhe atirava um exemplar do *The Sunday Times*. No jornal amassado podia-se ler, em grandes manchetes e em três páginas, a informação sobre os segredos nucleares israelenses em Dimona.

Os interrogatórios sucediam-se dia após dia, sem nenhum resultado. Vanunu, por sua vez, sabia que independentemente do que respondesse seria condenado por alta traição e que em princípio cumpriria uma longa pena de prisão. Até dois meses depois do seu sequestro, não se permitiu que Mordechai Vanunu falasse com um advogado. O escolhido foi Ammon Zichroni, ativista dos direitos humanos muito conhecido.

Zichroni foi a única pessoa de fora a ter permissão para entrar na pequena cela de dois por três metros de largura e três de altura em que estava Vanunu. Todas as suas conversas e encontros eram vigiados através de um circuito fechado de televisão instalado na cela. O prisioneiro, agora sem nome e sem número de identificação, e separado dos outros presos, era constantemente castigado sem ver o advogado, devido a este se divertir tapando a lente da câmera com espuma de barbear. Durante essa fase, apenas duas pessoas estavam autorizadas a falar com o prisioneiro David Enosh, novo nome dado a Vanunu. Um era o seu guarda e o outro o diretor da prisão.

Em 11 de novembro de 1986, o porta-voz do governo de Yitzhak Shamir anunciou que o técnico israelense Mordechai Vanunu estava detido em território de Israel. Em 28 de novembro, o procurador-geral, Yosef Harish, apresentou acusações contra Vanunu no Tribunal de Comarca de Jerusalém, invocando o artigo 96 do Código Penal, referente à ajuda ao inimigo em tempo de guerra, o que podia levar Vanunu à condenação à prisão perpétua ou à pena de morte. Dois dias depois, o juiz Zvi Cohen rejeitou o artigo 96, visto que poderia ser aplicado apenas quando Israel se encontrasse em conflito armado com outro país, e esse não era o caso, fazendo com que o procurador Harish tivesse que apresentar novas acusações, invocando dessa vez o artigo 90 do Código Penal, referente à violação da lei de segredos oficiais; o artigo 113, referente à entrega de informação secreta com a intenção de causar danos à segurança do Estado; e o artigo 99, referente à ajuda ao inimigo na sua guerra contra Israel.

O caso foi conduzido em hebraico e classificado como "O procurador-geral contra X". Em 21 de dezembro, enquanto Vanunu era transferido num carro policial para o Tribunal de Comarca para ouvir as acusações do juiz Cohen contra ele, vários fotógrafos de agências estrangeiras puderam fotografá-lo. Ao revelarem as fotografias, em várias delas podia-se observar Vanunu com a mão apoiada contra o vidro do carro.[46] Na mão, podia-se ler:

Vanunu M FUI SEQUESTRADO EM ROMA ITL,
30.9.86, 21, 00, cheguei em Roma PELA BA VOO 504

A mensagem na mão resultou no confisco, por parte das autoridades da prisão de Ashkelon, do seu *walkman*, dos seus livros e dos seus jornais. O prisioneiro iniciou uma greve de fome como protesto pela medida, até que após 34 dias à base de água como único alimento, o juiz Cohen ordenou que lhe devolvessem os seus objetos.

Em 8 de março, Vanunu despediu Zichroni, devido a um mal-entendido entre entre o advogado e o seu irmão. No mês de julho, o *The Sunday Times* publicou na primeira página em letras grandes: "Como os agentes israelenses caçaram Vanunu". Em 30 de agosto de 1987, teve início o julgamento, que durou até o dia 24 de março de 1988, data em que o Tribunal de Comarca de Jerusalém considerou o réu culpado das acusações de espionagem, traição e revelação de segredos de Estado. No domingo, 27 de março de 1988, o caso foi ouvido para sentença. Os três juízes membros do Tribunal, depois de escutarem os argumentos do advogado Avigdor Feldman e lerem o documento de clemência enviado por vinte cientistas, dos quais doze eram detentores do Prêmio Nobel, tiveram que decidir entre prisão perpétua ou vinte anos de prisão. Às 18h15, o Tribunal condenou Mordechai Vanunu a cumprir dezoito anos de reclusão numa prisão de segurança máxima.

Mordechai Vanunu foi condenado a dezoito anos de prisão, acusado de alta traição. Passava os seus dias numa cela da prisão de segurança máxima de Shikma, em Ashkelon, escrevendo e lendo livros do filósofo dinamarquês Søren Kierkegaard. Na quarta-feira, 21 de abril de 2004, foi posto em liberdade condicional vigiada.

Depois de conseguir a liberdade, afirmou publicamente que já não guardava mais segredos e que desejava esquecer o passado, cidadania e qualquer ligação com Israel. Negou-se a voltar a falar hebraico e mostrou a sua intenção de emigrar para a França, a Noruega ou os Estados Unidos. Diante de tal ideia, o Supremo Tribunal de Israel decretou cinco medidas restritivas a Vanunu:

• Devia fixar residência em Israel.

• Devia informar à polícia se quisesse viajar de uma cidade para outra dentro do território israelense.

• Durante os seis meses seguintes à sua libertação não podia deixar o território de Israel, e esta medida podia ser renovada por tempo indefinido.

• Não lhe era permitido o contato, seja telefônico ou pessoal, com estrangeiros.

• Não lhe era permitido entrar em embaixadas, visitar locais de embarque, nem aproximar-se a menos de quinhentos metros da fronteira internacional.

Em 22 de abril de 2004, Vanunu pediu asilo político à Noruega, mas, em 11 de novembro do mesmo ano, um comando especial da polícia israelense entrou na igreja anglicana onde ele vivia desde a libertação, e ele foi preso. Em 5 de fevereiro de 2004, o ex-*memuneh* Shabtai Shavit declarou que, em 1986, consideraram a hipótese de ativar uma equipe do Kidon para matar Vanunu, mas a ideia não foi levada a cabo porque "os judeus não se comportam assim com outros judeus".

Em 11 de outubro de 2010, Vanunu apresentou um recurso para que lhe abrandassem a restrição para poder viajar para fora de Israel e poder falar com estrangeiros. A petição foi negada pelo Supremo Tribunal.

Cheryl Bentov, conhecida por Cindy Hanin, integrante do Kidon, ainda vive na cidade israelense de Netanya com o marido, o coronel Ofer Bentov, da inteligência militar, a Aman. Em abril de 1997, foi encontrada por um jornalista do *The Sunday Times* na Flórida, com as filhas, enquanto visitava a família. Quando confrontada pelo repórter, a *katsa* do Kidon não negou a sua participação na Operação Vanunu.

Shimon Peres, então primeiro-ministro de Israel, foi o principal responsável pelo sequestro de Vanunu por parte de uma unidade do Kidon e viu-se obrigado a dar explicações aos governos de Margaret Thatcher e Bettino Craxi pelo incidente diplomático provocado por este motivo.

OPERAÇÃO 17

ALVO: Jalil Ibrahim Mahmud al Wazir, conhecido como "Abu Jihad"

POSIÇÃO: Comando militar supremo da OLP

DATA: 16 de abril de 1988

Fazia frio nas primeiras horas daquele 8 de dezembro de 1987, o sol ainda não tinha surgido na devastada Faixa de Gaza e os trabalhadores palestinos se alinhavam em frente ao controle israelense. A mesma rotina de cada manhã, e os únicos carros que passavam diante dos soldados armados eram os longos Mercedes-Benz transformados em desconjuntados táxis coletivos. Um veículo militar atravessou o primeiro controle, sem que o guarda desse muita importância ao motorista. Apenas levantou a mão direita enquanto com a esquerda segurava o seu fuzil Galil.

O veículo começou a avançar entre a larga fila de palestinos que se apinhavam à espera de poder atravessar Israel e tentar conseguir um trabalho na construção, única hipótese de ganhar dinheiro para um palestino de Gaza. Na estrada cheia de buracos, na área do campo de refugiados de Jabalia, onde se amontoavam 60 mil pessoas, o automóvel alcançou mais velocidade até que, não se sabe bem por que, o condutor virou bruscamente e derrapou até um estacionamento onde se encontravam vários trabalhadores árabes.

O choque foi brutal e quatro deles perderam a vida na hora. Para Israel foi um trágico acidente, enquanto para as autoridades palestinas aquilo supunha um atentado judeu contra os árabes. O pavio da rebelião acabava de ser reacendido. O funeral coletivo no dia seguinte converteu-se num violento protesto contra a ocupação israelense. As primeiras pedras lançadas por jovens palestinos começaram a cair sobre os soldados israelenses que patrulhavam até esse momento com calma, mais ou menos estabelecida, nos campos de refugiados e nas cidades dentro dos territórios de Gaza e da Cisjordânia.[1] Dois dias depois do incidente que assinalou o início da rebelião palestina nos territórios, conhecida como Intifada, as manifestações expandiam-se por toda a Faixa de Gaza e, pouco depois, pelas principais cidades palestinas da Cisjordânia. Em 10 de dezembro, Yitzhak Rabin, ministro da Defesa, saiu de Israel em viagem oficial aos Estados Unidos. Nenhum responsável político israelense se referiu à revolta. Não deram suficiente importância à Intifada.

Dan Shomron, chefe do Estado-Maior garantiu: "Em poucos dias se acalmarão". O general Samuel Goren, ex-membro do Mossad, afirmou: "Nunca haverá uma revolta nos territórios". Nahum Admoni, *memuneh* do Mossad, fez breves análises banais, enquanto o próprio Rabin fez uma declaração pública que ficará na história dos desacertos: "Quebrarei pessoalmente os braços dos palestinos que atirarem uma pedra". Mas não há dúvida de que a situação começava a escapar ao controle das autoridades israelenses.

Para agravar ainda mais a situação, em 15 de dezembro, o ministro Ariel Sharon inaugurou a sua segunda residência no bairro árabe de Jerusalém, em plena cidade velha, ocupado por Israel desde a Guerra dos Seis Dias. Jovens palestinos invadiram as estreitas ruas e enfrentaram os soldados à medida que incendiavam várias sucursais de entidades bancárias israelenses. O comando do exército deu uma ordem a seus soldados: "Têm que atingi-los. Não há nada melhor que uns bons golpes. Os baderneiros têm que ser feridos". Pouco a pouco começaram a chegar árabes e palestinos aos hospitais com ferimentos na mão direita, para impedir que jogassem pedras ou escrevesse *slogan*s antijudeus nas paredes.[2] Arafat, que estava em Bagdá, declara que a luta palestina entrava numa nova etapa, que a Intifada nos Territórios Ocupados expressava a vontade do povo de se livrar do jugo do imperialismo sionista.

"Esta revolta vai durar muito tempo", expressou o próprio Arafat. Três semanas depois do início da rebelião, a OLP criou, no seu quartel-general em Tunes, o chamado Comando Nacional Unificado da Intifada (CNUI). Arafat colocou na liderança um dos seus homens de maior confiança e amigo pessoal, Jalil Ibrahim Mahmud al Wazir, conhecido como "Abu Jihad".

No CNUI unificaram-se as políticas que os palestinos dos territórios deveriam seguir, mas, para maior segurança, decidiu-se manter em segredo o nome dos seus membros. É óbvio que tanto Arafat como Abu Jihad temiam o ataque dos israelenses, que chegaria mais cedo ou mais tarde. Através de panfletos e folhetins clandestinos, o CNUI transmitiu as suas ordens. Desobediência civil;

demissão dos funcionários palestinos, professores, polícias da administração de Israel; ruptura de relações e comunicações dos *mukhtar* (chefes das aldeias) com o poder israelense; e boicote a todos os produtos procedentes de Israel. Abu Jihad, apoiado pelo próprio Arafat, ordenou a proibição total de usar armas de fogo. "A proibição de usar armas de fogo no contexto da Intifada pretende impedir que os israelenses cometam um massacre. A nossa força não reside na natureza das armas, mas na justiça da nossa causa", explicou o próprio Arafat.[3]

Enquanto aumentava o número de mortos e feridos palestinos, o CNUI honrava os "meninos das pedras", a *hidjara* (pedra), a arma que levaria o povo palestino à vitória, segundo o próprio Arafat.

As relações entre Túnis e os territórios de Gaza e da Cisjordânia continuavam a ser próximas. Nada devia ameaçá-las. Abu Jihad, responsável militar na Intifada, tinha nessa relação uma melhor informação do terreno em que se combatia e das debilidades do exército israelense nesse mesmo terreno. A coordenação entre Túnis e a Intifada em Gaza e na Cisjordânia era total.

Yitzhak Shamir, primeiro-ministro de Israel, sabia que a única maneira de romper essa relação tão próxima era atacando diretamente o CNUI. Em meados do mês de janeiro de 1988, Shamir convocou uma reunião de emergência do Varash, o ultrassecreto comitê composto pelos chefes dos serviços secretos. Tanto o *memuneh* do Mossad como os chefes do Shin Bet e da Aman, concordaram que a única forma de tentar quebrar o bloco de liderança do CNUI era assassinando alguns dos seus membros mais importantes. "Quanto mais pedras eles lançarem, mais líderes do Comando nós mataremos", afirmou Shamir.

Após a reunião, Shamir ordenou a Nahum Admoni que permanecesse na sala. Enquanto os demais líderes dos serviços de inteligência começavam a sair da sala, o de Israel pediu a Admoni que preparasse um plano concreto para o assassinato dos líderes do CNUI. O *memuneh* ficou em silêncio, sabendo que essa ordem implicaria a ativação do Kidon.

Admoni desejava restabelecer a primazia do Mossad sobre os outros serviços de inteligência e preparava-se para a ação, enquanto Rabin continuava a declarar publicamente a sua nova política para enfrentar a Intifada: "Força, poder e espancamentos".[4] As imagens de alguns soldados israelenses quebrando com pedras os braços de um prisioneiro palestino, que está sentado e com os braços atados atrás das costas, correram o mundo.[5]

Em 2 de fevereiro, a Metsada, a unidade de operações especiais do Mossad, e o Kidon, seu braço de execução, já tinha o seu primeiro alvo escolhido. Restava apenas esperar pelo sinal verde do primeiro-ministro Shamir.

Na manhã de 22 de fevereiro, ele recebera um alerta da Unidade 8200, a encarregada da interceptação de comunicações. Aparentemente, tinham detectado que havia conversas entre Túnis e altos comandos militares da Intifada no Chipre, mais concretamente em Limassol, uma cidade turística situada no sul da ilha mediterrânea. Seguindo a linha das praias, dezenas de hotéis tipo colmeias agrupavam-se diante de milhares de cidadãos rosados da Grã-Bretanha que chegavam à cidade ávidos por sol.

A mensagem da Unidade 8200 pôs em alerta o Saifanim, o departamento do Mossad encarregado de colher informações sobre a OLP, e o Yarid, o departamento responsável pela segurança das operações do Mossad na Europa. Antes de pedir autorização ao primeiro-ministro Shamir, o *memuneh* Admoni deveria assegurar-se da veracidade da informação recebida. Deveria ter a certeza de quais eram os alvos, localizá-los e identificá-los antes de ativar o Kidon.

Em 10 de fevereiro, os *katsa* do Mossad reconheceram os três palestinos que se comunicavam com Túnis e que falavam de táticas de resistência dentro da Intifada. Eram Mohamed Bassem Sultan Tamimi, Marwan al-Kayali e Mohamed Buhais. Segundo o Shin Bet, os três faziam parte de um grupo pró-iraniano chamado Jihad Islâmica — O Templo (*al-Yihad al-Islami-Bait al-Maqdas*), responsável pelos atentados terroristas contra Israel. Nahum Admoni reviu uma pasta com fotografias e relatórios da polícia e do Shin Bet sobre o grupo e os seus membros. Os três ativistas palestinos vinham de outro grupo chamado Comitê de Estudantes. A primeira ação destes foi o atentado, em 1º de abril de 1980, contra uma sinagoga em Hebron, em que morreram seis israelenses.

Admoni continuava passando as páginas do relatório com fotos em preto e branco de corpos despedaçados. O segundo ataque importante do grupo, já inserido na disciplina da Jihad Islâmica — O Templo, ocorreu em plena Jerusalém, em 15 de outubro de 1986, quando vários dos seus membros lançaram granadas contra soldados israelenses e suas famílias, que iam rezar no Muro das Lamentações.

Depois de terminar a leitura, o *memuneh* levantou o auricular e, depois de confirmar a identidade dos ativistas palestinos na cidade cipriota, decidiu pedir para falar com Yitzhak Shamir, o primeiro-ministro. Admoni precisava da autorização deste para ativar o Kidon.

Nessa mesma noite, quatro *kidon* saíram num voo comercial da El Al rumo a Larnaca. Ali os esperava um *katsa* com um carro cujas janelas estavam fechadas por cortinas. Em 12 de fevereiro, os membros do Kidon tinham decidido executar o plano. O chefe do comando de assassinos observou que todas as manhãs Mohamed Bassem Sultan Tamimi, Marwan al-Kayali e Mohamed Buhais entravam num Volkswagen Golf e dirigiam-se à autoestrada em direção a Nicósia. Os membros do Kidon decidiram levar a cabo o assassinato dois dias depois, exatamente em 14 de fevereiro.

Na noite anterior, o líder do grupo de executores israelenses reviu várias vezes os relatórios procedentes de Tel Aviv. O primeiro alvo era Marwan al-Kayali, um coronel que pertencia ao Conselho Militar da OLP e à Força 17, a guarda pretoriana de Arafat. Ambos os grupos militares estavam sob o comando de Abu Jihad. O segundo era Mohamed Buhais, um dos principais responsáveis pelo Gabinete da Pátria Ocupada e importante intermediário do CNUI em Túnis. E o terceiro, Mohamed Bassen Sultan Tamimi, tenente-coronel com um alto cargo no Gabinete da Pátria Ocupada e um dos mais importantes membros de inteligência da Al Fatah, o chamado Comitê 77. Tamimi atendia pelo codinome "Hamdi", e o Mossad definia-o como um especialista em operações clandestinas.[6]

Na tarde do dia 13 de fevereiro, os *kidon* seguiram-nos e fotografaram-nos enquanto eles recebiam de dois agentes dos serviços secretos líbios uma mala com um milhão de dólares para ajudar a causa palestina. Era certo que se deveria decidir como e quando atacar.

Na madrugada do dia 14, os assassinos do Kidon ajoelhavam-se no chão à medida que os restantes vigiavam as ruas vazias. Ao fundo, ouviam-se ingleses ruidosos. Um dos *kidon* tirou de uma mala metálica um artefato explosivo e o afixou à parte de baixo do Volkswagen Golf, atrás da roda dianteira. Agora só restava esperar.

Como em todas as manhãs, os três homens que faziam o trajeto até a autoestrada para Nicósia apareceram na rua vindos de um edifício próximo. Os *kidon* observavam a cena de um carro estacionado nas proximidades. Os palestinos entraram no carro e o ligaram. A luz de marcha à ré acendeu. Parou e, quando começou a ganhar velocidade, uma grande explosão lançou-o vários metros para cima. Quando a capota do carro bateu contra o chão na queda, os três ocupantes já estavam mortos. Entre o ruído, a fumaça negra, os vidros estilhaçados espalhados por toda a rua e uma grande confusão, um misterioso carro abandonava as proximidades.

A segunda equipe de *kidon* da Metsada, que foi ativada ao mesmo tempo que a primeira, também estava preparada para atacar. Desta vez, o alvo seria o *Sol Phryne*, um antigo *ferryboat* grego de passageiros, construído em 1947, que a OLP adquirira por 750 mil dólares para uma operação de relações públicas. Com vários membros da imprensa internacional a bordo, o *Sol Phryne*, rebatizado com o nome de *Al-Awda* (O Retorno), dirigia-se para Haifa com a intenção de recordar aos israelenses a viagem do Êxodo que quarenta anos antes desafiara a

Marinha britânica, trazendo os sobreviventes do Holocausto à terra de Israel. Só que, neste caso, os israelenses não eram os britânicos, como o Kidon da Metsada também não era a Marinha de Sua Majestade.

Durante a noite de domingo, 14 de fevereiro, dois homens-rã mergulharam nas águas do porto de Limassol levando consigo duas minas magnéticas.[7] A primeira foi colocada debaixo da quilha da proa, a segunda na da popa, debaixo da linha de flutuação.

A ação havia sido aprovada no final da tarde de quarta-feira, dia 10. A operação de relações públicas realizada pela OLP fez com que os membros do Varash se reunissem em caráter de urgência. Segundo Admoni, os palestinos contavam com o fato de que a Marinha israelense jamais se atreveria a atacar o navio quando, a bordo, se encontravam jornalistas do mundo todo, cinegrafistas e membros de partidos israelenses de Esquerda e de organizações pacifistas. Mas o primeiro-ministro Shamir não estava disposto a aguentar aquela propaganda da OLP em pleno solo israelense, visto que nessa mesma tarde aprovou, ao mesmo tempo, o plano de assassinato de homens do alto comando palestino em Limassol bem como o afundamento do *Sol Phryne*.

Na segunda-feira, dia 15 de fevereiro, o porto de Limassol estremeceu com uma forte explosão. Quando as primeiras unidades de bombeiros chegaram no lado norte do cais, o navio já estava inundado, com apenas os andares superiores na superfície. O sonho do *Al-Awda* não passava disso, de um sonho.

A OLP não estava disposta a se deixar destruir pelo Mossad, tanto que, depois dos dois ataques do Kidon contra os palestinos, desencadeou-se uma nova onda de violência por todos os cantos dos territórios.

No mês de março, um grupo de agentes do Mossad chegou a um edifício central de Tel Aviv. Pegaram o elevador e subiram até o oitavo andar, onde entraram num grande salão. Meticulosamente, tiraram das suas pastas dispositivos de rastreamento à procura de microfones escondidos. O lugar em que acabavam de entrar era um andar seguro do Mossad que, em poucas horas, seria o cenário de uma reunião ultrassecreta na qual se decidiria o destino de um dos principais líderes da OLP e da Intifada.

Dois dias depois, quando se avistava o sol na linha da costa e as luzes dos bares e restaurantes do passeio marítimo de Tel Aviv começavam a acender, um grupo de veículos sem nenhuma identificação foi chegando às proximidades do edifício. Escoltas armadas vigiavam os passos dos que participaram da reunião, entre os quais estavam Ezer Weizman, presidente de Israel, Shimon Peres, Yitzhak Rabin, ministro da Defesa, Isaac Navon, ex-presidente de Israel, o general Haim Bar-Lev, ministro do Interior, Yitzhak Shamir, primeiro-ministro, Yigal Pressler, conselheiro de antiterrorismo do primeiro-ministro, Ariel Sharon, Moshe Arens, David Levy, Moshe Katsav, o general Amnon Shahak, chefe da Aman, e o *memuneh* do Mossad, Nahum Admoni.[8]

Em menos de sessenta minutos tinha-se conseguido um acordo quase unânime. Sem contar com os trabalhistas Weizman, Navon e Peres, os demais participantes votaram a favor de ativar uma equipe do Kidon com o fim de executar Abu Jihad, o todo-poderoso chefe militar da OLP e do CNUI. Ezer Weizman protestou contra a medida adotada, alegando que com essa ação não se alcançaria a paz e que, pelo contrário, matar Jihad provocaria mais violência nos territórios. Vários dos falcões do Likud, apoiados por Rabin, defenderam a necessidade da "execução" por parte dos assassinos do Mossad.

Yitzhak Rabin fez o papel de acusador. De acordo com o ministro da Defesa e ex-general, o Kidon podia matar Abu Jihad porque, primeiro, este tentara, em várias ocasiões, penetrar as defesas israelenses tomar os seus oficiais como reféns e entrar no perigoso jogo de desafiar o governo de Israel e os seus serviços de inteligência. Segundo, porque, graças a Abu Jihad, a OLP estabelecera laços estreitos com o Hezbollah e com o Líbano, tendo como resultado ataques conjuntos contra unidades israelenses. Terceiro, não havia dúvidas de que Abu Jihad era o líder militar da OLP e do Comando Nacional Unificado da Intifada e, portanto, o principal responsável pela rebelião palestina nos territórios ocupados.

Tudo seria cuidadosamente preparado até o mais ínfimo detalhe, e para isso nomearam os generais Dan Shomron, chefe do Estado-Maior, o seu segundo no comando, Ehud Barak, e o general Moshe Yaalon, para dirigir a operação no cenário do ataque. Os três duros militares seriam os chefes da que se denominava Operação 17, em honra ao alvo, o chefe da Força 17, a guarda pessoal de Yasser Arafat.[9]

Admoni, sentado no seu gabinete do quartel-general do Mossad, sabia que seria mais fácil desembarcar uma força de assalto em Túnis em 1988 do que tinha sido em Beirute em 1973, dentro da Operação Primavera da Juventude.[10] O problema que Túnis expunha era a distância até Israel e como liberariam os agentes do exército israelense e do Kidon assim que a ação fosse concluída.

Repetindo o plano de Beirute, Admoni queria que uma força de comandos especiais do exército, a Sayeret Matkal, ajudasse quatro *kidon a* chegar à residência de Abu Jihad, no bairro tunisiano de Sidi Bou Said, lhes desse cobertura enquanto assassinavam o principal líder da Intifada e os levasse até a praia de Rouad para serem enviados novamente para Israel. O último relatório do Mossad redigido por Admoni deixava clara a ligação de Abu Jihad com a Intifada: até a sua esposa, Um-Jihad (Mãe da Guerra Santa), encabeçava o chamado Fundo dos Mártires, encarregado de ajudar economicamente as famílias daqueles que tinham sido detidos pelos israelenses enquanto realizavam atos na Intifada. O *memuneh* também fora alertado por Yosef Harmelin, diretor do Shin Bet, sobre o assassinato de informantes palestinos. O que ambos os líderes da espionagem israelense descobriram foi que, numa notificação do Comando Nacional Unificado da Intifada, Abu Jihad ordenava às suas forças em Gaza e na Cisjordânia o assassinato de todo homem ou mulher suspeito de ser informante de Israel.[11]

À maior parte deles foi exigido que se apresentassem nas mesquitas, que deixassem de informar o Shin Bet e entregassem as armas e aparelhos de comunicação. Se não aceitassem, seriam executados ou enviados ao exílio dos seus próprios povoados. Abu Jihad precisava livrar-se dos informantes. Um dos que se negaram a cumprir as ordens foi Mohamed al-Ayad, responsável por um grupo de informantes valioso do Shin Bet.

Ayad, que vivia numa grande casa em Qabatiya, situada ao norte da Cisjordânia, criara uma verdadeira rede de informantes que incluía todos os bairros da cidade e chegava até a zona oriental de Jerusalém. Suas relações com o serviço de segurança israelense fizeram-no prosperar.

Ayad era proprietário de um açougue e de um café.[12] As listas de informantes do Shin Bet, embora supostamente secretas nas pequenas povoações palestinas, eram conhecidas por todos. Depois da notificação chegada de Túnis e redigida por Abu Jihad, a casa de Mohamed al-Ayad foi pichada com a seguinte frase: "Com o nosso corpo e o nosso sangue destruiremos os traidores e libertaremos a nossa terra". No dia seguinte, o carro dele apareceu incendiado na frente da sua casa.

Apesar dos seus 40 anos, Ayad sentia certa segurança ao circular com a sua pequena Uzi debaixo do braço. Ele sabia que mais cedo ou mais tarde teria de defender sua vida, sua família e suas propriedades. Na manhã seguinte, vários jovens palestinos, com os rostos cobertos com *keffiyeh* vermelhos, começaram a disparar através das janelas da casa de Mohamed al-Ayad. Ele pediu à mulher que telefonasse imediatamente para a autoridade militar israelense em Jenin, uma cidade situada a apenas seis quilômetros dali, para que enviassem uma força de resgate.

Ayad precisava resistir apenas algumas poucas horas até que os militares ou agentes do Shin Bet chegassem para ajudá-los. O problema foi que nesse dia o exército estava muito ocupado e o Shin Bet não estava disposto a arriscar-se abertamente por um palestino. A esposa de Ayad conseguiu escapar atravessando a linha de fogo. Quando conseguiu avisar o exército e o Shin Bet, o combate tinha terminado há horas.

O espetáculo que encontraram foi o corpo de Mohamed al-Ayad pendurado pelo pescoço num poste elétrico. Antes, tinha sido espancado quase até a morte e as suas orelhas e o seu nariz decepados. Essa imagem tornou-se uma mensagem dos palestinos ao Shin Bet: "Terminou o controle dos territórios de Gaza e da Cisjordânia". Ayad era a vítima número 75 da Intifada. O jovem de 14 anos que ele matou segundos antes de ser capturado, o 74.[13] Para Nahum Admoni, do Mossad, e para Yosef Harmelin, do Shin Bet, estava claro que não queriam perder os seus informantes. AbuJihad devia morrer.

O Varash, acrônimo de *Va'adat Rashei há-Sherutim*, ou comitê composto pelos chefes dos serviços secretos, apoiava unanimemente o primeiro-ministro Yitzhak Shamir e o seu ministro da Defesa, Yitzhak Rabin, na sua decisão de assassinar Abu Jihad. Nahum Admoni, cujo mandato expirava em finais de 1988, desejava candidatar-se novamente, por isso não queria se indispor com Shamir, líder do Likud, nem com Rabin, líder trabalhista. O que estava claro era que a execução de Abu Jihad pelos *kidon* da Metsada era aceita por ambas as formações políticas.[14]

Grandes decisões deveriam ser tomadas para dar forma à Operação 17. Esta seria liderada por um comando único dirigido por um militar e em coordenação com a unidade *Saifanim* do Mossad, o departamento encarregado de colher informações sobre a OLP, e o Yarid. Assim que estes tivessem recolhido todos os dados necessários, o Kidon, a subunidade de assassinos da Metsada, seria ativado. Um grupo de *katsa* e *sayanim*, informantes do Mossad que trabalhavam como simples colaboradores sem remuneração, entrariam em Tunes e seriam evacuados quando a operação chegasse ao fim.

No início do mês de abril, Admoni e Barak decidiram planejar o ataque tal como lhes ordenara o primeiro-ministro Shamir. Era evidente que o líder do Likud não queria nenhuma surpresa e, muito menos, baixas ou prisioneiros israelenses num país árabe, e foi essa informação que passou ao seu ministro da Defesa, Rabin. A estratégia a seguir devia ser planejada e estudada por todos os que participassem da Operação 17. Yitzhak Shamir queria estar de posse dessas informações dois dias depois.[15]

Os líderes do Mossad e do exército puseram mãos à obra para estabelecer um plano de ação perfeito que lhes permitisse ter a aprovação dos homens que deveriam adotar a decisão final. Quarenta e oito horas depois, uma pasta vermelha com as palavras *"top secret"* e o nome Operação 17 na capa chegava à mesa do gabinete. Yitzhak Shamir abriu-a e leu: PLANO DE AÇÃO em grandes letras vermelhas. Em seguida, aparecia a palavra "Equipe":

Para as equipes serão utilizadas quatro lanchas lança-mísseis, classe Corvette; duas Sa'ar 4.5 e outras duas Sa'ar 4, estas últimas para evacuar feridos. A primeira das Sa'ar 4.5 transportará uma equipe médica especializada. Ehud Barak, o líder no campo de operações, viajará a bordo da segunda Sa'ar 4.5. Com Barak viajará também Shabtai Shavit,[16] líder da Metsada, e o chefe de operações navais, que dirigirá os comandos da Marinha, a Esquadrilha 13, até a praia tunisiana.

Os membros da esquadrilha 13 deverão estabelecer uma cabeça de ponte na mesma praia e juntar-se aos agentes do Mossad que aguardarão o destacamento armados com fuzis de assalto caso haja resistência por parte da polícia ou do exército tunisiano na praia próxima às históricas ruínas de Cartago. A Esquadrilha 13 manterá a segurança da área até que sejam evacuados os *kidon* do Mossad e os comandos da Sayeret Matkal, uma vez concluída a operação. Dois aviões Boeing 707 voarão sobre o alvo, o primeiro como quartel-general de toda a operação e o segundo como unidade de guerra eletrônica com a finalidade de interferir em todas as comunicações na zona do alvo. No primeiro Boeing, com o código 4X-007, viajará o general-mor Avihu Ben-Nun, chefe da Força Aérea, que coordenará todas as suas ações com Ehud Barak. O *memuneh* do Mossad e o chefe da Aman, o general Amnom Shahak, voarão no segundo 707 com o código 4X-497. Dois aviões com combustível se manterão no ar para reabastecer todos os outros em voo durante a operação. Quatro caças F-5 escoltarão os dois 707 e assumirão a tarefa de proteção aérea no caso de os comandos da Sayeret e do Kidon ficarem encurralados.

Para a Operação 17 serão necessários quase cem homens e mulheres, incluindo os mais altos comandos do exército, das Forças Naval e Aérea e os principais responsáveis pelos serviços de inteligência civil e militar; também uma pequena esquadrilha de barcos e quase uma dezena de aviões.

O documento confidencial que Shamir lia terminava o parágrafo explicando: "O tamanho do contingente necessário para o assassinato de Abu Jihad deve refletir sobre a prioridade que deve ter o ataque israelense para tirá-lo do local e sobre a longitude do plano que deve ser preparado para garantir o êxito final. Se assim não for, as repercussões para Israel serão piores. A missão deve ser efetivada".

O primeiro-ministro continuou a ler. "Agentes":

Os homens que devem ser escolhidos para a Operação 17 são os efetivos da Sayeret Matkal,[17] as forças especiais israelenses. Cada um dos seus membros, entre 20 e 27 anos, apoiará os membros do Kidon que entrarão na casa do alvo para executá-lo. A operação terá a liderança do chefe do Estado-Maior, o general Dan Shomron, antigo membro da Sayeret Matkal, e do general Ehud Barak, antigo comandante da Sayeret Matkal de 1969 a 1972. O atual chefe da Sayeret Matkal é o filho do ex-chefe do Estado-Maior e membro do gabinete, Haim Bar-Lev.[18]

Todos os homens escolhidos para irem a Túnis estavam preparados física e psicologicamente, e eram especialistas em combate corpo a corpo, escalada, explosivos e no uso de diferentes armas. As que seriam utilizadas na Operação 17 não teriam um só sinal de identificação de terem sido fabricadas em Israel. Os números de série seriam apagados.

A missão seria realizada por quatro equipes da Sayeret formadas por seis homens cada uma. As equipes A e B, que usariam metralhadoras Uzi com silenciador, seriam as encarregadas de escoltar o *kidon* até a própria casa de Abu Jihad e abrir-lhe caminho até o interior. A equipe de "limpeza" da Metsada usaria pistolas Beretta de calibre 22 com silenciadores. A equipe C, da Sayeret, com fuzis Galil, se encarregaria de proteger as linhas de evacuação das equipes A e B, e a equipe D, com fuzis de precisão (*sniper*) com miras telescópicas, se encarregaria de pontos altos de observação, para acabar com possíveis ameaças.[19]

A partir do início do mês de abril, todos os efetivos que participariam da missão seriam recolhidos na base naval de Haifa, a norte de Tel Aviv. Os comandos israelenses e os *kidon* do Mossad estavam concentrados num lugar secreto do deserto de Beersheba, onde construíram uma réplica exata da casa de Abu Jihad e dos arredores. Foi possível construí-la graças à informação recebida dos *katsa* infiltrados em Túnis. Desde fins de março, o Mossad colocou seus agentes nesse país para controlar a área e os possíveis riscos que as equipes da Sayeret e do Kidon enfrentariam assim que desembarcassem na praia. Durante a segunda semana de abril, os *katsa* do Mossad no interior do país eram formados por seis homens e uma mulher, que conseguiram manter-se em atividade graças a identidades falsas. A *katsa* Sandra, que se fez passar por agente de viagens francesa, tinha como missão pegar no aeroporto outros dois, um de nacionalidade canadense e um italiano, que chegariam à capital tunisiana com o fim de estabelecer contatos com os líderes do país. Na verdade, ambos os homens eram o comandante da Sayeret Matkal e o chefe do comando do Kidon, que levariam a Operação 17 a cabo.[20]

A agente do Mossad, junto ao *kidon* e ao chefe dos comandos, percorreu várias vezes a rota de fuga a partir da casa de Abu Jihad no bairro de Sidi Bou Said até a praia situada perto de Ras Cartago, ao longo do porto da histórica cidade de Cartago. Durante as noites seguintes, os dois homens e a mulher faziam o mesmo caminho na escuridão com o intuito de conhecer até o mais ínfimo detalhe da estrada, cada curva, cada buraco, cada canto. Daniel, o chefe dos comandos, devia localizar vários pontos em que a sua unidade pudesse se entrincheirar no caso de o exército ou da polícia tunisianos apresentarem resistência. Para a operação, o Mossad alugou três veículos: um Peugeot 305 com a placa 66TI2505 e dois carros

Volkswagen com as placas 328TI48 e 8405TI53. Os outros *katsa* se manteriam nos seus postos de vigilância sobre a casa do alvo. Em 13 de abril, a três dias da operação, tudo já estava preparado.

No dia 14, Shomron, Barak e Bar-Lev, por parte do exército, e Admoni, Shavit e Uri, por parte do Mossad, reuniram-se com o fim de estabelecer os alvos a serem abatidos. Bar-Lev, Admoni e Shavit eram a favor de eliminar qualquer líder palestino que atravessasse seu caminho até Abu Jihad, enquanto Shomron, Barak e o próprio chefe do comando do Kidon que viajaria a Túnis, eram da opinião de que apenas deviam assassinar o líder militar da Intifada. O general Dan Shomron afirmou que o primeiro-ministro Yitzhak Shamir poderia justificar politicamente apenas a execução do líder militar da OLP e responsável pelo CNUI, mas não se o Kidon executasse outros membros menos relevantes da OLP.[21] Faltava apenas dar sinal verde à operação para que mais de uma centena de soldados e agentes do Mossad se pusessem a caminho de Túnis com o único propósito de assassinar um dos homens fortes de Yasser Arafat. Esse sinal verde só poderia ser dado pelo primeiro-ministro de Israel.

Para complicar ainda mais as coisas, o *memuneh* Admoni avisou Shabtai Shavit, responsável pelas operações especiais do Mossad, que a estação de Paris detectara comunicações entre a DGSE, o serviço secreto francês conhecido como "A Piscina",[22] e os comandos da OLP em Túnis. Na realidade, a DGSE informara a OLP que haviam detectado movimento por parte do Mossad, com o objetivo de assassinar um líder da OLP no exílio. Curiosamente, a única medida de segurança que a Força 17 adotou foi a de reforçar a segurança de Arafat, pensando que seria esse o alvo dos israelenses.

Depois da meia-noite do dia 15 de abril, a esquadrilha israelense convergiu num ponto estabelecido dentro das águas territoriais de Túnis, mesmo fora do alcance dos radares tunisianos que vigiavam a costa. Os 707 tinham decolado de uma base aérea de Israel e há horas transmitiam informações às lanchas lança-mísseis. As duas lanchas Sa'ar 4 com os comandos e os *kidon* a bordo estavam à espera do sinal verde nas águas escuras do Mediterrâneo e muito próximas da entrada do golfo de Túnis. A essa hora, em um gabinete em Tel Aviv, Shamir, reunido com a elite política do Estado de Israel, como Yitzhak Rabin, Ezer Weizman, Moshe Arens, Ariel Sharon, Isaac Navon, Shimon Peres e Haim Bar-Lev, cujo filho liderava os comandos em Túnis, decidiu dar a sua aprovação final à Operação 17.[23] Foi o próprio Yitzhak Rabin, o ministro da Defesa, quem chamou Shomron para informar da decisão do governo e do partido da oposição: "É preciso eliminar Abu Jihad". A sentença de morte do líder palestino acabava de ser decidida, ratificada e assinada a centenas de quilômetros de distância de Túnis.

De um 707 chegou a ordem de ação para Barak, e este a transmitiu aos comandos da Sayeret Matkal e ao *kidon* da Metsada.

Por volta de uma hora da manhã de 16 de abril, a primeira leva do Zodiac pisou na areia da praia tunisiana e os seus homens começaram a se dispersar pela zona onde os esperavam os agentes do Mossad com o Peugeot e duas peruas Volkswagen. Neles iriam até o bairro de Sidi Bou Said, local da residência do alvo. O chefe dos *katsa* mostrou então ao responsável pelo Kidon as casas vizinhas à de Abu Jihad. Bem em frente morava Jalil Abdul Hamid, conhecido como Abu al-Chol, chefe do pessoal de segurança da OLP e dos seus serviços de inteligência. Foi ele quem recebeu a informação dos serviços secretos franceses sobre o possível ataque a um líder da OLP . Perto da casa de Abu Jihad morava também Mahmud Abbas, conhecido como Abu Mazen,[24] responsável pelas negociações de paz da OLP com os israelenses. Uri, o chefe do Kidon na Operação 17, lembrava-se perfeitamente das ordens: não assassinar nenhum outro líder da OLP ou de qualquer outro grupo palestino.

Uma vez realizada a primeira inspeção, os israelenses descobriram que o alvo não estava em casa. A movimentação que se detectou dentro da residência vinha da esposa de Abu Jihad e da filha adolescente. Uri informou isto a Barak e que, se Jihad não chegasse no prazo de trinta minutos, a Operação 17 deveria ser abortada. Quase trinta membros israelenses estavam vigiando a casa de um líder da OLP num bairro em pleno coração de um país árabe. Ehud Barak informou ao general Dan Shomron do problema. Se esperassem demais arriscariam-se a que, na melhor das hipóteses, os seus comandos e agentes fossem capturados pelos tunisianos, e na pior, mortos. Se voltassem atrás, podia passar muito tempo até terem acesso a Abu Jihad novamente. O chefe do Estado-Maior, o general Dan Shomron, decidiu dar um prazo de trinta minutos de espera.

Os comandos da equipe A começaram a tomar posições nas proximidades do muro sul que cercava a residência, enquanto os da equipe B cortavam os cabos dos sistemas de alarme das casas vizinhas. Os demais membros desta última equipe escoltaram a equipe do Kidon até a porta principal que dava acesso ao jardim da frente da propriedade do líder da Intifada. Uma vez assegurado o cerco exterior, os comandos deixaram à equipe de "limpeza" da Metsada o caminho livre até a porta principal da casa. De longe, a operação era seguida pelos francoatiradores da equipe D. Por volta da 1h30 foram vistos os faróis de dois veículos que se dirigiam em alta velocidade até a casa. No primeiro carro, estava Abu Jihad junto com seu motorista e um dos seus guarda-costas; no outro, mais dois guarda-costas, armados com pistolas e fuzis automáticos.[25]

Eles pararam bruscamente em frente à porta. Os ocupantes do segundo veículo começaram a se dispersar vigiando os passos do seu chefe. Assim que Abu Jihad se encontrasse dentro de casa, os guarda-costas voltavam para perto do carro. Uri informou Ygal, Dani e Hofi, os outros *kidon*, sobre o número de alvos a serem abatidos fora da casa. Ao todo, três guarda-costas e o motorista.

Em questão de segundos, os quatros assassinos do Mossad, armados com Berettas com silenciador, começaram a se movimentar silenciosa e rapidamente sob a ordem de Uri: "Vamos, vamos". Seguiram-lhe Ygal e Dani, e Hofi, mais atrás.

Eles dividiram os alvos a serem abatidos. O primeiro *kidon* chegou em silêncio até o motorista, que estava fumando um cigarro. Hofi colocou-lhe o cano do silenciador atrás da orelha e disparou. Estava morto. Dani e Ygal aproximaram-se de Mustafa Ali al-Auwall e Nabib Suleiman Crissan. O primeiro foi derrubado com um disparo na testa e depois com outro à queima-roupa no olho. O segundo tentou pegar sua arma no porta-luvas do carro para responder ao ataque, mas era muito tarde. Ygal já se aproximava dele e lhe deu um tiro na nuca. Para garantir que não sobreviveria, coloca-lhe o cano da arma na área do coração e voltou a disparar. Não era preciso porque já estava morto.[26]

Uri, o chefe da equipe do Kidon, subiu às pressas as escadas que davam para a sacada e com um disparo certeiro na nuca derrubou o quarto e último guarda-costas. Agora faltava apenas entrar na casa e liquidar o alvo principal, Abu Jihad.

Enquanto isso, dentro da casa, ninguém percebeu o que estava acontecendo a poucos metros dali. Um dos atiradores de elite da equipe D alertou que a luz de um dos cômodos tinha sido acesa. Era Abu Jihad que entrava em seu escritório.

Os quatro *kidon* sobiram as escadas, entraram na casa e se esconderam no *closet*, em frente ao quarto de Abu Jihad. Uri, escoltado por Ygal, entrou no escritório do líder militar da OLP e o encontrou sentado, escrevendo uma mensagem aos jovens líderes da Intifada em Gaza e na Cisjordânia.[27] Com expressão de surpresa, levantou-se bruscamente, e o primeiro *kidon* disparou-lhe quatro vezes no peito, derrubando-o sobre uma mesa com papéis atrás dele. Ygal se posicionou e disparou seis vezes, uma delas na nuca e outra na cabeça.

Em seguida, ainda com as armas fumegantes nas mãos, quando os quatro *kidon* começaram a sair, Um-Jihad, a esposa de Abu Jihad, apareceu diante dos assassinos do Mossad com o filho nos braços. Uri, num árabe perfeito, disse a ela que voltasse para o quarto.

Já do lado de fora, os comandos da Sayeret Matkal cobriram os assassinos da espionagem israelense até os dois automóveis Volkswagen que os esperavam para levá-los à praia perto de Cartago.[28]

Já na praia, os *kidon* da Metsada e os comandos da Sayeret Matkal entraram nos Zodiac que os levariam até as lanchas antimísseis ancoradas nas proximidades. Quando todos os homens já estavam a bordo, os barcos rumaram para Israel. A missão encomendada pelo primeiro-ministro Yitzhak Shamir e o ministro da Defesa Yitzhak Rabin fora cumprida, e o principal líder da Intifada, de 52 anos, executado a centenas de quilômetros de Israel. Mais uma vez, o longo braço de Israel tinha atacado os seus inimigos através do temível Kidon.

Após a fuga dos assassinos do Mossad, a esposa de Abu Jihad entrou no escritório com Hanan, a sua filha adolescente de 16 anos. Ali, sobre uma grande poça de sangue, repousava o cadáver do que fora o chefe supremo do CNUI, o chefe militar da OLP, o companheiro de tantas batalhas de Yasser Arafat, o comandante da sua guarda pretoriana Força 17.[29] Dez disparos dados por membros do Kidon puseram fim à sua vida.

Os demais *katsa* do Mossad sairiam do país árabe no dia seguinte, enquanto as primeiras notícias do assassinato se difundiam através das emissoras de rádio e televisão de Túnis e eram confirmadas pela Rádio Montecarlo.[30]

Em 20 de abril de 1988, Jalil Ibrahim al Wazir, conhecido como "Abu Jihad", foi enterrado no Cemitério dos Mártires, no campo de refugiados de Al-Yarmuk, nos subúrbios de Damasco. Era a vítima número 142 da Intifada.

A **Intifada** alterou o cenário político do Oriente Médio, escapando até mesmo ao controle dos líderes palestinos no exílio e de israelenses, políticos e militares. A revolução das pedras contra a poderosa máquina militar de Israel teve como resultado a concessão da Autoridade Nacional Palestina (ANP) e o fim da ocupação israelense na Faixa de Gaza em 2005. Abu Jihad não seria o último líder da Intifada a morrer assassinado pelos carrascos do Kidon, o braço de operações especiais da Metsada. Em poucos anos, outros lhe seguiriam.

Abu Mazen substituiria Abu Jihad após o assassinato e dirigiria pouco depois as negociações de paz entre árabes e israelenses. Ele seria nomeado primeiro-ministro da ANP pelo presidente Arafat.

OPERAÇÃO ZULU

ALVOS: Gerard Bull, Alan Kidger, Wynand Van Wyk, Don Lange e Dirk Stoffberg

POSIÇÃO: Engenheiros e traficantes de armas sul-africanos

DATA: 22 de março de 1990 a 22 de julho de 1994

No mês de julho de 1993, o ainda primeiro-ministro da África do Sul, Frederick de Klerk, tornava pública a Operação Armagedon. Pouco depois, a polícia sul-africana revelava um segredo guardado há anos, por indicação do Mossad ao ainda governo segregacionista de Pretória e ao serviço secreto sul-africano, o BOSS (Gabinete de Segurança do Estado). Alan Kidger, um homem de negócios de Joanesburgo, de 48 anos, fora misteriosamente assassinado. O coronel Charles Landman, chefe da polícia sul-africana, afirmou que o Mossad executara Kidger por fornecer armas químicas ao Irã e ao Iraque.[1] Mas este não era o primeiro nem o último dos alvos executados pela espionagem israelense, dentro da chamada Operação Zulu, com o apoio do BOSS.[2] Kidger era apenas a ponta do *iceberg* de uma das ações mais sofisticadas do Kidon desde a sua criação nos anos 1960.

Por ordem dos primeiros-ministros de Israel, Yitzhak Shamir e Yitzhak Rabin, e por recomendação dos *memuneh* do Mossad, Nahum Admoni e Shabtai Shavit, haviam encarregado o Kidon da execução sistemática de vários homens de negócios em diferentes partes do mundo. Gerald Bull, na Bélgica, em 1990, Alan Kidger, na África do Sul, em 1991, Wynand van Wyk, na Cidade do Cabo, em 1993, Don Lange, em Joanesburgo, em junho de 1994, e Dirk Stoffberg, também nesta última cidade, em julho do mesmo ano. Mas todo mundo questionava o que todos eles tinham em comum.

Eram homens que levavam uma vida próspera, educados nas melhores universidades de engenharia do mundo, que viajavam constantemente a países do Oriente Médio e do Golfo Pérsico, e que tinham relações estreitas com chefes de Estado e de governo e com serviços de inteligência de meio mundo. Mas havia outros dois pontos que os uniam. Os cinco estavam ligados ao comércio de armas e tinham como clientes o Irã e o Iraque, países inimigos do Estado de Israel. Isso os transformou automaticamente em alvos dos assassinos do Kidon.

Quando o exército de Saddam Hussein atravessou as fronteiras do seu vizinho Kuwait, na manhã de 2 de agosto de 1990, nenhuma agência de espionagem pôde imaginar o que viria depois. No mês seguinte à ocupação, quase 600 mil homens pertencentes ao Iraque "blindavam" o pequeno e rico emirado. Em muito pouco tempo, Saddam conseguira levantar o quarto maior exército do mundo atrás da China, da Índia e da União Soviética. A este número se somariam quase 5.500 tanques, 6 mil transportes blindados de tropas e 689 aviões de combate. Do lado oposto, o Kuwait contava apenas com um exército de 20.300 homens, 254 tanques, duzentos transportes blindados de tropas e 23 aviões de combate. Os analistas militares em Londres, Washington e Tel Aviv começaram a questionar-se como era possível que alguém como Saddam Hussein conseguisse semelhante arsenal sem o mínimo controle de nenhuma organização internacional.[3] A resposta era bem simples: traficantes de armas.

Homens como Gerald Bull, Alan Kidger, Wynand van Wyk, Don Lange e Dirk Stoffberg tinham colaborado bem de perto com o ditador iraquiano para fazer do seu país uma autêntica potência militar na zona, mas também um dos maiores perigos na região. Gerald Bull era um canadense especialista no desenvolvimento de peças de artilharia e munição; Alan Kidger, um sul-africano diretor de vendas da corporação Thor Chemicals; Wynand van Wyk, também de nacionalidade sul-africana, era especialista em engenharia química; Don Lange, da mesma nacionalidade que os dois anteriores, traficava peças de artilharia e materiais químicos de alta tecnologia para desenvolver armas químicas e bacteriológicas; e Dirk Stoffberg era um traficante de armas, também sul-africano, com boas relações em Bagdá e em Teerã.

Um relatório do Mossad exporia as relações entre os cinco e vários países árabes declaradamente inimigos de Israel. Há meses, o primeiro-ministro, Yitzhak Shamir, pedira ao seu *memuneh*, Nahum Admoni, um extenso relatório sobre quais países, empresas ou traficantes forneciam armas ou materiais perigosos a países árabes. Num primeiro momento, Admoni pensou que talvez o resultado do estudo fosse publicado com o intuito de descobrir as ramificações dos traficantes, mas a ideia de Shamir era bem diferente. "Se algumas pessoas optam por continuar a vender armas ao Iraque, ao Irã ou à Síria, Israel deverá tomar as medidas necessárias para que isso tenha um fim", disse Shamir ao chefe do Mossad.

Nascido em 9 de março de 1928 em North Bay, Ontário, Gerald Bull era o segundo de dez filhos de uma próspera família de advogados criminalistas do Canadá e de membros do chamado Conselho Real. Após a morte da mãe, os Bull mudaram-se para Toronto, onde a tragédia continuou a perseguir a família.

Lucy, uma das irmãs, morreria de câncer, outro dos irmãos menores faleceria num acidente de carro e, por último, o pai, George Bull, abandonaria os filhos para voltar a casar-se com uma mulher que não queria assumir o papel de mãe de crianças que não eram dela.[4]

Em 1944, aos 16 anos, Bull queria ser médico, mas, devido à idade, não o aceitaram na Universidade de Medicina. O único lugar em que podia entrar tão jovem era no Departamento de Engenharia Aeronáutica da Universidade de Toronto. Rapidamente, seus professores perceberam um talento inato no jovem Bull, e, em 1948, ele formou-se em engenharia aeronáutica. Com outros vinte colegas, Bull apresentou-se como candidato a um posto no "Programa de Dinâmica Supersônica" desenvolvido pelo Ministério da Defesa do Canadá. Ele foi aceito.

Shamir continuou a ler o relatório sobre Bull que o Mossad lhe fornecera. Os homens de Admoni haviam cumprido bem os seus deveres. O líder israelense continuou lendo o grosso dossiê. Sem dúvida, o pior ano para Gerald Bull seria 1980, quando um tribunal norte-americano o condenou a um ano de prisão por tráfico ilegal de armas para a África do Sul através da sua empresa, a Space Research Corporation (SRC).

Em 30 de agosto de 1980, Gerald Bull entregou-se às autoridades para cumprir a pena na prisão de segurança mínima de Allenwood, na Pensilvânia. Pouco antes da sua entrada na penitenciária, o canadense visitara a Bélgica em três ocasiões. Sabia que, assim que o caso contra ele fosse encerrado, a sua empresa jamais poderia voltar a funcionar dentro dos Estados Unidos ou no Canadá. Como investida, Bull enviou seus dois filhos, Michel e Stephen, a Bruxelas. O primeiro tratava das finanças da SRC enquanto o segundo ajudava o pai no departamento de engenharia da empresa.

Durante os meses em que Gerald Bull esteve preso, o seu ódio começou a florescer contra os burocratas que o tinham acusado e condenado. Sua vingança seria fazer a sua própria guerra no mundo. China, Vietnã, Angola e Iraque seriam os novos clientes da SRC da Bélgica. O que Bull ainda não sabia é que a milhares de quilômetros dali, num escritório em Jerusalém, discutia-se a necessidade do Mossad vigiar de perto os seus movimentos.

Os primeiros relatórios do Mossad sobre Bull vinham do Dardasim ou Smerf, o subdepartamento do Kaisarut. Seus agentes operavam unicamente na China, na África e no Extremo Oriente. Aparentemente, quando ainda estava na prisão de Allenwood, Bull recebeu uma carta do governo chinês através de um intermediário em Londres. Era um convite, como mandam as regras, para visitar Pequim com a finalidade de "discutir questões de interesse mútuo". Até aquele momento, o canadense jamais estivera na China e tampouco havia entrado em contato com os chineses.[5] O mais curioso de tudo é que Gerald Bull era um declarado anticomunista, embora não olhasse para o gigante asiático como um irmão da União Soviética.

Ao sair da prisão, e após duas semanas de férias no Caribe com a sua esposa Mimi, Gerald Bull decidiu viajar a Pequim para ouvir a proposta. Para sua surpresa, as autoridades científicas e militares chinesas trataram-no com absoluta veneração. Queriam saber mais sobre as suas investigações no desenvolvimento do programa HARP (High Altitude Research Project) e sobre as suas novas ideias em sistemas de artilharia. A estação do Mossad em Hong Kong, através dos seus *katsa* do Dardasim, redigiu um relatório muito preciso sobre as intenções chinesas: "Os chineses estão muito interessados no sistema desenvolvido por Bull nas peças de artilharia de longa distância usadas por eles nas suas fronteiras com a União Soviética. Os chineses alegam que as peças soviéticas são muito mais eficientes que as suas". Nahum Admoni, o diretor do Mossad, fechou a pasta e decidiu esperar para ver como se desenvolveria a relação entre Gerald Bull e o governo de Pequim. Através da Unidade 504, encarregada de coletar informações de âmbito militar, o Mossad seguiu os passos de Bull de 1983 a 1990, mas um movimento do engenheiro canadense poria a espionagem israelense em estado de alerta máximo, o chamado Projeto Babilônia.[6]

Entre 1980 e 1989, o Iraque adquiriu armamento por um valor próximo dos 80 bilhões de dólares da França, da Alemanha Ocidental e da Grã-Bretanha. Indubitavelmente, os países que desejavam aumentar suas reservas de crude com o petróleo iraquiano tinham de entrar no jogo do tráfico de material bélico.

Da Itália, o Iraque comprou fragatas e navios-patrulha lança-mísseis; da Grã-Bretanha e da Holanda, equipamento eletrônico e rádios de baixa frequência; da França, modernos sistemas de armamento, incluindo 133 caças-bombardeiros Mirage F-1, 49 helicópteros armados, mil veículos blindados, 884 mísseis Exocet, 20 mil mísseis antitanque HOT e Milan, e 2.500 mísseis para combate aéreo; da Coreia do Norte e da União Soviética, mísseis Scud; e da China, mísseis Silkworm. O imenso inventário de armamento adquirido por Saddam Hussein fazia do Iraque um dos países mais perigosos para Israel, e tanto Yitzhak Shamir como Nahum Admoni o sabiam.[7]

O Iraque e Gerald Bull concordaram no campo do desenvolvimento dos mísseis balísticos. Em 1982, o Iraque, a Argentina e o Egito decidiram operar em conjunto no desenvolvimento de um novo míssil conhecido pelos argentinos como Condor-2. Ele tinha um raio de ação de 937 quilômetros e podia ser usado como arma nuclear, química, biológica ou convencional. O Mossad sabia que os argentinos tinham fornecido a tecnologia, os egípcios os sistemas de guia e disparo, e os iraquianos o financiamento. O que era evidente para Shamir é que Saddam Hussein precisava de um míssil capaz de atingir o Irã sem necessidade de depender dos fornecimentos da China ou da União Soviética; o Egito precisava de um míssil capaz de superar o Jericó desenhado pelos israelenses; e os argentinos queriam uma arma capaz de atacar do continente as ilhas Malvinas, em poder dos britânicos. Admoni sabia que, se algum dos três países conseguisse o Condor-2, se criaria uma desestabilização do equilíbrio estratégico nas suas regiões.

Yitzhak Shamir pediu então ao seu *memuneh* uma lista de empresas que se dedicassem a fornecer equipamento eletrônico ou de outro tipo ao Iraque. Os *katsa* do Mossad demoraram quase um ano para descobrir a rede de empresas-fantasma montada pelo Iraque, o Egito e a Argentina para apoiar a fabricação do Condor-2.[8]

Admoni deu ordens ao Yarid, o departamento responsável pela segurança das operações do Mossad na Europa, para que desse cobertura aos *katsa* da Unidade 504 durante as suas investigações nas diferentes capitais europeias.

Seis meses depois, Nahum Admoni entregava pessoalmente ao primeiro-ministro de Israel um relatório completo sobre as companhias utilizadas pelo Iraque, o Egito e a Argentina para o seu rearmamento. A sede delas estava radicada no cantão suíço de Zug. A mais importante era a Consen, com escritórios em Montecarlo. Também a Desintek e a Cóndor Projetke, em Zurique. Todo o pessoal especializado, segundo conseguiu averiguar o Mossad, fora recrutado entre as fileiras da companhia alemã MesserschmittBoelkow-Blohm (MBB), que tinham desenvolvido o Condor-1.[9]

O Iraque tinha construído um grande centro de testes de mísseis, com o codinome Saad-16, muito próximo de Mossul, na zona do Curdistão iraquiano. A instalação fora erguida pela Saad General Establishment (SGE), uma companhia que desenvolvia projetos para a Organização Estatal de Indústrias Técnicas, dependente do governo do Iraque. O Mossad descobriu que a SGE era apenas uma construtora e que na realidade a Saad-16 fora construída com a ajuda de diversas empresas estrangeiras, como a Gildemeister de Düsseldorf, Tektronix do Oregon,

Scientific-Atlanta de Atlanta e, indiretamente, da Hewlett-Packard, que forneceu o equipamento eletrônico à MBB, que por sua vez o transferiu para a SGE.[10]

Em 18 de março de 1988, o quartel-general do Mossad em Tel Aviv recebeu uma comunicação da CIA indicando que um cientista egípcio nacionalizado norte-americano fora colocado no comando da Saad-16. Era Abdelkader Helmy, que conseguira a nacionalidade norte-americana em outubro de 1987 e que se especializara, na empresa Aerojet General Corporation da Califórnia, no desenvolvimento de um novo projétil para um canhão de 120 milímetros. A estação do Mossad em Washington foi alertada para que Helmy fosse colocado sob forte vigilância.

Os *katsa* informaram Admoni que o cientista tinha se encontrado com dois cidadãos de origem árabe. Um deles era adjunto militar da Embaixada do Egito em Washington. O Mossad naquela cidade também descobriu que Abdelkader Helmy recebera numa conta bancária mais de um milhão de dólares para adquirir o material necessário para revestir as peças de artilharia. O material devia ser comprado de duas empresas californianas, a Kaiser Aerotech e a Greenleaf Technical Ceramics. A estação do Mossad em Genebra descobriu que o dinheiro fora enviado pelo coronel Hussan Yossef, um egípcio que vivia em Viena. Os iraquianos precisavam de cerca de trinta toneladas de materiais diferentes.[11]

Por ordem expressa de Nahum Admoni, o Mossad, através do Kidon, devia começar uma campanha de intimidação contra todos os que estivessem envolvidos no Condor-2. O próprio *memuneh* autorizava os *kidon* da Metsada a se utilizarem de qualquer método para tornar essa campanha eficaz, incluindo as ameaças, os sequestros e as cartas-bomba. Por enquanto, a execução de algum dos envolvidos podia ser apenas ordenada pelo primeiro-ministro de Israel e ainda era muito cedo para isso. Antes, deviam esperar pelo resultado da campanha que iniciariam por ordem do *memuneh*.

Em 27 de maio de 1988, às três da tarde, um Peugeot vazio estacionado numa rua da cidade de Grasse, no sul da França, voou pelos ares sem causar vítimas. A bomba fora detonada por controle remoto. O automóvel pertencia a Ekkehard Schrotz, diretor-geral da Consen, a empresa com sede em Zug que coordenava o projeto Condor-2.

Em 3 de junho de 1988, a esposa de Helmy recebeu um telefonema em que avisavam que, se seu marido continuasse com o desenvolvimento do Condor-2, seria sua família quem pagaria por isso. Dois dias depois, o cientista recebia fotografias de uma de suas filhas saindo do colégio acompanhada por algumas amigas. Um círculo vermelho demarcava o rosto da jovem.

Um grupo pró-iraniano que se nomeava "Os Guardiães do Islã" telefonou para os escritórios da agência France Presse assumindo a responsabilidade pela bomba de Grasse, e afirmando que a tinham colocado para punir um "alto funcionário do regime de Saddam Hussein". Não obstante, para todas as autoridades policiais e dos serviços de espionagem, por trás do atentado estava a mão do Mossad israelense e os seus agentes da Metsada.

O ataque seguinte do Mossad contra Abdelkader Helmy aconteceu em 24 de junho de 1988, quando, misteriosamente, alguém alertou as autoridades alfandegárias dos Estados Unidos que um contêiner que levava no seu interior 194 quilos de fibra de carbono, que se usa na fabricação dos cones das pontas dos mísseis, estava prestes a ser carregado num C-130 da Força Aérea do Egito. Com a ajuda do FBI, os agentes da alfândega detiveram Abdelkader Helmy, a sua esposa, Abia, e um sócio dele, chamado Jim Huffman. Foram todos acusados de exportação de materiais proibidos e de lavagem de dinheiro. Foi permitido aos egípcios deixarem o país devido à sua imunidade diplomática. Com a perda de Helmy e dos seus conhecimentos no uso da fibra de carbono no desenvolvimento de mísseis, o Iraque precisava urgentemente de outro engenheiro com experiência neste tipo de armamento. O escolhido foi Gerald Bull.

Os israelenses detectaram os movimentos de Bull entre novembro e dezembro de 1987, quase três anos antes da sua "execução". Naquela data, e através da Embaixada do Iraque em Bruxelas, Bull e os seus filhos, Michel e Stephen, receberam um convite para visitar Bagdá com todas as despesas pagas. Os iraquianos tinham muito boas relações com os chineses e através deles conheceram o trabalho do engenheiro canadense. Saddam Hussein desejava especialmente a versão sul-africana desenvolvida por Bull do canhão de 155 mm. O seu filho Michel foi o único que levantou dúvidas sobre a colaboração do seu pai e da SRC com o regime iraquiano. Antes de tomar qualquer decisão a respeito do seu novo "cliente", Gerald Bull dirigiu-se ao Ministério belga dos Negócios Estrangeiros para conhecer a posição desse país perante o Iraque. Apesar das advertências dos diplomatas sobre a questão de colaborar com o Iraque, Bull decidiu aceitar o convite. Em janeiro de 1988, Bull e seus filhos viajaram da Alemanha em primeira classe até Bagdá num voo da Iraqui Airways. No Iraque, os Bull hospedaram-se em luxuosas suítes do hotel Al Rashid. Os seus guias no país seriam Hussein Kamel,[12] genro de Saddam Hussein e ministro da Indústria e da Industrialização Militar, e Amir Saadi, o adjunto deste, que atuaria como intermediário entre Bull e o governo do Iraque.

O primeiro ponto de discussão foi o canhão GH N-45 austríaco de que os iraquianos se sentiam muito orgulhosos. Kamel queria saber se Bull podia projetar outro com as mesmas características, mas autopropulsado. Durante essa visita, os iraquianos também se mostraram muito interessados no programa HARP. Em março de 1989, Michel Bull voou para Washington a fim de informar o Gabinete de Controle de Munições (GCM) dos Estados Unidos da intenção da SRC de alterar alguns aspectos da artilharia iraquiana. O que não disse foi que a empresa do seu pai tinha previsto construir um canhão capaz de pôr em órbita pequenos satélites de comunicações. Os funcionários da GCM responderam a Michel que não acreditavam que houvesse algum problema sobretudo depois que a guerra entre o Irã e o Iraque acabasse.[13]

Em abril de 1989, Gerald Bull regressou ao Iraque em quatro ocasiões e reuniu-se várias vezes com diplomatas da embaixada iraquiana em Bruxelas. O que o canadense não sabia é que o Mossad já seguia seus passos. Ainda que a GCM permitisse a ajuda de Bull no desenvolvimento e modernização da artilharia iraquiana, nem Israel, nem seu primeiro-ministro Yitzhak Shamir, nem o *memuneh* Nahum Admoni o consentiriam. O programa acordado entre Gerald Bull e o governo de Saddam Hussein receberia o nome de "Babilônia". Ao voltar para Bruxelas, Bull comunicou aos seus filhos que o ditador havia aceitado assinar o contrato com a SRC por um valor de 20 milhões de dólares, mas Michel disse ao pai que a colaboração da SRC com os iraquianos provocaria "sérias reações em muitos lugares do mundo". Certamente que o filho mais novo de Gerald Bull tinha razão. Israel não permitiria que ninguém ajudasse o Iraque a desenvolver um armamento que no futuro pudesse ser usado contra ele.[14]

A decisão adotada fez com que o Projeto Babilônia se tornasse um programa "altamente secreto", e as pessoas envolvidas conheceriam apenas uma pequena parte dele. Somente Gerald Bull e os altos cargos iraquianos saberiam do desenvolvimento do "supercanhão".[15] No mês de novembro, o Iraque assinou o contrato com a SRC para a modificação do GH N-45 austríaco, e Gerald Bull tornou-se um alvo do Kidon.

O Projeto Babilônia estava dividido em duas fases: a primeira, conhecida como "Pequena Babilônia", tratava da construção de um canhão, com esse nome, que tinha uma longitude de 52 metros, montado sobre carris; e a segunda, "Grande Babilônia", consistia na fabricação de outro de 155 metros e com um peso aproximado de 2.100 toneladas. Só a recâmara pesaria aproximadamente 180 toneladas e cada um dos quatro mecanismos da culatra, por volta de 60. O "Grande Babilônia" devia ser montado num fosso de mais de 31 metros de profundidade.

A determinação de Gerald Bull de executar o Projeto Babilônia provocou as primeiras discórdias na sua família. Michel alegava que desenvolver semelhante arma em pleno coração do Oriente Médio poria em sério risco os membros da família. O mais novo dos Bull talvez começasse a pensar nas repercussões que a decisão de seu pai teria em países como Israel. Stephen alegava que a construção de semelhante arma não passaria despercebida para muitos e que porventura os problemas que lhes causaria faziam com que não valesse a pena o risco. O certo é que Gerald Bull não quis ouvir nenhum dos conselhos e seguiu adiante. Os seus filhos o acompanhariam na aventura, mas só se o engenheiro canadense aceitasse criar uma nova empresa dedicada apenas a desenvolver o Projeto Babilônia. Desse modo, Michel e Stephen acreditavam que os israelenses (o Mossad) e os norte-americanos (a CIA) perderiam o rastro da empresa fabricante do "supercanhão" e deixariam de vigiar a SRC de Bruxelas.

A nova empresa, Advance Technology Institute (ATI), radicada em Atenas, seria a responsável por tudo que estivesse relacionado com o Projeto Babilônia. Ainda que as operações da ATI fossem conduzidas na capital grega, a Space Research Corporation (SRC) e vários dos seus altos executivos em Bruxelas eram os que controlavam o projeto, e os israelenses sabiam disso. Finalmente, a ATI viu-se obrigada a instalar uma delegação em Bruxelas, a apenas três ruas da sede da SRC. Um dos primeiros a ser recrutados foi o britânico Christopher Cowley, um especialista em engenharia metalúrgica. Em poucos meses, Cowley assumiu o papel de conselheiro de Gerald Bull, até esse momento representado pelo seu filho Michel. Como o projeto não avançava, Bull resolveu despedir Cowley e entregar o comando da empresa novamente ao seu filho Michel, que se mudara com toda a família para o Canadá. Enquanto se tornava a sombra do pai, passou a adverti-lo constantemente sobre os perigos que poderia implicar para eles o desenvolvimento do Projeto Babilônia. Em agosto de 1989, o protótipo já tinha sido construído num local secreto que o MI6 britânico identificou como Jabal Hamrayn, a cerca de 125 quilômetros ao norte de Bagdá. Este era uma escala menor do "supercanhão", que devia começar a ser construído nos primeiros meses de 1990. O primeiro teste foi realizado em dezembro de 1989, quando os iraquianos lançaram o míssil balístico Al-Abid.

O governo de Saddam Hussein explicou que era para tentar pôr em órbita um satélite projetado pelo cientista canadense Gerald Bull.[16] Dois dias depois, chegou a Tel Aviv um relatório procedente dos *katsa* da Unidade 504, informando que se tinha detectado uma forte explosão numa zona ao norte do Iraque. O texto do espião israelense indicava que os iraquianos talvez pudessem estar às voltas com testes nucleares de baixo nível. Aquilo serviu de alerta a Admoni, que solicitou uma reunião urgente com o primeiro-ministro Shamir. Se o Iraque conseguisse capacidade nuclear, era evidente que Israel ficaria em perigo.

Durante o encontro entre o político e o espião, Shamir deixou bem claro que, se descobrisse quem estava fornecendo armamento e tecnologia para armas de destruição em massa a Saddam Hussein, não hesitaria nem um pouco em ativar o Kidon para detê-lo.

No final desse mês, o MI6 descobriu que a Trebelan, uma empresa espanhola com sede em Vitória, estava fabricando peças para um "supercanhão". O MI6 alertou então ao CESID, a espionagem espanhola, para que investigasse a empresa e os seus diretores.[17] Também a empresa alavesa Forexsa (Forjas Extrudidas Sociedade Anônima), além da Trebelan, ambas pertencentes ao grupo IMG (International Manufacturing Group) e com ligações diretas na capital kuwaitiana, através do grupo KIO, forneceu grandes quantidades de armamento ao Iraque. Entre esse material destacavam-se uma fábrica de obuses, possivelmente para os canhões Al-Fao (Forexsa), cápsulas de bombas e quinhentos cartuchos de munição de artilharia (Trebelan).[18]

O serviço de inteligência britânico (MI6) decidiu alertar todas as agências de espionagem de países aliados, entre elas o Mossad, sobre qualquer componente suscetível de ser usado numa grande peça de artilharia ou material destinado a qualquer outro uso militar. Essa grande operação foi batizada com o nome de "Berta" em honra ao grande canhão usado pelos alemães durante a Primeira Guerra Mundial.

Em pouco tempo, os serviços de inteligência de outros países começaram a detectar e a paralisar envios destinados ao regime de Saddam Hussein. Em janeiro de 1990, o SISDE[19] italiano conseguiu deter um envio de quase noventa toneladas de *hardware* para uso militar destinado ao Iraque. Em fevereiro do mesmo ano, o Serviço Estratégico de Inteligência[20] suíço paralisou, no aeroporto de Genebra, dois grandes contêineres com uma grande quantidade de componentes eletrônicos com destino a Bagdá. O Serviço Federal de Inteligência[21] alemão localizou, em maio de 1990, dezessete contêineres com maquinário destinado ao Iraque. Os equipamentos tinham sido fabricados pela empresa belga Rexroth, uma divisão da gigante alemã Mannesmann. A companhia alemã alegou que o material tinha como destino uma fábrica petroquímica do Iraque. Ainda assim, o BND não permitiu a saída do carregamento.

Entretanto, Nahum Admoni decidira enviar para o Iraque um dos seus mais experientes *katsa*, Michel Rubiyer. Fazendo-se passar por um jornalista francês do jornal *Le Figaro*, o agente do Mossad aterrissou em Bagdá com a intenção de contactar um repórter britânico de origem iraniana chamado Farzad Bazoft. O homem de 31 anos de idade trabalhava como colaborador para o jornal *The Observer*.[22]

Rubiyer vivera muitos anos na França, até que decidiu voltar a Israel para se juntar às Forças de Defesa Israelenses. Especializou-se em coletar sinais de inteligência como escutas, interceptação de comunicação e coisas do gênero. Finalmente, foi recrutado pelo Mossad e destacado para a estação de Paris.

Rubiyer disse a Bazoft, durante o seu primeiro encontro, que ele poderia ser pago por ajudá-lo em algumas histórias que estava investigando para o *Le Figaro*. O agente do Mossad desejava que Bazoft lhe desse informações sobre uma misteriosa explosão ocorrida em Al-Iskandariah, uma base militar a sessenta quilômetros ao sul de Bagdá. O jornalista do *The Observer* tinha se interessado anteriormente pelo doutor Cyrus Hashemi, executado pelo Kidon em julho de 1986. A partir de então, o iraniano foi se transformando em um dos maiores especialistas em obter informação sobre áreas proibidas do Iraque.[23]

Algumas semanas depois, Bazoft foi detido pelo serviço secreto iraquiano, assim como a sua noiva, Daphne Parish, uma britânica de 51 anos que trabalhava como enfermeira num hospital. Imediatamente, Admoni ordenou ao chefe do Mossad nos Estados Unidos que entrasse em contato extraoficialmente com os iraquianos e lhes propusesse uma troca. O *katsa* comunicou a um diplomata iraquiano na Holanda que só lhes interessava o homem. O governo da Grã-Bretanha que pressionasse Saddam Hussein pela libertação de sua cidadã. A partir daquele momento, o que o Mossad fizera foi expor Farzad Bazoft. Os iraquianos já não tinham dúvidas de que o jornalista do *The Observer* trabalhava para os israelenses.

Em 15 de março de 1990, o embaixador britânico em Bagdá visitou Bazoft na prisão de Abu Grahib, vinte quilômetros a oeste da capital. O diplomata disse ao jornalista que o governo de Margaret Thatcher estava pressionando Saddam Hussein para conseguir a sua libertação. Minutos depois de o diplomata sair da prisão, os iraquianos tiraram Bazoft da cela, levaram-no para um pátio interno e enforcaram-no. A notícia da morte de Farzad Bazoft circulou rapidamente pelas redações de todos os meios de comunicação do mundo. Um *sayan* do Mossad em Nova York entregou uma série de documentos à rede de televisão ABC em que se afirmava que o regime de Saddam Hussein tentava produzir urânio enriquecido numa fábrica secreta. A informação "fabricada" pelo Mossad era realmente convincente. Segundo ela, há apenas três meses, no dia 5 de dezembro de 1989, os iraquianos teriam lançado um míssil balístico chamado Al-Abid. Como explicação diante das organizações internacionais, Bagdá alegou que o míssil era um satélite desenvolvido por um cientista canadense. O Mossad sabia que a tentativa fora um fracasso, mas agora usariam isso contra Saddam, por ter executado Bazoft. Nahum Admoni, por sua vez, sabia que mais cedo ou mais tarde Saddam

Hussein conseguiria uma arma capaz de atingir o próprio coração de Israel se o Mossad não pudesse evitar.

Na mesma época da detenção de Farzad Bazoft, Gerald Bull estava desenvolvendo e produzindo o "supercanhão" iraquiano, o Projeto Babilônia. Na tarde de 9 de março, a secretária de Bull informou-lhe que dois homens, que se identificaram como "velhos amigos" do canadense, tinham vindo visitá-lo. Na verdade, os recém-chegados aos escritórios da Space Research Corporation (SRC) na capital belga eram David Biran, intermediário principal do Mossad, e Ron Vintrobe, chefe do Gabinete Iraquiano no quartel-general do Mossad.

Biran e Vintrobe eram os mesmos que tinham posto Gerald Bull em contato com os sul-africanos, quando o governo segregacionista de Pretória desejava modernizar suas peças de artilharia de longa distância. Bull redesenhou o G-5 155 mm e o autopropulsado G-6 155mm.[24] O departamento psicológico de espionagem israelense, a unidade LAP (acrônimo de Lohamah Psichlogit ou Guerra Psicológica), estudou a posição de Bull e analisou o seu caráter. As conclusões foram determinantes para a visita de David Biran e Ron Vintrobe.

Num dos seus parágrafos explicava-se que Bull trabalhava sob forte pressão, o que lhe provocava contínuos ataques de estresse. Aquilo tornaria mais difícil convencê-lo a abandonar o projeto de desenvolvimento de armas iraquianas. Nem sequer acreditavam que ameaças anônimas à sua segurança servissem de alguma coisa. Foi Biran quem garantiu ao *memuneh* que tentaria convencê-lo a abandonar o projeto. Admoni não estava muito convencido do resultado da visita. No dia anterior, tinha até conversado com o primeiro-ministro Yitzhak Shamir para cogitar a possibilidade de oferecer dinheiro a Gerald Bull para que ele desistisse do Projeto Babilônia. O duro político israelense rejeitou a proposta. Se Bull não abandonasse o plano de desenvolvimento bélico iraquiano, seria o Kidon quem lhe faria mudar de opinião, mas essa decisão não seria tomada até se esgotarem todas as hipóteses.

Os dois agentes israelenses tentaram convencer Gerald Bull de todas as maneiras possíveis. Vintrobe até disse ao cientista canadense que eles não poderiam garantir a sua segurança se ele decidisse seguir em frente.

Michel e Stephen Bull comentaram com vários amigos que, desde aquele dia, seu pai estava mais calado e até se recusava a levar algum familiar no seu próprio automóvel. Michel viu um dia o pai olhando a parte de baixo do carro antes de entrar. Era evidente que Gerald Bull sabia que mais cedo ou mais tarde o longo braço de Israel acabaria por atingi-lo, visto que ele não tinha a intenção de abandonar o Projeto Babilônia.[25]

No dia em que Farzad Bazoft foi executado na prisão iraquiana, o *memuneh* do Mossad, Nahum Admoni, ordenou o envio de uma equipe do Kidon a Bruxelas. Os três assassinos israelenses, quando lá chegassem, deviam esperar por novas ordens.

Em 16 de março, Michel R., Daniel L. e Ran P. entraram em contato com o Kaisarut na Embaixada de Israel em Bruxelas. Este lhes indicou um esconderijo onde poderiam permanecer até novas ordens do Yarid.

Em 17 de março à tarde, o Yarid informou Michel que tinham conseguido alugar um apartamento em frente ao de Gerald Bull. Dois dos membros da equipe do Kidon se mudariam para lá, enquanto o terceiro, responsável pela vigilância, permaneceria no esconderijo. Em 21 de março à tarde, o primeiro-ministro Yitzhak Shamir já tinha tomado a decisão de executar Gerald Bull e comunicou o *memuneh* do Mossad.[26]

No dia 22, Bull passou a manhã toda no seu escritório da SRC. A primeira coisa que fez foi ler a oferta recebida pelos Emirados Árabes para a aquisição do canhão sul-africano criado por ele. Aquilo parecia uma boa notícia depois da paralisação das suas relações comerciais com a China devido às pressões que recebera de Washington e diversas capitais da União Europeia, após o massacre de Tiananmen no ano anterior.[27] Gerald Bull tinha certeza de que se os testes do supercanhão iraquiano fossem bem-sucedidos, sempre poderia reatar as relações com Pequim através de Bagdá, evitando assim os controles impostos pelos Estados Unidos e pela Europa.[28]

Ao meio-dia, Monique Jaminé, a sua secretária, anunciou a chegada de Christopher Gumbley, que fora o diretor da Astra Holding, gigante fabricante de armas, e que Bull queria recrutar para a SRC. A reunião se estendeu até a hora do almoço.

Depois de se despedirem e de combinarem um novo encontro para uma semana mais tarde, Gerald Bull regressou a pé à sede da SRC. Nem sequer se preocupava com a sua própria segurança, apesar de os filhos lhe avisarem, assim como os seus amigos israelenses, e os iraquianos terem lhe oferecido um serviço de escolta. Bull ignorou tudo isso.

Por volta das 19h15, quando a noite já caíra sobre a capital belga, Monique entrou no escritório do seu chefe para avisar que iria embora. Bull pediu que esperasse, pois sairia com ela.

Os dois desceram de elevador e chegaram à rua. A jovem ofereceu-se para levá-lo para casa. Bull olhou para o céu e aceitou a oferta. Alguns segundos depois, Monique aproximava-se dele dentro de um Renault Station Wagon azul. Fustigado pelo vento gélido, Bull abriu a porta e sentou-se no banco do passageiro. Parecia feliz, pois passou todo o trajeto assoviando. Monique dirigiu pela rue de Stalle até a praça Georges Marlon. Bull se mostrava ansioso para chegar em casa. Meia hora depois, o Renault entrava na avenida François Folie, onde Bull morava.

A rua estava tranquila quando o veículo parou diante da porta do edifício. Antes de sair do automóvel, a secretária disse a Bull que o assunto da Espanha estava acertado. Aparentemente, o cientista canadense tinha planejado férias, com a sua esposa Mimi, no sul da Espanha, para o mês seguinte. Em seguida, ele se esticou para beijar a secretária no rosto enquanto empurrava todo o corpo para fora do Renault.

Com uma pasta na mão e uma velha mala de couro na outra, Gerald Bull tentou tirar as chaves da porta do prédio em que morava do bolso das calças. Com dificuldade, introduziu por fim a chave na porta de vidro e a girou. Um pequeno empurrão lhe deu acesso ao interior. Bull não tinha reparado que, do outro lado da rua, um homem, Daniel L., fazia um sinal aos outros dois membros do Kidon que já estavam lá dentro.

O alvo dirigiu-se devagar para o elevador, cansado e com passos lentos. Gerald Bull vivia no apartamento número 20, no sexto andar. Uma pequena campainha indicou-lhe que já tinha chegado. Michel R., o chefe do Kidon, esperava nas escadas entre o quinto e o sexto andar, caso Ran precisasse de ajuda.

O canadense aproximava-se da porta, quando, de repente, as chaves escaparam-lhe da mão. Enquanto se ajoelhava para apanhá-las, pôde ouvir atrás dele uma porta se abrindo. Ao procurar com a mão o molho de chaves, Ran P., o carrasco do Kidon, disparou com a sua pistola 7.65 mm com silenciador. A primeira vez acertou-lhe na cabeça. A bala entrou por trás e saiu pela frente, danificando uma parte do cérebro. As balas do segundo, terceiro e quarto disparos atingiram a parte superior da espinha dorsal e a cervical. O corpo de Gerald Bull ficou apoiado na porta como se dormisse. Antes de deixar o local, Ran P. apoiou novamente a pistola na cabeça dele e disparou um quinto tiro. O cientista canadense já tinha morrido com o primeiro disparo.[29]

Uma vizinha de Bull, que morava logo abaixo do andar do cientista, ouviu cinco ou seis golpes secos que não conseguiu identificar. A mulher decidiu subir e quando entrou no corredor viu o corpo de Bull rodeado por uma grande poça de sangue. Nos seus bolsos ainda tinha os quase 20 mil dólares em notas de cem, o que fez com que a polícia belga descartasse a hipótese de roubo.

O primeiro a chegar ao apartamento de Bull foi o seu médico particular. Enquanto o segurava, pôde observar os cinco orifícios de bala que o amigo tinha na parte de trás da cabeça. Era evidente, para todos, que o homem que ajudara Saddam Hussein a projetar o supercanhão tinha sido assassinado por um profissional. Quando, no dia seguinte, o assassinato foi divulgado por todos os meios de comunicação belgas, os três *kidon* já estavam muito longe dali, embora esta não fosse a última execução que teriam de realizar dentro da chamada Operação Zulu.

Seria a própria polícia belga quem telefonaria para Michel Bull, em Montreal, e para Stephen Bull, no hotel Al Rashid, de Bagdá, para informá-los de que seu pai, Gerald Bull, tinha sido assassinado. No dia 11 de abril de 1990, apenas vinte dias após o assassinato de Gerald Bull pelo Kidon, o MI6, com a ajuda das autoridades alfandegárias britânicas, paralisou o envio de um carregamento para o Iraque que consistia em várias peças do que aparentava ser um canhão de enormes proporções.

Ainda que Bull não fizesse realmente parte da Operação Zulu, a sua execução pelo Kidon implicou o início de uma vasta série de assassinatos iniciada por Yitzhak Shamir e o *memuneh* Nahum Admoni e continuada por Yitzhak Rabin e o seu novo *memuneh* do Mossad, Shabtai Shavit. A "questão do Mercúrio Vermelho" estava prestes a estourar.

No mês de agosto de 1991, as estações do Mossad em Paris e Estocolmo informaram o quartel-general em Tel Aviv que tinham detectado envios a Bagdá, da África do Sul, de uma misteriosa substância química através de diversos intermediários radicados na Rússia. Os relatórios indicavam que, há vários anos, existia uma nova arma que consistia em uma bomba de fusão nuclear (bomba H), de fabricação mais barata que as "normais" e possivelmente acessível a grupos terroristas, o que a tornava um grande perigo em mãos inimigas.[30] Quando Shabtai Shavit terminou de ler o longo relatório feito pela unidade de assuntos científicos da espionagem israelense, decidiu solicitar com urgência uma reunião com o primeiro-ministro Yitzhak Rabin.

O que o *memuneh* transmitiu a Rabin provocou a ativação da chamada Luz do Dia no Mossad. Uma bomba daquelas talvez fosse pequena, mais ou menos do tamanho de uma bola de tênis, mas poderia destruir dez quarteirões de prédios em Tel Aviv, Haifa ou Jerusalém. Rabin ordenou então a Shavit que mandasse o Mossad reunir todas as informações possíveis sobre o "Mercúrio Vermelho" e de quem estivesse por trás da sua venda ilegal.[31]

No final de setembro de 1991, Shavit pôde entregar um relatório mais preciso ao primeiro-ministro Rabin: "O Mercúrio Vermelho é obtido a partir de uma mistura de mercúrio puro e óxido de antimônio de mercúrio. Esse composto, ao ser comprimido por uma explosão convencional, liberaria energia suficiente para que os átomos de trítio e deutério de um recipiente situado no interior da bomba se fundissem, sem a necessidade de contar com uma bomba de fissão como 'iniciadora', necessária nas bombas nucleares convencionais. Começaria assim uma reação em cadeia", explicava o relatório secreto do Mossad entregue ao primeiro-ministro de Israel. No fim do relatório, o serviço de espionagem explicava que existiam redes anônimas que comercializavam o produto no mercado negro, procedendo na sua maioria da Rússia, onde se fabricariam aproximadamente sessenta quilos por ano. O preço do quilo do "Mercúrio Vermelho" estava entre 200 mil e 250 mil euros.[32]

Os *katsa* do Mossad descobriram que o "Mercúrio Vermelho" era fabricado desde 1965 num centro de investigação secreto em Dubna, perto de Moscou. Mas o que também viriam a descobrir é que alguém da África do Sul o vinha vendendo a países árabes do Oriente Médio. Shavit ordenou então à estação do Mossad em Joanesburgo que investigasse quem estava oferecendo o "Mercúrio Vermelho". Na primeira semana de novembro, os agentes do Mossad em Moscou começaram a enviar ao quartel-general informações cada vez mais precisas sobre essa nova arma.

"O negócio do 'Mercúrio Vermelho' está sendo controlado por grupos mafiosos com alguns membros próximos do governo do presidente Boris Yeltsin", garantiam. Os *katsa* informaram também que várias fontes tinham indicado que o material era enviado à África do Sul e daí, por meio de intermediários, ao Irã, ao Iraque, à Líbia ou ao Paquistão.[33]

Shabtai Shavit ordenou então à estação do Mossad no país africano que conseguisse a lista de intermediários que faziam parte da "Conexão Sul-Africana" usada pelos russos. As primeiras pistas conduziram os israelenses até uma corporação britânica chamada Thor Chemicals e a um dos seus mais altos executivos.

Alan Kidger, de 48 anos e abundantes cabelos brancos, pertencia a essa classe empresarial que mora em bairros de luxo. Casado com uma deslumbrante brasileira, o sul-africano era o diretor de vendas internacionais da Thor Chemicals. Rapidamente, a estação do Mossad informou Tel Aviv que tinham identificado o primeiro alvo.

Nessa mesma noite, o primeiro-ministro Yitzhak Shamir autorizou ao seu *memuneh* a ativação de um esquadrão do Kidon. Shavit levantou o fone e informou ao outro interlocutor que a ordem tinha sido dada. Em 11 de novembro de 1991, os *kidon* seguiam de perto um possante BMW de cor azul-metálico que corria a toda velocidade pela estrada que liga Pretória a Joanesburgo.

O motorista não percebera que estava sendo seguido a pouca distância por um carro Volkswagen preto, no qual viajavam quatro agentes israelenses. Num semáforo, o carro bateu de leve no BMW para forçar o motorista a descer, mas os executores do Mossad não contavam com a insegurança em que o país vivia há anos. Kidger não tinha a menor intenção de sair do carro para verificar o que acontecera. Quando o semáforo ficou verde, o BMW se afastou velozmente com o alvo dentro.

O segundo automóvel, um Ford verde conduzido por um agente de segurança de operações da Metsada, arrancou e conseguiu localizar novamente o veículo de Kidger num pequeno engarrafamento. Através de um canal de transmissão, o israelense informou o ponto exato em que o BMW estava encurralado. Numa rua sem nome, Alan Kidger viu como um carro preto o fechou pela frente, enquanto um Ford verde o fazia por trás.

Dois homens armados com Berettas saíram do carro e obrigaram o executivo sul-africano a acompanhá-los. Um terceiro agente do Kidon se pôs ao volante do BMW e seguiu o Volkswagen.

Seis dias depois, dois garotos negros encontraram um BMW azul metálico estacionado à beira de uma autoestrada nos subúrbios de Joanesburgo. Depois de comprovarem que o alarme não estava ligado, decidiram levá-lo até uma área do Soweto para ficarem com o sistema de som. Longe de olhares indiscretos, os dois jovens começaram a desmontar os alto-falantes e para isso abriram o porta-malas. Com horror, descobriram no interior um tronco humano envolvido em plástico. Alguém lhe cortara as pernas, os braços e a cabeça.

A polícia sul-africana pensou a princípio que poderia ser um assassinato inspirado em algum ritual zulu, visto que essa etnia corta as extremidades do corpo dos inimigos para que, quando mortos, não possam caminhar para o outro mundo. Por fim, os médicos-legistas descobriram que o corpo era de Alan Kidger, chefe de vendas da Thor Chemicals.[34] Durante dois anos, o Serviço Nacional de Investigação Criminal da África do Sul manteve aberta a investigação sobre o assassinato de Kidger, mas, finalmente, em janeiro de 1993, encerrou-a formalmente sem ter descoberto os responsáveis.

Nesse mesmo mês, a estação do Mossad na África do Sul informou Tel Aviv que tinham detectado um encontro entre traficantes de armas sul-africanos e vários cidadãos iranianos. Pelo que parecia, eram intermediários enviados pelo Hezbollah. O intermediário entre eles era Wynand van Wyk, um dos melhores engenheiros químicos da África do Sul e um dos maiores especialistas do mundo em "Mercúrio Vermelho". Ele também fazia parte do perigoso círculo de amizades de Alan Kidger. No dia 18 de abril de 1993, Van Wyk decidiu organizar para seus ilustres visitantes uma viagem de lazer à turística Cidade do Cabo. Ali se hospedariam num dos hotéis mais luxuosos.[35]

Justamente uma semana antes, a milhares de quilômetros da África do Sul, Shabtai Shavit pedira autorização ao primeiro-ministro de Israel, o trabalhista

Yitzhak Rabin, para acionar uma equipe do Kidon. Na noite de 19 de abril de 1993, o engenheiro sul-africano se tornaria o terceiro alvo do Kidon dentro da Operação Zulu.

Ao meio-dia, após um frugal almoço com os iranianos, o sul-africano começou a se sentir mal. Ao chegar ao hotel, as dores misturavam-se com uma espécie de sonolência que quase o impedia de falar. Era evidente que alguém lhe pusera algo na comida. Na manhã do dia 20 de abril, os visitantes iranianos impacientavam-se na recepção enquanto esperavam por Wynand van Wyk. Ele havia lhes prometido um passeio para poderem observar de perto os temíveis tubarões-brancos, mas o sul-africano não apareceu. Desconfiados, avisaram a segurança do hotel. Ao chegarem à suíte, encontraram Van Wyk nu, de barriga para baixo, amordaçado e com as mãos e pernas atadas atrás das costas. Alguém entrara durante a noite no seu quarto e, depois de prendê-lo, o espancara até a morte. O médico-legista descobriu, após a autópsia, que algum sádico tinha lhe quebrado os principais ossos do corpo com um objeto contundente. Os agressores tinham abandonado o local do crime sem serem vistos.[36]

Exatamente um ano depois, o *memuneh* do Mossad, Shabtai Shavit, precisava novamente da autorização do primeiro-ministro Rabin. Dois novos nomes tinham-se juntado à lista de alvos da Operação Zulu que tivera início após o assassinato de Gerald Bull. O primeiro alvo do Kidon seria Don Lange, um traficante de armas sul-africano, com relações estreitas com a Líbia e o Irã, a quem tentava vender uma pequena remessa de "Mercúrio Vermelho".

Lange era conhecido nos ambientes homossexuais de Joanesburgo. Os *katsa* do Mossad tinham conseguido, enquanto o vigiavam, tirar fotografias dele em intermináveis sessões sadomasoquistas num local de Green Point, um subúrbio da Cidade do Cabo.

Na noite de 6 de junho de 1994, Lange entrou em contato com um jovem australiano que disse ter chegado à África do Sul para praticar surfe. Na verdade, o jovem era Ariel L., um executor do Kidon. Don Lange convidou-o a ir à sua elegante casa, situada num bairro exclusivo de Joanesburgo. Dois dias depois, na manhã de 8 de junho, a central de emergências do Departamento da Polícia Metropolitana recebeu uma chamada de Dora Kalunda. Com uma forte crise nervosa, a mulher informava um "suicídio" numa residência de um bairro exclusivo de brancos. Dora trabalhava há anos para Don Lange.

A primeira patrulha chegou à casa por volta das nove horas. Quando os agentes entraram na residência, descobriram o traficante de armas vestido com uma roupa de látex preto e com um saco na cabeça. Desta, saía um tubo que estava ligado a um recipiente de gás de cianeto. Oficialmente, embora as pistas indicassem mais que se tratava de uma execução ou um assassinato, as autoridades encerraram o caso declarando que Don Lange tinha se suicidado.

Um mês depois, em 22 de julho de 1994, o esquadrão de assassinos do Kidon decidiu fazer uma visita a Dirk Stoffberg, o traficante de armas que no passado se envolvera no obscuro assunto do Irangate, que implicou altos funcionários da administração do presidente Ronald Reagan. Stoffberg herdara os negócios do seu amigo Lange com iranianos e líbios.

Shabtai Shavit conseguira convencer Rabin para que autorizasse a execução de Stoffberg, apesar das objeções iniciais do político trabalhista. Os israelenses conheciam as estreitas relações da Agência Central de Inteligência norte-americana com o traficante de armas, e Yitzhak Rabin não desejava ter a CIA como inimiga.

Na noite de 22 de julho, três executores do Kidon entraram na residência de Stoffberg, subiram as escadas até o andar superior e dirigiram-se ao quarto no final do corredor. Para surpresa deles, a esposa de Dirk Stoffberg, que estava na cozinha, apareceu de repente. O primeiro agente israelense reagiu disparando com a sua Beretta com silenciador na cabeça da mulher. O segundo *kidon* entrou no quarto e, depois de se posicionar ao lado da cama, apoiou a arma na cabeça do homem, que estava dormindo, e disparou duas vezes. A primeira bala, na cabeça, matou-o logo. A segunda entrou pela boca e saiu pela nuca até transpassar a cabeceira. Quando foi assassinado, o traficante de armas negociava um misterioso envio para Teerã através da Namíbia e de Angola. O Mossad acreditava que se tratava do enigmático "Mercúrio Vermelho".

> **Dirk Stoffberg**, o quinto alvo da Operação Zulu, foi executado quase quatro anos depois do assassinato em Bruxelas do engenheiro canadense Gerald Bull por membros do Kidon, a subunidade de assassinos da Metsada.
>
> **Stephen Bull** declarou à polícia belga, após o assassinato de Gerald Bull, que seu pai sabia que seria assassinado pelos israelenses, se prosseguisse com o projeto "Babilônia", ou pelos iraquianos, se o abandonasse. Esse testemunho foi reproduzido pelo investigador James Adams em seu livro *Bull's Eye: The Assassination and Life of Supergun Inventor Gerald Bull*.

OPERAÇÃO TYCOON

ALVO: Robert Maxwell

POSIÇÃO: Magnata da Imprensa

DATA: 5 de novembro de 1991

Yitzhak Shamir lia atentamente um relatório que o Mossad havia lhe passado sobre Robert Maxwell. À sua frente, estava sentado o *memuneh* Shabtai Shavit. Horas depois, o próprio Shavit teria uma reunião com os altos cargos do Mossad em que se decidiria o destino de um dos mais importantes magnatas da imprensa. O relatório sobre o milionário vinha ilustrado com várias fotografias, as suas medidas, o nome dos seus médicos, dos seus familiares, dos seus amigos, dos seus inimigos etc. Também havia vários cartões codificados que davam acesso à residência de Maxwell. Numa pequena pasta do "relatório Maxwell", redigido por um *shicklut*, um funcionário do departamento de escutas do Mossad especificava que todos os dias os membros da segurança de Maxwell faziam inspeções de microfones na residência, no iate e nos diferentes escritórios do magnata espalhados pelo mundo. Também mostrava que todos os cartões de segurança codificados eram trocados todos os dias. Robert Maxwell gostava de ler o relatório sobre a sua segurança durante o café da manhã.[1] Um analisador espectral detectaria qualquer microfone ou escuta colocado pelo Mossad ou por qualquer outra agência de espionagem, por mais sofisticado que fosse o equipamento.

Toda a informação sobre o magnata tinha sido guardada em pastas e cada exemplar colocado ordenadamente sobre a grande mesa de conferências no quartel-general do Mossad. À misteriosa reunião assistiriam o diretor de operações; o responsável pelo Yarid, o departamento responsável pela segurança das operações do Mossad na Europa; o responsável pela Metsada, a unidade de operações especiais do Mossad; o chefe do CNT, o gabinete central do Mossad na Europa, que chegara da sede em Haia; os quatro membros do Kidon, que deveriam pôr o plano em ação; e um assessor legal do Mossad.

Shavit, o *memuneh*, ainda despertava suspeitas entre os membros mais antigos do Instituto. Chegara ao Mossad há apenas um ano, para substituir Nahum Admoni, depois de ter sido um eficaz *katsa* na Etiópia, em Paris e em Washington.[2]

Ele foi o primeiro a falar. O diretor-geral dirigiu-se aos presentes e, após umas breves palavras introdutórias sobre o tema a tratar, duas perguntas ficaram no ar naquele ambiente pesado. Se o Kidon eliminar Maxwell, quem será o bode expiatório? E a segunda: se descobrirem que o Mossad matou Maxwell, de que modo isto afetará Israel? Desde esse preciso momento, o debate ficou aberto entre os nove homens que se sentavam em torno daquela mesa. A Operação Tycoon[3] acabava de ser aberta.

Nascido Abraham Leib, na aldeia de Slatinske Doly (Tchecoslováquia), no dia 10 de junho de 1923, e sétimo filho de Mechel e Hanna, Robert Maxwell era, desde o primeiro minuto do seu nascimento, um autêntico mistério. Este mistério o acompanharia até o dia da sua morte, 68 anos depois.

O menino cresceu na mais rígida norma religiosa, entre os *jasidim* e o *sabat*. Esse foi o ponto culminante da sua vida familiar. Curiosamente, quando os pais do magnata decidiram registrá-lo, o funcionário tcheco acrescentou o nome de Jan. Nos anos seguintes, Robert Maxwell se apresentaria como Jan Abraham Ludvik.[4]

O próprio Maxwell definiria perfeitamente, anos mais tarde, o seu sentimento judeu: "A minha família e eu éramos judeus praticantes. Acredito em Deus, o Deus de Israel. Acredito nos ensinamentos éticos do judaísmo. Adoro e admiro a devoção do meu povo pelo estudo da Torá. Definitivamente, considero-me judeu. Nasci judeu e morrerei judeu se o meu Deus assim o desejar".[5]

Curiosamente, o que os nove homens do Mossad reunidos naquela sala em setembro de 1991 iam decidir, era o castigo que imporiam a Maxwell por ter prejudicado muitas pessoas que partilhavam desse mesmo sentimento pelo judaísmo. Para o próprio Shavit e até para o duro primeiro-ministro de Israel, Yitzhak Shamir, Robert Maxwell dera, em muitas ocasiões, oportunidades, através dos seus meios de comunicação, àqueles a quem interessava reavivar o antissemitismo. Para o *memuneh*, Robert Maxwell simbolizava a calúnia de que não se pode confiar num judeu, mas o mais curioso de tudo é que nessa mesma reunião de nove homens sem piedade, essa teoria seria confirmada.

As festividades judaicas mais importantes marcaram a infância de Maxwell, desde o Bar Mitzvah ao Yom Kipur, do Sukot à Hanukah. A grande depressão europeia, a República de Weimar, a ascensão e queda de Adolf Hitler e do seu Reich dos "Mil Anos" marcariam a própria ambição de Maxwell e o levariam a falar fluentemente até oito idiomas.

Os *katsa* de Shabtai Shavit se dedicaram durante anos a desenterrar as mentiras que acompanhavam a romântica biografia que o próprio magnata criara em torno de si. Por exemplo, Robert Maxwell explicava à BBC: "Abordaram-me numa rua de Budapeste em dezembro de 1939 para que me alistasse no movimento tcheco de resistência local que combatia os nazis na cidade. Eu tinha apenas 16 anos, mas disse ter 19 para poder me juntar à luta". O Mossad sabia que naquela época não existia uma resistência tcheca em Budapeste, simplesmente porque nessa altura não havia soldados alemães na capital húngara.

A espionagem israelense sabia que Maxwell chegara em 1940 ao porto de Marselha, onde se alistara na Legião Tcheca antes de embarcar para Liverpool. No mesmo relatório que Shabtai Shavit distribuíra aos assistentes, reuniam-se várias declarações do próprio magnata feitas a companheiros judeus da Legião Tcheca. Numa delas, Maxwell expressava o seu ódio pelos companheiros tchecos de quem ouvira expressões como "Estes judeus nos meteram na guerra" ou "Que nos importa o que lhes aconteça?". Maxwell limitava-se apenas a sorrir; afinal, agora encontrava-se na Grã-Bretanha, uma terra de oportunidades para ele, mesmo em plena guerra. Nessa altura, Maxwell voltara a mudar de nome para Jan Hoch.[6]

Durante toda a guerra, Robert Maxwell dedicou-se a tentar perder o seu sotaque centro-europeu em troca de outro absolutamente britânico. Isto também faria parte do disfarce que o próprio magnata estaria construindo para o futuro. Anos depois explicaria: "Não demorei a me acostumar aos valores e costumes, à linguagem e à conduta dos ingleses e imitei-os de imediato, adotando assim o refinamento que me faltava".[7]

Shavit continuou a relatar, com certo sarcasmo, as mentiras de Maxwell diante dos seus oito interlocutores. Em novembro de 1943, o magnata enviou uma carta à Divisão de Infantaria explicando que falava alemão e tinha experiência em combate. Não só nenhuma das duas informações era de todo correta, como até assinou a carta como Leslie du Maurier, o seu quinto nome depois de Abraham Leib, Jan Abraham Ludvik, Jan Ludvik e Jan Hoch. Em junho de 1944, depois de participar da segunda fase do desembarque da Normandia, onde foi promovido a sargento, começou a se autodenominar Leslie Jones. Antes de cumprir os vinte anos e ser promovido a alferes, alguém lhe tinha dito que Jones não era um sobrenome apropriado para um oficial e cavaleiro do Exército de Sua Majestade. No dia seguinte, ele apresentou-se ao departamento de registro e mudou-o pela sétima vez, agora para Ian Robert Maxwell. A partir desse momento, para o resto do mundo, o futuro magnata da imprensa seria conhecido simplesmente como Robert Maxwell.

A segunda reunião para decidir o futuro de Maxwell foi realizada num esconderijo da rua Pinsker, em pleno centro de Tel Aviv. No dia anterior, dois técnicos da Apam (*Avtahat Paylut Modienit*), a unidade encarregada da segurança das operações do Mossad, entraram no edifício de escritórios. Um dos *katsa* tirou um aparelho parecido com um controle remoto e apertou um botão. Uma porta corrediça moveu-se, abrindo caminho para um grande salão. O apartamento tinha sido mobiliado com objetos usados, cadeiras, alguns quadros e um tapete fornecido pelo exército. Em cada quarto havia duas camas e um telefone. Na cozinha, uma linha de segurança ligava-se a um potente computador portátil, um fax, um cofre, uma geladeira e uma trituradora de papel de alta velocidade.[8]

Todas as janelas do apartamento ficavam constantemente fechadas. Os técnicos da Apam passavam um tipo de rastreador eletrônico em forma de antena por todos os cantos. Desde as paredes e debaixo das mesas e tapetes até os chuveiros. Durante semanas, o apartamento tinha sido usado por estudantes da academia do Mossad, mas, depois, foram até proibidos de se aproximarem dele sob ameaça de expulsão do serviço de espionagem. Naquele mesmo lugar, quatro membros do Kidon, a subunidade de assassinos da Metsada, decidiriam o destino de Robert Maxwell, ou, pior ainda, se Maxwell devia viver ou morrer.

Victor Ostrovsky, antigo membro do Kidon, relata no seu livro *By Way of Deception*: "A primeira coisa que uma equipe do Kidon tinha de fazer era analisar com perfeição o seu 'homem', ou seja, seu estilo e seu modo de vida. Como ele reage numa determinada situação, o que o afeta, o que não o afeta. Só então se podia formar um membro". Para isso, um dos *kidon* tinha se instalado num dos quartos do apartamento com o único objetivo de analisar todos os vídeos sobre o alvo; reportagens, entrevistas, notícias relacionadas a ele ou com o seu negócio etc.

As imagens que o Kidon via no monitor seguiam os passos do magnata desde 1959, quando decidiu dar o salto para a política no Partido Trabalhista. Conseguiu um lugar no Parlamento, mas em 1970, quando se apresentou à reeleição, perdeu. Os noticiários das televisões britânicas mostravam um homem desesperado com a derrota, arrasado. Aquele homem de aço aparecia aos prantos, de cabeça baixa.[9] O *kidon* soube que este era um sinal de fraqueza e que Maxwell era uma pessoa instável, com fortes altos e baixos e claros sinais de depressão.

Nas imagens seguintes, via-se um magnata renascido das cinzas, graças ao fato de ter salvado a British Printing Corporation da ruína. Renasceu com o nome Maxwell Communications Corporation. Três anos depois, adquiriu o Mirror Group Newspapers, tornando-se assim um personagem assíduo nos noticiários das televisões e um rosto conhecido entre os poderosos.[10]

Uma nova imagem mostrava-o ostentando riqueza, por exemplo, experimentando uma roupa de grife em Saville Row, dentro de um Rolls-Royce, ou acompanhado por um séquito de ajudantes e secretárias. Outro desses sinais era a comida. Um repórter de uma emissora desconhecida entrevistava-o enquanto o magnata engolia lagosta, caviar iraniano e salmão, tudo isso regado a vinhos antigos.

Depois acendia um charuto enquanto garantia ao jornalista que fora o próprio Fidel Castro quem os tinha enviado.

O *kidon* seguia de perto as imagens de Maxwell, tomando notas em diferentes pastas. Traços psicológicos, modos de agir, propriedades etc. Outro *kidon* analisava o império empresarial. Londres, Hungria, Bulgária, Moscou, África, Israel, Estados Unidos ou Canadá eram sedes de um conglomerado de empresas com nomes difíceis de pronunciar: Line Nominees, Sindron, Camberry Legionstyle, Visa-food Magna Cell e coisas do tipo. Ao todo, o *kidon* pôde detectar até quatrocentas empresas divididas em mais de uma dúzia de países e paraísos fiscais.[11]

Maxwell tinha esquematizado há anos uma estratégia que consistia em esconder as enormes perdas de alguma das suas empresas a qualquer um que quisesse xeretar nos seus livros contábeis, incluindo os seus filhos, Ian e Kevin. O *kidon* que analisava a rede empresarial informou sobre a grande habilidade que ele tinha para disseminar pistas falsas ou barreiras de segurança com respeito à saúde financeira de alguma das suas empresas. Eram dignas do Mossad, chegou a dizer Shabtai Shavit, o *memuneh*.

De repente, um nome chamou a atenção do *kidon*. Ele pegou o telefone instalado no apartamento e discou um número de quatro dígitos. Do outro lado da linha, uma voz indicou-lhe um prédio em Tel Aviv e sua localização. Duas horas depois, o assassino do Mossad estava no quarto de um grande hotel falando com um homem que se ocultava nas sombras.

"Detectamos um nome que poderia violar a segurança da operação", disse o *kidon*. "Ao analisar a Citex Corporation,[12] descobrimos que o seu diretor israelense é o filho do primeiro-ministro Yitzhak Shamir." Curiosamente, o homem oculto nas sombras ordenou ao agente que voltasse ao apartamento e redigisse um relatório sobre as ligações entre o próprio Shamir e Maxwell.

As relações entre as duas famílias começaram no mesmo dia em que o magnata pisou em Israel. Este, a ponto de chorar enquanto orava diante do Muro das Lamentações em Jerusalém, prometeu ao homem que tinha a seu lado que faria o possível para proteger Israel e o que ele significava. Aquele homem era o primeiro-ministro Yitzhak Shamir, o mesmo que autorizaria a execução de Robert Maxwell pelos membros do Kidon.

Shamir segurou o braço de Maxwell tentando confortá-lo. Nessa mesma noite, enquanto jantavam, uniram-se numa aliança entre pública e secreta. Shamir chegou a confessar ao magnata o seu antiamericanismo, que remontava até os anos anteriores à Segunda Guerra Mundial. Segundo o poderoso líder israelense, Roosevelt deveria ter chegado a um acordo econômico com Hitler para que este permitisse a saída dos judeus da Europa, mas os Estados Unidos não o fizeram, permitindo que Hitler e os seus homens assassinassem quase 6 milhões de judeus.[13] No dia seguinte àquele jantar, Maxwell reuniu-se com a elite das finanças de Israel e prometeu torná-los ricos. No meio de tanto alarido, só um homem permaneceu em silêncio, nas sombras. Nahum Admoni, o então *memuneh* do Mossad. Ele preferia esperar e analisar os futuros acontecimentos.

Ainda se lembrava da visita de Maxwell a Israel em 1988 e do jantar oferecido em sua honra. Haim Herzog, presidente de Israel, Yitzhak Shamir, líder do Likud, Shimon Peres, líder dos trabalhistas, Ido Dissentjik, editor do jornal *Ma'ariv*, e Ya'akov Niman, o prestigiado advogado que ajudou Maxwell a entrar nas herméticas finanças de Israel, estavam entre os presentes. Também havia ali alguns homens que não viam com tão bons olhos aquele que afirmava chegar com o desejo de salvar Israel. Admoni lera, na noite anterior ao jantar, o "relatório Degem Computers", em que Maxwell não saía com muito boa imagem, mas o diretor-geral do Mossad preferiu não dizer nada a ninguém.

Maxwell tinha adquirido a Degem Computers, uma companhia com sede em Tel Aviv que desenvolvia *software*. Os seus clientes eram principalmente países da América Central e da América do Sul. Já sob a direção de Robert Maxwell, a Degem continuou a dar cobertura ao Kidon, que identificava os seus agentes como vendedores da empresa. Uma das divisões mais ativas era a de Nairóbi, que era usada pela Metsada para pôr fim aos ataques contra grupos estabelecidos na África, como o Congresso Nacional Africano (CNA). Vários dos seus membros apareceram amarrados a árvores e abandonados em plena selva enquanto sangravam. A polícia de parques nacionais do Quênia encontrou vários deles devorados por animais.[14]

O Kidon colocou uma bomba no quarto de um emissário de Yasser Arafat que se encontraria com um enviado do CNA em Brazzaville (Congo). Como represália, um *katsa* do Mossad foi sequestrado por um grupo guerrilheiro, que, depois de lhe amputar as mãos, o atirou vivo no rio Limpopo. A sua luta desesperada contra os crocodilos que tentavam devorá-lo foi filmada e a fita enviada para a Embaixada de Israel na África do Sul. Dois dias depois, o quartel-general guerrilheiro foi pelos ares com 450 quilos de dinamite, provocando a morte de dezenas de homens.[15] Nessa operação, o Kidon trabalhou em conjunto com o BOSS, o serviço secreto sul-africano.

A lista elaborada pelo Kidon sobre as obscuras relações de Maxwell continuava a crescer com nomes de financistas pouco recomendáveis. Entre eles, constava o de Semión Yukovich Moguilevich, um importante membro da máfia russa. Segundo o Mossad, Moguilevich estava envolvido em sérias negociatas financeiras, mas Maxwell abrira-lhe as portas do grande banco internacional em Genebra, nas ilhas Caimã, no Oriente Médio e na África. Misteriosamente, foram entregues passaportes do Estado de Israel a Moguilevich e a outros vinte membros do seu bando. Também Edmond Safra,[16] o banqueiro multimilionário, mantivera estreitas relações com Maxwell, com o mesmo intuito de tirar sãos e salvos os judeus da Rússia.

Durante uma viagem de Maxwell a Israel, ele foi convocado para uma misteriosa reunião que seria realizada na sua suíte do hotel King David. Dela participariam Shimon Peres, Nahum Admoni, do Mossad, e um assistente do político trabalhista.

Os três interessavam-se pela proximidade das relações do empresário com a cúpula soviética. Desde 1978, Robert Maxwell estabelecera fortes ligações com o Kremlin, em pleno apogeu do mandato de Leonid Brezhnev, e tinha conseguido reunir-se com todos os membros importantes do poder soviético. Um desses contatos era nada mais, nada menos que o poderoso Vladimir Alexandrovich Kriuchkov,[17] presidente do KGB. Depois de ouvir Peres, Maxwell dirigiu-se aos três homens e lhes prometeu que traria todos os judeus da União Soviética para casa.

O empresário ainda se lembrava das palavras que Rafi Eitan, chefe da unidade de operações especiais do Mossad, a Metsada, lhe dissera vários anos antes: "A nossa tarefa é fazer história e depois ocultá-la. Em geral, somos honrados, respeitamos o governo constitucional, a liberdade de expressão e os direitos humanos. Mas depois também percebemos que nada pode ser um obstáculo ao que fazemos". Indubitavelmente, aquelas palavras converteram-se no primeiro mandamento de Robert Maxwell, tanto na sua vida privada como na empresarial e na que começaria a serviço de Israel.

Antes de deixar a suíte, Admoni propôs-lhe que se transformasse no homem capaz de abrir qualquer porta ao Mossad, e que lhes facilitasse a passagem para averiguar todas as informações impossíveis de alcançar para o serviço de espionagem israelense.

O primeiro encontro entre Maxwell e Kriuchkov teria lugar em Lubyanka, o quartel-general do KGB em Moscou. Estava previsto que a reunião não duraria mais do que 45 minutos. Na verdade, durou duas horas e meia. Entre cafés e *brandy*, o poderoso Kriuchkov declarou diante do seu convidado: "O camarada Maxwell será um bom amigo deste país". No fim da reunião, o presidente do KGB chamou, ao seu gabinete, o coronel Viacheslav Sorokin, membro da Direção de Inteligência Exterior, e o incumbiu de um estudo detalhado sobre Robert Maxwell, com a intenção de recrutá-lo.[18] Mais tarde, num relatório a Kriuchkov, o próprio Sorokin considerou que o único inconveniente para finalizar o recrutamento era o tempo que seria necessário. Era evidente que os métodos usados pelo KGB para recrutar os seus agentes estrangeiros, como a chantagem, o suborno ou a coação, não funcionariam com Maxwell. Vladimir Alexandrovich Kriuchkov deu a ordem estrita de não fazer nem dizer nada que o empresário pudesse interpretar como uma ameaça contra Israel ou contra os judeus que ainda estavam na União Soviética. Para fomentar a confiança de Maxwell em Kriuchkov, e poder assim ser recrutado pelo KGB, o Kremlin começou a emitir vistos de saída até Israel a um grande número de cidadãos judeus. Muitos destes começaram a chamar Maxwell de Moshe, o nome hebraico de Moisés, que também tinha convencido um tirano a libertar o povo de Israel.[19]

No início do mês de outubro de 1991, dois dos agentes do Kidon conseguiram reunir grande quantidade de informação sobre o seu alvo. Os dados foram introduzidos num grande computador, na base da Metsada, no coração do deserto do Neguev. Os outros dois membros da equipe de carrascos do Mossad tinham visitado Londres para garantir pessoalmente as medidas de segurança do magnata enquanto ele estava na capital britânica.

Uma vez em Israel, o chefe do Kidon enviou um relatório detalhado a Shabtai Shavit, o chefe do Mossad. O sótão da residência de Maxwell era uma autêntica fortaleza. O andar de baixo, em que dirigia os seus negócios, tinha o mesmo grande secretismo e confidencialidade que a residência no andar de cima. O relatório com dados, números e pontos de vista do Kidon especificava a localização de um grande cofre instalado pela prestigiada empresa inglesa Chubb, assim como outras medidas de segurança. Por exemplo, todos os computadores, a que só Maxwell tinha acesso, podiam ser ligados unicamente através de três senhas que se alteravam diariamente e uma identificação de retina.[20]

Shavit continuou a ler atentamente o relatório. Num dossiê de não mais de três páginas, o Kidon fazia um estudo detalhado do sótão de Robert Maxwell, projetado pelo prestigiado *designer* de interiores australiano Jon Bannenberg,[21] o mesmo que, em 1986, se encarregara da decoração do iate do milionário, o *Lady Ghislaine*. Apesar do bom gosto do australiano, o sótão parecia decorado mais por Maxwell do que pelo próprio Bannenberg. Tapetes vermelhos, móveis de fibra de vidro pintados e imitando madeira, e coisas do gênero, eram a tônica geral. Shabtai Shavit pensou que seria um bom cenário para pôr seu plano em ação, assim que o Mossad conseguisse as plantas que, era quase certo, Jon Bannenberg teria guardado em algum lugar.

Entretanto, o Mossad decidira estabelecer um *sayan* no interior da residência de Maxwell, que dependeria de Ya'akov Barad, um especialista *katsa* do Mossad pertencente à Embaixada de Israel em Londres. Barad operava com o disfarce de terceiro secretário do adido comercial na delegação diplomática israelense. Sob o seu comando estavam cerca de 2 mil *sayanim* dispostos a deixar tudo para ajudar o Mossad a qualquer momento.[22]

Robert Maxwell mudava de vez em quando de pessoal, em parte devido à sua doentia obsessão de que todos os seus empregados eram espiões em potencial. Essa prática, que seria supostamente um inconveniente, se transformou, para Barad, numa oportunidade única para introduzir um *sayan* na organização de Maxwell.

Uma semana depois de ser admitido na residência de Maxwell, o *sayan* começou a enviar informações a Ya'akov Barad na Embaixada de Israel sobre os hábitos do magnata e os seus gabinetes particulares, assim como a rotina do pessoal que trabalhava para ele. Desde pontos importantes, como a localização das câmeras de segurança de circuito fechado, a outros quase insignificantes, como a mania do empresário de não usar papel higiênico, mas pequenas toalhas de algodão para se limpar. Uma das tarefas menos gratificantes de Juliet e Elsa, as duas empregadas filipinas, era a de retirar estas toalhas e lavá-las na máquina de lavar roupas.[23]

Quando os dois *kidon* chegaram a Londres, o *katsa* do Mossad já tinha preparado um minucioso relatório sobre Robert Maxwell. Ainda tinha que ser decidido onde executariam o plano. A equipe de assassinos israelenses estudou o helicóptero Aerospatial 335 que o magnata usava para ir a Londres, assim como os hábitos do piloto, Richard Crowley, e os dois aviões, um Gulfstream-4 e um Gulfstream-2. Ambos os aviões estavam estacionados em Farnborough, a poucos quilômetros de Londres. Não foi preciso que os dois *kidon* os inspecionassem. Bastava entrar na página da Gulfstream[24] na Internet para tirar os dados técnicos dos modelos. O Mossad conhecia também os horários e os hábitos de Simon Grigg, o camareiro que viajava sempre com Maxwell, e de Carina Hall, a comissária de bordo.

Os dois alvos seguintes do Kidon seriam o *Lady Ghislaine*, o luxuoso iate que Maxwel tinha comprado para o irmão de Adnan Khashoggi por quase 18 milhões de euros, e a mansão que tinha em Oxfordshire. O Mossad conseguira as plantas do iate através de um *katsa* na Holanda.[25]

Dias depois, dois homens caminhavam tranquilamente, como se acabassem de sair do escritório, pela rua Bograshov em direção à rua Pinsker, onde os esperavam outros dois. Os quatro formavam a equipe de executores do Mossad escolhidos para planejar o assassinato de Robert Maxwell. Os *kidon* eram um grupo de elite exclusivo, em cuja opinião aquele magnata se tornara uma ameaça tão grande para o Mossad e para a segurança do Estado de Israel que deveria morrer.[26] Restava apenas, segundo o antigo *katsa* do Mossad e ex-membro do Kidon, Victor Ostrovsky, "traçar um plano para realizar o que parecia ser impossível. Isso fazia parte da magia dos *kidon*".

As relações de Maxwell não só chegavam ao presidente do KGB, Vladimir Kriuchkov, mas também ao chefe do serviço de espionagem húngaro, Kalman Cocsis, e ao todo-poderoso chefe da Stasi, a principal organização de polícia secreta e de inteligência da RDA, Markus Wolf.[27]

Durante os anos 1980, Robert Maxwell, que o mundo inteiro já conhecia como "o embaixador itinerante do Mossad", ajudou a espionagem israelense a vender o programa de *software* Promis a vários serviços de inteligência do mundo. Na Holanda, o BVD utilizou-o para seguir o rastro das atividades da máfia russa, que enviava armas e drogas através do aeroporto de Schipol; o BND alemão usou-o para seguir a pista de materiais nucleares "extraviados" da União Soviética; na França, a DGSE usou o Promis para identificar terroristas que entravam no país vindos do norte da África; na Espanha, o CESID o usou para vigiar os movimentos de terroristas bascos; na Grã-Bretanha, o MI5 o utilizou para seguir os movimentos dos membros do IRA quando passavam a fronteira entre a Irlanda do Norte e a República da Irlanda; em Hong Kong, o MI6 fez uso do *software* para controlar os negócios das máfias chinesas na colônia britânica; no Japão, o Naicho o utilizou para interceptar as comunicações entre a Yakuza e os seus associados na Coreia do Norte e na China; na Polônia, o UB fez uso do programa para espiar os movimentos dos líderes do sindicato Solidariedade.[28] Na verdade, o Promis era uma espécie de alçapão, um "Cavalo de Troia" ou "porta traseira" para que o Mossad pudesse se infiltrar nas comunicações e sistemas mais sofisticados e seguros das agências de espionagem do mundo, e Maxwell o vendeu a todas essas.

O empresário também cooperou na venda de armas ao Irã, que levou ao escândalo Irangate. Robert McFarlane, conselheiro do presidente Ronald Reagan, o almirante John Poindexter e o tenente-coronel Oliver North, do Conselho de Segurança Nacional, usaram o Mossad de Nahum Admoni como intermediário, e este usou Maxwell. A ideia era fornecer armas polonesas, de qualidade inferior, aos iranianos, para a sua guerra contra o Iraque. Este apoio clandestino facilitaria, sem dúvida alguma, a libertação de reféns norte-americanos das mãos do Hezbollah. O trabalho do magnata foi pôr os israelenses em contato com os poloneses, através das suas excelentes relações com o KGB. Cobrou pelo trabalho uma comissão próxima dos 8 milhões de dólares.

Maxwell fez também misteriosas viagens à China para vender alta tecnologia israelense ao Exército Popular Chinês por ordem do Mossad, incluindo o programa Promis.

Não restava a menor dúvida de que os conhecimentos que o magnata tinha das operações clandestinas do Mossad poderiam transformá-lo em alguém muito perigoso se algum dia ele decidisse voltar-se contra Israel. Esse dia poderia não estar muito longe.

John O'Neill,[29] o chefe do FBI em Nova York, declararia pouco depois: "Alguns dos sócios de Maxwell estavam metidos com drogas, armas e assassinatos pagos, que poderiam somar até quinhentos por ano. Também se dedicavam ao contrabando de metais preciosos e à falsificação. Tinham ligações com o exército russo. Qualquer banqueiro russo que não cumprisse as suas ordens sabia o que podia esperar: que lançassem uma granada no seu carro. Um ataque desses podia ser combinado por apenas duzentos dólares. Quem os contrariasse não tinha escapatória. Poderiam segui-lo até o fim do mundo. As suas operações abarcavam meio mundo", explicava O'Neill, "na Grã-Bretanha faziam lavagem de dinheiro. Na Suíça, a mesma coisa. Na Itália, traficavam drogas e pessoas, basicamente mulheres para a prostituição. Na Bélgica e na Alemanha, vendiam carros roubados e lavavam mais dinheiro. Na Albânia e na Polônia, dedicavam-se à fraude, a armas e drogas. Maxwell demonstrou como uma rede obscura e complexa de sociedades fictícias, ao comando de um grupo, podia movimentar dinheiro por todo o planeta. Quando Nova York se tornou o alvo dos grupos criminosos do Bloco Leste e percebemos como funcionavam, nos foi possível partir do modelo de Maxwell".[30]

Os primeiros problemas financeiros dos grupos Maxwell Communications Corporation (MCC) e Mirror Group Newspapers (MGN) foram detectados na primavera de 1990. Através dos executivos da Goldman Sachs, decidiu-se pôr à venda ações de ambas as empresas, inflacionando o preço de modo abusivo. Maxwell sabia que assim que começasse o fluxo de venda das ações, este já não pararia e, desse modo, obteria dinheiro líquido para poder continuar a investir em operações de alto risco. Para dar maior credibilidade à operação, Maxwell, através de três sociedades nas Ilhas Virgens, em Gibraltar e no Liechtenstein, comprou, secretamente, milhões de títulos para mostrar a possíveis investidores que a procura era maior que a oferta. Enquanto aquela operação fazia as ações do grupo MCC subirem de valor, Maxwell não teve problemas, mas estes surgiram quando o magnata pôs, como aval para conseguir mais créditos bancários, as ações sem valor que adquirira de forma secreta das próprias empresas. Os juros dos créditos já concedidos a Robert Maxwell continuavam a subir e a subir, vertiginosamente.

A pressão fez com que o magnata decidisse roubar os seus próprios empregados. Para isso, começou a tirar grandes somas de dinheiro do fundo de pensão dos seus 24 mil empregados da MGN.

Maxwell dava sinais de estar cada vez mais obcecado com a possibilidade de ser assassinado por alguém, até pelo próprio Mossad ou pela CIA. A misteriosa morte de Amiran Nir, um dos mais importantes intermediários na questão do Irangate, não fez mais do que aumentar a sua mania da perseguição. Nir fora conselheiro de contraterrorismo do então primeiro-ministro, o trabalhista Shimon Peres, e um amigo íntimo de Robert Maxwell.

Com o passar dos meses, o magnata começou a mostrar uma atitude bastante doentia. Negou-se a assistir a uma recepção do príncipe Charles, a um jantar em Downing Street e a uma reunião informal na residência particular do presidente da Câmara de Londres. Queria mostrar aos seus possíveis "perseguidores" que podia mudar de ideia de repente, dificultando sua vigilância. Para essas datas, as amortizações às quais tinha de fazer frente aproximavam-se de 415 milhões de libras esterlinas ao ano. Maxwell, portanto, pediu novamente à Goldman Sachs que pusesse à venda outro lote de ações, mas os banqueiros propuseram-lhe que vendesse o seu. Se fizesse isso, a desconfiança se apoderaria do mercado, por isso ele propôs à Goldman Sachs que voltasse a comprar todas as ações para ele. Maxwell pagaria pessoalmente a comissão, e desse modo todos ganhariam. Para fazer com que as ações que compraria da Goldman Sachs fossem valorizadas, o empresário providenciou um registro financeiro que garantia a venda de duas empresas do seu grupo por 120 milhões de libras esterlinas. As ações da MCC dispararam, incluindo as de Maxwell, mas, quando a Goldman Sachs tentou transferir as que tinha adquirido ao magnata, este se fez de desentendido e começou a adiar para não comprá-las. Por fim, aquele papel não valia nada.[31]

Para tentar sair do buraco em que se encontrava, Robert Maxwell continuou a se afundar em areia movediça ao convencer o governo búlgaro a pedir um crédito ao Fundo Monetário Internacional (FMI) de 132,4 milhões de dólares. O magnata propôs aos búlgaros que, se o fizessem, assim que chegasse o dinheiro, ele trataria pessoalmente de reduzir a dívida externa. Na verdade, o que precisava era ficar com 86 milhões de dólares dos 132,4 que o FMI emprestaria à Bulgária.

Em julho de 1991, Maxwell tornou-se um alvo importante do MI5 e do MI6, devido às relações estreitas com Vladimir Kriuchkov e o KGB, num momento de grande desestabilização na União Soviética. A ordem de colocá-lo sob vigilância chegou diretamente de Sir Colin McColl, o "C"[32] do MI6, ao mesmo tempo que a ordem do governo de Margaret Thatcher. Entretanto, o *sayan* introduzido pelo Mossad na Maxwell House continuava a informar os seus chefes em Tel Aviv.

Em finais daquele verão de 1991, a Grã-Bretanha e os Estados Unidos entraram em recessão e a bolsa do Japão começou a sua queda vertiginosa até o buraco negro da falência. Os investimentos do Ocidente na Rússia de Gorbachev não davam o resultado esperado, enquanto a situação continuava a agravar-se no Cáucaso. A necessidade do presidente russo de conseguir fundos quase o conduziu à venda das Ilhas Curilas[33] ao Japão por 24 bilhões de dólares. Entretanto, o primeiro-ministro Yitzhak Shamir continuava a pressionar Maxwell para que este lhe garantisse que nenhum grupo terrorista conseguiria o material nuclear que pudesse ser usado para destruir Tel Aviv ou qualquer outra cidade de Israel. Seguramente, Maxwell não tinha a resposta, mas o seu erro foi continuar a garantir a Shamir e a Shabtai Shavit, o diretor do Mossad, que na Rússia estava tudo tranquilo. O seu grande amigo, Vladimir Kriuchkov, e um grande grupo de militares e funcionários do Partido Comunista preparavam um golpe de Estado contra Gorbachev. Em julho de 1991, as ações de Maxwell na MCC tinham caído 60% do seu valor.

No mês de setembro, Robert Maxwell começou a dar os primeiros sinais de alarme ao Mossad sobre a sua situação financeira cada vez mais instável, mas a espionagem israelense estava ocupada com a iniciativa de paz com os palestinos e com a grande confusão em que tinham se metido com a Alemanha. Aparentemente, a polícia tinha confiscado um carregamento de armas que seriam contrabandeadas para Israel. O envio foi organizado pelo BND, a espionagem alemã, violando assim a lei federal que proibia Alemanha de enviar material bélico a um país em estado de guerra. Shabtai Shavit enviou, para solucionar o conflito, um especialista oficial, Efrayim Halevy, o mesmo que, sete anos depois, seria nomeado *memuneh* pelo primeiro-ministro Benjamin Netanyahu.

Na segunda-feira, dia 22 de julho, Maxwell recebeu a notícia de que o recém-criado Robert Maxwell Group (RMG) seria declarado insolvente se não recebesse em questão de horas uma injeção de 50 milhões de libras. Na manhã de terça-feira, dia 23, Maxwell e seu filho Kevin conseguiram levantar o dinheiro, mas este era apenas um pequeno remendo para uma grande teia que se partia pouco a pouco.

Em Tel Aviv, tanto Shamir como Shavit mostravam-se preocupados com as notícias que chegavam de Moscou. Os seus *katsa* informavam que Kriuchkov tinha reuniões na Lubyanka até altas horas da noite com personalidades como Yazov, ministro da Defesa, ou Yuri Lukianov, presidente do Soviete Supremo. Valentin Pavlov, o primeiro-ministro, anunciava publicamente que a saúde de Gorbachev estava se deteriorando cada vez mais. Shavit temia que ele pudesse ser assassinado.

Pouco depois, o próprio Mossad descobriria que Robert Maxwell esteve a par do golpe de Estado contra Mikhail Gorbachev e que teve várias reuniões secretas com Vladimir Kriuchkov, até no iate Lady Ghislaine, sem avisar o Mossad ou Shabtai Shavit. O *memuneh* podia ignorar qualquer excentricidade de Robert Maxwell, afinal ele conseguia informações valiosas para a inteligência israelense, mas organizar um golpe de Estado num país como a Rússia já era outra história. Nesse preciso momento, Shabtai Shavit soube que Maxwell havia se transformado num perigo real e instável para a segurança do Estado de Israel e, por conseguinte, para o Mossad.

Em 15 de agosto de 1991, o prestigiado jornal *Financial Times* publicou a notícia de que a Goldman Sachs possuía a quantia de 143 milhões de ações da MCC como garantia de créditos ao magnata Robert Maxwell. Isto foi a machadada final ao instável império Maxwell. No dia seguinte, os banqueiros faziam fila em frente à casa de Maxwell para reclamar os juros dos empréstimos, que se aproximavam dos 415 milhões de dólares anuais. Por outro lado, os banqueiros israelenses não eram tão otimistas como os seus colegas britânicos e fizeram com que Shavit soubesse disso. Estava claro para a maioria que, se Robert Maxwell caísse, cairiam com ele muitas cabeças poderosas.

Em 18 de agosto, às nove da noite, tocou o telefone particular de Shabtai Shavit. Seu rosto ficou pálido. Do outro lado da linha alguém lhe informava que, há apenas três horas, um grupo de importantes líderes tinha dado um golpe de Estado contra Mikhail Gorbachev. Efetivamente, por volta das seis da tarde, enquanto descansava na sua *datcha* com a família, Gorbachev viu Yuri Plejanov, um oficial do KGB, do lado de fora, acompanhado por uma unidade de forças especiais do Ministério do Interior. Logo a seguir percebeu o perigo e correu ao telefone para ligar para o Kremlin. A linha fora convenientemente cortada. Seria o próprio chefe do Estado-Maior de Gorbachev, Valeri Boldin, quem lhe informaria da situação como enviado do recentemente autoproclamado Comitê de Emergência do Estado que reunia os golpistas.[34] Boldin pressionou Gorbachev para assinar o documento que autorizava o decreto do Estado de Exceção e, por conseguinte, a tomada de controle do exército de toda a Rússia. Gorbachev negou-se, permanecendo preso, enquanto os oficiais do KGB lhe arrancavam a maleta com os códigos nucleares. O erro do líder do KGB e do golpe, Vladimir Kriuchkov, foi o de não prender de imediato os líderes da oposição, dirigidos por Boris Yeltsin. Estes se fortaleciam no edifício do Parlamento enquanto faziam circular a notícia de que precisavam que as pessoas saíssem às ruas para se oporem ao golpe de Estado.[35]

Na manhã do dia 21, o terceiro do golpe, os conspiradores estavam escondidos. Boris Yeltsin deu a ordem de prender todos e enviou tropas especiais à *datcha* para pôr Mikhail Gorbachev a salvo e permitir o seu regresso a Moscou.

Robert Maxwell manteve-se num segundo plano até ter a certeza do desenlace do golpe de Estado. Em seguida, começou a lançar para as primeiras páginas dos seus meios de comunicação dura artilharia contra os golpistas, muitos deles antigos sócios seus em negócios obscuros. Shabtai Shavit e os altos oficiais do Mossad começaram a pensar que posição Israel tomaria se Gorbachev descobrisse que Maxwell estava por trás do golpe ou, pelo menos, que tinha conhecimento dele. Yahalomin, a unidade de comunicações do Mossad, afirmou que havia sido informada sobre um telefonema do primeiro-ministro búlgaro, Andrei Lukanov, para o *Lady Ghislaine*. Ao que parece, ele tentou convencer Maxwell a interceder junto a Gorbachev para que pusessem Kriuchkov em liberdade. Maxwell não fez nada a esse respeito.

Cansado e pressionado por todos os lados, o magnata tornava-se cada vez mais perigoso. Via-se entre dois pagamentos que devia efetuar sem demora, um de 60 milhões de dólares à Goldman Sachs e outro de 755 que tinha subscrito em empréstimos para salvar a MCC.[36] Mas os banqueiros e os credores não eram os únicos que se juntariam à longa lista de perseguidores de Robert Maxwell. A milhares de quilômetros dali, Zvi, Efraim, Uri e Nahum, os quatro *kidon*, tiveram a terceira reunião no apartamento da rua Pinsker para decidir o destino do magnata. Era outubro de 1991.

Numa página do grosso "dossiê Maxwell" aparecia uma informação interessante que mostrava o hábito do magnata em automedicar-se de Halcion e Xanax, dois soníferos potentes. Uri leu com atenção e pediu ao departamento científico do Mossad uma análise detalhada dos dois medicamentos. Dias depois, o *kidon* tinha sobre a sua mesa, num envelope fechado, o relatório que precisava. "Os primeiros efeitos colaterais do Halcion foram detectados num trabalho chamado 'Protocolo 321' realizado em 1972, em que 28 reclusos tomaram Halcion durante 42 dias", explicava o relatório do Mossad. "De acordo com o laboratório, o número de casos de ansiedade e nervosismo, como consequência do Halcion, foram quatro, e houve mais dois incidentes de paranoia. Mas as verdadeiras conclusões do trabalho (quarenta casos de ansiedade e sete reclusos com paranoia), ocultas no relatório apresentado à FDA, foram descobertas por Ian Oswald, professor emérito de psiquiatria de Edimburgo".[37]

O segundo medicamento que Maxwell ingerira sem nenhum controle era o Xanax, pertencente ao grupo das benzodiazepinas, que atuam como receptores no cérebro. O magnata tomava grandes quantidades de Xanax para conseguir reduzir a ansiedade e poder regularizar o sono. A bula indicava que o medicamento tinha efeitos colaterais e que sua supressão devia se fazer de modo gradual. Se se deixasse de tomá-lo bruscamente, provocaria comportamentos anormais, confusão, ansiedade, depressão, alterações nervosas e coisas do gênero.

Depois de ler o relatório, o *kidon* introduziu o documento novamente no envelope e anexou-o ao dossiê. Aquele relatório talvez fosse a chave para a ação que o Kidon levaria a cabo contra Robert Maxwell. A preocupação principal dos líderes do Mossad era, agora, que não vazasse a existência de uma conspiração para matá-lo. Se isso acontecesse, poderia provocar uma queda do governo.[38] Os quatro *kidon* passaram por alto os imprevistos políticos que pudessem surgir e que levariam à ruína todo o planejamento da operação. Uri disse aos outros assassinos do Mossad que deviam trabalhar e planejá-la como se fossem executá-la no dia seguinte.

No esconderijo da rua Pinsker respirava-se tranquilidade. Também na sede do Mossad. Mas essa tranquilidade foi quebrada quando um *katsa* da estação de Nova York telefonou para o seu intermediário e informou que durante um jantar alguém tirara um exemplar de um livro intitulado *The Samson Option: Israel's Nuclear Arsenal and American Foreign Policy*, escrito pelo famoso jornalista Seymour Hersh. Num dos capítulos, estava descrito como o magnata Robert Maxwell tinha denunciado Mordechai Vanunu ao Mossad.[39] Outra das informações que Hersh revelou no seu magnífico livro foi a perigosa relação Mossad-Maxwell-Casa Branca. Isso implicava um duro golpe, não só para a inteligência israelense, mas também para o próprio Estado de Israel e os seus altos dirigentes, em especial para Yitzhak Shamir e Shimon Peres.

Nas altas esferas do Mossad começou a se espalhar uma epidemia de pânico e alguém telefonou para o apartamento na rua Pinsker e deu a um dos *kidon* a ordem de "alerta vermelho", anterior à de "Luz do Dia", o estado de alerta máximo dos agentes dos serviços secretos israelenses. Em meio à tormenta que se aproximava, Robert Maxwell, pressionado por dezenas de banqueiros que exigiam a devolução dos empréstimos, telefonou para Shabtai Shavit pedindo a ajuda do Mossad ou de Israel para conseguir a soma de 400 milhões de libras esterlinas que necessitava a fim de cobrir o primeiro rombo na grande teia que se rompia. Shavit disse ao magnata que nada podia fazer e que o Mossad não dispunha de capacidade financeira para ajudá-lo. Com isso, o *memuneh* dava a Robert Maxwell a punhalada final. Maxwell já era passado. Um novo telefonema para o apartamento na rua Pinsker pôs a equipe do Kidon em "Luz do Dia".

Os quatro *kidon* dispuseram-se a preparar tudo para o ataque ao alvo, incluindo as suas identidades apoiadas por passaportes franceses. Os quatro se passariam por amigos que partilhavam o gosto pela pesca. Um *sayan* em Madri alugou-lhes uma potente embarcação que os esperaria ancorada no porto de Las Palmas das Canárias. Yahalomin, a unidade de comunicações do Mossad, e o Yarid, departamento responsável pela segurança das operações do Mossad na Europa, trataram de apoiar a equipe de *kidon* que tinha de chegar à Espanha. Tudo devia estar preparado e bem preparado.

Em 30 de outubro, chegando de um voo procedente de Zurique, quatro homens desembarcaram no aeroporto de Las Palmas à espera de novas ordens. Os quatro *kidon* faziam parte da equipe de elite da Metsada, a unidade de operações especiais do Mossad. Entretanto, no sétimo andar do edifício da avenida King Saul, quartel-general do Mossad em Tel Aviv, já havia instalada uma sala de operações para controlar os movimentos dos *kidon*.

Maxwell esperava encontrar-se a bordo do *Lady Ghislaine* com alguém do alto comando do Mossad, na esperança de receber os 400 milhões de libras esterlinas que precisava para remediar as finanças. O magnata mostrava-se otimista diante dessa perspectiva. Em Gibraltar, o capitão Gus Rankin supervisionava o mais ínfimo detalhe do iate antes da chegada do grande chefe.

Robert Maxwell dera instruções a Rankin em relação à rota que deveria seguir até o *Lady Ghislaine*. Ilha da Madeira, Santa Cruz de Tenerife, Ilhas Canárias e, em seguida, Nova York. O magnata queria passar o Natal na cidade dos arranha-céus, a bordo do iate.

Em 31 de outubro, às 11h30, o Gulfstream de Maxwell sobrevoava a cidade de Cádiz, descendo até o pequeno aeroporto de Gibraltar aos pés do imponente penhasco. Ao chegar ao cais, Maxwell estava de muito bom humor quando avistou o *Lady Ghislaine*, com os seus 55 metros de comprimento e nove de largura, com as suas quinhentas toneladas que podiam ser deslocadas a uma velocidade de dezessete nós. O iate tinha uma autonomia de navegação de cerca de 5.120 quilômetros sem ter que voltar a encher os tanques de combustível, com uma capacidade para 78 mil litros. No seu interior, contava com uma sala de controle e outra de comunicações dotada com as mais modernas tecnologias, o último computador IBM, três faxes, um sofisticado sistema VHF e um receptor e emissor de alta frequência.⁴⁰ Segundo o diário de bordo, Robert Maxwell entrou no *Lady Ghislaine* às 13h15 do dia 31 de outubro para aquela que seria sua última viagem.

Às 13h30, o iate navegava já entre os navios de guerra britânicos rumo ao Estreito de Gibraltar, em direção ao Atlântico, até a Ilha da Madeira. Nesse momento, em Londres, os banqueiros da Goldman Sachs, da Lehman Brothers e da Swiss Bank Corporation (SBC) reclamavam ver Maxwell para lhe exigir a devolução dos empréstimos concedidos. O empresário esperava ansiosamente chegar à Ilha da Madeira para ter notícias dos 400 milhões de libras esterlinas que o Mossad supostamente lhe emprestaria. A dívida da Maxwell Communications Corporation (MCC), naquele 31 de outubro de 1991, chegava aos 2 bilhões de libras esterlinas.

Enquanto o *Lady Ghislaine* continuava a navegar, nas Ilhas Canárias, quatro *kidon* esperavam ordens de Tel Aviv. A senha para entrar em ação era "Tycoon", e só o quartel-general do Mossad poderia pronunciá-la.

Em 2 de novembro, o *Lady Ghislaine* começou a reduzir a marcha para entrar no estreito porto de Funchal. Ao sul do porto de Las Palmas, como quatro pescadores, os *kidon* continuavam à espera da senha. Na capital da Madeira, Maxwell dirigiu-se ao hotel Reid's Palace, um dos melhores do mundo. Entrou pela porta principal e, trinta minutos depois, voltou a sair rapidamente para pegar um táxi e voltar ao cais em que o iate estava ancorado.

Após uma rápida ducha e um belo prato de lagosta, caviar e champanhe, Maxwell regressou ao seu camarote como se estivesse ansioso por receber um telefonema que tardava a chegar. Em 3 de novembro, farto de navegar nas águas da Ilha da Madeira, ordenou a Rankin que fosse rumo às Canárias, enquanto pedia que telefonassem a um dos seus advogados para que se encontrasse lá com ele.

O capitão do *Lady Ghislaine* telefonou para David Whiteman, o segundo piloto de Maxwell, para lhe informar que, assim que atracassem em Tenerife, o magnata desejava voar dali para Londres. Na segunda-feira, dia 4 de novembro, os filhos de Maxwell voltavam a enfrentar uma chuva de credores em Londres. Kevin e Ian Maxwell tentavam lutar contra o tempo para salvar o que pudessem do império que afundava. A milhares de quilômetros da cidade londrina, o *Lady Ghislaine* chegava à entrada do porto de Santa Cruz de Tenerife. Do outro lado da ilha, quatro tripulantes preparavam-se para sair para "pescar" numa pequena embarcação, só que desta vez a presa seria um dos grandes magnatas da comunicação social.

Maxwell fez uma chamada interna a Rankin e disse que queria tomar banho nu em alguma baía deserta. O veterano capitão pôs-se rumo ao sul, até perto de Poris de Abona. O *Lady Ghislaine* era seguido de perto por uma embarcação menor.

Por volta das 21h45, Robert Maxwell voltou a ordenar ao capitão que o levasse até Los Cristianos, quase no outro extremo da ilha de Tenerife, muito perto do aeroporto. A viagem duraria cerca de doze horas, visto que primeiro iriam pela costa até o extremo norte de Tenerife e depois se dirigiriam à extremidade setentrional das Ilhas Canárias. Assim que chegassem lá, o *Lady Ghislaine* viraria para o sul em direção a Las Palmas, até o extremo meridional.[41] Às 22 horas, o iate de Maxwell navegava rumo ao alto-mar. Outra pequena embarcação fazia o mesmo percurso.

Os *kidon* tinham recebido a informação da rota da unidade Yahalomin. Os *katsa* informaram convenientemente que o *Lady Ghislaine* se dirigia de noite até águas solitárias. Maxwell acabava de falar com seu filho Ian, embora não sobre negócios. Naquela noite, Robert Maxwell desejava apenas ficar só naquele oceano azul. Queria esquecer-se dos credores que o esperavam como abutres em Londres.

O iate navegava silenciosamente enquanto, a poucos metros de distância, era seguido por uma pequena embarcação com quatro assassinos do Mossad a bordo. Às 4h25 de terça-feira, 5 de novembro, o chefe de máquinas, Leo Leonard, inspecionou a pressão dos três geradores Mercedes. Ao sair da casa das máquinas encontrou-se com Maxwell: "Ele vestia uma camisa azul e estava de pé num canto a estibordo, a mão esquerda apoiada na beirada da embarcação", diria depois. Aquele canto era o único ponto cego das câmeras de segurança do iate, e Maxwell sabia disso. Utilizara-o centenas de vezes para ter relações sexuais esporádicas com alguma amante.

Às 4h45, o convés recebeu uma chamada do magnata dizendo que no seu camarote fazia frio e que subissem a temperatura do aquecimento. Estas foram as últimas palavras que a tripulação ouviu.

Entre 4h45 e cinco horas, um bote inflável com motores potentes aproximou-se com três *kidon* a bombordo do *Lady Ghislaine*. O quarto ficara na pequena embarcação caso tivesse de agir para resgatar os companheiros.

Os três estavam vestidos com roupas de neoprene preto e com as caras pintadas. Dois deles seguravam ganchos cobertos de borracha para não fazer barulho ao prendê-los nos corrimões do *Lady Ghislaine*. Com um salto, os dois assassinos do Mossad subiram à embarcação. O primeiro abria caminho para o segundo. Este tinha na mão uma seringa cheia de uma potente substância fabricada no Instituto de Investigação Biológica de Tel Aviv.

Poucos passos depois, os dois homens encontraram-se diante de Maxwell. O *kidon*, com um só golpe, cravou a agulha no pescoço do magnata, por trás da orelha direita, e a apertou, introduzindo-lhe toda a substância. O outro segurou Maxwell e, aplicando-lhe um golpe de chave, fez com que ele perdesse o equilíbrio, atirando-o, depois, ao mar. Em seguida, do mesmo modo que chegaram, os executores do Mossad saltaram da embarcação, enquanto o *Lady Ghislaine* se distanciava. Antes de serem recolhidos pelo bote inflável, puderam observar um grande vulto à mercê das ondas. Era o cadáver de Robert Maxwell.[42]

O desaparecimento de Maxwell não foi descoberto pela tripulação até as 11h15 de 5 de novembro. Em seguida, Rankin acionou o alarme com a mensagem "prioridade 3" ou "homem ao mar". Depois, o Serviço de Resgate e Salvamento Marítimo começou a busca do homem que tinha sido capaz de mexer com a política mundial por capricho, sem se preocupar com quem destruiria com isso.

Nessa altura, os membros do *kidon* e do Yahalomin já tinham retornado ao seguro refúgio de Israel. Os líderes do país começavam a inteirar-se do acontecido através dos meios de comunicação. O próprio Yitzhak Shamir fora informado nessa mesma manhã pelo embaixador de Israel em Madri. Às 13h40, a operação de resgate estava em pleno curso. Às 17h45 recebeu-se uma mensagem de um pescador que tinha visto um corpo flutuando. O helicóptero Puma virou bruscamente e dirigiu-se para essa área. Uns quinze metros mais abaixo flutuava o cadáver de Robert Maxwell com os olhos abertos e os braços cruzados. Um membro da equipe de socorro pulou na água e colocou o cinturão de resgate em volta do volumoso corpo do magnata, e içaram-no a bordo. O corpo seria levado para a base militar de Gando.

Após uma série de autópsias com cujos resultados ninguém estava de acordo, o cadáver de Robert Maxwell foi levado a Jerusalém, para ser enterrado dentro da mais rigorosa norma ortodoxa judaica, aos pés do Monte das Oliveiras. A filha preferida do magnata, Ghislaine, foi quem comunicou oficialmente à imprensa a morte do pai. Após um breve discurso, um jornalista perguntou à jovem: "Como acha que seu pai morreu?" Ghislaine Maxwell respondeu laconicamente: "Acho que o assassinaram".

Na sexta-feira, dia 8 de novembro, o avião civil que levava os restos de Maxwell para Israel foi surpreendido por dois caças F-16 da Força Aérea. Um dos pilotos indicou que eram sua escolta para Jerusalém. Era evidente que aquele gesto teria agradado o magnata morto, tão pomposo que era.

No domingo, dia 10 de novembro, o funeral de Estado foi presidido pelo presidente de Israel, Haim Herzog, e pelo primeiro-ministro, Yitzhak Shamir. Entre os assistentes que observaram como o corpo de Robert Maxwell era colocado no túmulo de mármore branco com uma inscrição em hebraico, encontrava-se o poderoso *memuneh*, Shabtai Shavit.[43]

Shimon Peres, o mesmo que esteve presente quando o então *memuneh* Nahum Admoni propôs ao magnata tornar-se espião do Mossad, disse de Maxwell no funeral: "Fez mais por Israel do que se possa dizer aqui e agora". Mas para o atual chefe da espionagem israelense, estava claro que aquele corpo de 140 quilos era apenas o resultado de um problema incômodo que o Kidon acabava de tirar de cima do Mossad e do Estado de Israel. Depois, uma espessa cortina de fumaça envolveu tudo que era relacionado com a Operação Tycoon. Não havia perguntas nem respostas. Nada, absolutamente nada.

Andrei Lukanov, o homem de Maxwell e do KGB na Bulgária, saiu do seu apartamento no bairro residencial de Iztok, em Sofia, em 1º de outubro de 1996. Na rua esperava ver o seu motorista e o seu guarda-costas, mas eles não estavam. De um portão ali perto saiu um homem armado com uma Makarov 9mm e disparou no peito e na cabeça de Lukanov, matando-o na hora.

Miho Mihov, diretor do Credit Bank, deu um tiro na nuca; **Sasho Danchev** e **Peter Boichev** suicidaram-se convenientemente; **Ivo Janchev** apareceu enforcado em um banheiro público. Os quatro tinham mantido estreitas relações com Maxwell.

Janos Pasztor, um financista amigo de Maxwell que canalizara vários fundos ilegais de suas empresas e que conhecia as estreitas relações do magnata com o Mossad, sentiu-se indisposto um dia. Em 5 de novembro de 2000, faleceu devido a uma misteriosa doença que ninguém soube explicar como contraiu.

O jornalista **Danny Casolaro**, que se dedicou a investigar as obscuras relações de Robert Maxwell com o Irangate e com o ultrassecreto programa Promis, desenvolvido pelo Mossad, foi assassinado no banheiro do hotel Martinsburg, na Virgínia. Em cada um dos seus pulsos havia dez cortes, para que se pensasse que ele tivesse se suicidado.

O jornalista **Jonathan Moyle**, que se dedicou a investigar as ligações de Robert Maxwell com as atividades das Indústrias Cardoen, propriedade de Carlos Cardoen, um dos principais vendedores de armas da América do Sul, apareceu enforcado com a própria camisa dentro do armário do seu quarto num hotel de Santiago do Chile.

Edmund Safra, amigo íntimo de Maxwell, tornara-se informante do FBI, a quem revelava todas as operações financeiras da máfia russa e búlgara que passavam por seu banco para o Bank of New York. Em 1999, anunciou que venderia seu banco, granjeando com isso importantes inimigos. Safra se retirou para uma cobertura na sofisticada avenida Ostende de Mônaco. Uma noite, intrusos penetraram no elegante apartamento e, quando a polícia e os bombeiros chegaram, Safra e sua enfermeira estavam mortos. As câmeras de segurança não captaram nada. Alguns especialistas aventaram que a "execução" devia ter sido obra da máfia russa, da búlgara ou do próprio Mossad (Kidon). Os culpados nunca foram descobertos.

Em setembro de 1992, **Kevin Maxwell** declarou falência por um montante total de 405 milhões de libras esterlinas. Betty Maxwell, a viúva do magnata, continua se dedicando a instituições de caridade e, de vez em quando, visita o túmulo do marido em Israel.

OPERAÇÃO CESÁREA

ALVO: Fathi Shaqaqi

POSIÇÃO: Principal líder da Jihad Islâmica

DATA: 26 de outubro de 1995

Aquele 22 de janeiro de 1995 amanhecia para o primeiro-ministro, o trabalhista Yitzhak Rabin, como qualquer outro dia no seu gabinete em Jerusalém. Fortes pressões dos colonos pela possível devolução de terras aos palestinos; também dos partidos ortodoxos na Knesset pelas negociações concluídas no ano anterior com Yasser Arafat; e do conservador Likud, que o acusava de ter se vendido aos desejos dos Estados Unidos e dos palestinos. Para aquele homem já um tanto cansado, de 70 anos, que assumira novamente o cargo de primeiro-ministro de Israel em 13 de julho de 1992, já estavam muito distantes as negociações secretas ocorridas em Oslo.[1]

Também muito distante estava o tratado de paz assinado com o rei Hussein da Jordânia em 26 de outubro de 1994, ainda que na realidade fizesse apenas três meses desde que o assinara como líder de Israel. As pressões que Rabin vinha sofrendo faziam com que aqueles bons momentos fossem ofuscados pela distância. O Prêmio Príncipe de Astúrias da Concórdia, que compartilhou com seu inimigo histórico Yasser Arafat, ou o Prêmio Nobel da Paz, que também partilhou com o líder palestino e com o seu colega de partido, Shimon Peres, estavam no passado. De repente, seus pensamentos foram interrompidos pelo som do telefone.

Rabin voltou à realidade e atendeu ao telefone. Enquanto ouvia com atenção, seu rosto ia mudando de expressão. Do outro lado da linha, o general Ehud Barak,[2] chefe do Estado-Maior do Exército Israelense, informava-o de um ataque suicida, cometido por terroristas da Jihad Islâmica, contra um carro num cruzamento em Beit Lid, a 25 quilômetros de Tel Aviv. Rabin tentou recuperar a fala e lançou ao seu interlocutor um lacônico: "Quantos?". "Por enquanto, 21 mortos, vinte militares e um civil, e mais de 65 feridos", respondeu Barak.

Yitzhak Rabin desligou e fez uma chamada interna ao ministro dos Negócios Estrangeiros, Shimon Peres, com o intuito de convocar uma reunião de emergência do gabinete. Horas depois, os presentes naquela grande mesa mostravam semblantes sérios e afetados pelo atentado que Israel acabava de sofrer. A primeira decisão tomada foi a proibição aos palestinos vindos da Faixa de Gaza e de Jericó de entrarem em Israel, além de suspender a livre circulação entre as duas zonas aos residentes nos territórios.

Enquanto estavam reunidos, Karmi Gilon, diretor do Shin Bet,[3] passou uma nota a Rabin. Na televisão palestina, Yasser Arafat, com quem partilhara meses antes o Prêmio Nobel da Paz, declarava: "Mataremos e seremos mortos, assassinaremos e seremos assassinados [...], nossos irmãos, heróis da Jihad Islâmica". Ao sair da reunião, Rabin convocou ao seu gabinete Gilon, o *memuneh* do Mossad Shabtai Shavit, e o general Uri Saguy, chefe do serviço de inteligência militar, a Aman. "Quero detenções. Quero culpados. Quero os responsáveis", disse o primeiro-ministro aos três homens ali reunidos.

Em 23 de janeiro, Rabin decidiu renovar o período de isenção de três meses para o Shin Bet, o Serviço Geral de Segurança, que permitia o recrutamento de mais agentes. Em 5 de fevereiro, o primeiro-ministro ampliou o período máximo de prisão "administrativa" para um ano, renovável para delitos de terrorismo islâmico. Desde outubro de 1994 até fevereiro de 1995, tinham sido presas 2.400 pessoas por questões de segurança. Contudo, o país começava a afundar num lamentável período de tensão, que em nada ajudou a diminuir os atentados ocorridos em Tel Aviv em 19 de outubro do ano anterior contra um carro da linha 5, em que perderam a vida 22 pessoas, e o sucedido em Beit Lid no dia anterior, em que morreram 21.

Na mesma tarde do dia 23 de janeiro, Yitzhak Rabin dirigiu-se à nação pela televisão israelense. O discurso fazia sobretudo um apelo à unidade: "Nesta hora difícil não há Esquerda ou Direita, seculares ou religiosos: todos somos o povo de Israel. E em nome deste povo de Israel, que conheceu dias difíceis e grandes momentos, partilhamos a dor e as lágrimas", disse. Rabin também lançava uma clara mensagem aos líderes islâmicos:

"Os que foram severamente feridos ontem, o foram por uma nova forma de terrorismo que está sendo usada pelos nossos inimigos, os extremistas islâmicos palestinos. Vimos esse tipo de terrorismo em Israel apenas nos últimos dois anos. Antes tínhamos visto com o Hezbollah no Líbano. É um tipo de terrorismo usado por gente desequilibrada, disposta a colocar explosivos no corpo ou nos seus carros com a intenção de matar israelenses e eliminar a possibilidade da paz no conflito mais complexo que existiu entre nós e o mundo árabe: o conflito entre nós e os palestinos. Temos de enfrentar esses fanáticos cheios de ódio, e estou convencido de que, assim como impedimos alguns dos ataques, podemos combatê-los com todas as nossas forças. Estou certo de que, com o tempo, também encontraremos uma solução para eles, que escolheram nos atacar nos lugares em que ainda têm liberdade de movimento. Isso nos obriga a estar alertas, a ser cuidadosos, a denunciar coisas suspeitas. Não há outra alternativa. A realidade hoje em dia é que todos somos um exército e todo o país está na linha de frente de combate, até que saiamos vitoriosos.

No final de um discurso emoldurado pela bandeira de Israel, coroada pela estrela de davi, Rabin lançou uma mensagem clara aos homens que deviam proteger o país através das operações de inteligência, Shabtai Shavit do Mossad, Karmi Gilon do Shin Bet e o general Uri Saguy da Aman. "Aos nossos inimigos dizemos, como no passado: vamos combatê-los, agora e no futuro [...] continuaremos a procurar a paz, enquanto os perseguimos e atacamos. Nenhuma fronteira cruzará nosso caminho. Serão eliminados. Venceremos. Nenhum inimigo poderá nos derrotar", disse o primeiro-ministro.

Yitzhak Rabin ia moldando a voz enquanto finalizava o discurso: "Temos de encontrar o denominador comum de todos nós e assim conseguir o sonho de gerações de judeus nos dois mil anos de exílio. Cumpriremos a fé judaica do regresso a Sião, a construção de um país forte no qual possamos viver em paz e segurança. Boa noite". À medida que as câmeras eram desmontadas e o veterano político se levantava da mesa e recolhia os papéis que ali estavam, Gilon fez-lhe um sinal. "Primeiro-ministro, temos em nosso poder o testamento dos terroristas suicidas dos atentados de Tel Aviv e Beit Lid", disse o chefe do Shin Bet. Rabin deu então a ordem de convocar ao seu gabinete os membros do Varash. Uma hora e meia depois, Rabin sentava-se diante de uma grande mesa rodeada pelos membros de um dos comitês de espionagem mais secretos do mundo. Karmi Gilon colocara sobre a mesa uma pasta vermelha com a palavra "Confidencial" na capa, laureada pelo brasão do Serviço Geral de Segurança. Dentro, várias cópias mostravam dois textos em Árabe. O primeiro fora escrito, com a data de novembro de 1994, por Hisham Hamed, antes de se sacrificar e matar três soldados israelenses em Nazarim. "Queridos familiares e amigos! Escrevo este testamento com lágrimas nos olhos e tristeza no coração. Quero dizer que os deixo e pedir o seu perdão porque decidi me encontrar hoje com Alá, e esse encontro é muito mais importante que continuar vivo nesta terra...". Os membros do Varash leram o segundo texto: "Vou vingar-me dos filhos dos macacos e dos porcos, dos infiéis sionistas e inimigos da humanidade. Vou encontrar-me com o meu irmão na fé Hisham Hamed e o meu mestre Fani al-Abed, e com todos os mártires e santos no paraíso. Por favor, perdoem-me", pedia o terrorista que no dia anterior matou 21 israelenses em Beit Lid.

Rabin passou então a palavra ao *memuneh* Shabtai Shavit. Muitos dos seus colegas da comunidade de inteligência classificavam-no como um porteiro de hotel barato, que se vestia com roupa cuidadosamente engomada, que apertava a mão sem força e jamais lhe olhava nos olhos.[4] O *memuneh* levantou-se e explicou aos poderosos interlocutores: "O terrorismo suicida moderno surgiu no início dos anos 1980 no Líbano. Os pioneiros foram os militantes do grupo xiita libanês do Hezbollah, o pró-iraniano Partido de Deus, quando em 1983 atacaram simultaneamente o quartel-general dos Marines dos Estados Unidos e o da Força Multinacional Francesa em Beirute, que deixaram mais de trezentos mortos", disse. Os chefes do Mossad e do Shin Bet relatavam diante do Varash a situação vivida nos bairros das cidades palestinas em Gaza e na Cisjordânia. Os pássaros verdes que simbolizavam os suicidas apareciam em cartazes e em grafites nos muros cinzentos das zonas árabes. Distribuíam-se clandestinamente calendários ilustrados com "o comando do mês" ou pôsteres com os seus retratos, mostrando-os no paraíso, triunfantes e rodeados de pássaros verdes. Este símbolo baseia-se numa frase do profeta Maomé, que disse que a alma de um mártir é levada para Alá num pássaro verde. Os jovens cantavam os nomes dos suicidas, fazendo o gesto islâmico da vitória, o punho direito fechado com o dedo indicador levantado em direção ao céu. "A biografia de Muawiya Ruqa, que se detonou dentro de um carro puxado por um burro perto do assentamento israelense em Gaza, conta como a sua alma foi levada para o céu num pedaço da bomba. O pequeno exemplar é um dos mais lidos pelos jovens palestinos", disse Karmi Gilon.

Rabin deixou claro que queria responsáveis, quase o ordenou. Precisava deles para entregá-los a Israel. Eram culpados e tinham de pagar pelo ataque infligido a todo o país. Novamente, o velho ditado hebraico do "olho por olho, dente por dente" voltava à luz e devia ser o Kidon a fazer cumprir essa regra escrita com sangue desde o nascimento da temível unidade do Mossad.

Enquanto o carismático líder israelense continuava com a sua política de apertar a mão do seu antigo inimigo Yasser Arafat diante dos meios de comunicação de todo o mundo, por outro lado, combinava encontros secretos com Shabtai Shavit para a ativação de um esquadrão do Kidon, o longo braço de Israel.

No mês de setembro, o *memuneh* voltou a se reunir com os membros do Varash. Desta vez, o *Saifanim* conseguiu juntar todas as peças do quebra-cabeça num amplo dossiê que seria apresentado ao primeiro-ministro Rabin assim que ele voltasse de Washington. No dia 28 de setembro, Yitzhak Rabin e Yasser Arafat assinariam na Casa Branca os Acordos de Oslo II. Isso aumentaria os poderes da ANP sobre as zonas de Jenin, Tulkarm, Nablus, Ramallah, Kalkilia, Hebron e Belém.

Em 7 de outubro, o Mossad já tinha o primeiro alvo a abater. O seu nome era Fathi Shiqaqi. Rabin ouviu atentamente as explicações de Shavit sobre Shiqaqi e sobre a Jihad Islâmica, responsável pelos atentados em Tel Aviv e Beit Lid.

A *Harakat al-Jihad al-Islami al-Filastini*, mais conhecida como Jihad Islâmica Palestina, foi fundada em 1979 por Fathi Shiqaqi e outros estudantes radicais palestinos no Egito. Nesse mesmo ano, a revolução islâmica levada a cabo no Irã foi uma notória influência em Shiqaqi; acreditavam na necessidade da libertação da Palestina através da união de todo o mundo muçulmano e na destruição de Israel através da *jihad* ou "Guerra Santa". Por fim, o governo egípcio decidiu pela expulsão de todos os seus membros para Gaza, devido às suas relações estreitas com o grupo radical que, em 1981, assassinou o presidente Anwar el Sadat. Yitzhak Rabin continuava a ler atentamente o relatório que tinha diante de si.

Em fevereiro de 1990, membros da Jihad Islâmica atacaram no Egito um ônibus de turistas, matando doze deles. Nove eram israelenses. Devido à pressão das Forças de Segurança Egípcias que a impediam de atuar nesse país, a Jihad Islâmica iniciou uma forte campanha terrorista contra Israel. Em agosto de 1988, os líderes Fathi Shiqaqi e Abdul Aziz Odah foram expulsos para o Líbano, onde se reorganizaria a chamada Facção Shiqaqi. Ali estabeleceram fortes ligações com a Guarda Revolucionária Iraniana e o Hezbollah.

"Depois de assinados os Acordos de Oslo, fazendo agora dois anos, Shiqaqi expandiu as suas relações políticas com a Síria", explicou Shavit, "após o estabelecimento da ANP em 1994, o Hamas e a Jihad Islâmica fizeram uma cooperação terrorista para executar ataques suicidas". Yitzhak Rabin dirigiu-se a Shabtai Shavit e ordenou a ativação de uma equipe do Kidon. "A partir de agora o assunto é seu, *memuneh*", disse o político.

Eis as normas que Meir Amit, quando era chefe do Mossad, estabeleceu para serem seguidas na conexão Kidon: "Não haverá matanças de líderes políticos; eles devem ser tratados por meios políticos. Não se matará a família dos terroristas; se seus membros se interpuserem em nosso caminho, o problema será deles. Cada execução precisa ser autorizada pelo primeiro-ministro em exercício. E tudo se fará segundo o regulamento. É necessário redigir uma ata da decisão tomada, tudo de maneira clara e transparente. Nossas ações não podem ser vistas como crimes patrocinados pelo Estado e sim como a última instância judicial que o

Estado tem a oferecer. Não seremos diferentes do carrasco ou de qualquer executor legalmente nomeado".

Em meados do mês de outubro, três homens caminhavam em direção a um esconderijo do Mossad na rua Pinsker, em pleno centro de Tel Aviv. Fazia alguns anos que, nesse mesmo lugar, os membros do Kidon haviam recebido ordens para executar o magnata da comunicação social Robert Maxwell. O que os três tinham em comum era serem altos dirigentes dos serviços de espionagem de Israel e estarem de acordo com a utilização do Kidon para executar os inimigos do Estado, e essa seria a decisão que tomariam em poucos minutos.

Assistiram à reunião, além de Shavit, Saguy e Gilon, o general Doran Tamir, oficial de inteligência militar, três *kidon* encarregados de finalizar a operação e um membro da Apam. No apartamento, reinava o silêncio até que Shabtai Shavit tomou a palavra: "O primeiro-ministro deu a ordem para atacar a Jihad Islâmica. Decidimos que o alvo será Fathi Shiqaqi. Esta ação deve ser Aina Efes, uma operação que não admite o fracasso. Devemos isso aos nossos compatriotas mortos em Tel Aviv e em Beit Lid". A relação entre os homens que ali se encontravam era cordial, embora, de certa maneira, todos eles se mantivessem a uma distância prudente. Nenhum dos chefes da comunidade de inteligência queria interferir na função dos outros.[5] Uri Saguy declararia anos mais tarde: "Não poderíamos nos comparar uns com os outros. Como chefe da Aman, eu poderia lhes dar instruções. Havia competência entre nós, mas, enquanto servíssemos ao mesmo propósito, tudo correria bem".

A reunião duraria cerca de duas horas. Todos os papéis, documentos ou fotografias sobre Fathi Shiqaqi estavam sobre a mesa. Assassinar Shiqaqi era um simples ato de vingança. A primeira coisa que estudariam seria as informações pessoais de Shiqaqi, os seus hábitos, os seus interesses, a sua família, coletadas por um "combatente"[6] em Damasco.

"Em 1988, o doutor Fathi Shiqaqi, um dos fundadores da Jihad Islâmica, escreveu um documento em que destacou a importância de penetrar no território inimigo (Israel) e fixou as regras para o uso de operações com mártires. Fazia-o para responder às críticas religiosas aos ataques com carros-bomba e caminhões-bomba que se tornaram frequentes no Líbano. Shiqaqi encorajava o que ele próprio definiu como 'martirológio excepcional', uma tática na Jihad fi Sabeel Alá (a luta da causa de Alá)."

No mundo dos jovens suicidas, Shiqaqi era idolatrado pelo seu povo, quase como um Deus que lhes prometera que a primeira gota de sangue derramada na Jihad lavava instantaneamente todos os pecados. "No dia do juízo, o mártir não será julgado. No dia da ressurreição, pode interceder por setenta entes queridos para que entrem no céu e tenham à sua disposição setenta *huris*, as belas virgens do paraíso", explicava Fathi Shiqaqi àqueles jovens sem futuro que estavam dispostos a dar a vida levando com eles, com os seus potentes cinturões-bomba, várias dezenas de israelenses.

Em Damasco, capital da Síria, na sua confortável vida junto à esposa e aos dois filhos, o líder da Jihad Islâmica tinha pagado a necrologia nos jornais islâmicos dos suicidas de Tel Aviv e Beit Lid, e nas orações sagradas de sexta-feira tinha louvado os sacrifícios e garantido às famílias que os seus entes queridos ganhariam um lugar no paraíso.[7]

Nos bairros menores e nas cidades palestinas, era uma questão de honra entregar um filho ou uma filha a Shiqaqi. Escolhido o suicida, eram os chefes militares da Jihad Islâmica no Líbano que, após estudar as fotografias do alvo, calculavam a quantidade necessária de explosivos para provocar o maior dano e, portanto, o maior número de vítimas. Apenas os planejadores conheciam palavras como "explosivo", "oxidante", "densificador", "detonadores" e coisas do gênero. Ao suicida apenas se indicava como acionar o detonador para explodir a dinamite que levava às costas numa mochila ou colada ao corpo num cinturão.

Na reunião do apartamento da rua Pinsker continuaram a estudar pausadamente os relatórios sobre Fathi Shiqaqi. Era preciso ainda decidir onde, como e quando dar o golpe. O relatório que agora liam, redigido por um *shicklut* do departamento de escutas do Mossad, depois de ter desenvolvido um *Neviof*, sistema para penetrar na residência de Shiqaqi para colocar escutas, mostrava um modo de vida muito distante dos palestinos que viviam em Gaza e na Cisjordânia. A casa do líder da Jihad Islâmica, que partilhava com a esposa Fathia, localizava-se numa das melhores áreas de Damasco. Carpetes, tapeçaria, talheres e louça amontoavam-se entre retratos dedicados a Shiqaqi por líderes como o presidente da Líbia, Muammar al-Khaddafi, ou o da Síria, Hafez el Assad. Na rua, convenientemente camuflados, estavam dois veículos com membros dos serviços secretos sírios. No portão, quatro escoltas armadas com metralhadoras protegiam Fathi Shiqaqi e a sua família.

A vestimenta usada pelo líder da Jihad Islâmica, composta por longas túnicas brancas e sandálias baratas, diferia muito da que enchia os seus amplos armários. Trajes cortados à mão na exclusiva Saville Row londrina e sapatos feitos sob medida pelos melhores sapateiros italianos alinhavam-se ordenadamente.

Shavit estudou uma grande pasta na qual estava, presa a um clipe, uma fotografia em preto e branco de um homem de rosto redondo, com densa barba preta e óculos com lentes grossas. O seu rosto lembrava mais o de um professor primário do que o de um líder terrorista. "Nascido na Faixa de Gaza em 1951, Shiqaqi cresceu no seio de uma família refugiada de Jaffa. Estudou matemática na Universidade de Birzeit e medicina no Egito. Inspirado pela Irmandade Muçulmana, decidiu voltar aos territórios para praticar a medicina. Nos anos 1980, fundou o Movimento da Jihad Islâmica na Palestina. Em 1983, foi detido e sentenciado a um ano de prisão. Em 1986, foi novamente detido por atividades políticas e condenado, dessa vez a três anos de prisão. Em agosto de 1988, foi deportado para o sul do Líbano. Em finais desse ano, instalou-se no campo de refugiados de Yarmouk, nos arredores de Damasco. Janeiro de 1994 foi crucial para a formação da coligação de oito forças da OLP contrárias aos Acordos de Oslo." Shabtai Shavit não tinha a menor dúvida de que Fathi Shiqaqi estava por trás dos atentados de Tel Aviv e Beit Lid.

Nessa mesma hora, Fathi Shiqaqi encontrava-se com a esposa na residência de Damasco. Enquanto comia, o líder da Jihad Islâmica garantia à mulher que os líbios tratariam da sua segurança na viagem que ia fazer a Malta. Shiqaqi esperava regressar ao seu refúgio sírio passados dois dias, com um milhão de dólares procedentes do Libian Arab Foreign Bank. A viagem do palestino provocou uma grande alegria nos seus filhos. Estes encomendaram-lhe meia dúzia de camisas de uma loja na qual já tinham comprado anteriormente.

Fathia, a esposa de Fathi Shiqaqi, garantiu algum tempo depois: "O meu marido insistia em que, se os israelenses planejassem alguma ação contra ele, já a teriam posto em prática". "Os judeus sempre respondem com rapidez a algum incidente", disse-lhe Shiqaqi.[8] Na verdade, o líder do grupo islâmico tinha razão, pelo menos em parte. Yitzhak Rabin tinha planejado já no início do mês de julho de 1995 atacar Shiqaqi, mas Saguy, chefe da Aman, e Shavit, chefe do Mossad, fizeram-no desistir, ao detectarem "uma mudança de ares em Damasco" com respeito a Israel. Era evidente que, se o Kidon atacasse Shiqaqi na capital síria, a "mudança de ares" protagonizada pelo presidente Assad se voltaria outra vez contra Rabin e Israel. O primeiro-ministro seguiu o conselho dos dois chefes da espionagem civil e militar. Sem dúvida, era preciso esperar.

Rabin adiava a decisão de atacar Shiqaqi, mas só por alguns meses. O Verão e o Prêmio Nobel tinham-no atrasado, mas essa situação não se arrastaria por muito mais tempo. Um "combatente" em Damasco informou o quartel-general do Mossad em Tel Aviv que detectara certo movimento entre as pessoas que rodeavam Shiqaqi. Era evidente que ele preparava uma viagem. Agora só faltava saber o destino.

Através do Keshet (Arco), informação obtida por microfones instalados na casa de Shiqaqi, o Kidon soube que o itinerário que o líder dos ataques de Tel Aviv e Beit Lid ia seguir era de avião até Malta e de *ferryboat* a partir de La Valetta, a capital maltesa, até Trípoli, na Líbia. Para voltar à Síria, Shiqaqi faria o mesmo trajeto, mas em sentido contrário. Era evidente que teriam de atacar o principal líder da Jihad Islâmica num desses pontos.

Na manhã de 22 de outubro, com todos os dados conseguidos, Yitzhak Rabin deu sinal verde à Operação Cesárea. No dia seguinte, Gil Avner e Ran Giloh, dois homens de cerca de 30 anos de idade, saíram do aeroporto Ben-Gurion de Tel Aviv em voos separados. Avner voou diretamente para Atenas e Giloh para Roma. Nas capitais grega e italiana, um *bodel* correio, mensageiro do Mossad encarregado de levar mensagens de um esconderijo a uma estação, uma embaixada ou ao próprio quartel-general da espionagem israelense, entregou-lhes um envelope amarelo lacrado. Dentro dele havia um passaporte britânico no qual tinha mudado unicamente a fotografia. Os *kidon* chegaram naquela mesma tarde a La Valetta. Na manhã de 24 de outubro, telefonaram para Gil Avner da recepção do hotel. O telefone tocou várias vezes até que o *kidon* o atendeu. Do outro lado, uma voz indicava-lhe que alguém lhe entregara uma moto Yamaha no hotel. Avner explicou que era para fazer turismo pela ilha.

Todas as manhãs, os dois *kidon*, vestidos como turistas, saíam do hotel com mochilas, guias de Malta e câmeras fotográficas. Queriam estabelecer uma rotina. Nada devia fazer suspeitar da missão que os levara até a pequena ilha mediterrânea. Em 25 de outubro, os dois assassinos tiravam fotografias no momento em que um grande *ferryboat* branco, pertencente às linhas estatais líbias, manobrava para entrar no porto maltês. Giloh, com uma teleobjetiva, centrava a imagem num homem de óculos e barba que estava apoiado no convés. A pouca distância dele, dois indivíduos não o perdiam de vista. O israelense percebeu logo que os dois homens eram agentes do serviço secreto líbio.

Por alguns instantes, pareceu que a operação ia ser complicada, mas só por alguns instantes. Quando os passageiros do *ferryboat* já caminhavam para o cais, Gil Avner e Ran Giloh observaram como Fathi Shiqaqi apertava a mão dos dois homens e saía sozinho para o cais. Os líbios tiveram de escoltá-lo apenas durante o trajeto entre Trípoli e Malta.

Depois de passar pelo controle de passaportes — o líder da Jihad Islâmica portava um passaporte líbio com o nome de Ibrahim Dawish —, ele pegou um táxi no mesmo porto.[9] A pouca distância, uma moto Yamaha não o perdia de vista.

O táxi entrou no bairro de Sliema e parou no número 173 da Tower Road, um envidraçado e impessoal edifício de sete andares. Ao chegar, o porteiro do hotel Diplomat abriu a porta de trás do táxi. Fathi Shiqaqi apareceu confiante em plena rua e foi depressa para a recepção. Mostrou o passaporte líbio, e o funcionário do hotel entregou-lhe a chave do quarto 616.

Giloh manteve-se num discreto posto de observação, enquanto Avner voltava na Yamaha ao seu hotel para falar com Tel Aviv. Assim que se encontrou na segurança do quarto, o *kidon* abriu a pasta preta em que estava um sofisticado emissor de rádio. Os dispositivos do Samsonite deviam ser abertos em sentido contrário para desativar os fusíveis que provocavam a ignição do pequeno explosivo que havia no interior e que podia explodir na cara de quem não seguisse as instruções. Gil Avner esticou a antena e entrou em contato com o centro de operações da Metsada no deserto do Neguev.

De Israel disseram ao *kidon* que, após a operação, deviam dirigir-se até o aeroporto de La Valetta e entrar num cargueiro das linhas marítimas israelenses ZIM, que saíra do porto de Nápoles rumo a Haifa. Tinham apenas 24 horas para agir, ou a Operação Cesárea iria por água abaixo até terem outra oportunidade. Nem Shabtai Shavit nem os dois *kidon* queriam que isso acontecesse. Os três homens queriam vingar a todo custo as 43 mortes e os 125 feridos israelenses provocados pelos suicidas da Jihad Islâmica nos atentados de Tel Aviv e Beit Lid. Era agora ou talvez nunca.

Na quinta-feira, 26 de outubro de 1995, os dois *kidon* observaram como Fathi Shiqaqi saía sozinho do hotel e ia, andando devagar, como qualquer outro turista, a um café ali perto. Bebeu um café e, depois de pagar, dirigiu-se a um grande centro comercial situado na mesma Tower Road. Numa das lojas, comprou doze camisas para os filhos. Em seguida, Shiqaqi começou a voltar ao hotel carregado de sacolas. Era esse o momento. Gil Avner, em cima da Yamaha, se posicionou na esquina da rua, enquanto Ran Giloh segurava na mão uma Beretta 9 mm escondida debaixo de um exemplar do *Times of Malta*.

O *kidon* viu Fathi Shiqaqi aproximar-se descendo a rua na sua direção, pois o palestino ainda não tinha percebido o perigo. Quando Shiqaqi passava diante de Giloh, o israelense levantou a arma como fizera centenas de vezes e disparou um primeiro tiro na nuca do líder da Jihad Islâmica. Em seguida, aproveitando o torpor das pessoas que caminhavam perto do palestino, o *kidon* disparou mais quatro vezes na cabeça e no peito de Fathi Shiqaqi. Rodeado por uma poça de sangue, Ran Giloh, da Metsada, agachou-se, colocou o cano da arma na boca de Shiqaqi e disparou pela sexta e última vez. Depois, andou até o seu companheiro Gil Avner, que o esperava na Yamaha, para darem início à fuga. Uma hora depois do ataque, um barco de pesca levava os dois homens até um dos cargueiros da ZIM. O capitão informou as autoridades do porto de La Valetta que as máquinas foram reparadas e que continuariam o seu caminho até Haifa.[10] Shiqaqi, de

44 anos, estava morto. O Kidon, o longo braço de Israel, dessa vez atacara em Malta o principal líder da Jihad Islâmica.

As autoridades maltesas tentaram estabelecer um cerco para impedir a fuga dos assassinos, mas já era tarde demais. No hotel, ninguém se lembrava de nenhuma característica especial dos dois homens que costumavam viajar numa Yamaha, segundo declararam à Polícia de Malta, o corpo policial mais antigo da Europa, os funcionários do hotel em que se hospedaram os israelenses.[11]

Aquele cadáver rodeado de uma grande poça de sangue numa rua de Malta era do homem que escrevera: "Viver para morrer numa realidade tangível e inexorável, mas morrer para renascer ou para reencarnar, é um ato de convicção apenas admissível como aceitação de uma irremissível realidade ou como resultado de um sacrifício moral ou de valores, que acarreta a possível desventura da morte".

No Irã, pátria espiritual de Shiqaqi, os máximos dignitários do Qom, verdadeiro centro ideológico do xiismo, decretaram dia de luto nacional. Em Israel, ao ser interrogado pela imprensa sobre o "assassinato" de Shiqaqi, o próprio Yitzhak Rabin respondeu: "Desde já, não estou triste por essa perda".

Na mesma noite de 26 de outubro, um avião tunisiano fretado pelo governo sírio levou o corpo de Fathi Shiqaqi para Damasco. Na quarta-feira, dia 1º de novembro, cerca de 40 mil pessoas assistiram ao funeral do líder da Jihad Islâmica na capital síria, sendo o seu corpo escoltado por membros do Hezbollah armados com fuzis de assalto Kalashnikov AK-47.

O clima de exaltação e revolta vivido em Israel durante todo aquele ano de 1995 foi fomentado pela direita nacionalista, em oposição à política do governo de Rabin, que se lançou numa campanha de descrédito dirigida pessoalmente contra o mandatário. Esses setores convocavam manifestações nas quais Yitzhak Rabin era considerado um "traidor". O ambiente viu-se exacerbado pela rigidez da linguagem do primeiro-ministro, que se referia aos seus difamadores e opositores com certo desprezo, e criticava abertamente a posição tomada por "alguns rabinos", que insinuaram que a lei judaica equiparava-se efetivamente à entrega de terras aos palestinos como uma traição que deveria ser evitada a todo custo.

Esse seria o gatilho do explosivo que detonaria em 4 de novembro de 1995. Naquele sábado, apenas três dias depois do enterro de Fathi Shiqaqi, com a vontade de reforçar os partidários do processo de paz, convocou-se um comício multitudinário em Tel Aviv na praça dos Reis de Israel (hoje praça Yitzhak Rabin).

O comício daria pretexto a uma grande manifestação, com a participação de artistas e políticos de esquerda e centro-esquerda, liderada pelo próprio Rabin. Ao terminar o seu discurso, por volta das 21h40, o veterano político decidiu deixar o local, escoltado por agentes do Shin Bet. Enquanto descia do palanque por umas escadas laterais, um fanático chamado Igal Amir deu-lhe dois tiros pelas costas, instantes antes de entrar no carro oficial. Yitzhak Rabin, gravemente ferido, foi levado com urgência para o hospital Ichilov, localizado muito perto da praça em que ocorrera a manifestação pela paz. O agente do Shin Bet Yoram Rubin também foi alvejado.

Quarenta minutos depois de ter dado entrada no hospital, exatamente às 22 horas, Yitzhak Rabin morria na mesa de cirurgia, rodeado por médicos que tentaram em vão salvar-lhe a vida. Por obra do destino, Yitzhak Rabin morreu assassinado apenas oito dias depois do seu inimigo Fathi Shiqaqi. Talvez nesse caso tenha se cumprido o famoso dito judeu do "olho por olho, dente por dente". Só o destino o saberá.

Na segunda-feira, 6 de novembro de 1995, centenas de líderes políticos de todo o mundo assistiram ao funeral de Yitzhak Rabin no Cemitério Nacional do Monte Herzl.

Karmi Gilon, diretor do Shin Bet, demitiu-se em 1996, depois de assumir pessoalmente o fracasso do Serviço Geral de Segurança na proteção do primeiro-ministro Yitzhak Rabin, que terminou no seu assassinato.

Shabtai Shavit rejeitou se demitir, garantindo que a proteção do primeiro-ministro Rabin era responsabilidade de Gilon, e não do Mossad, mas, pouco depois, com a nomeação de Benjamin Netanyahu a primeiro-ministro de Israel, Shavit deixou ou foi "obrigado" a se demitir do cargo de *memuneh* em junho de 1996. Foi substituído pelo polêmico Danny Yatom.

OPERAÇÃO ENGENHEIRO

ALVO: Yehiya Ayyash conhecido como "O Engenheiro"

POSIÇÃO: Responsável por explosivos do Ramas e comandante da Brigada Izzedine al-Qassam

DATA: 5 de janeiro de 1996

Por volta da meia-noite, as viaturas da polícia vigiavam os acessos das estradas e autoestradas para Tel Aviv. Uma das estradas estava localizada na área de Dan, ao norte da cidade. Dentro do veículo, encontravam-se os policiais Aharon Bin-Nun e Leon Cahalon. Ambos faziam parte da operação montada pelas Forças de Segurança Israelenses chamada Atividade Terrorista Hostil (ATH). Os voluntários da polícia estavam treinados para tratar de delitos menores como roubo de veículos, brigas domésticas e coisas do gênero, enquanto as forças policiais mais experientes eram destinadas a combater possíveis ataques terroristas.

Na manhã de 19 de novembro de 1992, os dois agentes, a bordo do seu carro azul e branco, avistaram um carro Fiat, com a placa 19-380-54, com os faróis apagados. O carro levantou suspeitas e os dois policiais o seguiram. Por fim, Bin-Nun, através do alto-falante do carro policial, deu ordem ao Fiat para parar à beira da estrada. A essa hora, os moradores do bairro de Ramat Efal ainda dormiam. Em dado momento, as portas do carro suspeito abriram-se, e os três homens que estavam dentro saíram correndo. Dois deles foram detidos por Bin-Nun e Cahalon. Eram palestinos. Leon Cahalon aproximou-se com a lanterna na mão para observar o interior do carro. Sem quase poder falar, conseguiu dizer ao companheiro: "Dê o alerta. Chame a Unidade Antibombas".

Trinta minutos depois, a área foi completamente cercada e os moradores, evacuados para os refúgios antiaéreos, enquanto as unidades de desativação se aproximavam do carro estacionado.

Dentro havia cinco tanques de gasolina, várias baterias e dezenas de recipientes herméticos com detergentes e acetona, que eram usados para produzir bombas potentes. "Bambi", nome do robô da Unidade Antibombas, começou a manipular o explosivo com o intuito de desativá-lo. Segundos depois de cortar um cabo verde, produziu-se uma grande explosão. Partes do robô colidiram com a vitrine de uma loja de brinquedos, enquanto uma parte do motor do Fiat foi parar no telhado de um edifício de dez andares perto dali. O oficial, chefe da unidade, não tinha reparado no cabo-armadilha que ligava o detonador à bateria. Quando Bambi cortou o cabo de união, desativou a corrente contínua e acionou a bomba. Era evidente que se Aharon Bin-Nun e Leon Cahalon não tivessem mandado parar o carro com os três palestinos, o explosivo que havia no interior provocaria centenas de mortes.[1]

Yakov Peri, chefe do Shin Bet, a agência de contraterrorismo e contraespionagem de Israel, seria o encarregado de informar o primeiro-ministro Yitzhak Rabin. Segundo Peri, os terroristas tinham planejado dirigir-se ao centro comercial da praça Dizengoff e deixar o Fiat no estacionamento. Assim que estivesse ali, por controle remoto, fariam a bomba explodir. Rabin perguntou então a Peri se era obra do Hamas.

O chefe do Shin Bet respondeu: "Dizem que operam sob ordens do comandante da Brigada Izzedine al-Qassam. Parece que ele tem 27 anos e é quem projetou a bomba. Ao que parece, o chefe dos dois terroristas detidos é casado, é um muçulmano devoto, um antigo ativista do Hamas e graduado em engenharia elétrica pela Universidade de Bir Zeit".[2] Desde o incidente de Ramat Efal, o maior alvo do Shin Bet seria um homem sem rosto nem nome, conhecido pelo cognome de "O Engenheiro".

Nissin Toledano, um oficial da Guarda Fronteira que nada sabia de terrorismo nem de contraespionagem, preparava-se para sair, vestido de uniforme, às cinco horas, tal como fazia há seis anos. Toledano trabalhava no Quartel-General da Guarda Fronteira em Ha'Chashmonaim, a apenas dois quilômetros de sua casa. Embora estes homens fossem conhecidos nos territórios como boinas-verdes, os palestinos identificavam-nos como "os homens de Kfar Qassen", em referência ao massacre de 33 civis na cidade com esse nome, em 1956. Na verdade, os membros dessa unidade eram metade policiais, metade militares.

Por volta das 5h15 de 12 de dezembro de 1993, o sargento-mor Nissin Toledano saiu de sua casa. Às seis horas, tocou o telefone na casa dos Toledano. Rivka, a esposa, mãe de dois filhos, atendeu. Do outro lado da linha, o comandante da Guarda Fronteira perguntou pelo paradeiro do marido dela. "Não chegou ao trabalho?", perguntou a mulher.

Entre 5h15 e 5h30, um veículo branco aproximou-se do oficial de 29 anos, e os ocupantes, depois de o espancarem fortemente, amordaçaram-no e o jogaram no porta-malas.

Pouco depois, no edifício da Cruz Vermelha em Ramallah, dois homens que se identificaram como membros da Brigada Izzedine al-Qassam aproximaram-se de uma jovem palestina e entregaram-lhe um envelope. Dentro, os sequestradores expunham as suas condições para pôr em liberdade Nissin Toledano. O texto, em Árabe, acompanhava uma cópia da identificação do agente. À tarde, o texto completo estava na mesa do primeiro-ministro Rabin. Os terroristas, após vários parágrafos louvando Alá, o misericordioso, e se identificando como a Unidade Especial na companhia dos mártires de Izzedine al-Qassam, o braço armado do Hamas, exigiam o cumprimento de cinco pontos concretos e, caso não fossem atendidos, matariam o oficial israelense. O grupo palestino exigia a libertação do xeique Yassin sob supervisão da Cruz Vermelha e dos embaixadores da França, da Turquia e da Suécia.

O xeique Ahmed Yassin era o fundador e guia espiritual do movimento integrista islâmico Hamas. Doente há anos e paralítico desde a infância, era a figura mais emblemática da resistência palestina.

Yitzhak Rabin, reunido na sala do gabinete com todos os ministros, sabia que há décadas Israel não negociava com terroristas — justamente o que os homens do Hamas eram. Desde esse preciso momento, lançou-se uma autêntica caça humana para resgatar Toledano antes do fim do ultimato. Em 14 de dezembro, milhares de soldados israelenses entraram de casa em casa, à procura do seu companheiro sequestrado, na Faixa de Gaza e na Cisjordânia.

Vários líderes do Hamas conseguiram safar-se daquela grande desavença. Um deles seria Yahya Ayyash, com o número de identificação israelense 932 116 239. Naquela noite, ativistas do Hamas foram cercados por uma força combinada da polícia, do exército e do Shin Bet. Na manhã de 16 de dezembro, Fatma Abu Dahuk, uma jovem beduína, caminhava por uma estrada perto de Kfar Adumin, na Cisjordânia, a meio caminho entre Jerusalém e Jericó. Numa curva do caminho, em que cresciam flores de inverno, a jovem viu um corpo coberto por um casaco verde militar. Horas depois, unidades do exército, helicópteros de combate, médicos-legistas e agentes do Shin Bet cercavam o local. Nissin Toledano não tinha sido só executado; havia sido esquartejado. Meshulam Amit, comandante-chefe da Guarda Fronteira, observou o cadáver do seu oficial. Havia sinais de ter sido torturado. Não tinha unhas, nem nas mãos, nem nos pés. Tinha sido espancado nos testículos e apresentava marcas claras de ter sido estrangulado com um fio de aço. Fora esfaqueado 32 vezes. Como vingança pelo assassinato, o Shin Bet prendeu 1.129 ativistas do Hamas, dos quais 415 foram escolhidos para deportação.[3]

Em 17 de dezembro, uma manhã chuvosa, vários carros escoltados saíram de diferentes centros de detenção. Horas depois, protegidos por atiradores de elite do exército israelense, cruzavam a fronteira do Líbano. Ali, no meio do nada, em terras de ninguém, os 415 ativistas do Hamas foram obrigados a sair dos veículos e abandonados à própria sorte.

O primeiro-ministro Yitzhak Rabin pediu aos chefes do Shin Bet e do Mossad, Yakov Peri e Shabtai Shavit, um relatório exaustivo sobre o Hamas. Poucas horas depois, Rabin lia o grosso dossiê preparado pelos serviços de espionagem e contraespionagem. "Hamas, acrônimo de *Harakt al-Muqaqama al-Islamiya* (Movimento de Resistência Islâmica), não foi originalmente um movimento terrorista. Suas ideias de base estavam mais próximas de Marx, Engels e Mao do que do islamismo radical. Pouco a pouco, suas posições foram se tornando cada vez mais extremistas, até se converter no que realmente significava o nome do Hamas, um movimento de resistência islâmica contra o Estado judeu na Palestina." Rabin olhou por cima dos óculos e perguntou a Peri: "Por que razão se distanciaram da OLP?" O chefe do Shin Bet respondeu: "Creio que os odeiam tal como odeiam a nós. O Hamas acredita que a Autoridade Nacional Palestina os traiu e tornou-se um agente de Israel".[4]

O Hamas estava cada vez mais organizado. Através de células herméticas, os seus membros distribuíam as tarefas dirigidas a combater o ocupante. Extremamente dedicados e altamente motivados, os seus membros dividiam-se em unidades ou em brigadas. A Dawa ocupava-se dos recrutamentos, da repartição de fundos e de nomeações políticas e militares; a A'Alam, de recolher informação nos territórios, desde codificar mensagens a imprimir panfletos; a Al-Majahadoun Al-Falestinuon, das operações militares; o Jehaz Aman, ou seção de segurança, das tarefas de inteligência, vigilância e detecção de colaboradores dos israelenses; e o Majd, acrônimo de Majmouath Jihad u-Dawa, da Guerra Santa e de fazer proselitismo. Os membros da unidade Majd eram jovens, pobres e devotos recrutados nas mesquitas e escolas corânicas.[5]

O primeiro golpe importante do Majd ocorreu no dia 15 de fevereiro de 1989. Nessa manhã, um jovem soldado, Avi Sasportas, desapareceu sem deixar o menor rastro quando voltava à sua unidade pedindo carona. Há vários anos que os militares israelenses tinham ordens explícitas de não entrar nunca em veículos com placas azuis (dos Territórios Ocupados), das Nações Unidas, das

Forças Multinacionais de Observação ou diplomáticas. Sasportas não suspeitou de nada quando um Subaru branco com placa israelense e três judeus ortodoxos parou diante dele. Em perfeito hebraico, o motorista disse ao jovem militar que o levariam. Assim que fechou a porta, os três homens começaram a bater no cabo e, por fim, deram-lhe um tiro na cabeça com uma pistola de calibre 22. O corpo esquartejado foi atirado em uma estrada deserta.

Três meses depois, o cabo Ilan Sa'adon foi aparentemente sequestrado por três árabes disfarçados de judeus ortodoxos a bordo de um Subaru branco. O Shin Bet descobriu que cerca de 250 homens da unidade Majd, sob ordens do xeique Yassin, estavam envolvidos nos sequestros e assassinatos dos militares. Num lugar de Jerusalém, o primeiro-ministro Rabin e os seus chefes da espionagem decidiam se iriam ou não matar Yassin. Por fim, Ahmed Yassin foi preso e julgado por acusações de terrorismo, por pertencer a um grupo terrorista e por financiar um grupo terrorista. O carismático religioso foi condenado a passar quinze anos numa prisão israelense de segurança máxima.[6]

De acordo com o Mossad, os primeiros contatos entre o governo iraniano e o Hamas aconteceram em finais de outubro de 1991, por meio do general Ali Duba, chefe do serviço de espionagem sírio. Àquela reunião assistiram o próprio Duba; Mohamed Nazzal, representante do Hamas em Amã; Ibrahim Ghosheh, porta-voz oficial do Hamas; e Ali Akhtari, embaixador do Irã em Damasco e coordenador da polícia iraniana no Líbano. Para o Mossad era incompreensível como a teocracia xiita podia financiar o devoto Hamas sunita, mas no Oriente Médio tudo era possível. Entretanto, as 415 deportações ordenadas por Yitzhak Rabin e a rejeição do primeiro-ministro libanês, Rafik Harari, de permitir a entrada dos deportados no Líbano, provocou o repúdio da Assembleia Geral das Nações Unidas.[7]

Em janeiro de 1992, um nova e misteriosa organização terrorista, a *Brigada Izzedine al-Qassam*, começou a aparecer nos comunicados oficiais do Hamas com respeito aos ataques ao exército israelense, a policiais e a civis.

Al-Qassam nascera na cidade síria de Latakia, em 1882, e aprendera a arte do *jihad* enquanto era um adolescente no Cairo. Combateu contra os italianos na Líbia e contra os franceses na Síria. Em 1922, instalou-se no porto de Haifa, onde se familiarizou com o nacionalismo islâmico e a resistência à ocupação britânica na Palestina. Em 1935, foi assassinado durante um combate contra as forças britânicas, convertendo-se, segundo reza a lenda, no primeiro *shaheed* (mártir) da história da Palestina.[8] Cinquenta e sete anos depois, as células do Hamas e seus jovens membros dedicavam-se a disparar contra os soldados israelenses que patrulhavam a pé, e a sequestrar informantes para depois executá-los e colocá-los em postes nas cidades e campos de refugiados palestinos. Pouco depois, os alvos se ampliaram para traficantes de drogas, vendedores de revistas pornográficas, cafetões, prostitutas e até para os que jogavam às sextas-feiras.

Dez de dezembro de 1992 seria um dia decisivo para a equipe de elite Yamam, a unidade de resgate de reféns e contraterrorismo da Polícia Nacional de Israel. Naquela manhã haviam recebido do Shin Bet uma comunicação de "ação imediata". Aparentemente, um informante indicara-lhes que Issam Barhama, um alto membro da *Brigada Izzedine al-Qassam* do Hamas, estava escondido numa casa no povoado de A'nza, de grande atividade islâmica.

Vários policiais, militares, guardas de fronteira e agentes do Shin Bet tinham perdido a vida em combates abertos com os homens do Hamas, e Barhama era um dos chefes militares. O palestino assumira o comando depois da execução de Imad Aqal, o jovem *a-jaish* (soldado) e comandante da *Brigada Izzedine al--Qassam*, por parte de uma unidade conjunta encoberta do Mossad e do Shin Bet. Aqal ficou famoso por ser um hábil interrogador e torturador que gostava de cortar os dedos, um a um, dos seus prisioneiros.

Era suposto que a operação em A'nza fosse de rotina. Os primeiros membros do Yamam começaram a dispersar-se pela aldeia. Um atirador de elite posicionou--se no telhado em frente à casa de Barhama. A operação era controlada a partir de um posto de comando pelo chefe do Comando Central do Exército israelense, o major-general Danny Yatom, futuro *memuneh* do Mossad.[9]

Dentro da casa estava o informante que passara a informação ao Shin Bet, motivo pelo qual, tanto para David Tzur, chefe do Yamam, como para Yakov Peri, diretor do Shin Bet, era importante tirá-lo vivo dali. Minutos depois, o sinal verde para a operação foi dado por rádio. A primeira unidade invadiu a casa. Ronen Razieli foi ferido gravemente num olho, enquanto os palestinos do Hamas batiam em retirada pela porta de trás, incluindo o informante.

Os terroristas começaram a barricar-se num anexo da casa, o que obrigou os israelenses a recuarem. Yatom deu então a ordem aos seus homens para entrarem no edifício e lutarem contra Barhama. Tzur sentiu o perigo no ar. Sabia que o comandante do Hamas não se deixaria apanhar vivo. O primeiro a entrar foi Sasson Mordoch com um cão da unidade antibombas. Barhama matou-o com uma rajada de metralhadora. Doron Madmon, o operador de rádio da unidade, também foi assassinado por Barhama com um tiro na nuca. Então, o atirador de elite recebeu sinal positivo para disparar caso conseguisse ter Issam Barhama na mira. De fato, segundos depois, o comandante do Hamas apareceu na mira telescópica do fuzil. Um pequeno zumbido partiu a janela, e a bala atingiu a cabeça do terrorista palestino.

A Teerã, Damasco e Virgínia, onde o diretor político do Hamas, Musa Abu Marzouk, vivera nos últimos trinta anos, começaram a chegar faxes de Jenin, Gaza, Nablus e Hebron, anunciando uma grande ofensiva contra os israelenses em geral e contra os agentes do Shin Bet e do Mossad em particular. Depois do sequestro de soldados, das execuções de agentes do Shin Bet e da escalada de ataques a bomba, começou uma nova ofensiva islâmica. O homem no comando desta ofensiva chamava-se Yahya Ayyash.

O novo comandante-chefe da *Brigada Izzedine al-Qassam* tinha apenas 27 anos e falava devagar. Ayyash era conhecido nos territórios por ser um homem valente e que não tinha medo de nada. À base de pancadas e esfaqueamentos, conseguiu construir sua reputação em meio ao restante dos jovens que desejavam alcançar a liderança em alguma unidade do Hamas. Aquilo lhes dava prestígio.

Yahya Abdel-Atif Ayyash nasceu em 22 de fevereiro de 1966 na cidade de Rafat, situada numa pequena zona que separa a antiga fronteira do Estado judeu e o Reino da Jordânia. Ayyash, o mais velho de três irmãos, foi educado numa família muito religiosa de camponeses. O seu mundo era como o de qualquer criança palestina que cresce entre os ataques de unidades da Al Fatah sobre as zonas agrícolas israelenses e os contra-ataques dos paraquedistas israelenses sobre as zonas agrícolas palestinas, como Rafat. Quando Ayyash decidiu juntar-se às fileiras do Hamas, Rafat contava com cerca de 3 mil habitantes.

A família Ayyash, unida pelo seu fervor ao Islã, atuava quase como um clã dentro da zona. Aos 6 anos, Ayyash começou a estudar a ciência islâmica e o Alcorão. Existiam várias fotografias de Yahya Abdel-Atif Ayyash recebendo um prêmio das autoridades islâmicas pela sua perfeita aprendizagem das suras do Alcorão e por ter memorizado passagens importantes do livro sagrado.

Em 1985, Ayyash graduou-se no instituto de Bidya, a cinco quilômetros da sua cidade natal. Depois de realizar diversos trabalhos para ganhar algum dinheiro, matriculou-se em 1987 na Universidade de Bir Zeit, a norte de Ramallah, onde estudou engenharia elétrica. O centro já era conhecido pelo Shin Bet e pelo Mossad como um autêntico centro de cultura do nacionalismo palestino e para o recrutamento de futuros talentos.

A maioria dos estudantes de Bir Zeit, incluindo Ayyash, falava de política e participava de atividades ilegais contra os israelenses. A Al Fatah, facção liderada por Yasser Arafat, controlava a universidade e o *campus*. "O Engenheiro" mostrava desde então um aberto ressentimento para com Arafat e os seus, que chamava, com certo desprezo, de "comandantes em exílio de três martínis no almoço".[10] O Hamas era diferente. O Grupo de Resistência Islâmica mostrava verdadeira fé espiritual e virtude do Islã mais puras e honestas, segundo Ayyash. Em 1991, finalmente, Yahya Ayyash graduou-se com distinção, deixando para trás sonhos de liberdade para se tornar um simples mecânico. Os membros de sua família levavam-no para consertar rádios velhos, televisões em preto e branco ou toca-discos com peças faltando. Seu domínio da eletricidade permitiu que sua casa fosse a única dos territórios a ter luz após os ataques israelenses com mísseis Scud. Israel cortou o fornecimento de energia a todos os territórios palestinos, como punição pelas celebrações após os ataques de Saddam Hussein durante a Guerra do Golfo.

Yitzhak Rabin já tinha dado ordens, em 1995, ao Shin Bet e ao Mossad, de recolherem o maior número de informações sobre Yahya Ayyash, que se tornaria o próximo alvo do Kidon, e de como este, de humilde eletricista, se transformou no perigoso "Engenheiro", o homem que projetava as bombas para o Hamas.

Karmi Gilon e Shabtai Shavit se encarregaram dessa tarefa. Rabin prometera pessoalmente ao *memuneh* que, assim que Ayyash fosse localizado pelos agentes do Shin Bet, seria o esquadrão do Kidon que se encarregaria de enviá-lo para o paraíso.

Sobre a mesa do primeiro-ministro havia uma simples pasta marrom com o símbolo do Shin Bet e o nome de Ayyash na capa em letras grandes. Não havia nenhuma fotografia do "Engenheiro", e isso surpreendeu Yitzhak Rabin. Gilon disse que, embora seus agentes o tivessem detectado, foi-lhes difícil fotografá-lo. As únicas fotos que se viam eram a de uma casa humilde (a dos seus pais), a de um homem com o rosto desfocado que desviava o olhar e a de algumas crianças jogando bola numa rua que, pelo que indicava a frase, pertencia a um dos lugares que o homem do Hamas frequentava.

Rabin começou a ler o relatório. Yahya Ayyash queria já há algum tempo abandonar os territórios para fugir da ocupação israelense e da pobreza que esta provocava aos seus compatriotas palestinos. Tinha o sonho de se mudar para a Jordânia para montar uma pequena oficina. Como bom nativo da Cisjordânia, Ayyash odiava os agentes do Shin Bet, que definia depreciativamente como *shabakniks*.[11] Estes faziam detenções arbitrárias, fechavam negócios e fábricas sem ordens judiciais, e entravam nas casas à procura de suspeitos sem nenhuma garantia legal, enquanto os palestinos precisavam de uma autorização para trabalhar ou de uma licença militar para construir uma casa. Os agentes do Shin Bet concediam-nas ou negavam-nas.

Ayyash não tinha ficha no Shin Bet, talvez porque até então não havia participado de atividades subversivas; tampouco a sua família. O primeiro contato formal de Yahya Ayyash com o Hamas ocorreu após a recusa das autoridades militares israelenses em lhe conceder uma autorização para abrir uma oficina de consertos de aparelhos elétricos. Sem poder trabalhar, Ayyash passava horas sentado no sofá da sua casa sem fazer absolutamente nada. Pouco a pouco, o "Engenheiro" começou a substituir essa inatividade com a prática da fé, mas era evidente que não tinha nascido nem para ser assassino do Hamas, nem para se tornar um mártir da causa. Yahya Ayyash não era nenhum psicopata disposto a lançar-se com um carro-bomba contra uma patrulha israelense.

O "Engenheiro" era um homem muito inteligente, com uma grande capacidade de persuasão, que falava fluentemente árabe e hebraico e, o mais importante de tudo, não tinha ficha no Shin Bet.

Sem dúvida, somado a tudo isso, os seus amplos conhecimentos de engenharia elétrica e de circuitos fizeram com que se tornasse o chefe de projetos de bombas do Hamas. Em poucas horas, Yahya Ayyash era capaz de inventar um engenhoso explosivo, de acordo com as necessidades da ação terrorista em questão. Podia projetar uma bomba para camuflá-la num carrinho de bebê, para introduzi-la numa caneta que fizesse explodir uma mão quando fosse usada, ou um carro-bomba com várias armadilhas para evitar que a bomba fosse desativada pelos israelenses, como a que montou no Fiat de Ramat Efal, em novembro de 1992, que acabaria por explodir enquanto a Unidade Antibombas da polícia a manipulava. Era evidente, para palestinos e israelenses, tanto para os líderes do Hamas como para os agentes do Shin Bet e do Mossad, que Yahya Ayyash era um verdadeiro mestre com um grande carisma e uma grande inteligência.

Quando o "Engenheiro" se tornou um homem do alto comando do Hamas, casou-se com Heyah, uma prima em segundo grau. Em setembro de 1992, nasceria o primeiro filho, Bara'a. O amor que sentia pela família, esposa e filho, estava no mesmo nível que o seu ódio por qualquer judeu israelense, fosse ele civil, militar ou policial. Enquanto por um lado acariciava o filho recém-nascido, por outro projetava bombas que matavam bebês recém-nascidos em centros comerciais de Israel. Enquanto por um lado acompanhava a esposa grávida a aulas de preparação para o parto, por outro projetava bombas para carrinhos de bebê para matar grávidas da religião judaica. Sem dúvida, a sua vida era um autêntico paradoxo. Ayyash caminhava sempre na linha fina entre o feroz comandante militar do Hamas e o adorável pai de família.[12]

Aos poucos, Yahya Ayyash se tornou um grande especialista em bombas e foi o primeiro a propor que o Hamas usasse homens-bomba. O primeiro-ministro Yitzhak Rabin passou a chamá-lo de "O Engenheiro" e o apelido se espalhou como um incêndio pelas ruas palestinas. Ayyash, de acordo com fontes do Hamas, escreveu uma carta, que teve grande influência, explicando a necessidade de usar homens-bomba: "Pagamos um alto preço quando usamos pedras e estilingues. Temos que exercer mais pressão, fazer com que o custo de vidas humanas da ocupação suba, tornando-o absolutamente insuportável para Israel, os israelenses e o seu governo". No fim de 1993, Ayyash recebeu da cúpula do Hamas ordens para realizar operações em "grande escala" para demonstrar a vulnerabilidade de Israel. O caminho estava aberto.

Trabalhando num local secreto perto de Nablus, Yahya Ayyash desejava a todo custo colocar o nome do Hamas nas manchetes dos meios de comunicação mais importantes do mundo. O plano consistia em realizar um ataque maciço com carros-bomba ao Kirya, o complexo que o Ministério da Defesa e o quartel-general das Forças de Defesa Israelenses partilhavam em pleno coração de Tel Aviv. A bomba projetada e montada por Ayyash seria instalada num carro Volkswagen Transporter, no qual se acrescentaria um tanque extra de combustível, um depósito de explosivos ligado a três enormes tanques de propano e estes, por sua vez, a um interruptor principal que o motorista poderia acionar sem soltar o volante, detonando, assim, a bomba. O sistema mortífero estava rodeado de grandes sacos de plástico que continham todo o gênero de estilhaços, desde pregos a pedaços de ferro, vidros partidos e porcas.

O plano do "Engenheiro" era diabólico, mas não chegou a constituir um fator importante. Os israelenses tinham fechado os territórios após o assassinato de dois agentes da polícia. Ayyash decidiu então desferir o golpe num local mais afastado dos olhares atentos do Shin Bet e próximo de sua casa. Sem dúvida, sentiria grande prazer em ouvir a explosão de um engenho projetado por ele. No cruzamento de Mehula, havia um dos postos de gasolina mais movimentados, que abastecia os veículos que circulavam pelo Vale do Jordão. No pequeno café, costumavam parar soldados, colonos e ônibus de turistas a caminho do Mar Morto e de Masada. Em 16 de fevereiro de 1993, Shahar al-Nabulsi estacionou o Volkswagen Transporter entre dois ônibus e acionou o detonador. O corpo do árabe voou vários metros pelos ares. Milagrosamente, após a explosão, a onda de choque se expandiu para cima em vez de para os lados, como o "Engenheiro" previra, provocando, desse modo, duas mortes, entre elas a do suicida, e deixou vinte feridos entre civis e militares. Poucas semanas depois, o Shin Bet já tinha a família Ayyash sob vigilância.

Para Rabin, Peri e Shavit, a prioridade máxima era deter o homem conhecido como "O Engenheiro". Em 6 de junho de 1993, o Shin Bet anunciou a prisão de 124 membros do Hamas, alguns deles pertencentes ao Esquadrão Secreto das *Brigadas Izzedine al-Qassam*, unidade especial formada em 1992. As notícias de um possível acordo de paz entre Rabin e Arafat injetaram sangue novo ao Hamas. Muitos dos jovens recrutas do Movimento de Resistência Islâmico começavam a considerar tanto Arafat como Rabin traidores.

No inverno de 1993, Yahya Ayyash e o seu segundo homem no comando, Ali Osman Atssi, testaram o novo sistema de bombas numa patrulha das Forças de Defesa Israelenses, na cidade de Zawiya. O ataque falhou visto que a acetona não conseguiu detonar o circuito completo. Em janeiro de 1994, Ayyash e Atssi fizeram uma nova tentativa. Desta vez, o circuito funcionou parcialmente, e dois soldados ficaram gravemente feridos. As bombas seguintes deram melhor resultado e o "Engenheiro" decidiu fabricá-las em série. Esse novo artefato de Yahya Ayyash mudaria dramaticamente o curso da guerra entre o Hamas e Israel.

Em 25 de fevereiro de 1994, Baruch Goldstein, um físico judeu nascido no Brooklyn e seguidor do movimento Kach, entrou na mesquita de Hebron armado com um fuzil Galil capaz de disparar 550 balas por minuto. Àquela hora, o local estava cheio de fiéis que se preparavam para a oração. Goldstein começou a disparar de forma indiscriminada, cobrindo de sangue paredes e tapetes. Sem dúvida, o extremista não disparava ao acaso, mas sabia o que estava fazendo. Quando se preparava para recarregar o fuzil, um palestino o golpeou na cabeça com um extintor de incêndio. Enquanto o agressor caía, o árabe continuou a lhe bater na cabeça até que seus miolos se esparramaram pelo chão da mesquita. O sangue judeu do homem misturou-se num coquetel de ódio com o sangue dos cinquenta palestinos que ele acabava de matar e com o dos mais de setenta feridos, muitos deles gravemente, que gemiam de dor.[13] Imediatamente, Yitzhak Rabin convocou Shabtai Shavit, *memuneh* do Mossad; Yakov Peri, chefe do Shin Bet; e Karmi Gilon, chefe da Divisão Antisubversiva Não Árabe do Shin Bet. Gilon era um especialista em grupos nacionalistas da extrema direita judaica. Nos assentamentos judaicos de Kiryat Arba, os colonos celebravam com disparos para o ar a matança de Hebron.

Em 27 de fevereiro, o jornal *Ma'ariv* publicou em letras garrafais: "O massacre de Hebron dará novas asas ao Hamas". E, sem dúvida, tinha razão.

Para Yahya Ayyash, a matança de palestinos na mesquita de Hebron implicou um golpe tão duro como o que sentiram os norte-americanos após o ataque a Pearl Harbor, declararia pouco depois um colaborador seu. A *Brigada Izzedine al--Qassam* decidiu mobilizar todas as suas forças e retribuir o golpe de Hebron em cinco ataques concretos. Um oficial da inteligência jordaniana declararia meses depois: "Yahya Ayyash ficava sempre parado como um semáforo. Ele apenas esperava para ver a luz vermelha ou a luz verde. Se a luz fosse verde significava que podia ligar um dos seus aparelhos e matar dezenas de pessoas".[14]

A ordem de mobilização de Ayyash e de seus homens chegou de Damasco via fax. A mensagem estava escrita por um alto dirigente político do Hamas.

A vingança pelas mortes em Hebron implicava uma nova série de ataques com carros-bomba contra o modo de vida israelense. Quando a ordem chegou, Ayyash começou a mobilização.

O Shin Bet e o Mossad souberam que algo estava acontecendo por intermédio de um informante. Este disse-lhes que a *Brigada Izzedine al-Qassam* agora empreendia uma ampla campanha de recrutamento e que, para isso, seus agentes tinham ido até os mais recônditos cantos dos territórios para fazer o recrutamento. Precisavam de homens jovens, sem ficha no Shin Bet, que viessem de famílias pobres, que tivessem perdido qualquer esperança no futuro, que tivessem substituído a inatividade pela religião e, obviamente, que mostrassem um grande ódio pelo ocupante judeu. Este retrato podia realmente ser o de Yahya Ayyash, mas também o de um suicida. Um dos recrutados foi um jovem de 19 anos chamado Ra'id Zaqarna vindo de Qabatiya.

Segundo o plano estabelecido por Ayyash, Zaqarna e o seu companheiro Mohamed Ahmed Haj Salah Kamil tinham como alvo um ônibus carregado de soldados que fazia o trajeto entre Jenin e Netanya, no cruzamento de estradas em direção a Beit Lid. Os membros da inteligência do Hamas entregaram os resultados da sua vigilância ao ônibus que, curiosamente, realizava sempre o mesmo percurso e à mesma hora. O próprio Ayyash atribuiu-o à "mentalidade israelense que ainda não conhece as suas verdadeiras vulnerabilidades".

Escondido numa oficina quase às escuras, Ayyash executava o trabalho que lhe dera grande notoriedade. Dentro, via-se um Opel Ascona azul, ano 1987, que fora roubado havia três dias. O "Engenheiro" instalou o mecanismo com perícia. A bomba consistia em sete cilindros de gás presos a uma potente carga de vinte quilos de explosivos de cinco minas antipessoais que foram desmontadas. Ayyash incluíra uma série de recipientes cheios de pregos de carpinteiro que serviriam de estilhaços. Estes voariam a uma velocidade de 620 metros por segundo. Tudo isso seria introduzido numa caixa metálica que, ao explodir, faria com que toda a fibra de vidro da carroceria do Opel se tornasse uma chuva de morte. A detonação faria ir pelos ares qualquer veículo que estivesse num raio de ação de dez metros.

O primeiro ato terrorista aconteceria na quarta-feira, 6 de abril de 1994. O movimento em Afula era o habitual, uma cidade de classe média no coração do Vale de Jezrael, por onde passavam várias estradas que conduziam até o mar da Galileia. Em menos de 24 horas, Israel celebraria uma das suas festas mais sagradas, o Yom Há'Shoah (Dia de Lembrança do Holocausto), em que se rende tributo aos 6 milhões de judeus que perderam a vida nos campos de concentração nazistas, aos soldados que morreram nas cinco guerras israelo-árabes e às vítimas do terrorismo. Às onze horas, começariam a soar as sirenes por todo o país.

Na manhã de 6 de abril, Zaqarna conduziria o veículo ao longo das estradas do Vale de Jezrael, entre as verdes colinas no sopé do majestoso Monte Tabor. Às 12h15, Zaqarna pegou o cruzamento da rua da Nona Divisão, perto de onde um grupo de estudantes passeava tranquilamente. Zaqarna avistou um ônibus cheio de estudantes, o de número 348. Os jovens levavam pastas, livros do instituto e uma lata de Coca-Cola na mão. O membro do Hamas mudara de opinião em relação ao alvo. Provocaria mais dano à sociedade israelense matando os seus jovens estudantes do que os soldados, algo a que estavam mais habituados devido às cinco guerras em que se enfrentaram desde 1948.

O Opel parou antes de uma faixa de pedestres para deixar passar três garotas, que chegaram até a sorrir para o motorista. Nesse momento, e depois de piscar o olho para uma delas, Ra'id Zaqarna apertou o botão junto ao volante, e a bomba que estava no veículo explodiu. Uma forte luz amarela e laranja deu lugar a uma bola de fogo que incinerou tudo à sua volta num raio de quarenta metros. Os pedaços de ossos e carne humana misturavam-se com fragmentos de metal e pregos. O 348 era agora uma massa disforme de ferros retorcidos, e o seu interior, uma caixa de morte, sangue e pedaços de corpos humanos. Adolescentes que iam para um jogo de futebol acompanhados pelas namoradas transformaram-se em tochas enegrecidas. Poucos minutos depois da explosão, o pessoal de resgate de ambulâncias, bombeiros, policiais, desativadores de explosivos e agentes do Shin Bet misturavam-se com mães desesperadas que procuravam no meio daquele inferno algum resquício reconhecível dos que até há alguns minutos eram seus filhos e filhas.[15]

Tanto o Shin Bet como o Mossad colocavam muitas questões em pauta: Quem era o suicida? Quem o enviou? Quem montou a bomba? Quem tinha ordenado essa nova onda de ataques? As manifestações pedindo a morte dos árabes e louvando o que Baruch Goldstein havia feito em Hebron se misturavam com as exigências dos partidos de extrema direita ao primeiro-ministro, Yitzhak Rabin, e ao seu ministro dos Negócios Estrangeiros, Shimon Peres, pondo fim às negociações com Yasser Arafat.

Horas depois do ataque em Afula, quando os rabinos recolhiam os restos das vítimas e os colocavam em sacos assépticos de plástico, um deles encontrou um texto em árabe. Rapidamente o entregou a um policial que estava a seu lado e este a um agente do Shin Bet. A mensagem dizia: "Esta operação é um trabalho da célula Abdel el-Rahman Hamacan, pertencente à *Brigada Izzedine al-Qassam*. Transformarás nosso *Eid al-Fitr* (Fim do Ramadã) num dia negro e, assim, farás de teu dia da independência um inferno". Por fim, o texto prometia mais quatro ataques para vingar a matança de Hebron.

O Shin Bet jamais tinha ouvido os membros da *Brigada Izzedine al-Qassam* falarem em código. Os agentes israelenses, depois de analisarem os fragmentos da bomba e o sistema de detonação, souberam em seguida que era mais uma invenção daquele a quem chamavam de "O Engenheiro", que acabara com a vida de nove pessoas, deixando outras 55 feridas.

O segundo ato terrorista aconteceria em 13 de abril de 1994, na cidade de Hadera. Por volta das 9h30, uma longa fila de passageiros, muitos deles trabalhadores, esperavam a chegada do coletivo para Tel Aviv num trajeto de não mais de trinta minutos. Quando o ônibus chegou, soldados, estudantes, idosos, mulheres e turistas entraram no veículo. A eles juntou-se um homem robusto com uma bolsa preta. Era Amar Salah Diab Amarna, de 21 anos e residente na cidade de Yabed.

Às 9h40, Amarna baixou a bolsa à altura da cintura e ativou o explosivo. A deflagração ficou hermeticamente fechada dentro do veículo, devido ao pequeno espaço em que detonou a bomba. Seis pessoas morreram e trinta ficaram com ferimentos de vários graus de gravidade.

Depois de participar nos atos oficiais do Yom Há'Shoah, o primeiro-ministro Rabin convocou com urgência os diretores do Shin Bet e do Mossad, Yakov Peri e Shabtai Shavit. Pediu-lhes que fizessem todo o possível para localizar o responsável pelos ataques. Era evidente que, assim que o Shin Bet tivesse um nome e um rosto, seria o Kidon a se encarregar do caso. Para ambos os homens aquilo implicava trabalharem juntos, estabelecer uma operação Zahav Tahor.[16] O Shin Bet trataria da localização de Yahya Ayyash, e o Mossad de assassiná-lo.

Ayyash não só tinha se tornado um mago da eletrônica, um alvo para o Shin Bet e o próximo "eliminado" pelo Kidon, mas também um autêntico herói nos territórios de Gaza e da Cisjordânia. Os jovens podiam ler as aventuras do "Engenheiro" contra os israelenses em romances baratos por encomenda. Num deles, Ayyash conseguiu matar o primeiro-ministro de Israel com um artefato explosivo projetado por ele e, inclusive, em outro, dava-se ao luxo de dar conselhos ao próprio Mahoma. Para Yahya Ayyash tudo era permitido. A caça ao rato começara, e era evidente que o Kidon — o gato —, mais cedo ou mais tarde, iria apanhá-lo.

O primeiro golpe contra Ayyash iria atingi-lo muito de perto. Dessa vez, o alvo dos israelenses seria Ali Osman Mohamed Atssi, oficial executivo da célula, confidente e amigo pessoal do "Engenheiro".[17] Os agentes do Shin Bet estavam havia quase um ano atrás de Atssi, mas sempre, na última hora, ele conseguia escapar sem deixar o menor rastro. De nível inferior a Ayyash na organização do Hamas, Atssi não tinha o mesmo carisma. O "Engenheiro" era um homem de clara inteligência e um grande estrategista, enquanto Atssi era um homem de ação, que começou a sua luta contra os ocupantes realizando grafites anti-israelenses nos próprios muros dos quartéis. Durante dias interrogaram-se testemunhas, informantes e fontes. Em 11 de julho de 1994, já estava tudo preparado.

Uma força combinada do Shin Bet, o exército e o Mossad começou a tomar posições num bloco de edifícios de Nablus. Enquanto os primeiros tinham esperança de encontrar Ayyash e Atssi juntos, os *katsa* e os *kidon* do Mossad apenas desejavam ter este último na mira. Peri ordenara que seus homens detivessem Atssi para interrogatório. E Shavit, que os seus dessem um tiro na nuca do "Engenheiro". Durante os primeiros minutos tentou-se negociar com Atssi a sua rendição, mas ele não estava disposto a fazê-lo. Um atirador de elite do Kidon se posicionou num telhado perto dali. O número dois de Ayyash, armado com uma AK-47, abriu fogo sobre as posições israelenses. Estava claro que não pensava em render-se.

Armados com antitanques, os israelenses dispararam sobre o edifício reduzindo-o a um monte de escombros. Após o combate, agentes do Shin Bet aproximaram-se para vasculhar entre as pedras e o metal incandescente. Debaixo de um armário destroçado encontraram o corpo sem vida de Ali Osman Mohamed Atssi, de 30 anos. Alguém o tinha acertado com um tiro entre os olhos.

Aquele incidente provocou uma séria disputa entre Yakov Peri, do Shin Bet, e Shabtai Shavit, do Mossad. Os *kidon* da Metsada acabavam de executar um dos homens que mais sabiam sobre Yahya Ayyash, que o tinha tornado seu confidente, um dos líderes do Hamas que mais sabia sobre a cúpula da organização terrorista. O Kidon acabava de assassinar o número quatro da lista, atrás do próprio xeique Ahmed Yassin, fundador do Hamas, Jalid Meshal, do seu aparelho político, e Yahya Ayyash, conhecido como "Engenheiro". Shabtai Shavit sabia que mais cedo ou mais tarde esses três também sucumbiriam.[18]

Durante um tempo, as operações da *Brigada Izzedine al-Qassam* viram-se reduzidas ao mínimo por ordem expressa do xeique Yassin. Este tinha sido visitado por Arafat no mesmo mês de julho, quando se estabeleceu a Autoridade Nacional Palestina na Faixa de Gaza, segundo determinavam os Acordos de Oslo. O velho líder do Hamas desejava dar uma oportunidade ao Ra'is (o Líder) até ver como ele atuava diante do ainda ocupante israelense. O que Yassin não sabia é que Arafat estava desenvolvendo uma poderosa força de inteligência para controlar os movimentos do Hamas. Para lutar contra homens como Yahya Ayyash, Arafat contava com o Aparato de Segurança Nacional (*Al-'amn al-watani*); a Polícia Civil

(*Al-shurta*); a Segurança Pública (*Al-'amn al-'ammi*), que exercia na Palestina as mesmas funções que o Shin Bet; o Serviço de Segurança Preventivo (*Al-'amn al-wiqa'i*), que tratava da coordenação com os serviços de segurança israelenses; o Departamento de Investigação Criminal (*Al-bahth al-jina'i*); o Departamento de Inteligência (*Mukhabarat*), a cargo das detenções de dissidentes políticos; a Inteligência Militar (*Istikhbarat*), encarregada de espionar os serviços de segurança israelenses; a Força 17 (*Quwa sab'a 'asher*), a guarda pretoriana de Arafat; a Guarda Costeira (*Bahriyya*), uma das agências mais corruptas da ANP; e as Forças Especiais (*Al-quwat al-khassa*).[19]

Durante o verão de 1994, Yahya Ayyash permaneceu no mais completo anonimato. O Shin Bet tentou localizar, sem êxito, o "Engenheiro"; cada um dos palestinos detidos fazia-se chamar *Há'Mehandes* (O Engenheiro). Ainda nessa data, o Shin Bet e o Kidon precisavam de um rosto e de um nome. Mas a tranquilidade foi quebrada em 9 de outubro de 1994, quando em plena visita do secretário de Estado norte-americano, Warren Christopher, dois companheiros de Ayyash, Hassan Mahmud Abbas e Isma Mahna Ismail Juabay, entraram num centro comercial de Jerusalém armados com pistolas Jericó 9 mm e granadas de fragmentação. Os palestinos mataram duas pessoas e feriram outras trinta. O eco das explosões chegou até o hotel King David, pondo em alerta máximo o Serviço Diplomático de Segurança do Departamento de Estado que devia proteger o enviado do presidente Bill Clinton.

Semanas depois, Israel recuperou a tensa normalidade e os cafés e lojas voltaram a encher-se. Um dos centros mais importantes era o da rua Dizengoff, que os israelenses qualificavam como a Quinta Avenida ou a Oxford Street de Israel. Atravessando esta exclusiva avenida todas as manhãs, o ônibus número 5 circulava desde a zona norte da cidade até o coração comercial de Tel Aviv ao longo da rua Allenby, a avenida Rothschild e a rua Pinkas. Não havia a menor dúvida de que o ônibus número 5 era um alvo ideal para Ayyash. O "Engenheiro" gostava de fazer voar os ônibus pelos ares porque o próprio material dos veículos costumava provocar mais danos e vítimas que a própria explosão. O membro escolhido para essa missão seria Saleh Abdel Rahim al-Souwi.

Em 19 de outubro, às 8h30 da manhã, Al-Souwi entrou no ônibus número 5 na zona norte de Tel Aviv. Depois de pagar a passagem, o palestino se posicionou no meio do veículo. Deu uma olhadela rápida nos companheiros de viagem. Mulheres que se dirigiam ao centro, executivos lendo os jornais da manhã e um jovem casal com uniformes militares que não parava de se beijar.

Vinte e seis minutos depois, o enviado de Ayyash agarrou com força a bolsa que levava consigo e, depois de recitar uma breve sura do Alcorão, acionou o dispositivo que provocaria a ignição da carga que havia dentro com vinte quilos de TNT militar de uma bomba egípcia. A força da explosão cortou quase em duas a carroceria do ônibus, matando 21 pessoas e ferindo outras 50.

Rabin estava furioso. Precisava de um culpado, um rosto para associar ao nome do "Engenheiro", e precisava disso imediatamente. O Kidon também precisava.

Em 24 de outubro de 1994, o primeiro-ministro Yitzhak Rabin deu formalmente carta branca ao Kidon para matar Yahya Ayyash, e ao exército e à polícia, a ordem estrita de "atirar para matar" em caso de dúvida.[20]

O ano de 1995 seria trágico para a história de Israel. Yakov Peri seria substituído na liderança do Shin Bet por Karmi Gilon em plena guerra contra o Hamas, os seus comandantes e, obviamente, contra Yahya Ayyash. Gilon, residente em Jerusalém, de 44 anos, antigo protegido de Peri e um especialista em grupos de extrema-direita judaica, assumiria o comando do Shin Bet num momento delicado, não só na sua luta contra grupos extremistas palestinos como o Hamas ou a Jihad Islâmica, mas também na própria história do país, numa época em que se estabeleciam tratados de paz com vários vizinhos árabes. O novo chefe do Shin Bet pertencia à quinta geração de advogados e de juízes. Em 1º de março de 1995, Gilon entrou pela primeira vez no seu gabinete no Quartel-General do Shin Bet. O primeiro relatório que encontrou sobre a mesa foi o de Yahya Ayyash e a Operação Engenheiro, o planejamento do assassinato do comandante do Hamas por uma unidade do Kidon.

Entretanto, nos territórios, as crianças da Intifada continuavam a propagar as lendas de Ayyash. Uma delas, por exemplo, dizia que um soldado israelense tinha atirado nele e que as balas tinham atravessado-lhe o corpo sem causar nenhum dano. Outra, que três soldados israelenses tinham rendido um Ayyash desarmado e que este pegara a arma de um dos soldados e os matara. Mas nem o Shin Bet, nem o Mossad, nem o Kidon se deixariam impressionar por tais histórias. Os agentes do Mossad pagariam a Ayyash com a própria moeda.

Na tarde de 2 de abril de 1995, uma forte explosão num edifício situado no coração do campo de refugiados de Sheik Radwan cobriu toda a área de uma espessa nuvem de pó e sangue. Nove pessoas foram mortas, entre elas duas crianças, além de outras trinta feridas. Entre os mortos encontravam-se Kamal Kahil, oficial de operações às ordens de Ayyash, e Hatim Hassan, um jovem tenente da *Brigada Izzedine al-Qassam*. Tanto Kahil como Hassan estavam na lista dos vinte mais procurados pelo Shin Bet. O ataque fora obra do Kidon, mas Yahya Ayyash conseguira fugir do local apenas alguns minutos antes da explosão.

O "Engenheiro" sabia que o Shin Bet e o Mossad aproximavam-se cada vez mais dele, mas tentaria dificultar-lhes a vida.

Em finais do ano de 1995, o até então ministro dos Negócios Estrangeiros, Shimon Peres, tomava posse do cargo de primeiro-ministro de Israel após o assassinato, pelas mãos de um extremista judeu, de Yitzhak Rabin, em 4 de novembro, depois de um comício pela paz na praça dos Reis de Israel. Peres foi muito claro durante a reunião com Karmi Gilon, do Shin Bet, e Shabtai Shavit, do Mossad. Yahya Ayyash continuava a ser um alvo prioritário de Israel. Shavit pediu então a Peres que ratificasse a ordem de execução de Yahya Ayyash, conhecido como "Engenheiro" pelo Kidon. A ordem foi ratificada pelo novo primeiro-ministro. Nessa altura, os homens do alto comando do Hamas tinham transformado Ayyash num "lutador da liberdade" da causa palestina, e por isso fizeram-lhe a proposta de sair da linha de frente da luta na Cisjordânia para ocupar um cargo em alguma das embaixadas do Hamas em Jartum ou Teerã. Ele respondeu que preferia continuar a luta contra os israelenses no próprio território. Sabia fazer bombas, não política.

Peres tinha sido claro com o Shin Bet e com o Mossad; era preciso capturar Ayyash vivo ou morto, e se para isso fosse necessário "pressionar" os familiares dele, assim seria feito. Uma tarde, cinco agentes do Shin Bet apareceram na casa de Aisha, a mãe do "Engenheiro", e prenderam-na. De 55 anos de idade, diabética, com olhos amarelados e quase sem dentes, a mulher mostrava naquela cela minúscula o mesmo orgulho que o filho. Ela jamais falaria com aqueles judeus. Aos interrogatórios, feitos por agentes do Shin Bet, assistiam sempre três homens que se ocultavam entre as sombras. Os três *kidon* tinham a missão de calar e ouvir o que a mulher pudesse dizer. Desafiadora, com arrogância e um profundo desprezo para com seus captores, a mulher foi levada perante o juiz, que a condenou por entrada ilegal na Faixa de Gaza com documentos falsos e por conspirar com uma organização terrorista contra o Estado de Israel. Tanto o Shin Bet como os *kidon* da Metsada esperavam, com essa medida, que Ayyash desse as caras.

Em 16 de dezembro de 1995, Gaza vivia com fervor o oitavo aniversário da fundação do Hamas. Num estádio, ativistas com o rosto coberto brandiam bandeiras e emblemas da organização. Do lado de fora, a polícia palestina patrulhava entre quiosques que vendiam camisetas estampadas com o rosto de Yahya Ayyash, como se fosse uma estrela pop. Era evidente que enquanto por um lado Arafat prometia a Israel cooperação para capturar Ayyash, as suas forças de segurança continuavam a dar-lhe cobertura, proteção e informação sobre os movimentos do Shin Bet e do Mossad em Gaza e na Cisjordânia. O general Musa Arafat, chefe do serviço secreto palestino e primo de Yasser Arafat, era o intermediário entre a

ANP e Yahya Ayyash.²¹ Os pais, mulher e filhos do "Engenheiro" estavam agora sob a proteção do serviço secreto de Arafat.

E o Shin Bet e o Mossad sabiam que seria sempre melhor matar Ayyash em Gaza ou na Cisjordânia do que no Sudão, no Irã ou na Síria, para o que seria necessário elaborar uma operação mais complexa.

O certo é que, a essa altura, o "Engenheiro" mostrava uma autêntica paranoia que o obrigava a tomar medidas extremas de segurança. Tinha o desejo ardente de prolongar a sua vida, mas os israelenses não o permitiriam. Estes estavam prestes a ter uma oportunidade de ouro.

Numa tarde de dezembro, no quartel-general do Shin Bet, soaram as sirenes de alarme. Aparentemente, Yahya Ayyash aparecera em Gaza, na casa de Osama Hamad, um amigo íntimo, membro do Hamas. A casa ficava no número 2 da rua Shaheed al-Khaluti, apenas a poucos metros do departamento da polícia palestina em Gaza. Ayyash adotara o nome de Abdullah Abu Ahmed.

Dentro da casa, Yahya Ayyash falou com todos os comandantes do Hamas através de um celular descartável fornecido pelo próprio Osama Hamad. Ao introduzir o nome deste no computador do Shin Bet, apareceu a ficha de Kamal Hamad, de 43 anos, tio de Osama, casado com três mulheres, pai de dezoito filhos, com um enorme limite de crédito no Cairo-Palestine Bank, vendedor de carros usados, que conseguira misteriosamente fazer uma pequena fortuna numa das áreas mais pobres do planeta, sem pagar os impostos e fazendo um ou outro pequeno negócio diante dos olhos fechados das autoridades israelenses.

Graças a seus contatos com Musa Arafat, e depois de pagar um grande suborno, conseguiu que pusessem o seu sobrinho em liberdade após ter sido detido em Gaza pelos ataques a bomba em Ramat Gan e Jerusalém. Os comandantes da *Brigada Izzedine al-Qassam* estavam intrigados pelas relações do jovem Osama Hamad com o círculo de Musa Arafat, mas a sua intimidade com Yahya Ayyash os fez desistir de fazer mais perguntas. O Mossad sabia também que Hamad viajava num Mercedes-Benz preto, usava roupas inglesas e voava rotineiramente à Europa acompanhado de belas jovens, algumas delas menores de idade. Uma tarde, quando Kamal Hamad parou num semáforo, vários homens do Kidon abordaram-no entrando no carro.

Um dos homens disse a Hamad que o ajudariam se ele os ajudasse, mas se, pelo contrário, ele os traísse, a visita seguinte seria com o propósito de "executá-lo". Antes de sair, um dos *kidon* disse a Hamad que o novo negócio que lhe tinham proposto o deixaria ainda mais rico. O Shin Bet garantiria a Kamal Hamad não só a sua segurança e a de todos os seus familiares, mas também a da sua fortuna.

Antes de dar o golpe, o Kidon e o Shin Bet precisavam de toda informação que pudessem ter sobre Yahya Ayyash, como quando se levantava da cama, quando se deitava, quando tomava banho, quem o visitava e coisas do tipo. Enquanto o "Engenheiro" permanecesse na casa de Osama Hamad, estaria sob controle.

Os agentes do Shin Bet sabiam que todas as comunicações de Ayyash com a família eram feitas através de celulares, ou "pelephones", como são chamados em Israel. Quase 2 milhões desses aparelhos funcionavam diariamente em Israel e nos territórios. Yakov Peri, após a sua saída do Shin Bet, foi nomeado presidente da Cellcom, a mais importante empresa de serviços de celulares de todo o país. A ideia do Kidon era eliminar Yahya Ayyash através do seu celular, numa operação semelhante à realizada em 1973, quando acabaram com a vida de Mahmud Hamshari, o chefe do Setembro Negro na França.[22]

O que tornava essa operação mais difícil era que no caso de Hamshari usou-se um telefone fixo contra o alvo, e, além disso, ele não esperava um ataque do Kidon, enquanto Ayyash usava sempre um celular e permanecia alerta diante de um possível ataque da espionagem israelense.

O principal inconveniente era como colocar o celular nas mãos de Yahya Ayyash. Em 25 de dezembro de 1995, Ayyash telefonou para o pai para dizer que tinha sido pai novamente. O "Engenheiro" mostrava-se muito alegre e satisfeito. Disse-lhe que voltaria a telefonar no próximo dia 5 de janeiro. Ao desligar, o líder do Hamas ouviu um ruído suave. Teve a certeza de que o Shin Bet tinha detectado o telefone e ouvido a conversa. Estava claro que precisaria de um novo celular e naquele mesmo dia.

Para isso, Kamal Hamad entregou um celular ao seu sobrinho Osama, comprado na loja de produtos eletrônicos Nabil, em pleno centro de Gaza. O aparelho fora entregue por um fornecedor israelense ao vendedor palestino. Tudo limpo e sem pistas da mão do Shin Bet ou do Mossad.

Osama deixava sempre a Ayyash o seu celular Motorola para realizar chamadas pessoais e para que, através do número 050-507-497, se comunicasse com o pai, Abdelatif Ayyash. Na verdade, Kamal Hamad não fazia ideia do que o Kidon tinha feito com o celular. Só lhe disse que o fizesse chegar às mãos do sobrinho.

Em 5 de janeiro de 1996, a Embaixada dos Estados Unidos vivia um grande alvoroço devido à iminente chegada do vice-presidente, Al Gore, e do secretário de Estado, Warren Christopher. A poucos quilômetros dali, num esconderijo, Ayyash trabalhava preparando diversos dispositivos que deviam explodir em vários lugares de Tel Aviv e Jerusalém. Nada era deixado ao acaso.

Por volta das 4h30, Ayyash apareceu na casa de Hamad. O terrorista estava vestido de mulher e debaixo da sua larga túnica levava um fuzil de assalto Glion. Assim que entrou em casa, o "Engenheiro" abriu sobre a mesa um grande mapa de Tel Aviv. Era preciso decidir onde atacar Israel.

Antes de tentar dormir um pouco, Yahya Ayyash deu uma olhadela à procura do celular de Osama Hamad. Depois, fechou os olhos e dormiu umas três horas seguidas.

Com as primeiras luzes do amanhecer, Ayyash acordou. O dia estava frio e as chuvas tinham transformado as ruas de Gaza em autênticos pântanos. Aquela paisagem era muito diferente à da sua Cisjordânia natal. Por volta das 8h40, o celular de Hamad tocou. Ayyash decidiu atendê-lo ao reconhecer o número de telefone da casa do pai. Abdelatif Ayyash disse ao filho que estava tentando contatá-lo há várias horas. A linha tinha sido devidamente cortada. Quando o "Engenheiro" perguntou ao pai sobre sua saúde, a chamada caiu. O pai voltou a discar o número 050-507-497 e uma voz feminina gravada disse que o telefone estava desligado ou fora de área.

Assim que a linha foi cortada, o telefone que Yahya Ayaash tinha na mão voltou a tocar mostrando no pequeno visor o número do pai. Ao atender, uma voz perguntou-lhe: "O senhor é Yahya Ayyash?". Quando o "Engenheiro" respondeu afirmativamente, um *kidon* apertou o botão de um pequeno comando a distância que provocava a ignição da carga de cinquenta gramas de explosivo TDX colocada no compartimento da bateria do celular. A explosão arrancou-lhe parte do crânio, deixando o cérebro exposto, e a mandíbula na sua totalidade. O rosto que até o momento era do homem mais procurado de Israel tinha desaparecido por completo. Yahya Ayyash, conhecido como "O Engenheiro", estava morto. O longo braço de Israel tinha atingido novamente um inimigo, por ordem do primeiro-ministro Shimon Peres, mas a glória dessa brilhante operação se macularia pelo fiasco de uma nova operação contra o Hamas em Amã, a capital da Jordânia, apenas um ano depois, exatamente em 25 de setembro de 1997.

Karmi Gilon, diretor do Shin Bet, recebeu a notícia num escritório cheio de caixas contendo seus bens pessoais. A Operação Engenheiro era apenas o ponto final de uma das carreiras mais curtas de um diretor do Shin Bet. Em 8 de janeiro de 1996, ele apresentou a sua demissão a Shimon Peres, sendo substituído por Ami Ayalon.

Shabtai Shavit, *memuneh* do Mossad, seguiria Gilon no mesmo ano. Após a chegada de Benjamin Netanyahu, do Likud, ao poder, Shavit foi demitido e substituído por Danny Yatom.

Yahya Ayyash foi enterrado com a presença de uma Guarda de Honra da Polícia Palestina enviada por Yasser Arafat em 6 de janeiro de 1996, no cemitério de Shajaiya, na Faixa de Gaza. Ao seu funeral compareceram milhares de pessoas com faixas que diziam: "O Hamas rende tributo ao seu herói, o herói de todas as bombas, que é agora o nosso mártir". Dias depois, Kamal Hamad, com passaporte israelense e acompanhado por dois agentes do Shin Bet, viajava na primeira classe rumo a um exílio num lugar qualquer dos Estados Unidos.

OPERAÇÃO VINGANÇA

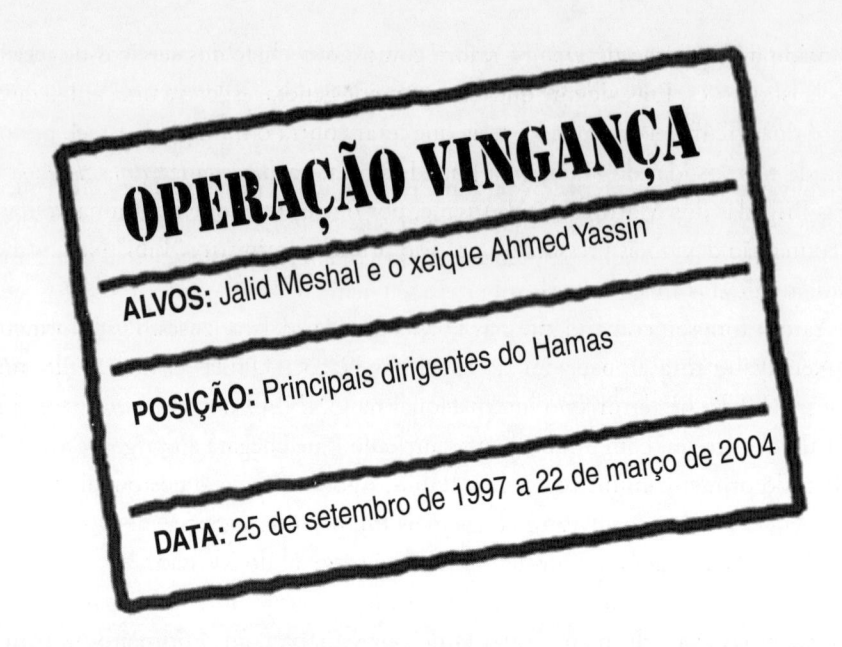

ALVOS: Jalid Meshal e o xeique Ahmed Yassin

POSIÇÃO: Principais dirigentes do Hamas

DATA: 25 de setembro de 1997 a 22 de março de 2004

A morte de Yahya Ayyash, "O Engenheiro", pelas mãos do Kidon, em 5 de janeiro de 1996, desencadeou uma série de ataques suicidas. O Hamas e os seus líderes não estavam dispostos a permitir semelhante derrota moral. Entre a data da "execução" de Ayyash por uma unidade do Kidon e 25 de setembro de 1997, dia em que teve início a Operação Vingança, o Hamas cometeu ao todo seis atentados, resultando em 69 mortos e 493 feridos. O mais grave deles aconteceu em 25 de fevereiro de 1996, quando dois homens-bomba do Hamas explodiram dentro de um ônibus em Jerusalém causando 26 mortes.

Sem dúvida alguma, o cansaço dos israelenses, que viam como a sua segurança era violada repetidas vezes concomitantemente às brandas palavras dos políticos trabalhistas, levou a uma reviravolta eleitoral que deu a vitória ao Likud e ao seu líder, o duro Benjamin Netanyahu, de 47 anos. Irmão do lendário Yonni Netanyahu, a única baixa israelense na Operação Raio,[1] o político não estava disposto a deixar-se convencer pelas brandas palavras de paz que Arafat lhe transmitiu após ter sido nomeado. O novo primeiro-ministro sabia que fora eleito pelo povo israelense pelo seu duro discurso com respeito às concessões aos palestinos e pela defesa absoluta de fazer o que fosse necessário para manter a segurança do povo de Israel.

Assim que ocupou o seu escritório na primavera de 1996, Netanyahu telefonou para Shabtai Shavit, *memuneh* do Mossad, e o demitiu. Logo em seguida, anunciou a nomeação de Danny Yatom como novo chefe dos serviços de inteligência israelenses. Era evidente que esse ex-major-general esperava uma árdua tarefa por duas frentes. Por um lado, teria que lutar contra o inimigo de Israel, personificado nos suicidas do Hamas, na Jihad Islâmica, na *Brigada Izzedine al-Qassam* e nas Brigadas dos Mártires de Al Aqsa, e, por outro, teria que fazer uma política de contenção devido às pressões do próprio primeiro-ministro. "Bibi" Netanyahu queria resultados e os queria já.

Yatom fora seu comandante nas Forças de Defesa Israelenses. Posteriormente, Netanyahu fora embaixador de Israel nas Nações Unidas e, mais tarde, um famoso analista de terrorismo internacional na CNN. O novo *memuneh* era um soldado de carreira, com um brilhante currículo, que chegara ao cargo de assessor militar do primeiro-ministro Yitzhak Rabin. Agora ocupava o posto mais alto da inteligência israelense, talvez uma das mais importantes agências de espionagem mundiais. Ele era agora o todo-poderoso diretor-geral do Mossad.

Durante os primeiros meses, Netanyahu e Yatom foram inseparáveis. O *memuneh* passava pelo menos uma tarde por semana com o primeiro-ministro, relembrando pequenas histórias de guerra enquanto bebiam cerveja e comiam azeitonas.[2] Em pouco tempo, aquela história de amor e amizade se tornaria o pior pesadelo para Danny Yatom. Três acontecimentos, um na Jordânia, outro na Suíça e o último em pleno coração do Mossad, provocariam uma ruptura de relações entre ele e o gabinete do primeiro-ministro.

No verão de 1997, o Hamas voltou a atacar duramente. Dois terroristas suicidas explodiram-se em 30 de julho no mercado de Mahane Yehuda de Jerusalém, deixando 15 mortos e 178 feridos. Dias depois, exatamente em 4 de setembro, três suicidas do Hamas explodiram-se na rua comercial de Ben Yehuda, também em Jerusalém, deixando 4 mortos e 181 feridos. Cinco dias depois, em 9 de setembro, dois terroristas disparariam contra dois agentes do Shin Bet que realizavam serviços de proteção da recentemente inaugurada Embaixada de Israel em Amã. Nessa mesma tarde, Yatom recebeu um telefonema do próprio Netanyahu.

Por volta das seis da tarde, o *memuneh* estava sentado em frente ao primeiro-ministro. Dessa vez não havia cerveja nem azeitonas, apenas repreensões. Netanyahu queria saber como a estação do Mossad na capital jordaniana não tinha previsto o ataque do Hamas em Amã. Em dado momento, Yatom disse ao seu chefe que tinham conseguido identificar o responsável pelos últimos atentados realizados por esse grupo.

Benjamin Netanyahu solicitou um amplo dossiê para a manhã seguinte. O primeiro-ministro queria saber tudo sobre o inimigo, até seus traços faciais, seus gostos, se era casado, se gostava de mulheres, quando dormia e para onde viajava. Tudo, absolutamente tudo.

Durante toda aquela noite, o departamento do Mossad encarregado das fichas de terrorismo começou a elaborar um relatório sobre quem seria o novo alvo do Kidon. Chamava-se Jalid Meshal, de 41 anos e nascido em Ramallah. Em 1967, mudara-se para o Kuwait, onde começara a estabelecer relações com grupos islâmicos dos países do Golfo Pérsico, enquanto graduava-se em Física. Em 1990, mudara-se para a capital jordaniana com mulher e filhos, e seis anos depois assumira o comando do Gabinete Político do Hamas sob ordens diretas do xeique Ahmed Yassin. Yatom disse a Netanyahu que embora Meshal fosse realmente o número dois do Hamas, no plano militar era o número um. O palestino era quem ordenava as operações suicidas sobre alvos israelenses.[3]

Havia anos que o Hamas e os seus líderes tinham se tornado o pior pesadelo das Forças de Segurança Israelenses. Pior até que Abu Nidal, a Frente Popular para a Libertação da Palestina ou o Setembro Negro. "Os seus principais líderes passaram vários anos na Universidade Patricio Lumumba em Moscou; nos quartéis da Stasi na Alemanha Oriental; nos campos de treinamento militar em Cuba e em Pyongyang", dizia o relatório do Mossad.[4]

Netanyahu continuou a ler, enquanto Yatom permanecia sentado à sua frente: "Em 1978, o xeique Ahmed Yassin fundou um pequeno grupo fortemente estruturado chamado Hamas. Oficialmente controlado com o nome de Al-Mujama ("A Assembleia"), o Hamas tornou-se em pouco tempo uma seção palestina da Irmandade Muçulmana do Egito. Um ano depois, a primeira célula do Hamas começou a operar na Faixa de Gaza. Em poucos anos, aquela pequena organização foi crescendo em número de adeptos até estabelecer sucursais em Damasco, Bagdá, Trípoli, Teerã e agora em Amã. Com fundos de países árabes como a Arábia Saudita, o Kuwait e o Irã, estabeleceram-se também em Londres e Arlington, Virgínia".[5]

Até então, os principais líderes do Hamas eram quase invisíveis para as câmeras de vigilância do Shin Bet; podiam circular livremente por Gaza e na Cisjordânia. Mas em novembro de 1987, tudo isso mudou. No dia 25 desse mês, à meia-noite, um comando terrorista palestino conseguiu invadir uma base militar da infantaria israelense situada nos arredores da cidade de Qiryat Shmonah, matar seis soldados e ferir mais uma dúzia, antes de eles mesmos morrerem. Esse ato, na verdade, foi o despertar para muitos grupos integristas que até então viam os soldados do exército israelense como invencíveis. Na noite de 25 de novembro, descobriram que também eram seres humanos e que podiam morrer.[6] Durante os dias que se seguiram, a rebelião estendeu-se por todos os territórios ocupados.

Adolescentes que até essa altura tinham se escondido com a chegada do exército israelense, dedicavam-se agora a atirar coquetéis molotov. Davi insurgia-se contra Golias.

Finalmente, depois de ler todo o relatório com o selo do Mossad, Benjamin Netanyahu disse ao seu *memuneh*: "Vão à Jordânia e acabem com ele. Executem-no. Envie o seu pessoal a Amã para que o façam".[7]

O *memuneh* tentou explicar a Netanyahu que matar Meshal em Amã podia pôr em perigo o acordo de paz assinado com os jordanianos. "Seria melhor assassinar Meshal em qualquer outro país árabe ou na Europa, para onde ele costuma viajar", disse Yatom. O primeiro-ministro gritou com o seu chefe de espionagem, acusando-o de arranjar desculpas: "Quero ação, e a quero agora".[8]

A partir desse momento, era tarefa da Metsada preparar uma operação com o fim de executar Jalid Meshal. Antes de ativar o Kidon, a subunidade de assassinos da Metsada, tudo devia estar planejado. "Não quero erros nessa operação. A Operação Vingança deve ser *Ain Efes*, em que não se admite o fracasso", disse seriamente Danny Yatom.

Durante dias, a Metsada, em colaboração com a estação do Mossad na Jordânia, a Unidade 8200, encarregada da interceptação de comunicações, a Unidade 8513, responsável pela obtenção de informação fotográfica dos alvos, e a Yahalomin, que se ocupava das comunicações do Mossad, puseram mãos à obra. Tanto Danny Yatom como Benjamin Netanyahu queriam um plano e queriam-no já, sem demora.

Em 20 de setembro de 1997, o plano que fazia parte da Operação Vingança foi apresentado para a aprovação do primeiro-ministro. Yatom sabia que se a operação corresse bem, Benjamin Netanyahu ficaria com os louvores políticos, mas, se corresse mal, seria ele quem deveria arcar sozinho com a culpa. Às 21 horas, "Bibi" Netanyahu deu início à operação.

Em 24 de setembro, dois jovens, com ar de executivos de férias, chegaram à capital jordaniana de avião, vindos de Roma. Ao passarem pelo posto policial, os dois homens mostraram os passaportes canadenses. Em seguida, entraram no terminal e dirigiram-se ao ponto de táxi. Um deles disse ao motorista que os levasse até o hotel Inter-Continental, situado em Queen Zein Street. Na verdade, Barry Beads e John Kendall, nomes falsos, eram *kidon* que chegaram à Jordânia para efetivar um golpe contra o Hamas.

Ao chegarem ao quarto do hotel, esperava por eles um membro do Kaisarut, o departamento de mediações nas embaixadas de Israel, conhecido como oficial de inteligência pelas agências de espionagem locais. O homem entregou-lhes uma ficha e várias fotografias de Jalid Meshal. Kendall pegou uma em que aparecia um homem robusto, com uma espessa barba preta, que, aparentemente, era um dedicado pai de família, visto que, em muitas outras, era possível vê-lo brincando com algum dos seus sete filhos.

No mesmo dia 24, os dois *kidon* reuniram-se com o resto da equipe, para deixarem completamente definidas as rotas de fuga caso a operação não corresse bem. Nessa mesma tarde, as equipes de assassinos do Mossad realizaram várias vezes os trajetos de fuga com o cronômetro na mão. Não se podia deixar nada ao acaso.

Às 21 horas, Barry Beads dirigiu-se a uma empresa de aluguel de automóveis e escolheu um Toyota azul. A essa mesma hora, em outra empresa, John Kendall fazia o mesmo com um Hyundai verde. Estava tudo preparado para o ataque ao alvo.[9]

Em 25 de setembro, logo pela manhã, a primeira unidade do Kidon avistou um Mercedes-Benz preto que se aproximava. No banco da frente, estava Jalid Meshal e, no de trás, três dos sete filhos do líder do Hamas. Antes de deixá-los na escola, o motorista devia levar Meshal até a sede do Hamas em Amã. O Mercedes virou à esquerda para entrar no distrito do Jardim. Nesse momento, o motorista de Meshal olhou pelo retrovisor e avisou seu chefe que alguém os seguia. Este pegou o celular, e o motorista foi passando os números da placa.

Do departamento da polícia jordaniana, uma voz disse-lhe que se acalmasse, que o carro tinha sido alugado a um turista canadense. Em dado momento, John Kendall, ao volante do Hyundai, decidiu ultrapassar o Mercedes-Benz preto antes de ficar preso no trânsito.

Às 10h30, Jalid Meshal, acompanhado de seus filhos, chegou à rua Wasfi al--Tal. Curiosamente, o nome da rua em que se encontrava a sede da organização terrorista palestina Hamas era em honra do primeiro-ministro jordaniano assassinado no Cairo por terroristas palestinos do Setembro Negro em 28 de novembro de 1971. Só no Oriente Médio podia acontecer algo do gênero.

Em meio a um grupo de pessoas que se aglomerava em frente à porta da sede do Hamas, encontravam-se os dois membros do Kidon. Quando Meshal beijava os filhos no rosto, Beads aproximou-se dele enquanto Kendall, ao seu lado, mexia num objeto dentro de uma bolsa.

Meshal olhou-os com desconfiança, mas, nesse momento, Kendall tirou um *spray* e pulverizou o conteúdo no ouvido esquerdo do palestino, diante do olhar atônito das crianças e dos presentes. Jalid Meshal pulou para trás para evitar o segundo ataque do *kidon*, enquanto com uma mão secava o líquido que tinham tentado lhe introduzir no ouvido. Nesse momento, vários membros da segurança do Hamas chegaram e agarraram-lhes com força as mãos, pensando que tentavam tirar uma pistola. Beads começou a lutar enquanto gritava ao seu companheiro que fugisse. A essa altura, a equipe de apoio já tinha chegado, mas tiveram que recuar diante da investida do veículo de Meshal que não os deixava avançar. Por fim, a segunda equipe do Kidon fugiu abandonando os dois companheiros à sorte.[10]

A polícia jordaniana, que acabava de chegar, prendeu os membros do Kidon e os conduziu a uma cela no quartel-general da polícia. Tanto Beads como Kendall declararam-se inocentes, mas a chegada de Samih Batithi, o poderoso e influente chefe do Departamento Geral de Inteligência (GID nas siglas em inglês), os fez mudar as respostas. Batithi acabava de ter uma reunião com o chefe da estação do Mossad na Embaixada de Israel em Amã.

O chefe do GID ordenou que ninguém tocasse nos dois agentes israelenses. Jalid Meshal foi internado num hospital jordaniano e ligado a um respirador artificial para lhe estabilizar o coração e os pulmões. O *kidon* não tinha conseguido introduzir todo o veneno no ouvido dele e, devido à sua boa forma física, o líder do Hamas conseguira sobreviver, embora não se soubesse por quanto tempo.[11]

Por volta das 22 horas, o chefe de gabinete do primeiro-ministro de Israel anunciou ao seu superior que recebia, através do telefone particular, uma chamada do rei Hussein da Jordânia. Quase aos gritos, o monarca *hachemita* relatou a um perplexo Netanyahu o ocorrido horas antes nas ruas de Amã. Também lhe revelou que os dois *kidon* tinham confessado, e que a confissão assinada por Beads e Kendall fora enviada à secretária de Estado norte-americana, Madeleine Albright.

"Se não quer que os nossos dois países voltem ao estado de guerra que viveram desde 1948, vou impor-lhe uma série de condições que deverá cumprir. Não há negociação em nenhuma delas. Assim que as cumprir, libertarei os seus dois agentes, que serão entregues na ponte de Allenby", disse o rei da Jordânia a um primeiro-ministro de Israel que ainda não tinha conseguido pronunciar sequer uma palavra. As condições também foram enviadas à Casa Branca e autorizadas pelo próprio presidente Bill Clinton.[12]

Danny Yatom, o *memuneh*, soube do desastre da operação no próprio gabinete, através de um telefonema do chefe da estação em Amã. Logo a seguir apresentava-se no gabinete do seu chefe, Benjamin Netanyahu, que já tinha atendido a chamada do monarca jordaniano.

"Hussein perguntou-me no que eu estava pensando e se tinha o antídoto para o gás tóxico usado contra Meshal", disse o político ao seu chefe de espiões. Antes de desligar o aparelho, Hussein da Jordânia exigira a "Bibi" Netanyahu a libertação imediata do xeique Ahmed Yassin e de vários líderes palestinos, bem como o envio a Amã do antídoto para salvar a vida de Jalid Meshal.[13]

Nessa mesma tarde, Danny Yatom telefonou ao seu homólogo Samih Bathiti para lhe pedir desculpas e anunciar-lhe que uma operação do Mossad jamais se repetiria em solo jordaniano. Outro problema surgiu com o governo do Canadá, quando os jordanianos informaram que tinham confiscado passaportes canadenses falsos com os dois *kidon* detidos. O Ministério dos Negócios Estrangeiros desse país retirou o seu embaixador de Tel Aviv e avisou Israel que, se algo parecido voltasse a acontecer, implicaria a ruptura imediata de relações diplomáticas. Aqueles dias foram os piores na vida, não só política, do orgulhoso Benjamin Netanyahu. Em poucas horas, ele teve que balbuciar desculpas a Bill Clinton, a Madeleine Albright, ao primeiro-ministro canadense Jean Chrétien e ao rei Hussein da Jordânia. Yatom foi obrigado a levar o antídoto à capital jordaniana.

Exatamente uma semana depois, o xeique Ahmed Yassin era libertado com o louvor de multidões, que o esperavam às portas da prisão israelense. Kendall e Beads, concomitantemente, entravam em Israel através da ponte de Allenby. Aqueles foram dias negros não só para o Mossad e o Kidon, mas também para todo o Estado de Israel.

O certo é que com o fiasco na tentativa de assassinato do líder do Hamas na Jordânia, Danny Yatom tornou-se um chefe desautorizado, um *memuneh* sem nenhum poder de decisão. Até o Estado-Maior sabia que Yatom fora incapaz de impedir ou de rejeitar cumprir as ordens de Netanyahu. Por fim, alguém do gabinete do primeiro-ministro tratou de fazer vazar convenientemente à imprensa que "os dias de Yatom no Mossad estavam contados". Isso não ajudou em nada a subir o moral dos *katsa* e dos agentes da espionagem israelense.

O segundo golpe contra o moral do Mossad chegaria no final do mês de outubro de 1997, quando um *katsa* do departamento sírio da espionagem israelense pôs em dúvida a fonte manipulada durante vários anos por Yehuda Gil,[14] um dos mais respeitados *katsa* do Mossad, antigo membro do Kidon e oficial respeitado da Metsada.

O analista, sabendo do poder de Gil no Mossad, decidiu falar dos seus receios ao próprio *memuneh*. O agente suspeitava de uma antiga fonte de Yehuda Gil, depois de rever um relatório sobre uma possível invasão síria de Israel.

Interrogado por Danny Yatom, Yehuda Gil confessou que inventara a fonte e que, graças a isso, andava roubando fundos reservados do Mossad há vinte anos. Yatom apareceu novamente na mira de Netanyahu, apesar de o *memuneh* tentar explicar que Gil roubara o Mossad durante o mandato de quatro diretores-gerais, desde Isaac Hofi, passando por Nahum Admoni, Shabtai Shavit e ele próprio.

O Kidon cometeria pela terceira vez um deslize quando uma das suas equipes foi detida na cidade suíça de Liebefeld, no sábado, dia 24 de fevereiro de 1998.

Aparentemente, os cinco *kidon* aprontavam-se para matar Abdullah Zein, que ocupava um alto cargo no Hezbollah. Enquanto preparavam a ação à noite, uma idosa com insônia decidiu chamar a polícia ao ver vários sujeitos suspeitos, três homens e duas mulheres, entrando e saindo de um edifício de apartamentos no número 27 da Wabersackerstrasse. Quando a polícia chegou ao local, encontrou vários membros do Kidon em plena atividade.

Solly Goldberg, Rachel Jacobson e Efraim Rubinstein estavam ainda na porta quando chegou a primeira patrulha. No carro de apoio, estavam Leah Cohen e Matti Finklestein.

Rubinstein simulou um ataque de coração, enquanto o restante dos companheiros fugiam. No hospital, confirmou-se que ele não padecia de nenhuma doença cardíaca, e o chefe da polícia ordenou a sua detenção imediata. Novamente, em menos de doze meses, uma equipe do Kidon fora apanhada com a mão na massa.

Às quatro da manhã, hora de Tel Aviv, tocou o telefone que Yatom tinha junto à cama. Há meses que ele não conseguia regularizar o sono. Do outro lado da linha, um *katsa* do Mossad informava o seu chefe sobre o incidente que acabava de acontecer na Suíça. Yatom teve que acordar Netanyahu para dar-lhe a notícia.

Imediatamente ligaram para Efraim Halevy, o embaixador de Israel em Bruxelas, para que tentasse estabelecer contato extraoficial com as autoridades suíças. Jacob Kellerberger, um alto oficial do Serviço Estratégico de Inteligência suíço, foi escolhido como interlocutor por Halevy. O diplomata israelense disse ao espião suíço que algo correra mal numa operação do Mossad em seu país. "Até que ponto correu mal?", perguntou Kellerberger. "Prenderam um dos nossos agentes", respondeu Halevy com tranquilidade.

No início, parecia que o entendimento entre ambos ia bem, mas, assim que desligou, Jacob Kellerberger decidiu telefonar para a beligerante procuradora federal da Suíça, Carla del Ponte. Na quarta-feira, 28 de fevereiro de 1998, ela decidiu tornar público o assunto e denunciar as práticas do Mossad num país supostamente aliado. Poucas horas depois, Danny Yatom, oitavo *memuneh* desde a fundação do serviço de espionagem israelense, demitia-se do cargo.

Em 5 de março de 1998, Efraim Halevy tornou-se o nono diretor-geral, depois de ser nomeado pelo primeiro-ministro Netanyahu, anunciando ao mesmo tempo que em 3 de março de 2000 seria substituído por Amiram Levine, novo diretor-geral adjunto. Halevy tornou-se assim o primeiro *memuneh* do Mossad a ser eleito por um tempo determinado.

Os anos de Halevy resultariam na normalização do Mossad e numa subida de moral para os oficiais, *katsa* e até *kidon* da Metsada. O principal inimigo, não só do Mossad mas também do Estado de Israel, continuava a ser sempre o mesmo, os suicidas palestinos de grupos como a Jihad Islâmica, a *Brigada Izzedine al--Qassam*, as Brigadas dos Mártires de Al Aqsa e o Hamas. Para muitos membros do Mossad, a libertação do xeique Ahmed Yassin, fundador e principal líder do Hamas, implicou um duro golpe que não demorariam a desforrar, mas nem Halevy nem Benjamin Netanyahu poderiam ver.

O Mossad e a sua unidade do Kidon passavam por uma das piores crises desde a sua criação, que levou à demissão em poucos meses de seis dos seus altos comandos por divergências com o atual *memuneh*, Meir Dagan. Havia pouco tempo, um jornal de Israel tinha o título: "Terremoto no Mossad". O jornal descrevia uma situação caótica, que se revelara muito mais grave do que o esperado, com uma profunda falta de confiança por parte de todos os departamentos implicados, incluindo a Metsada e, por conseguinte, o Kidon.

O *memuneh* Dagan fora nomeado pelo primeiro-ministro Ariel Sharon em 2003 com o objetivo prioritário de pôr ordem no Mossad, mas estava fracassando na tentativa, e o serviço de espionagem via-se outra vez contra a parede.

Entre os chefes do Mossad que abandonaram o cargo encontravam-se, por hierarquia, o número 2; o número 3; o responsável pelas relações com os serviços de inteligência de outros países; o chefe da Metsada para operações especiais; o da luta antiterrorista; e o de recursos humanos.

Os diretores que foram embora acusaram Dagan de ter violado uma promessa de promover o número 3 do Mossad e de ter quebrado as relações com o major--general Aharon Ze'evi-Farkash, chefe do serviço de inteligência militar (Aman), e com Abraham Deichter, diretor do Shin Bet.

Estava claro que Meir Dagan precisava de uma operação que lhe devolvesse a confiança não só do seu chefe, Ariel Sharon, mas também dos comandantes do Mossad. O primeiro-ministro estava muito satisfeito com ele, e com o trabalho que realizara no serviço de espionagem durante esses anos, mas também precisava de algo surpreendente que o fizesse conquistar pontos de popularidade. Para isso, nada melhor que uma operação do Kidon.

Dagan concordava com a posição de muitos oficiais do Mossad que se mostraram contrários à libertação do xeique Ahmed Yassin e pensou que esse poderia ser um bom alvo. Para isso, o *memuneh* recuperou o dossiê aberto há sete anos, e nunca encerrado, pelo deposto Danny Yatom, da Operação Vingança, que estabelecia o assassinato pelas mãos do Kidon, dos principais líderes do Hamas.

Nos últimos quatro anos, exatamente de 20 de dezembro de 2000 a 14 de março de 2004, o Hamas levara a termo 38 ataques terroristas contra Israel, deixando 256 mortos e quase 1.700 feridos. Era evidente, para Sharon e para o seu *memuneh*, que era preciso deter essa onda de violência, ainda que para isso o Kidon ou o exército tivessem que executar todos os líderes do Hamas, um a um, e o xeique Ahmed Yassin estava no topo da pirâmide.

Antes de atacar o alvo principal, o Mossad teria que atacar vários chefes militares do Hamas. Em 22 de janeiro de 2002, após três meses de vigilância por parte do Mossad e da Aman, conseguiram eliminar dois dos seus mais importantes membros, cujos nomes apareciam na lista dos terroristas mais procurados.

Uma unidade conjunta entre a Sayeret Matkal e o Kidon cercou numa casa Khasser Samaro, conhecido como "O Engenheiro 2", e Nassin Abu Rus, conhecido como "O Engenheiro 3", junto a dois tenentes do Hamas, Yousef Suraj e Karim Masarja.

Samaro e Abu Rus foram mortos por disparos de atiradores de elite do Kidon, enquanto Suraj e Masarja morreriam em combate com a primeira unidade da Sayeret que entrou na casa. Na verdade, os chefes militares e da Aman, assim como o *memuneh* Dagan, tinham claro, após a execução do "Engenheiro 2" e do "Engenheiro 3", responsáveis pelo projeto de bombas e explosivos do Hamas, que as operações de assalto implicavam assumir perdas, enquanto executar um chefe do Hamas através de ataques seletivos com mísseis era muito mais eficaz e seguro para os agentes israelenses. Quando o míssil lançado de um helicóptero acabava com o alvo, o *katsa* que tivesse colocado o detector estaria jantando em casa com a família. Em 30 de junho de 2002, o chefe de bombas do Hamas, Mohamed Taher, conhecido como "O Engenheiro 4", e o seu número dois, Imad Draoza, foram assassinados por comandos navais. Durante o combate entre os israelenses e os palestinos, dois homens ficaram gravemente feridos. Para Ariel Sharon e o seu *memuneh*, Meir Dagan, a escalada continuava aberta enquanto não se matasse o líder do Hamas, o xeique Ahmed Yassin.

Ahmed Yassin nascera em 1938 na pequena aldeia de Majdel, perto de Ashkelon. O velho muçulmano de 66 anos era não só o fundador e guia espiritual do movimento integrista islâmico Hamas; doente há muito tempo e paralítico desde a infância, era a figura mais emblemática da resistência palestina. O seu corpo inerte contrastava com um olhar expressivo e uma voz penetrante.[15]

De baixa estatura, com barba grisalha e o capuz branco dos militantes islâmicos, o fundador do Hamas movimentava-se na cadeira de rodas desde os 12 anos, quando levou uma pancada na coluna vertebral jogando futebol no campo de refugiados em que vivia, na Faixa de Gaza. Para Sharon e Dagan, eram suficientes as contínuas declarações de Yassin mostrando-se contrário ao fim dos atentados contra Israel enquanto durasse a ocupação dos territórios palestinos e o exército israelense continuasse "a matar mulheres, crianças e civis inocentes".

Pai de onze filhos, Yassin fazia parte dos refugiados expulsos do território que formava o novo Estado de Israel durante a guerra israelo-árabe em 1948. Nesse mesmo ano, a sua aldeia, como muitas outras, fora arrasada pelas forças israelenses, e Yassin refugiou-se na Faixa de Gaza, onde terminou os estudos secundários. Apesar de sua paralisia, mudou-se para o Cairo, onde passou um ano na Universidade Al-Azhar, embora por falta de dinheiro tivesse que interromper os estudos. Esse ano seria decisivo para o seu futuro, já que no Cairo estabeleceu contato com os fundamentalistas do movimento da Irmandade Muçulmana.[16]

Na década de 1970, fundou a sua própria organização e começou a recrutar jovens desejosos de entrar em ação. Nesse momento, Israel deixou-o fundar, até encorajou secretamente os integristas que estendiam a sua influência na Faixa de Gaza, com o fim de debilitar o movimento político Al Fatah, liderado pelo atual presidente palestino Yasser Arafat. No início dos anos 1980, na confusão da revolução iraniana, o xeique Yassin criou uma organização integrista mais radical, Majd al Mujaidin (Glória dos Combatentes do Islã), mas em 1984 seria detido pelos agentes do Shin Bet por realizar atos de terrorismo contra Israel e as suas Forças de Defesa, assim como por posse de armas e explosivos. Ele permaneceu só um ano na prisão, já que foi libertado graças a uma troca de prisioneiros.[17]

Assim que saiu da prisão, Ahmed Yassin fundou, em 14 de dezembro de 1987, a organização chamada Movimento de Resistência Islâmica, que seria tragicamente conhecida como Hamas.

Preso novamente em maio de 1989 pelo Shin Bet, foi condenado à prisão perpétua em outubro de 1991. O xeique Yassin permaneceu imperturbável ao escutar o veredicto. "O povo judeu bebeu do copo do sofrimento e viveu disperso pelo mundo. Hoje, é esse mesmo povo que quer forçar os palestinos a beber desse copo. A história não os perdoará, e Deus nos julgará a todos", disse aos juízes.

Yassin seria libertado, nos primeiros dias de outubro de 1997, por ordem do primeiro-ministro Benjamin Netanyahu e o seu *memuneh* Danny Yatom, e exilado para a Jordânia, graças à intervenção do Rei Hussein desse país. O monarca, indignado pela tentativa do Kidon de assassinar em Amã o chefe do gabinete político do Hamas, Jalid Meshal, obteve a libertação de Yassin em troca da libertação dos dois *kidon* israelenses retidos numa prisão jordaniana. Depois de uma breve estadia num hospital de Amã, o religioso regressou a Gaza. Desde então, manteve relações conturbadas com a ANP e com o seu presidente, Yasser Arafat.

Em setembro de 2003, o xeique Yassin e vários dirigentes do Hamas saíram ilesos de um ataque perpetrado pelo exército israelense contra algumas casas em Gaza onde se encontrava reunida a cúpula do movimento integrista. O primeiro-ministro, Ariel Sharon, tinha ordenado o ataque; Meir Dagan e os seus agentes do Mossad tinham obtido a informação necessária e o major-general Aharon Ze'evi-Farkash, chefe da inteligência militar, liderou a investida. Após o fracasso da operação, o xeique Ahmed Yassin disse aos jornalistas, na sua casa na cidade de Gaza: "Estou aguardando o meu martírio. Eles querem me matar e eu lhes digo que nós não temos medo da morte porque, quando morremos, morremos como mártires". Os três israelenses tornariam aquelas palavras proféticas, sem dúvida alguma, mais cedo ou mais tarde.

Sharon dera há algum tempo sinal verde à Operação Vingança, que consistia no assassinato executado pelo Mossad e pelo seu braço executor, o Kidon, do xeique Ahmed Yassin. Dagan e Ze'evi-Farkash sabiam que para levá-la a cabo tinham de realizar uma Zahav Tahor (Ouro Puro). Assim se denominavam as operações combinadas entre o Mossad e qualquer outra agência de inteligência israelense, unidade do exército ou da polícia.

Uma equipe do Kidon e duas da Aman se encarregariam de executar a ação. Em 19 de março de 2004, um membro da inteligência militar conseguiu fotografar o xeique Yassin enquanto saía da mesquita de Gaza depois das orações. As imagens foram enviadas para o quartel-general do Kidon no deserto de Beersheba.

Através da ampliação de imagens comprovaram que a cadeira de rodas usada pelo líder do Hamas era uma Otto Bock. O chefe do comando conseguiu uma descrição técnica dela pelo fabricante. Horas depois, os *kidon* e os agentes da Aman analisavam uma a uma as peças que a compunham.

A Otto Bock de Yassin era muito frágil e desmontável, com uma estrutura muito compacta e adaptável às necessidades do xeique — por exemplo, o encosto e a coluna da cadeira podiam se ajustar individualmente, até adequar-se à espessura da almofada. Além disso, contava com seis opções de ajuste para diferentes posições da coluna. Isto poderia implicar um problema para o ataque se Ahmed Yassin estivesse subindo uma ladeira. Ainda que a cadeira fosse empurrada por um dos guarda-costas, era evidente que o nível do disparo seria diferente. O plano estava quase fechado, e então o comunicariam a Meir Dagan.

Naquela mesma noite, no gabinete do primeiro-ministro, Ariel Sharon ouviu o plano relatado pelo *memuneh*. O duro líder israelense assentiu com a cabeça e apenas pronunciou um: "Vá em frente".

No domingo, 21 de março, os membros do Kidon espalharam-se pela Faixa de Gaza com transmissores de alta frequência. Sabiam que Yassin, com o seu filho e confidente, Abdul Aziz Yassin, e os seus dois guardas e chefes militares do Hamas, Khalil Abu Jiab e Ayoub Atallah, ia todas as tardes visitar várias famílias e depois rezar na mesquita. Fazendo-se passar por trabalhadores de obras públicas da Autoridade Nacional Palestina, os agentes militares da Aman dedicaram-se a tirar medidas e alturas das ruas por onde supostamente deveriam passar Yassin e a sua escolta ao voltarem para casa após a oração.

À noite, ordenou-se a um informante do Shin Bet para tirar uma pequena tampa de plástico localizada debaixo do chassis de alumínio da cadeira de rodas do xeique Ahmed Yassin e colocar no interior um sistema que emitia um sinal. Assim que o equipamento fosse introduzido, ele deveria recolocar a tampa de plástico.

Na segunda-feira, 22 de março de 2004, a Faixa de Gaza amanhecia ainda exaltada pelo êxito do ataque realizado havia apenas oito dias, em 14 de março, quando dois homens-bomba do Hamas e das Brigadas dos Mártires de Al Aqsa explodiram no porto israelense de Ashdod, matando dez pessoas e ferindo outras dezesseis. Yassin fez um longo discurso louvando a ação dos dois terroristas.

Depois de receber vários membros do Hamas e de escrever cartas destinadas aos seus "embaixadores" em Teerã, Damasco, Trípoli e Jartum, ele saiu de casa em direção à mesquita mais próxima. Três homens escoltavam Ahmed Yassin, o seu filho Abdul Aziz e os seus dois homens de confiança, Khalil Abu Jiab e Ayoub Atallah. Uma chuva fina caía sobre seu capuz branco enquanto ele continuava a estender a sua mão ossuda aos palestinos que se aproximavam para beijá-la.

A poucos quilômetros dali, estabeleciam-se dois postos de comando, um sob a liderança de Meir Dagan e do major-general Aharon Ze'evi-Farkash da Aman, e o segundo sob o comando do chefe da Força Aérea Israelense. Enquanto isso, um helicóptero de combate Apache, com o codinome "Peten" (Víbora), sustentava-se no ar em posição estável à espera de ordens. Armado com mísseis AGM-114 Hellfire ar-terra, o piloto mantinha-se em posição de alerta.

O Hellfire era um míssil ar-terra, de curto alcance e guia laser. Os pilotos israelenses se orgulhavam ao explicar que o nome do míssil era um acrônimo de Míssil Helitransportado, Laser, Dispara e Esquece (Heliborne, Laser, Fire and Forget). Desenvolvido nos anos 1970, foi inicialmente projetado como uma arma multimissão antiblindagem e de ataque, mas os israelenses deram-lhe outra utilização. Dentro das modificações desenvolvidas pela Força Aérea Israelense, o Hellfire era capaz de abater alvos parados ou em movimento.

Por volta das seis da tarde, quando as orações haviam terminado, o xeique Yassin e seus acompanhantes dirigiram-se a uma ampla avenida que cruzava a Faixa de Gaza de um lado ao outro, com destino à residência do líder do Hamas.

Nesse momento, o piloto do Apache recebeu a ordem através do fone: "Luz Verde". "Víbora Um, entendido", respondeu o piloto enquanto manobrava para o sul, tirando o aparelho da sua estabilidade e colocando-o em posição de combate.

A mão enluvada levantou o interruptor do sinalizador de alvos AN/AAQ-11 e o acionou. Este contava com um bloco de sensores noturnos instalado no nariz do Apache. O Víbora Um colocou-se sobre uma zona de casas baixas em pleno coração da Faixa de Gaza e acionou o comando de disparo. O corpo cilíndrico com empenagem estabilizadora em forma de cruz desprendeu-se do suporte. O míssil de construção modular: *seeker*, ogiva, sistema de guia, propulsão e controle, começou a procurar a presa sobre uma Gaza que começava a se encher de pequenas luzes.

O *seeker* de laser semiativo ou de radar ativo milimétrico fora modificado pelos israelenses, assim como a ogiva, à qual tinham anexado um explosivo de impacto e fragmentação. Certamente, restavam poucos segundos de vida ao xeique enquanto o Hellfire procurava o sinal emitido por um pequeno equipamento escondido na cadeira de rodas.

O jovem filho de Yassin empurrava a cadeira, tratando de tirá-la de um buraco no qual ficara presa. A única coisa que chegou a dizer foi uma breve maldição no momento em que o Hellfire chocava-se contra a cadeira de rodas do xeique Ahmed Yassin. Os quatro palestinos desapareceram da face da Terra devido à forte explosão. O fundador e líder espiritual do Movimento de Resistência Islâmica era agora apenas um pedaço de carne inerte no telhado de uma casa perto dali.

Em Jerusalém, a noite já avançada, tocou um telefone. Meir Dagan, o *memuneh* do Mossad, informou o primeiro-ministro Ariel Sharon que a Operação Vingança fora concluída com êxito e que um inimigo de Israel acabava de ser "executado". Israel jamais assumiu qualquer responsabilidade pelos assassinatos de Yassin, Ayyash ou algum outro. Para Israel, o Kidon era apenas mais uma lenda, um perigoso fantasma que aparecia e desaparecia após a morte de algum inimigo declarado do Estado judeu.

> **Jalid Meshal**, depois de se recuperar da tentativa de assassinato do Kidon, seria expulso finalmente da Jordânia em novembro de 1999. Meshal liderou a delegação do Hamas nas conversações do Cairo, em novembro de 2002, com a Al Fatah para estabelecerem uma estratégia comum com Israel, que devia iniciar-se com um cessar de operações do Hamas e da *Brigada Izzedine al-Qassam* contra os israelenses. Meshal continua a fazer parte da cúpula do Hamas e reside atualmente em Damasco com a família. O relato sobre a tentativa de assassinato de Jalid Meshal em Amã foi todo extraído do *Report of the Comission Concerning the Events in Jordan September 1997*

(17 de fevereiro de 1998). A Comissão de Investigação ouviu 35 testemunhas durante 47 sessões. Muitos dos depoimentos fazem parte deste relato.

Benjamin Netanyahu teve que sofrer a reprimenda do rei Hussein da Jordânia, o que implicou um sério golpe, não só para a sua honra, mas também para o seu orgulho. Posteriormente, a Comissão de Investigação formada em fevereiro de 1998 estabeleceu que Netanyahu fora o maior responsável por aquele desastre e que devido ao seu orgulho poderia ter colocado em perigo as relações com a Jordânia.

Abdel Aziz Rantissi, de 57 anos, sucedeu o xeique Ahmed Yassin, assassinado, à frente do Hamas. Em 17 de abril de 2004, precisamente 26 dias depois da execução de Yassin, um míssil Hellfire, lançado de um helicóptero Apache da Força Aérea Israelense, chocou-se contra seu carro, matando-o no ato, junto aos membros da sua escolta. Muitos disseram que viram a sombra do Kidon...

OPERAÇÃO FUMAÇA

ALVO: Imad Fayez Mughniyeh

POSIÇÃO: Chefe militar do Hezbollah

DATA: 12 de fevereiro de 2008

Sem dúvida que para o primeiro-ministro de Israel, Yitzhak Rabin, e para o *memuneh* do Mossad, Shabtai Shavit, o outro grande problema do Líbano era o papel e a influência crescentes do Hezbollah, o Partido de Deus no país. Fundado no Irã em 1979 e no Líbano após a invasão israelense de 1982, durante a chamada "Paz para a Galileia", o Hezbollah tornou-se o eixo da resistência contra a ocupação israelense no Líbano. Graças à ajuda da Síria e do Irã, os líderes do partido conseguiram criar uma ampla rede de instituições destinadas a responder às diversas necessidades sociais e humanitárias da população do sul do Líbano. O Hezbollah tornou-se, desse modo, uma potência militar e social fundamental no sul do país, uma zona dominada sobretudo por xiitas libaneses. As conclamações para o envio de tropas libanesas à fronteira com Israel sempre suscitaram animosidades.

O presidente libanês, Émile Lahoud, principal aliado da Síria no Líbano, insistiu em que essas tropas iriam na verdade atuar como protetoras da segurança israelense. A guerra entre Israel e o Hezbollah foi-se agravando com o passar dos anos e os seus principais líderes tornaram-se o principal alvo da inteligência israelense. Um deles era Fuad Mughniyeh, um dos seus altos chefes militares, e o primeiro-ministro Yitzhak Rabin já tinha dado sinal verde ao seu *memuneh* Shavit para pôr a operação em ação em pleno coração da capital libanesa.

Meses antes do ataque ao alvo, o Mossad colocara em ação três equipes da chamada Unidade 131, formada por agentes infiltrados em países árabes. Eles apenas tinham que obter a informação necessária sobre o alvo. Seriam os chefes da Metsada que decidiriam o dia e o local exato do ataque.

Fuad Mughniyeh conseguira subir na hierarquia do Hezbollah graças em parte ao apoio de seu irmão Imad, mas, principalmente, pelo êxito dos seus ataques perpetrados às tropas israelenses durante a invasão do Líbano em 1982. Os guerrilheiros de Mughniyeh fustigavam incansavelmente as colunas invasoras na estrada que ligava o sul do Líbano às cidades de Sídon, Tiro e Beirute, junto à costa. Seus ataques rebatizaram essa linha reta, de pouco menos de cem quilômetros, de "Estrada da Morte". Das 675 baixas de Israel, a maior parte ocorreu ali.

Mas era evidente que se o Mossad desejava atacar o aparato militar do Hezbollah, devia conseguir que um agente pudesse infiltrar-se nas suas fileiras e ganhar a confiança dos seus chefes militares.

O intermediário para a operação seria Ramzi Nohra, um cristão traficante de drogas da aldeia de Ibl es-Sai que já trabalhava para o Mossad desde finais de 1993. Shavit dera ordens claras aos seus *katsa* no Líbano. Nohra deveria ser o responsável por encontrar um infiltrado que conseguisse aproximar-se o suficiente de Fuad Mughniyeh. O escolhido foi Ahmad Hallaq, um chefe de segundo nível em Al-Saiqa, um grupo palestino apoiado e financiado pela Síria.

Hallaq devia antes dar provas da sua "fidelidade" a Israel. Ele informou Nohra que o Hezbollah usava três edifícios, dois na cidade de Tayr Filsay e um em Khirbet Selim, ambas situadas no sul do país, como centro de comunicações e também como depósito de armas. No dia seguinte, os três edifícios voaram pelos ares. Por fim, Hallaq recebeu instruções detalhadas sobre o alvo a abater: Fuad Mughniyeh, o irmão do que mais tarde se tornaria comandante-chefe militar do Hezbollah, Imad Mughniyeh.

O local escolhido para a execução foi o coração do bairro beirutense de Ghobeiry, feudo dos pró-iranianos. Há várias semanas, Ahmad Hallaq conseguira infiltrar-se como combatente no Hezbollah e aproximar-se, desse modo, do seu alvo. Por volta da meia-noite, o Peugeot azul de Mughniyeh aproximou-se de um edifício de Ghobeiry, seguido por um carro Toyota, ocupado por vários dos seus guarda-costas. Um deles era Hallaq.

A reunião prolongou-se até quase o amanhecer. O sol começava a invadir as montanhas do Vale de Bekaa, naquele 21 de dezembro de 1994, quando os presentes começaram a abandonar em pequenos grupos o local da reunião. Fuad, armado com uma Kalashnikov, aproximou-se do seu veículo e, depois de gritar aos seus homens para que o seguissem, entrou no carro. Segundos depois, uma grande explosão assolou o local deixando mortos e feridos, que vagueavam pela rua sem saber o que tinha acontecido. O Peugeot de Fuad Mughniyeh tinha desaparecido. Ahmad Hallaq aproveitara um descuido dos guarda-costas para colocar um potente explosivo debaixo do para-lama dianteiro. Um *kidon* do Mossad fez o resto apertando o botão de ignição da bomba. Fuad, irmão mais velho de Imad Mughniyeh, morreu no ato. Exatamente um ano depois, em 1995, Ramzi Nohra, em coordenação com a inteligência militar libanesa, sequestrou Hallaq e entregou-o às autoridades.

Desde março de 2000, Nohra ajudou a estabelecer as redes de espionagem do Hezbollah, no norte de Israel, usando para isso os seus próprios traficantes. Eles atravessavam a fronteira e trocavam haxixe e heroína libanesa por dinheiro em espécie e informação de inteligência. Ramzi Nohra entregava ao Hezbollah informações detalhadas das posições militares israelenses, mapas detalhados do norte de Israel e celulares para serem usados em Israel.

Em 2002, quando Meir Dagan foi nomeado *memuneh* pelo então primeiro-ministro Ariel Sharon, ele definiu para a Metsada, a unidade de operações especiais do Mossad, as novas diretrizes a seguir, claras, curtas e concisas. Quatro meses depois da chegada de Dagan ao seu gabinete, na sede do Mossad, Ramzi Nohra seria assassinado por uma bomba colocada no seu veículo no sul do Líbano. Em agosto de 2003, Ali Saleh, militante veterano do Hezbollah, seria assassinado por meio de um carro-bomba. Em fevereiro de 2004, Ghaleb Awali, um dos chefes militares do Hezbollah, seria assassinado por meio de um explosivo colocado embaixo do seu carro. Mas o auge da campanha de assassinatos de líderes do Hezbollah exterminados pelo Kidon alcançaria o seu êxito máximo quando, em 12 de fevereiro de 2008, mataram Imad Mughniyeh, líder militar e de inteligência do Hezbollah e irmão de Fuad, assassinado exatamente catorze anos antes.

Imad Fayez Mughniyeh tinha nascido na aldeia de Tayr Dibba, no seio de uma família humilde de agricultores. O Grupo Sul da CIA mostrou Mughniyeh vivendo em Ayn Al-Dilbah, um labiríntico gueto de ruas estreitas, situado no sul de Beirute. Em finais dos anos 1970, Imad Mughniyeh organizou a chamada "Brigada Estudantil", formada por uma centena de homens jovens que viriam a fazer parte da "Força 17", a guarda pretoriana de Yasser Arafat.

O papel de Mughniyeh dentro dos serviços de segurança palestinos era o de localizar os francoatiradores das milícias cristãs que se situavam na fronteira entre Leste e Oeste de Beirute e neutralizá-los.

No início de 1980, enquanto estudava engenharia na Universidade Americana de Beirute, os Estados Unidos autorizaram Israel a invadir o Líbano com o fim de expulsar a Al Fatah e os seus guerrilheiros da capital. Durante os primeiros meses da Operação Paz para a Galileia, Imad Mughniyeh abandonou a OLP e uniu-se aos xiitas, respondendo à conclamação do aiatolá Khomeini, via Teerã, para formar um movimento global baseado no fundamentalismo islâmico, que combatesse o inimigo sionista e os seus aliados.

Mughniyeh reuniu-se com líderes religiosos de diferentes organizações como Suhi al-Tufaili e Abbas al-Musawi do Partido Al Dawa; Hassan Nasrala, Naim Qasem, Mohamed Yazbak e Ibrahim Amin al-Sayid, do Partido Amal; e Abdel al-Hadi Hamadih do Partido Comunista Libanês, num local do Vale de Bekaa, feudo do Hezbollah. Naquela reunião delineou-se a organização de resistência libanesa, e Mughniyeh foi nomeado um dos principais líderes da inteligência da nova organização.[1]

O novo movimento estabelecido secretamente por aqueles oito homens não demoraria a agir contra todos os considerados inimigos do Islã. As células de Imad Mughniyeh estiveram implicadas no atentado com carro-bomba contra a embaixada dos Estados Unidos em Beirute, em 1983, em que morreram 63 pessoas; nos ataques contra os quartéis das forças norte-americanas e francesas no Líbano, que custaram 241 e 58 vidas, respectivamente; e no sequestro, em 1985, do voo 187 da TWA, em que um norte-americano foi assassinado. Além disso, era ligado a vários sequestros de cidadãos estrangeiros reivindicados pela Jihad Islâmica, convertendo-o num dos terroristas mais procurados internacionalmente.[2]

Entre 1992 e 1993, atribuiu-se ele a organização de ataques contra a embaixada de Israel em Buenos Aires, em 1992, nos quais 29 pessoas perderam a vida, e, dois anos depois, contra a Associação Mutual Israelense Argentina (AMIA), que matou 86 pessoas.[3]

O seu longo histórico terrorista fez com que ele fosse incluído na lista de terroristas mais procurados da União Europeia; que os Estados Unidos o incluíssem na lista dos "10 mais procurados" pelo FBI e que oferecessem uma recompensa de 5 milhões de dólares por qualquer informação que facilitasse a sua captura.[4] Isso fez com que ele desaparecesse da arena libanesa, até que em meados de fevereiro de 1997 reapareceu em Beirute como responsável pela inteligência iraniana, supervisionando e reorganizando aparelhos de segurança do Hezbollah, o chamado Comando Especial de Operações, encarregado das operações terroristas e de inteligência.

Os Estados Unidos já tinham tentado sequestrá-lo ou assassiná-lo em várias ocasiões. Em 1986, uma unidade de assassinos da CIA detectou-o em Paris, mas os franceses não permitiram que fosse executado em seu território, por medo das represálias do Hezbollah contra os interesses franceses no Oriente Médio.

A segunda tentativa deu-se quando a CIA descobriu que Imad Mughniyeh viajaria a bordo de um Airbus entre o Sudão e o Líbano, fazendo escala na Arábia Saudita. Washington tentou convencer os sauditas a deterem o avião e permitirem que uma unidade especial de Navy SEAL entrasse no Airbus e prendesse o líder do Hezbollah. Os sauditas também se negaram.

A terceira tentativa, chamada Operação Return OX, deu-se quando a CIA soube que Mughniyeh viajaria a bordo de um cargueiro paquistanês rumo ao porto de Beirute. A ideia era assaltar o barco em alto-mar, utilizando forças anfíbias da 13ª Unidade Expedicionária de Marines e Navy SEAL da Quinta Esquadra. A operação foi abortada no último minuto ao se descobrir que Imad Mughniyeh não estava a bordo do cargueiro.

Em 1985, por ordem do então primeiro-ministro trabalhista Shimon Peres e do *memuneh* Nahum Admoni, decidiu-se a execução do xeique Mohamed Hussein Fadlallah, o líder religioso xiita do Líbano, usando-se um carro-bomba. A operação não foi bem-sucedida devido a um erro cometido pelos membros do Exército do Sul do Líbano, aliado de Israel. A explosão do carro-bomba atingiu o veículo dos guarda-costas of Fadlallah, matando vários deles no ato. Um deles era Yihad Mughniyeh, o irmão mais novo de Imad e Fuad.[5]

Robert Baer, ex-agente da CIA e especialista em Oriente Médio, descreveu Mughniyeh como "provavelmente o agente mais inteligente, o mais capacitado que já vimos, incluindo o KGB. Entra por uma porta e sai por outra, troca de carro diariamente, nunca combina nada pelo telefone, jamais é previsível. Apenas usa gente ligada a ele e em quem pode confiar. Nunca recruta ninguém. De estatura baixa, bem-vestido, de olhar penetrante e com um domínio perfeito do inglês e do francês, é um mestre de terroristas, o Graal que procuramos desde 1983". Mas essa sorte estava prestes a mudar.[6]

A muitos quilômetros dali, num discreto edifício na cidade de Jerusalém, decidia-se a sorte de Imad Fayez Mughniyeh. O nome da operação, "Fumaça", devia-se ao cognome usado por Mughniyeh na organização Hezbollah, "Abu Dokhan" (Pai Fumaça ou Pai Invisível). Os presentes na reunião eram nada mais, nada menos do que o primeiro-ministro Ehud Olmert; o chefe do Shin Bet, Yuval Diskin; o chefe da inteligência militar, o general Amos Yadlin e, claro, o *memuneh* Meir Dagan. Era preciso tomar uma decisão sobre o destino do terrorista do Hezbollah.

Sobre a mesa estavam espalhadas várias fotos em preto e branco de Imad Mughniyeh, assim como uma ficha do terrorista: ano de nascimento, 1962; local de nascimento, Líbano; estatura, 1,70 m; peso, entre 79 e 85 kg; cabelo, castanho; sexo, masculino; nacionalidade, libanesa; situação, fugitivo.

Dagan informou ao primeiro-ministro que o Mossad detectara uma conversa do alto comando da Direção-Geral de Inteligência, o Idarat al-Amn al-'Amm, em que garantiam que Imad Mughniyeh viajaria a Damasco em meados de fevereiro, vindo de Teerã.

O terrorista libanês, chefe de segurança da organização terrorista Hezbollah, financiada pelo Irã e com apoio logístico e político da Síria, tornara-se uma espécie de mensageiro de luxo entre Teerã-Damasco-Beirute.

Depois de ler o relatório e ouvir as alegações de Dagan, o primeiro-ministro Olmert decidiu autorizar a ativação do Kidon. Dessa forma, punha-se em movimento a maquinaria do braço executor da Metsada, perfeitamente lubrificada desde 1960.

Imad Mughniyeh aterrissou em 10 de fevereiro no aeroporto de Damasco, num voo da companhia Syrianair, procedente do Aeroporto Internacional Iman Khomeini de Teerã. Ali foi apanhado por um motorista e um guarda-costas e levado para um local secreto. O Mitsubishi Pajero virou na avenida Abdullah Ibn Rawaha e entrou no populoso bairro de Kafar Soussseh.

Segundo os serviços secretos israelenses, Mughniyeh devia reunir-se dois dias depois com o presidente da Síria, Bashar al-Assad, e com o presidente do Irã, Mahmoud Ahmadinejad. Mughniyeh representaria o Hezbollah no Líbano.

Durante a sua estadia na capital síria, o líder do Partido de Deus tinha decidido reforçar a sua segurança, ao receber informação dos serviços secretos sírios, a Direção-Geral de Segurança, de um possível plano norte-americano para assassiná-lo. Aparentemente, alguém recomendou a Mughniyeh que não voltasse a Beirute como tinha previsto fazer dois dias depois, exatamente em 12 de fevereiro.

Durante todo o dia 11, o terrorista manteve contatos estreitos com membros do Hezbollah, do Hamas e com membros do serviço de inteligência sírio. Os encontros prolongaram-se até altas horas da noite. O dia 13 era o escolhido para que Imad Mughniyeh se encontrasse com o presidente al-Assad no Palácio da República. Para o encontro, tinha-se previsto que Mughniyeh fosse apanhado por um carro oficial e levado diretamente à presença do líder sírio, mas não foi isso o que aconteceu.

Na noite anterior ao encontro, Mughniyeh decidiu sair sem escolta do seu esconderijo, no bairro de Kafar Soussseh, para ir a uma festa nas proximidades, no Centro Cultural Iraniano, na qual seria celebrado o 29º Aniversário da Revolução Iraniana, liderada pelo aiatolá Khomeini. Segundo fontes policiais sírias, o líder do Hezbollah acreditava estar a salvo em Damasco do longo braço de Israel ou dos agentes da CIA. Por volta das 22h35, Mughniyeh despediu-se pessoalmente do novo embaixador do Irã em Damasco e deixou o local. Na rua, Imad

Mughniyeh aproximou-se do seu veículo, um Mitsubishi Pajero prata, entrou no carro e enfiou a chave no contato. Lentamente, o carro seguiu em direção à rua Al-Mizrab.[7]

Às 22h59, o Mitsubishi parou num semáforo vermelho. Tinha sido um dia longo e cansativo e na manhã seguinte ele esperava outro semelhante. Mughniyeh, cansado, encostou a cabeça no apoio do banco. Enquanto esperava que a luz do semáforo mudasse, precisamente nesse momento, ouviu um clique. Uma grande explosão pôde ser ouvida a centenas de metros de onde se encontrava. O teto do carro em que estava o histórico líder terrorista tinha desaparecido por completo, ao passo que restos do corpo de Imad Fayez ficaram espalhados num raio de mil metros.

A polícia síria que se encarregou da investigação do atentado concluiu que alguém tinha colocado um explosivo no apoio de cabeça do banco do motorista do Mitsubishi. Pura e simplesmente, quando Mughniyeh apoiou a cabeça, acionou o dispositivo que ativava a bomba. As mesmas fontes concluíram que o explosivo deveria ter sido colocado no Mitsubishi Pajero entre as 22h e as 22h35, ou seja, o tempo que Mughniyeh demorou para entrar e sair do Centro Cultural Iraniano.

Ao que parece, os *kidon* da Metsada montaram um explosivo num apoio de cabeça igual ao do modelo Pajero que Mughniyeh usava nas viagens a Damasco. Deve ter sido um colaborador árabe do Mossad quem, fazendo-se passar por segurança do Centro Cultural do Irã, conseguiu trocar o apoio de cabeça original pelo que tinha o explosivo.[8] A verdade é que, poucas horas depois de divulgado o assassinato de Mughniyeh, o primeiro-ministro israelense Ehud Olmert felicitava pessoalmente o *memuneh* Meir Dagan pelo trabalho cirúrgico, concluído de forma tão limpa, do Kidon.[9]

Ronen Bergman, analista de inteligência do jornal *Yediot Ahoronot*, considerou que a morte de Imad Mughniyeh foi muito mais traumática para o Hezbollah, visto que o terrorista era algo mais do que um dirigente ou comandante-chefe. "Muitos em Israel dedicaram-se durante muito tempo a seguir e a recolher informação de Mughniyeh, conhecido como o Carlos iraniano, um sério competidor de Osama Bin Laden pelo título de 'terrorista mais perigoso do mundo'. É preciso um grande rigor e profissionalismo. Informação exata, perseguição e preparação cuidadosa, para que um agente do Mossad se aproxime tanto e coloque um explosivo no apoio do seu carro e num país como a Síria, onde os serviços secretos são tão poderosos", escreveu Bergman. Fomos nós ou não? era a grande pergunta que os israelenses faziam sobre o assassinato em Damasco. Oficialmente, não. Oficiosamente, sim.

Enquanto isso ocorria, o Comitê Antiterrorista de Israel declarava a situação de "perigo palpável". O Hezbollah acusava várias vezes Israel pela morte de Mughniyeh, razão suficiente para que aumentasse o risco de uma ação terrorista por parte do Hezbollah contra alvos israelenses no estrangeiro.

"De acordo com o que se lhe é atribuído, o Mossad deve ser, hoje em dia, o único serviço secreto no mundo em que a execução de terroristas faz parte do seu próprio DNA", opinou o especialista Yossi Melman ao saber do assassinato de Mughniyeh. E talvez ele tivesse razão.[10] De qualquer forma, Imad Fayez Mughniyeh, morto aos 48 anos de idade, dos quais trinta foram dedicados ao terrorismo, não era o primeiro terrorista a cair, e não seria certamente o último. O êxito da Operação Fumaça daria novas asas ao Mossad e, por conseguinte, ao Kidon, para eliminar os inimigos de Israel onde quer que se escondessem.

OPERAÇÃO RAQUETE

ALVO: Mahmud Abdel Rauf al-Mabhuh

POSIÇÃO: Responsável pelo tráfico de armas entre o Hamas e o Irã

DATA: 19 de janeiro de 2010

Naquela manhã de novembro de 2009, a primeira página dos principais jornais diários de Israel destacava as reações do Reino Unido, da França, dos Estados Unidos, da Alemanha, da Rússia e da China, os seis países mais poderosos do mundo, depois do Irã ter rejeitado as suas propostas que procuravam retardar a capacidade iraniana para construir armas atômicas. Meir Dagan, o diretor do Mossad, mostrava preocupação enquanto se dirigia, no seu carro oficial, à reunião convocada pelo primeiro-ministro Benjamin Netanyahu na sua residência em Jerusalém.

Estiveram também presentes na reunião o general Aviv Kochavi, chefe do serviço de inteligência militar, a Aman, e que acabava de substituir o general Amos Yadlin, e Yuval Diskin, o poderoso diretor do Serviço Geral de Segurança, o Shin Bet.

Na sua pasta preta, levava um grosso relatório sobre Mahmud al-Mabhuh, principal líder da organização palestina Hamas. Al-Mabhuh era conhecido pelo Shin Bet e pelo Mossad por ser um dos fundadores do braço armado da organização, as temíveis Brigadas Izzedine al-Qassam. Para Dagan, aquele homem era um alvo prioritário para os serviços de inteligência israelenses e era um dos assuntos que iria tratar na reunião a portas fechadas convocada para dali a uma hora.

O discreto carro oficial embrenhou-se no trânsito intenso de Jerusalém e dirigiu-se à residência do primeiro-ministro, nas proximidades da rua Ramban.

Ao chegar, os diretores do Shin Bet e da Aman esperavam já poder se reunir com Netanyahu.

Os três homens entraram no gabinete do primeiro-ministro carregando, todos eles, pastas volumosas dos seus respectivos serviços, relativos a operações militares do Hamas, a líderes da organização terrorista ou a operações de tráfico de armas e explosivos detectadas pelo Mossad.

O *memuneh* foi o primeiro a falar enquanto distribuía um dossiê sobre Mahmud al-Mabhuh a Netanyahu, Yadlin e Diskin.

O relatório era encabeçado por uma fotografia de um homem de 49 anos, com o cabelo curto, um bigode denso e barba por fazer, olhando para a lente da câmera com as sobrancelhas franzidas.

Mahmud al-Mabhuh tinha nascido no conflituoso campo de Jabalia, no coração da Faixa de Gaza, em 14 de fevereiro de 1960. Criado numa família de treze irmãos, estudou mecânica e montou uma pequena oficina em Gaza. Em finais da década de 1970, juntou-se à organização Yami'at al-Ijwan al-Muslimin, literalmente Sociedade dos Irmãos Muçulmanos, tornando-se rapidamente um dos membros mais ativos. O palestino lia várias vezes o ideário da organização fundada em 1928 por Hassan al-Banna no Egito e baseado no Islã.

Al-Mabhuh foi localizado pelo Shin Bet, pela primeira vez, quando se tornou responsável pelos grupos de jovens islamitas que atacavam os cafés de Gaza onde se realizavam apostas ilegais, o que era proibido pelo Islã. O futuro líder do Hamas foi preso pela primeira vez enquanto discursava para um grupo desses jovens. Por fim, em 1986, foi preso pela segunda vez pelo Serviço Geral de Segurança numa operação encoberta realizada em conjunto com tropas do exército e a guarda fronteira. Durante a operação, um fuzil de assalto foi confiscado de Mahmud al-Mabhuh, pelo que foi condenado a três anos de prisão.

Depois de ser libertado, al-Mabhuh abandonou a organização dos Irmãos Muçulmanos, alegando que se submeteram aos desejos do presidente Hosni Mubarak, e uniu-se ao Hamas.

O Shin Bet sabia que Mahmud al-Mabhuh tinha sido o dirigente do Hamas que conduzira as operações de sequestro dos dois soldados israelenses Avi Sasportas, em 15 de fevereiro de 1989, e de Ilan Sa'adon, três meses mais tarde.[1] Ambos os militares seriam assassinados pouco depois.

Nahum Admoni, o diretor do Mossad nessa época, já tinha exposto ao então primeiro-ministro, Yitzhak Shamir, a possibilidade de autorizar uma sanção contra Mahmud al-Mabhuh, mas a espionagem israelense e o Shin Bet estavam concentrados na captura ou execução dos peixes mais gordos da organização Hamas. Nesse momento, al-Mabhuh era ainda um alvo de pouca importância, mas

Admoni e Yaakov Peri, diretor do Shin Bet, não eram da mesma opinião. Essa opinião seria ratificada quando os serviços secretos israelenses encontraram uma fita de vídeo em que o próprio Al-Mabhuh confessava-se autor intelectual do sequestro dos dois militares. O comando militar israelense em Gaza ordenou então a detenção do líder do Hamas e a demolição de sua casa no campo de refugiados de Jabalia. Depois, nada mais. Mahmud al-Mabhuh desapareceu da face da Terra, até que os israelenses souberam que, em abril de 2003, fora preso por agentes do Serviço de Inteligência do Egito, por ordem de Omar Suleiman, e preso por tráfico de armas na fronteira entre o Egito e Gaza.

Depois de ser libertado no início de 2004, devido a pressões de setores islamitas sobre o governo do Cairo, Mahmud al-Mabhuh conseguiu refúgio em Damasco, graças à proteção de Jalid Meshal, o líder político do Hamas que fora vítima de uma tentativa de assassinato por parte do Kidon na capital jordaniana, em 25 de setembro de 1997.[2] A partir desse momento, Al-Mabhuh foi conquistando posições dentro da hierarquia militar do Hamas até se tornar um intermediário importante com o Irã para a compra de armas e de explosivos para os militantes do seu grupo terrorista.

Naquela manhã de novembro de 2009, chegara o momento de adotar uma medida a respeito de Mahmud al-Mabhuh. A decisão adotada foi a ativação de duas equipes do Kidon, da Metsada, para executar o alvo. Meir Dagan classificou a operação sob o código Ain Efes, uma operação que não admitia erros.

O Kidon usaria duas equipes de quatro membros cada uma. A primeira equipe seria a de ataque; a segunda, de segurança. Antes de decidir o dia e o local para atacar, informou-se a Apam para que se encarregasse de obter as documentações necessárias para pôr o plano em prática. Os *katsa* da Apam deviam localizar os *sayanim*, colaboradores judeus que trabalham com o Mossad por motivos ideológicos. Sayanim da Grã-Bretanha, da Irlanda, da Alemanha e da França cederiam os seus passaportes aos agentes do Kidon. Toda a operação seria coordenada por um agente instalado num esconderijo (*maoz*) em Viena. Todas as comunicações seriam feitas por meio de mensageiros (*bodel*), encarregados de levar mensagens de um esconderijo a uma estação, a uma embaixada ou ao próprio quartel-general do Instituto, sob a supervisão da Apam. Para cobrir os gastos da operação, os *katsa* do Kidon teriam cartões de crédito expedidos por bancos norte-americanos. Era o momento de localizar o alvo.

Para isso, os agentes do Shin Bet, sob o comando do general Kochavi, conseguiram recrutar dois informantes palestinos, Anwar Sheibar e Ahmed Hassanain. Sheibar conhecia muito bem Mahmud al-Mabhuh porque ambos tinham nascido no campo de Jabalia e também porque o informante tinha sido um intermediário dos serviços secretos palestinos com o Hamas.

Ahmed Hassanain tornara-se informante de Israel devido ao seu ódio para com o Hamas em geral e Mahmud al-Mabhuh em particular. Hassanain era um dos homens de confiança de Mohamed Dahlan, também natural de Jabalia e ex-chefe dos serviços de segurança palestinos, famosos pela repressão contra os fundamentalistas há mais de uma década. O Hamas ordenara o seu desmantelamento em toda a Faixa de Gaza. Mohamed Dahlan era, sem dúvida, o líder palestino mais odiado pelos homens de Al-Mabhuh.

Acredita-se que foi Anwar Sheibar quem informou o Shin Bet, e este o Mossad, que o líder do Hamas tinha planejado viajar de Teerã para Dubai, via Damasco, provavelmente entre 15 de janeiro e 1º de fevereiro. Al-Mabhuh cometeu dois erros. Reservou a passagem de avião pela internet e, durante uma conversa gravada pelo Shin Bet entre ele e a sua família, o líder do Hamas disse em que hotel ficaria em Dubai.

Era evidente para o Mossad que o local escolhido para o ataque seria a capital dos Emirados Árabes Unidos, um dos poucos países do Golfo Pérsico com o qual Israel mantinha relações. Uma vez informado o comando de operações da Metsada, decidiu-se enviar um grupo de vanguarda para Dubai, sob o disfarce de fazer parte da equipe de assessoria da tenista israelense Shahar Peer. Ela deveria participar do Aberto de Tênis de Dubai entre domingo, dia 14, e sábado, 20 de fevereiro. Esse fato deu o nome à operação, "Raquete".

Mas o que faria Al-Mabhuh naquele país do Golfo Pérsico? O Mossad descobriu que ele tinha planejado visitar um banco árabe e duas companhias navais com ligações no Sudão e no Egito. Tinha provavelmente planejado retirar fundos da sua organização para financiar uma operação de venda de armas entre o próprio Hamas e a chamada Força Al-Quds da Guarda Revolucionária iraniana. Os agentes de Dagan sabiam que Mahmud al-Mabhuh tinha decidido havia meses passar à clandestinidade mais absoluta e afastar-se durante um tempo da liderança do Hamas.

No dia 19 de janeiro, Mahmud al-Mabhuh aterrissou às três da tarde no Aeroporto Internacional de Dubai e passou no controle de imigração com um passaporte falso com o nome de Talal Nasser. Depois de pegar um táxi oficial, um Ford branco com o teto vermelho, ordenou ao motorista que o levasse até o hotel Al Bustan Rotana, em Casablanca Road, no bairro de Garhoud. Ele era seguido muito de perto por membros da Unidade 8513, encarregada de obter informação fotográfica do alvo.

Meia hora depois aterrissavam no mesmo aeroporto, e procedentes de destinos diferentes, os quatro *kidon* que levariam a cabo a execução do líder do Hamas. Kevin Gaveron, chefe da equipe, Gail Folliard, Michael Bodenheimer e James Susse. Os agentes israelenses tinham reservas no mesmo hotel do líder palestino. Desde que chegou, os *katsa* do Mossad não o tinham perdido de vista nem por um instante. Tudo tinha de estar perfeitamente sob controle. Tudo devia estar perfeitamente ligado.

Por volta das 15h30, o líder do Hamas chegou ao hotel e registrou-se na recepção do elegante estabelecimento. Existe uma imagem captada pelo circuito interno de televisão do hotel em que se vê a hora exata em que ele se registrou. A funcionária do hotel Al Bustan Rotana entregou-lhe a chave do seu quarto, número 230, no segundo andar.

Enquanto se dirigia com uma funcionária até a porta do quarto, Mahmud Abdel al-Mabhuh não percebeu que os dois homens com roupas esportivas que entraram com ele no elevador eram dois agentes do Mossad. Estes entraram no quarto 237, situado em frente ao do palestino. Ali foi instalado o centro de operações liderado por Peter Elvinger, responsável logístico pela Operação Raquete. A câmera de segurança do corredor do segundo andar foi novamente testemunha desses passos.

Às 16h23, a unidade designada para segui-lo vigiava o líder do Hamas quando ele saiu do quarto e se deslocou até o elevador, atravessou o amplo *hall* de entrada e saiu pela porta principal. Um táxi o levaria até o hotel Millenium Airport, onde jantaria. O local escolhido foi o restaurante italiano Da Vinci. Os israelenses informaram que aparentemente Mahmud al-Mabhuh não esperava ninguém. De fato, nessa noite, ele jantou sozinho. Às 18h35, todos os membros e equipes que não fariam parte da operação final dirigiram-se ao aeroporto e saíram do país. Em Dubai, ficaram apenas as duas equipes do Kidon, no total oito *katsa*.

O líder do Hamas pagou a conta às 20h e saiu do estabelecimento para regressar ao hotel. Às 20h24, al-Mabhuh atravessou as portas giratórias do Al Bustan Rotana, cumprimentou o segurança e foi até os elevadores do fundo. Ao chegar ao segundo andar do hotel, a hora da câmera de segurança marcava 20h27. Logo a seguir, perde-se de vista.

Nos dezenove minutos seguintes, a polícia de Dubai acreditava que os assassinos, provavelmente quatro (Kevin Gaveron, Gail Folliard, Michael Bodenheimer e James Susse), esperavam o dirigente do Hamas. Decerto que dois *kidon* permaneceram dentro do quarto 230 e outros dois no 237, fora do alcance da câmera de segurança.

Assim que o líder palestino foi dominado, os agentes do Kidon atiraram-no na cama, eletrocutaram-no com um *taser* potente, envenenaram-no com uma substância desconhecida e, por fim, estrangularam-no com uma algema plástica de náilon colocada em volta do pescoço. Os policiais forenses não conseguiram descobrir o tipo de veneno usado. A algema plástica foi retirada assim que surtiu efeito, mas os investigadores descobriram uma pequena marca na nuca de Al--Mabhuh. O *kidon* tinha usado algo cortante para rasgar o náilon. Era evidente que não se poderia deixar nenhuma pista.

Às 20h56, a câmera do segundo andar voltou a detectar a imagem de dois homens entrando apressadamente no elevador. Um deles segurou a porta, quando de repente entraram outros dois. Os quatro usavam chapéus e gorros esportivos enterrados até as sobrancelhas, e permaneceram de cabeça baixa para não serem posteriormente identificados pelas câmeras de segurança. O Kidon precisou somente de dezenove minutos para acabar com a vida do perigoso Mahmud Abdel Rauf al-Mabhuh.[3]

Logo depois, as duas equipes do Kidon saíram dos Emirados Árabes Unidos por diversos meios e destinos diferentes, usando passaportes falsos de quatro países da União Europeia.

O cadáver seminu do líder do Hamas foi encontrado estendido de barriga para baixo sobre a cama do seu quarto, dezessete horas depois, quando todos os agentes do Mossad já estavam a salvo.

Apesar de não haver provas conclusivas contra o Mossad, o certo é que a sua marca está impressa em todo o projeto e execução do assassinato, mas até nos círculos diplomáticos se fala de uma operação dos *kidon* da Metsada. Semanas depois, um diplomata israelense destacado em Londres escreveu no seu perfil do Twitter: "Tenista israelense dá um golpe num alvo em Dubai". Musa Abu Marzuk, membro da direção do Hamas, garantiu: "Responsabilizamos Israel pelo assassinato".

Dhahi Jalfan Tamim, chefe da polícia de Dubai, declarou abertamente: "É responsabilidade do Mossad". Os investigadores descobriram contatos telefônicos entre os agentes israelenses e realizaram rastreamentos dos passaportes suspeitos por todos os países por onde tinham passado os agentes israelenses.

A Interpol recebeu formalmente de Dubai um pedido para decretar uma ordem internacional de prisão contra Meir Dagan, *memuneh* do Mossad, como principal responsável pelo assassinato de Al-Mabhuh, e um segundo pedido para identificar dezesseis suspeitos de participar na ação de Dubai.[4] Para tentar se proteger, Israel respondeu através do seu vice-ministro dos Negócios Estrangeiros, Danny Ayalon. O responsável diplomático declarou: "Não creio que isso leve a uma crise com os aliados europeus porque não há nada que ligue Israel ao assassinato. O Reino Unido, a França e a Alemanha partilham interesses comuns com Israel na sua luta global contra o terrorismo, portanto as relações diplomáticas não serão atingidas, mas sim fortalecidas".[5] Mas o ponto de vista europeu era bem diferente.

A França, através do primeiro-ministro François Fillon, assegurou que condenava o assassinato e que este não era um meio válido para as relações internacionais. Em 22 de fevereiro de 2010, a União Europeia, por intermédio de seus ministros dos Negócios Estrangeiros, condenou publicamente o assassinato de Dubai e a utilização de passaportes comunitários para realizá-lo, mas no comunicado oficial não se fazia nenhuma referência a Israel. Em 23 de março, David Miliband, secretário de Estado dos Negócios Estrangeiros, como medida de represália contra Israel, anunciou no Parlamento a ordem de expulsão de um diplomata israelense, como protesto pelo assassinato de Dubai, assim como pela utilização de passaportes do Reino Unido.

No final de fevereiro, a polícia dos Emirados Árabes descobriu que os *katsa* que formavam a segunda equipe do Kidon entraram em Dubai usando dois passaportes britânicos e dois irlandeses. A pista dos passaportes falsos levou os investigadores até Varsóvia. Ali, a Interpol e os serviços secretos poloneses, a Agencja Wywiadu (AW), prenderam Uri Brodsky.

O detido era considerado um membro do Kaisarut, o departamento de mediações nas embaixadas de Israel em Varsóvia, mas o mais curioso de tudo é que, no dia seguinte à sua detenção, o jornal israelense *Haaretz* informou que havia apenas um cidadão israelense chamado "Uri Brodsky" e era um adolescente que estudava informática nos Estados Unidos, e que Michael Bodenheimer, um dos nomes usados por um dos agentes do Kidon, era falso. O verdadeiro Michael Bodenheimer era um rabino idoso que vivia numa cidade ao sul de Tel Aviv. "Os membros do comando que mataram Al-Mabhuh demonstraram um enorme profissionalismo e sangue-frio. Estavam conscientes de que o hotel estava cheio de câmeras de segurança", afirmou Yossi Melman, analista especialista em operações do Mossad.

A verdade é que o governo de Jerusalém jamais confirmou nem desmentiu a sua participação no assassinato de Mahmud Abdel Rauf al-Mabhuh, mas isso foi interpretado, pela comunidade internacional de inteligência, como confirmação de um fato. O certo é que, embora tenha passado mais de um ano e não se tenham encontrado os culpados, a marca do Kidon ronda a execução do chefe militar do Hamas.

OPERAÇÃO NÊUTRON

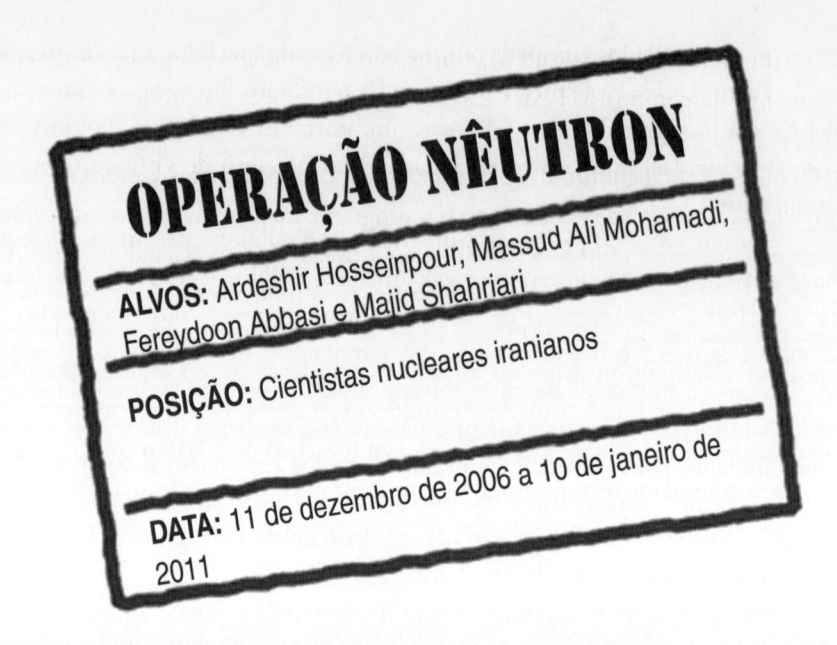

ALVOS: Ardeshir Hosseinpour, Massud Ali Mohamadi, Fereydoon Abbasi e Majid Shahriari

POSIÇÃO: Cientistas nucleares iranianos

DATA: 11 de dezembro de 2006 a 10 de janeiro de 2011

Quando, em agosto de 2002, Meir Dagan teve o seu primeiro encontro, já na posição de *memuneh* do Mossad, com aquele que seria o seu novo chefe, o primeiro-ministro Ariel Sharon, ouviu as claras diretrizes estabelecidas por este. "Os seus principais alvos como novo chefe do Mossad serão o Irã nuclear e o Irã nuclear", disse. A partir desse momento o novo *memuneh* soube qual seria claramente a função primordial dos seus *katsa*, o de evitar que o governo de Teerã alcançasse o poder nuclear, o que poderia desestabilizar a região. Se o Mossad e o Kidon, seu braço executor, não conseguissem acabar com o programa nuclear iraniano, pelo menos fariam todo o possível para atrasar o seu desenvolvimento.

O Irã conseguira a total autossuficiência na produção de pó de óxido de urânio, conhecido como "pasta amarela", essencial para o enriquecimento e a geração de combustível nuclear utilizado nas centrais atômicas. Era o próprio governo iraniano quem confirmava essa informação através de Ali Akbar Salehi, membro da Organização Iraniana de Energia Atômica: "O primeiro carregamento foi levado da instalação de Bandar Abbas para a central nuclear de Isfahan. A partir de agora, o Irã já não terá problemas de fornecimento de urânio (pasta amarela)".

Israel e Washington confiavam que o Irã teria problemas com o abastecimento da matéria-prima, mas o primeiro carregamento de pó concentrado de urânio, procedente das minas de Gachin, já tinha sido transferido. Assim que fosse processado em centrífugas por separação isotópica, o pó referido podia converter-se em hexafluoreto de urânio (UF6), um gás imprescindível no processo de enriquecimento de combustível para uso civil, mas também na produção de armas atômicas.

Grande parte da comunidade internacional, com os Estados Unidos e Israel à frente, acusavam o Irã de ocultar, sob seu programa nuclear civil, outro de caráter militar e clandestino cujo objetivo seria a aquisição de um arsenal atômico. Os relatórios do Mossad e da CIA na região assim o demonstravam. A negociação foi suspensa em novembro de 2009, depois de o regime iraniano ter rejeitado uma proposta de Washington, Moscou e Londres para trocar o seu urânio enriquecido a 3,5% por combustível nuclear enriquecido a 20%, destinado ao reator de pesquisa que o Irã possuía perto de Teerã. Em fevereiro de 2010, o Irã ignorou os avisos da comunidade internacional e começou a enriquecer urânio a 20%, o que levou, no mês de junho, o Conselho de Segurança das Nações Unidas a impor novas sanções ao governo de Teerã.

Agentes do Mossad informaram que o Irã conseguiria, até o final do ano, cerca de 2.800 quilos de mineral elevado a 3,5%, e que com essa quantidade de mineral armazenado poderiam construir duas ou três bombas nucleares num curto espaço de tempo. Novamente, foi a própria ONU que demonstrou preocupação diante da dimensão que estava ganhando o programa nuclear iraniano. Agentes israelenses voltaram a informar o seu quartel-general ao norte de Tel Aviv, que o Irã estava reforçando a construção de um reator de água pesada e que a situação poderia tornar-se mais perigosa se permitissem que continuassem a desenvolver o seu programa atômico.[1]

Numa manhã do mês de dezembro de 2006, o *memuneh* Meir Dagan, com toda a informação que dispunha, convocou uma reunião de emergência com o Varash com o fim de apresentar uma alternativa ao primeiro-ministro Ehud Olmert. Os chefes do Mossad, do Shin Bet e da Aman decidiram apresentar por unanimidade a proposta de ativar uma equipe do Kidon com o objetivo de atacar o programa nuclear iraniano na sua parte mais sensível, os cientistas, como já tinham feito entre 1971 e 1981 com os cientistas nucleares iraquianos.[2] Olmert aceitou a recomendação do Varash.

O primeiro alvo seria Ardeshir Hosseinpour, um jovem cientista nascido em 1962 e especialista em engenharia elétrica e eletromagnetismo. Hosseinpour trabalhava como professor associado de materiais na Universidade de Shiraz e na Universidade de Tecnologia Malek Ashtar de Isfahan. Mas tornara-se alvo do Mossad devido à sua posição no Centro de Tecnologia Nuclear, a instituição que dirigia o programa nuclear iraniano. Para a operação, a inteligência israelense usou "combatentes", *katsa* enviados a países árabes para trabalhar sob identidade falsa com o apoio de uma ampla rede de colaboradores no próprio país.

O jovem cientista vivia sozinho num pequeno apartamento perto da avenida Masjed Seyyed, do outro lado de uma mesquita onde ia fazer suas orações. Os investigadores iranianos sabiam que Hosseinpour não costumava se relacionar com muita gente fora do seu trabalho na UCF, a fábrica de conversão de urânio.

Na segunda-feira, 15 de janeiro, o dia correu como qualquer outro na vida do cientista. De manhã, passara pelo seu gabinete da UCF e, ao meio-dia, depois de almoçar perto do centro de investigação, passara pela mesquita de Seyyed, em frente à sua casa, para rezar. Depois, atravessou a longa avenida e regressou ao seu escritório, onde trabalhou até altas horas da noite.

Por volta das nove horas, Ardeshir Hosseinpour deixou um trabalho inacabado e foi para a cama. Segundo as autoridades policiais do Irã, um assassino do Mossad entrou em plena noite no apartamento do cientista, dirigiu-se ao quarto e injetou-lhe um forte tranquilizante muscular enquanto ele dormia. Em seguida, colocou-lhe uma máscara ligada a um tubo com gás venenoso e abriu a válvula. Hosseinpour continuava vivo, enquanto o veneno ia invadindo os seus pulmões até matá-lo.[3]

Embora Israel tenha negado a participação do Mossad nesse assassinato, o certo é que, em 2 de fevereiro de 2007, Stratfor, uma grande empresa privada de inteligência com base em Austin, Texas, garantiu que Hosseinpour era, de fato, um alvo claro da inteligência israelense, e que a causa da sua morte fora a inoculação de gás radioativo.[4]

O próprio centro assegurou que assim se liquidaria a ameaça do programa nuclear, isto é, usando-se a tática de eliminar alvos humanos. E, sem dúvida, Ardeshir Hosseinpour era uma peça-chave na engrenagem do programa nuclear iraniano.

Durante os três anos seguintes, e em parte devido às pressões de Washington, Israel e os membros do Mossad continuaram à espera das reações e sanções impostas contra Teerã pela comunidade internacional, mas, em janeiro de 2010, o Kidon voltou a atacar o programa nuclear iraniano. O alvo seguinte seria Massud Ali Mohamadi. A ordem para matar o cientista iraniano seria assumida pelo primeiro-ministro Benjamin Netanyahu.

Massud Ali Mohamadi nasceu em 1960, tornando-se, com o passar dos anos, um dos grandes especialistas em física de partículas e em mecânica quântica. Mohamadi era membro do conselho consultivo do "Centro Internacional para a Aplicação de Ciências Experimentais no Oriente Médio" e professor de física na Universidade de Teerã. Os meios governamentais retratavam-no como um revolucionário e defensor da Revolução Islâmica. Ainda que o governo de Teerã se empenhasse em não incluir Massud Ali Mohamadi na lista de cientistas que cooperavam no programa nuclear iraniano, para os israelenses era um alvo a abater.

Às cinco da manhã de quarta-feira, 13 de janeiro, uma motocicleta Honda percorria as solitárias ruas da capital iraniana, ao longo da avenida Kaveh. O motociclista acelerou para não ter de parar no semáforo do cruzamento das avenidas Kaveh e Sadr Hwy. Mantendo a mesma velocidade, continuou a circular pela avenida até chegar à rua Avval. Quando lá chegou, virou à direita e continuou o seu caminho. Antes de chegar ao parque Qeytarieh, onde se encontrava a casa da imperatriz deposta Farah Diba, voltou a virar à direita para entrar na rua Safa, em pleno coração do bairro Gheytarieh, na zona norte de Teerã.

O motociclista parou em frente a um edifício azul e estacionou a Honda junto a um veículo estacionado ali. O desconhecido atravessou a rua sem tirar o capacete que mantinha o seu rosto escondido e se posicionou a uma distância prudente.

Às 7h58 da manhã, observou saindo do edifício um homem alto, bem-vestido e de bigode. O homem levava uma mala preta numa mão e algumas pastas na outra. Aparentemente, sentiu-se incomodado ao ver quão perto estava estacionada uma motocicleta Honda do seu veículo. O recém-chegado colocou as pastas no teto do carro para procurar as chaves no bolso. Precisamente nesse momento, o motociclista, que vigiava a certa distância, acionou um comando por controle remoto, provocando a explosão de uma bomba escondida dentro da Honda. O professor Massud Ali Mohamadi morreu na hora. A onda de choque deixou dois transeuntes gravemente feridos, além de mandar pelos ares os vidros das janelas dos edifícios contíguos.[5]

Um dia depois, o cadáver do cientista iraniano foi levado, da sua casa no norte de Teerã, por centenas de simpatizantes do regime, com grande cobertura televisiva e com imagens dos manifestantes proferindo palavras de ordem contra os Estados Unidos e Israel.[6]

Após o assassinato de Ali Mohamadi, os meios de comunicação começaram a fazer a análise da possível autoria do atentado. Algumas fontes apontavam que um terrorista do Hezbollah, chamado Abu Nasser, fora fotografado no bairro de Gheytarieh naquela mesma manhã. Flynt Leverett, diretor da Fundação Nova América, garantiu que os serviços de inteligência norte-americanos estavam envolvidos no assassinato e que este fora executado por grupos apoiados e financiados como parte de um programa de operações ocultas iniciado pela administração Bush contra o Irã. Mas enquanto o regime de Teerã tentava explicar que Massud Ali Mohamadi não era uma figura importante dentro do desenvolvimento do seu programa nuclear, o jornal *The Economist* qualificava-o como "um dos mais importantes cientistas envolvidos no programa nuclear iraniano". Seria o jornal *The Telegraph* quem lançaria a primeira notícia na qual mostrava que os assassinatos de vários cientistas iranianos que colaboravam com o programa nuclear do Irã faziam parte de uma grande guerra encoberta arquitetada e executada por Israel.[7]

A verdade é que os assassinatos de Ardeshir Hosseinpour e de Massud Ali Mohamadi, tivessem sido ou não cometidos pelo Kidon, não assustariam as autoridades iranianas. Muito pelo contrário. Analistas do *think tank* Stratfor garantiram que os assassinatos tornariam o Irã mais intransigente porque a República Islâmica não poderia aceitar ser vista caindo perante a pressão do Ocidente ou dos ataques, sabotagens e assassinatos perpetrados por Israel. A aparente eliminação dos cientistas nucleares definitivamente não impediria o processo científico e tecnológico do Irã, na sua demanda por alcançar as tão ansiadas armas nucleares.

Com Benjamin Netanyahu ocupando o gabinete de primeiro-ministro e Meir Dagan como *memuneh* do Mossad, Israel não mudaria um centímetro da estratégia do Mossad a respeito do programa nuclear iraniano. Muito pelo contrário. Os dois alvos seguintes seriam Majid Shahriari e Fereydoon Abbasi Davani.

Majid Shahriari, de 40 anos e especialista em física quântica, trabalhava para a Comissão de Energia Atômica do Irã, especializando-se no transporte de nêutrons. Fereydoon Abbasi Davani, de 52 anos, era um especialista em mísseis balísticos e *lasers*, e lecionava na Universidade Shahid Beheshti de Teerã. Além disso, Shahriari fazia parte do conselho consultivo da Universidade da Defesa Nacional, dependente do Ministério da Defesa iraniano e usada como banco de recrutamento de futuros cientistas especialistas no desenvolvimento de armas de destruição em massa. O dia escolhido para o ataque foi segunda-feira, 29 de novembro.

As execuções de Shahriari e de Abbasi deviam ser realizadas ao mesmo tempo e de forma cronometrada. Às sete horas da manhã, Majid Shahriari e a esposa saíram de casa e entraram num carro Peugeot verde. Por volta das 7h20, Fereydoon Abbasi Davani, também acompanhado pela esposa, saiu de casa e entrou no seu carro Daihatsu branco. Nenhum dos dois cientistas se deu conta de que eram seguidos por motocicletas, com dois homens em cada uma delas. Os passageiros das duas motocicletas carregavam um objeto nas mãos, dentro de sacos plásticos.

O Peugeot entrou na avenida Artesh, enquanto o Daihatsu entrou numa rua estreita do bairro de Velenyak, a noroeste da capital. Em certo momento, a motocicleta que seguia o Peugeot de Shahriari acelerou no instante em que o passageiro de trás tirou um artefato magnético e o colocou na porta do motorista. A mesma cena aconteceu na rua de Velenyak, mas o acompanhante do motociclista não conseguiu colocar corretamente a mina magnética à altura da porta do motorista devido à proximidade de uma viatura policial.

Com uma diferença de um minuto, os dois artefatos explodiram, provocando sérios danos em ambos os carros. Majid Shahriari morreu no ato, enquanto Fereydoon Abbasi Davani ficou gravemente ferido.

Os artefatos usados para matar ambos os cientistas eram equipamentos muito leves e de fácil manuseio, em cujo interior se armazenava um potente explosivo plástico. Os artefatos tinham um ímã poderoso, que permitia a adesão da mina a qualquer superfície metálica, plana ou curva, com rugosidades ou sem elas. A localização dos ímãs, permitia adaptar as minas a qualquer posição e ângulo. Entre os ímãs, encontrava-se o cone de descarga, por onde se projetava a maior parte da potência explosiva e incendiária da mina em direção ao objeto sobre o qual estava aderido. Os artefatos estavam providos de uma espoleta que permitia regular a explosão. Convenientemente graduada, a espoleta fazia com que as minas explodissem dois, três ou quatro minutos depois, dando tempo suficiente aos motociclistas para estarem a salvo do efeito da onda de choque.

Meir Javedanfar, analista israelense e especialista em assuntos iranianos, garantiu que milhares de agentes secretos israelenses, norte-americanos e de outros países ocidentais atuavam, àquela altura, em território iraniano. "Por enquanto, o objetivo é ganhar tempo, enfraquecer o projeto nuclear com operações encobertas, sem entrar em guerra direta com o Irã, e isso é do conhecimento do primeiro-ministro Netanyahu e de Dagan", disse.

A situação em relação ao Irã não mudaria, nem sequer quando, em finais de novembro de 2010, Meir Dagan anunciou a Netanyahu a sua intenção de apresentar sua demissão por motivos pessoais. Durante algumas semanas, Dagan manteve a liderança da espionagem israelense até que o primeiro-ministro anunciou que o eleito para substituí-lo no cargo de *memuneh* seria Tamir Pardo, de 57 anos e o número dois do Mossad.

Pardo continuou com a diretriz definida por Ariel Sharon quando nomeou Meir Dagan para liderar o Mossad: "Irã nuclear e Irã nuclear", e esse continuaria a ser o objetivo.

Enquanto o novo *memuneh* fazia o juramento do cargo e ocupava o gabinete no quartel-general do Mossad, no bairro de Herzliya, a norte de Tel Aviv, a unidade de assuntos tecnológicos da espionagem israelense via os primeiros frutos de um vírus de computador desenvolvido em 2010, com o fim de sabotar o programa nuclear iraniano.[8]

O vírus, conhecido como Stuxnet, foi criado por engenheiros israelenses no complexo de Dimona, no deserto do Neguev, o local onde se guardam os segredos nucleares de Israel.

O vírus conseguiu infectar os computadores que controlavam as centrífugas de enriquecimento de urânio nas instalações nucleares de Natanz, através do sistema operante dos seus computadores e "injetado" por um colaborador do Mossad através de um *pen drive*. Stuxnet era o resultado conjunto da CIA e do Mossad, com o fim de atacar o sistema complexo que controlava os sistemas de informática do programa nuclear iraniano. O afamado jornal *The New York Times* garantia que no projeto chegara-se a construir centrífugas idênticas às da Siemens e que o Irã as tinha nas suas instalações de Natanz, um dado que explicaria o êxito do vírus na hora de infectar diretamente a sua capacidade nuclear. O vírus desenvolvido por Israel era considerado a melhor arma cibernética jamais criada até o momento, deixando fora de combate quase 30% das centrífugas iranianas.

Pouco a pouco foi possível saber que o Stuxnet tinha sido desenvolvido e testado entre maio e junho de 2010 e que já nessa época provocou o alarme dos especialistas depois de comprovarem o seu alto poder destrutivo. A maior novidade que o vírus apresentava era que não procurava infectar um computador doméstico, mas sim atacar os equipamentos de uma indústria até a sua total destruição. O vírus propagava-se sem necessidade de internet. Apenas era necessário colocar um *pen drive* com o Stuxnet dentro, e introduzi-lo num computador ligado à internet e com sistema operacional Windows. Quando se ligava o computador, o Stuxnet procurava um determinado programa da empresa Siemens, uma ferramenta-chave no controle de oleodutos, centrais elétricas e instalações industriais, e atacava-o até destruí-lo por completo, paralisando qualquer sistema por mais complexo que fosse.[9]

Alguns meios asseguraram que uma central iraniana teria sido um dos seus alvos. A Siemens negou que o seu programa tivesse sido fornecido à citada central, enquanto as autoridades iranianas negavam que a central tivesse sido vítima do ataque do vírus. Mais tarde, viram-se finalmente obrigados a admitir que o Stuxnet tinha infectado diversos equipamentos ligados aos principais sistemas da central. O serviço de inteligência iraniano descobriu que dois ou três colaboradores de Israel tinham injetado o vírus, enquanto o governo de Teerã reconhecia abertamente estar sofrendo um ataque de informática massivo, e que mais de 30 mil endereços de IP de centros industriais importantes do país, que formavam o desenvolvimento do programa nuclear, tinham sido infectados.

A empresa alemã Siemens viu-se obrigada a informar que quinze dos seus clientes mais importantes tinham sido "infectados" pelo Stuxnet, mas que em nenhum caso houve consequências graves para a produção das empresas infectadas. A Siemens disse também que o vírus aproveitava uma vulnerabilidade do sistema Windows para penetrar nos computadores. À margem dos danos que pudera ter causado a sua expansão, o que preocupava os especialistas era o salto que implicava na engenharia dos vírus de computadores e na guerra cibernética. "Não é especulação afirmar que se trata da primeira arma de ciberguerra", garantiu um especialista da empresa Microsoft que afirmou que as únicas dúvidas eram agora: contra quem se tinha usado o Stuxnet e quem seria o seu criador.

Na segunda-feira, 10 de janeiro de 2011, o Ministério de Inteligência e Segurança do Irã (VEVAK)[10] anunciou o desmantelamento de uma rede de espiões vinculados ao Mossad. Todos os detidos eram acusados de terem colaborado no assassinato de vários cientistas nucleares; e cinco deles, aparentemente operários e técnicos em informática em instalações nucleares iranianas, de terem injetado um potente vírus de computador que afetou os sistemas de produção de várias indústrias relacionadas com o programa iraniano. "A rede de espiões e terroristas ligados ao Mossad foi destruída. O grupo usou bases em certos países europeus, assim como Estados vizinhos do Irã, para assassinar o doutor Massud Ali Mohamadi", indicou um comunicado oficial do VEVAK iraniano.

"Há cinco anos, foi dito que ainda era possível evitar que o Irã fabricasse a sua primeira bomba atômica. Agora, pode ser que já seja muito tarde, porque os iranianos sabem como enriquecer urânio e têm os equipamentos necessários para fazê-lo dentro do próprio Irã", afirmou Meir Javedanfar, analista especializado em assuntos iranianos. Pode ser que seja correta a afirmação do analista, mas também é correto dizer que o Mossad, através das suas ferramentas, assim como o próprio Kidon, continuará combatendo nas sombras para atrasar o máximo possível a tentativa de a República Islâmica do Irã tornar-se uma nova potência nuclear.

NOTAS

INTRODUÇÃO
NO INÍCIO...

1. Ver Dieter Kuntz, *The Holocaust Chronicle*, Publications International Ltd., Nova York, 2002.

OPERAÇÃO GARIBALDI

1. Ver Eric Frattini, *La Santa Alianza. Historia del espionaje vaticano. De Pío V a Benedicto XVI*, Espasa Calpe, Madri, 2004.
2. Ver Élise Nouel, *Carré d'as... aux femmes!: Lady Hester Stanhope, Aurélie Picard, Isabelle Eberhardt, Marga d'Andurain*, G. Le Prat, Paris, 1977.
3. Ver Richard Deacon, *The Israeli Secret Service*, Warner Books, Londres, 1977.
4. Ver Michael Bar-Zohar, *Spies in the Promise Land. Iser Harel and the Israeli Secret Service*, Houghton Mifflin Company, Boston, 1972.
5. Ver Susan Hattis, *Political Dictionary of the State of Israel*, MacMillan Publishing Company, Nova York, 1987.
6. Ver Gordon Thomas, *Gideon's Spies. The History of Mossad*, St. Martin's Press, Nova York, 1998.
7. Ver Isser Harel, *The House on Garibaldi Street*, Frank Cass Publishers, Nova York, 1997.
8. Ver Peter Z. Malkin e Harry Stein, *Eichmann in my Hands*, Warner Books, Nova York, 1990.
9. Ver Richard Deacon, *op. cit.*
10. Isser Harel, em suas memórias, afirma que Shalom Dani teve participação decisiva no sequestro de Eichmann. Por motivos de segurança, Harel mudou

seu nome para Yoel Goren. Após a morte de Dani, vieram a público tanto o seu verdadeiro nome quanto o papel que desempenhou na Operação Garibaldi.
11. Ver Richard Deacon, *op. cit.*
12. Ver Isser Harel, *op. cit.*
13. Ver Peter Z. Malkin e Harry Stein, *Eichmann in my Hands*, Warner Books, Nova York, 1990.
14. Ver Moshe Pearlman, *The Capture of Adolf Eichmann*, Weidenfeld & Nicholson, Londres, 1961.
15. Ver Gordon Thomas, *Gideon's Spies. The History of Mossad*, St. Martin's Press, Nova York, 1998.
16. Ver Abba Eban, *Abba Eban: An Autobiography*, Random House, Nova York, 1977.
17. Ver Peter Z. Malkin e Harry Stein, *Eichmann in my Hands*, Warner Books, Nova York, 1990.
18. Ver Isser Harel, *op. cit.*
19. Ver Gordon Thomas, *op. cit.*
20. Ver Peter Z. Malkin e Harry Stein, *op. cit.*
21. Ver David Ben-Gurion, *Memoirs: David Ben-Gurion*, World Publishing Company, Nova York, 1970.
22. Ver Gideon Hausner, *Justice in Jerusalem. The Eichmann Trial*, Herzl Press, Nova York, 1977.
23. Ver Gordon Thomas, *op. cit.*

OPERAÇÃO RIGA

1. Ver Meir Amit, *A Life in Israel's Intelligence Service: An Autobiography*, Vallentine Mitchell, Londres, 2005.
2. *Ibidem.*
3. Ver Anton Kuenzle e Gad Shimron, *The Execution of the Hangman of Riga. The Only Execution of a Nazi War Criminal by the Mossad*, Vallentine Mitchell, Londres, 2004.
4. Ver Richard Breitman, *U.S Intelligence and the Nazis*, National Archives Trust Fund Board, Washington D.C., 2004.
5. Ver Meir Amit, *op. cit.*
6. Ver Anton Kuenzle e Gad Shimron, *op. cit.*
7. Ver Rafi Eitan, *A Soldier's Story: The Life and Times of an Israeli War Hero*, S. P. I. Books, Nova York, 1992.

8. Ver Marilyn Harran e Dieter Kuntz, *The Holocaust Chronicle*, Publications International Ltd., Nova York, 2002.
9. Ver Gerald L. Posner e John Ware, *Mengele: The Complete Story*, Cooper Square Press, Lanham, Maryland, 2000.
10. O massacre na Grande Sinagoga de Riga, bem como o envolvimento de Herbert Cukurs, foram amplamente relatados por Raphael Schub, residente em Toronto (Canadá), em dezembro de 1949, perante a Comissão de Investigação dos Crimes Nazistas nos Estados Bálticos.
11. Ver Meir Amit, *op. cit.*
12. Ver Anton Kuenzle e Gad Shimron, *op. cit.*
13. Anos mais tarde, Anton Kuenzle encontrou-se com Joseph Nachmias em Israel e pôde lhe contar por que estava no Brasil naquela ocasião. Nachmias não tinha sido informado pelo Mossad sobre a Operação Riga. Ver também Anton Kuenzle e Gad Shimron, *op. cit.*
14. Ver também Anton Kuenzle e Gad Shimron, *op. cit.*
15. Josef Kramer, nascido na Alemanha em 1906, foi considerado culpado de genocídio pelo Tribunal Internacional de Nuremberg e executado em 1º de outubro de 1946.
16. Ver também Anton Kuenzle e Gad Shimron, *op. cit.*
17. *Ibidem.*
18. Ver Gerald L. Posner e John Ware, *op. cit.*
19. Ver Meir Amit, *op. cit.*

OPERAÇÃO IRA DE DEUS

1. Ver David B. Tinnin, *Hit Team*, Weidenfeld & Nicholson, Londres, 1976.
2. Ver Simon Reeve, *One Day of September. The Full Story of the 1972 Munich Olimpics Massacre and the Israeli Revenge Operation "Wrath of God"*, Arcade Publishing, Nova York, 2000.
3. Ver Michael Bar-Zohar e Eitan Haber, *The Quest for the Red Prince. Israel's Relentless Manhunt for One of the World's Deadliest Terrorists*, The Lyons Press, Guilford, Connecticut, 1983.
4. Ver Simon Reeve, *op. cit.*
5. Ver Barbara Marshall, *Willy Brandt: A Political Biography*, Palgrave Macmillan, Nova York, 1997.
6. Ver Carole Marsh, *Golda Meir: Israel's First Woman Premier*, Gallopade International Publisher, Nova York, 1998.
7. Ver Simon Reeve, *op. cit.*

8. Ver David B. Tinnin, *op. cit.*
9. Ver Carole Marsh, *op. cit.*
10. Ver Neil Livingstone e David Halevy, *Inside the PLO*, Willian Morrow & Company, Nova York, 1990.
11. Ver Patrick Seale, *Abu Nidal. A Gun for Hire*, Hutchinson Publisher, Londres, 1992.
12. Ver John Richard Thackrah, *Dictionary of Terrorism*, Routledge, Londres, 2004.
13. Ver Rolland Dallas, *King Hussein: A Life on the Edge*, International Publishing, Nova York, 1999.
14. Ver Roland Dallas, *op. cit.*
15. Anos depois seria nomeado chefe do Estado-Maior, ministro sem pasta durante o último governo de Yitzhak Rabin antes de este ser assassinado, dos Negócios Estrangeiros no último governo de Shimon Peres e, por último, primeiro-ministro de Israel.
16. Ver Victor Ostrovsky e Claire Hoy, *By Way of Deception*, Stoddart Publishing, Toronto, 1991.
17. *Ibidem*.
18. Ver David B. Tinnin, *op. cit.*
19. Ver Amnon Kapeliouk, *Arafat*, Librairie Arthème Fayard, Paris, 2004.
20. Ver Simon Reeve, *op. cit.*
21. *Ibidem*.
22. Ver o capítulo Operação Primavera da Juventude.
23. Ver David B. Tinnin, *op. cit.*

OPERAÇÃO DIAMANTE

1. Ver Victor Ostrovsky e Claire Hoy, *By Way of Deception*, Stoddart Publishing, Toronto, 1991.
2. Ver Eric Frattini, *La Santa Alianza. Historia del espionaje vaticano. De Pío V a Benedicto XVI*, Espasa Calpe, Madri, 2004.
3. Ver Gordon Thomas, *Gideon's Spies. The History of Mossad*, St. Martin's Press, Nova York, 1998.
4. Ver o capítulo Operação Ira de Deus.
5. Mohamed Yussef Al-Najjar, conhecido como Abu Yussef, foi executado pelos assassinos da Metsada durante uma incursão realizada em abril de 1973 em Beirute (Líbano). Essa operação foi batizada com o nome de "Primavera da Juventude". Ver o capítulo Operação Primavera da Juventude.

6. Ver Eric Frattini, *op. cit.*
7. Este texto se tornaria público após a invasão do Líbano pelas Forças de Defesa Israelenses em 1982. Uma unidade israelense encontrou o documento num quartel da OLP no sul do Líbano.
8. Ver Victor Ostrovsky e Claire Hoy, *op. cit.*
9. Ver Eric Frattini, *op. cit.*
10. Ver Victor Ostrovsky e Claire Hoy, *op. cit.*
11. Ver Dan Raviv e Yossi Melman, *Every Spy a Prince*, Houghton Mifflin Company, Boston, 1990.
12. Ver Victor Ostrovsky e Claire Hoy, *op. cit.*
13. *Ibidem.*
14. Ver Eric Frattini, *op. cit.*
15. Ver David A. Yallop, *To the Ends of the Earth. To the Hunt of the Chacal*, Poetics Products Ltd., Londres, 1993.
16. Ver Gordon Thomas, *op. cit.*
17. Informante judeu do Mossad que não trabalhava oficialmente para o serviço secreto israelense, mas como simples colaborador.
18. Ver Eric Frattini, *op. cit.*
19. Ver Michael Bar-Zohar e Eitan Haber, *The Quest for the Red Prince. Israel's Relentless Manhunt for One of the World's Deadliest Terrorists*, The Lyons Press, Guilford, Connecticut, 1983.
20. Ver Ian Black e Benny Morris, *Israel's Secret Wars. A History of Israel's Intelligence Service*, Grove Weidenfeld, Nova York, 1991.
21. Eric Frattini, *op. cit.*
22. Ver Victor Ostrovsky e Claire Hoy, *op. cit.*
23. Ver Ian Black e Benny Morris, *op. cit.*
24. Na mesma noite do assassinato, descobriu-se que o verdadeiro nome de Baruch Cohen era Uri Mulov, oficial do Mossad encarregado das redes de espionagem e sabotagem na Europa. Ver também Michael Bar-Zohar e Eitan Haber, *op. cit.*
25. Ver Victor Ostrovsky e Claire Hoy, *op. cit.*
26. Ver Gordon Thomas, *op. cit.*

OPERAÇÃO PRIMAVERA DA JUVENTUDE

1. Ver Amnon Kapeliouk, *Arafat*, Librairie Arthème Fayard, Paris, 2004.
2. Os comandos da Sayeret Matkal são o equivalente israelense ao SAS (Special Air Service) britânico ou ao Delta Force norte-americano.

3. Kirya significa, simplesmente, "lugar", e é o nome pelo qual os comandos israelenses conhecem o Quartel-General das Forças de Defesa Israelenses em Tel Aviv.
4. Jonathan Yoni Netanyahu era irmão do ex-primeiro-ministro e líder do Likud Benjamin Netanyahu. Yoni morreria durante a chamada Operação Raio. Ver o capítulo Operação Raio.
5. Ver Moshe Betser e Robert Rosenberg, *Secret Soldier*, Atlantic Monthly Press, Nova York, 1996.
6. Ver Simon Reeve, *One Day of September. The Full Story of the 1972 Munich Olimpics Massacre and the Israeli Revenge Operation "Wrath of God"*, Arcade Publishing, Nova York, 2000.
7. Ver Moshe Betser e Robert Rosenberg, *op. cit.*
8. Ver Samuel M. Katz, *Follow Me! A History of Israel's Military Elite*, Arms & Armour Press, Londres, 1989.
9. Posteriormente, os terroristas entregaram-se à polícia sudanesa. A operação foi liderada por Fawaz Yassin, representante da OLP no Sudão, e financiada pelo coronel Khadafi.
10. Ver Moshe Betser e Robert Rosenberg, *op. cit.*
11. Ver Samuel M. Katz, *op. cit.*
12. Ver Samuel M. Katz e Robert Rosenberg, *Israeli Elite Units Since 1948*, Osprey Military, Botley, Oxford, 1988.
13. Ver Simon Reeve, *op. cit.*
14. Ver Samuel M. Katz, *op. cit.*
15. Ver Neil Livingstone e David Halevy, *Inside the PLO*, Willian Morrow & Company, Nova York, 1990.
16. Ver Amnon Kapeliouk, *op. cit.*
17. Nessa lista, escrita de próprio punho por Golda Meir, aparecem os nomes de 35 membros da OLP, da FPLP, da FDLP, de Abu Nidal ou do Setembro Negro que tiveram alguma participação nos assassinatos dos atletas israelenses em Munique. A lista foi entregue ao *memuneh* do Mossad, Zvi Zamir, com a ordem de localizar e executar cada um deles. Essa busca e execução levada a cabo pelos *kidon* da Metsada sob o comando de Mike Harari recebeu o nome de Operação Ira de Deus. A Operação Primavera da Juventude foi apenas um pequeno, embora importante, capítulo da operação anterior. Outras, como a Operação Príncipe Vermelho ou a Operação Barba Azul, integram a Ira de Deus.

OPERAÇÃO BARBA AZUL

1. Ver Victor Ostrovsky e Claire Hoy, *By Way of Deception*, Stoddart Publishing, Toronto, 1991.
2. Ver Michael Bar-Zohar e Eitan Haber, *The Quest for the Red Prince. Israel's Relentless Manhunt for One of the World's Deadliest Terrorists*, The Lyons Press, Guilford, Connecticut, 1983.
3. *Ibidem*.
4. Ver David A. Yallop, *To the Ends of the Earth. To the Hunt of the Chacal*, Poetics Products Ltd., Londres, 1993.
5. Ver Richard Deacon, *The Israeli Secret Service*, Warner Books, Londres, 1977.
6. BfV, Bundesamt für Verfassungsschutz (Agência para a Proteção Constitucional), agência de contraespionagem alemã.
7. Ver Astrid Proll, *Baader Meinhof: Pictures on the Run 67-77*, Scalo Publishers, Londres, 1998.
8. SDECE. Service de Documentation Extérieure et de Contre-Espionnage (Serviço de Documentação Exterior e de Contraespionagem), espionagem e contraespionagem francesa. Em 1981 e por ordem do presidente François Mitterand, o SDECE foi substituído pela DGSE, Direction Générale de la Securité Extérieure.
9. BND. *Bundesnachrichtendienst* (Agência Federal de Inteligência), espionagem alemã.
10. Ver Michael Bar-Zohar e Eitan Haber, *op. cit.*
11. Ver o capítulo Operação Ira de Deus.
12. Victor Ostrovsky e Claire Hoy, *op. cit.*
13. Ver o capítulo Operação Ira de Deus.
14. Ver o capítulo Operação Primavera da Juventude.
15. Ver Victor Ostrovsky e Claire Hoy, *op. cit.*
16. Ver Dan Raviv e Yossi Melman, *Every Spy a Prince*, Houghton Mifflin Company, Boston, 1990.
17. Ver David A. Yallop, *op. cit.*
18. Ver Michael Bar-Zohar e Eitan Haber, *op. cit.*
19. Ver Ian Black e Benny Morris, *Israel's Secret Wars*, Grove Weidenfeld, Nova York, 1991.
20. Ver Dan Raviv e Yossi Merman, *op. cit.*

OPERAÇÃO RAIO

1. Ver William Stevenson e Uri Dan, *90 Minutes at Entebbe*, Bantam Books Inc., Nova York, 1976.
2. Ver Dan Raviv e Yossi Melman, *Friends in Deed. Inside the US-ISRAEL Alliance*, Hyperion, Nova York, 1994.
3. Ver Astrid Proll, *Baader Meinhof: Pictures on the Run 67-77*, Scalo Publishers, Londres, 1998.
4. Ver David A. Yallop, *To the Ends of the Earth. To the Hunt of the Chacal*, Poetics Products Ltd., Londres, 1993.
5. Ver William Stevenson e Uri Dan, *op. cit.*
6. Ver Frédéric Abadie, *Valéry Giscard d'Estaing. Biographie*, Éditions Balland, Paris, 1997.
7. Ver William Stevenson e Uri Dan, *op. cit.*
8. Ver Neil Livingstone e David Halevy, *Inside the PLO*, Willian Morrow & Company, Nova York, 1990.
9. Ver Iddo Netanyahu, *Entebbe: A Defining Moment in the War on Terrorism. The Jonathan Netanyahu Story*, Balfour Books, Londres, 2003.
10. Ver Ronald Payne, *Mossad, Israel's Most Secret Service*, Bantam Press, Londres, 1990.
11. Ver Astrid Proll, *op. cit.*
12. Ver Iddo Netanyahu, *op. cit.*
13. Ver William Stevenson e Uri Dan, *op. cit.*
14. Ver Dan Kurzman, *Soldier of Peace: The Life of Yitzhak Rabin: 1922-1995*, HarperCollins Publishers, Nova York, 1998.
15. Ver Iddo Netanyahu e Yoram Hazony, *Yoni's Last Battle: The Rescue of Entebbe, 1976*, Gefen Publishing House Limited, Nova York, 2001.
16. Ver Richard Deacon, *The Israeli Secret Service*, Warner Books, Londres, 1977.
17. Ver Dan Kurzman, *op. cit.*
18. *Ibidem.*
19. Ver William Stevenson e Uri Dan, *op. cit.*
20. Ver Iddo Netanyahu, *op. cit.*
21. Ver Astrid Proll, *op. cit.*
22. Ver Yitzhak Rabin, *The Rabin Memoirs*, University of California Press, California, 1996.
23. Ver Iddo Netanyahu, *op. cit.*
24. Ver David A. Yallop, *op. cit.*
25. Ver Neil Livingstone e David Halevy, *op. cit.*

26. Responsável pelo sequestro de um avião da TWA em Damasco em 1969 e atualmente representante da FPLP em Amã.
27. Ver Yitzhak Rabin, *op. cit.*
28. Ver Dan Kurzman, *op. cit.*
29. Ver Zbigniew Brzezinski, *Power and Principle: Memoirs of the National Security Adviser, 1977-1981*, Farrar, Straus & Giroux, Londres, 1983.
30. Ver Iddo Netanyahu, *op. cit.*
31. Ver William Stevenson e Uri Dan, *op. cit.*
32. Ver Herbert Kupferberg, *The Rescue, the Legend, the Lesson: Entebbe*, Parade Publications, Nova York, 1981.
33. Ver Dan Kurzman, *op. cit.*
34. Ver William Stevenson e Uri Dan, *op. cit.*
35. Ver Ira Peck, *Raid at Entebbe*, Scholastic Publishers, Londres, 1977.
36. Ver Samuel M. Katz, *Follow Me! A History of Israel's Military Elite*, Arms & Armour Press, Londres, 1989.
37. Ver William Stevenson e Uri Dan, *op. cit.*
38. Ver Iddo Netanyahu e Yoram Hazony, *Yoni's Last Battle: The Rescue of Entebbe, 1976*, Gefen Publishing House Limited, Nova York, 2001.
39. Ver William Stevenson e Uri Dan, *op. cit.*
40. Ver Herbert Kupferberg, *op. cit.*
41. Ver Yitzhak Rabin, *op. cit.*
42. Ver William Stevenson e Uri Dan, *op. cit.*
43. Ver Iddo Netanyahu, *op. cit.*
44. Ver Yitzhak Rabin, *op. cit.*
45. Ver Ian Black e Benny Morris, *Israel's Secret Wars*, Grove Weidenfeld, Nova York, 1991.
46. Ver Iddo Netanyahu, *op. cit.*
47. Ver Herbert Kupferberg, *op. cit.*
48. Ver John Arquilla, *From Troy to Entebbe*, University Press of America, Lanham, Maryland, 1996.
49. Ver Astrid Proll, *op. cit.*
50. Ver Ira Peck, *op. cit.*
51. Ver William Stevenson e Uri Dan, *op. cit.*
52. Ver Iddo Netanyahu, *op. cit.*

OPERAÇÃO PRÍNCIPE VERMELHO

1. Ver Michael Bar-Zohar e Eitan Haber, *The Quest for the Red Prince. Israel's Relentless Manhunt for One of the World's Deadliest Terrorists*, The Lyons Press, Guilford, Connecticut, 1983.
2. Ver David B. Tinnin, *Hit Team*, Weidenfeld & Nicolson, Londres, 1976.
3. Ver Loretta Napoleoni, *Terror Incorporated: Tracing the Dollars Behind the Terror Networks*, Seven Stories Press, Nova York, 2005.
4. Ver Bob Woodward, *Veil. Las guerras secretas de la CIA 1981-1987*, Ediciones B, Barcelona, 1987.
5. *Ibidem*.
6. Ver Simon Reeve, *One Day of September. The Full Story of the 1972 Munich Olimpics Massacre and the Israeli Revenge Operation "Wrath of God"*, Arcade Publishing, Nova York, 2000.
7. Ver Peter Hounam, *The Woman from Mossad. The Story of Mordechai Vanunu & the Israeli Nuclear Program*, North Atlantic Books, Berkeley, Califórnia.
8. Ver Simon Reeve, *op. cit.*
9. Ver Benny Morris, *Righteous Victims: A History of the Zionist-Arab Conflict, 1881-2001*, Vintage, Nova York, 2001.
10. Ver Victor Ostrovsky e Claire Hoy, *By Way of Deception*, Stoddart Publishing, Toronto, 1991.
11. Ver David B. Tinnin, *op. cit.*
12. Ver Benny Morris, *op. cit.*
13. Ver Howard M. Sachar, *A History of Israel: From the Rise of Zionism to Our Time*, Knopf Publishers, Nova York, 1996.
14. Dan Aerbel até revelou aos noruegueses como tinha participado, em 1968, de uma operação para ficar com uma grande remessa de urânio enriquecido num barco chamado Scheersberg. O urânio desaparecido foi utilizado por Israel com fins militares para desenvolver armamento nuclear.
15. Ver Simon Reeve, *op. cit.*
16. Ver David B. Tinnin, *op. cit.*
17. Ver Christopher Andrew, *For the President's Eyes Only*, HarperCollins Publishers, Nova York, 1996.
18. Ver Neil Livingstone e David Halevy, *Inside the PLO*, William Morrow & Company, Nova York, 1990.
19. Ver Simon Reeve, *op. cit.*
20. Ver Eitan Haber, *Menahem Begin: The Legend and the Man*, Delacorte Press, Londres, 1978.

21. Ver Michael Bar-Zohar e Eitan Haber, *op. cit.*
22. *Ibidem.*
23. *Ibidem.*
24. Ver Ian Black e Benny Morris, *Israel's Secret Wars*, Grove Weidenfeld, Nova York, 1991.
25. Ver Dennis Eisenberg, Uri Dan e Eli Landau, *The Mossad Inside Stories: Israel's Secret Intelligence Service*, Paddington Press, Londres, 1978.
26. Ver Michael Bar-Zohar e Eitan Haber, *op. cit.*
27. Ver Edward Cody, "Bomb Kills Palestinian on Israeli Wanted List", *The Washington Post*, 23 de janeiro de 1979.
28. Ver Raymond Carroll e Ron Moreau, "Death of a Terrorist", *Newsweek*, 5 de fevereiro de 1979.
29. Ver capítulo Operação Ira de Deus.
30. Ver "Israel, Admitting Nothing, to Compensate a Victim's Family", *The International Herald Tribune*, 12 de janeiro de 1996.

OPERAÇÃO ÁTOMO

1. Ver Joel Bainerman, *Inside the Covert Operations of the CIA and Israel's Mossad*, S.P.I. Books, Nova York, 1994.
2. Ver Richard Butler, *Saddam Defiant. The Threat of Weapons of Mass Destruction and the Crisis of Global Security*, Phoenix, Londres, 2001.
3. Ver Saïd Aburish, Saddam Hussein, The Politics of Revenge, Bloomsbury, Londres, 2000.
4. Ver Eric Frattini, *Irak: El Estado incierto*, Espasa Calpe, Madri, 2003.
5. Ver Sarah Graham-Brown, *Sanctioning Saddam: The Politics of Intervention in Iraq*, I. B. Tauris, Londres, 1999.
6. Intermediário instalado nas Embaixadas de Israel no mundo e conhecido como oficial de inteligência pelas agências de espionagem locais.
7. Ver Khidhir Hamza, *Saddam's Bombmaker, The Daring Escape of the Man Who Built Iraq's Secret Weapon*, Simon & Schuster, Nova York, 2000.
8. Ver Saïd Aburish, *op. cit.*
9. Ver Kenneth M. Pollack, *The Threatening Storm. The Case for Invading Iraq*, Random House, Nova York, 2002.
10. Ver Victor Ostrovsky e Claire Hoy, *op. cit.*
11. Tsomet, ou Reino. Departamento de recrutamento que dirige os *katsa*.
12. Ver Victor Ostrovsky e Claire Hoy, *op. cit.*
13. *Ibidem.*

14. Foi o próprio Saddam Hussein quem batizou o novo programa nuclear com o nome de um deus cananita e também do mês siríaco em que o partido socialista Baaz chegou ao poder em 1968.
15. Ver Dan Raviv e Yossi Melman, *Friends in Deed. Inside the US-ISRAEL Alliance*, Hyperion, Nova York, 1994.
16. Tsiach, acrônimo de Tsorech Yediot Hasovut, reunião de organizações de serviços secretos civis e militares.
17. Ver Dan Raviv e Yossi Melman, *op. cit.*
18. Ver Victor Ostrovsky e Claire Hoy, *op. cit.*
19. Ver Eric Frattini, *op. cit.*
20. Ver Shlomo Nakdimon, *Tammuz in Flames*, Yediot Aharonot, Jerusalém, 1986.
21. Aman, espionagem militar israelense.
22. Ver Khidhir Hamza, *op. cit.*
23. Ver Dan Raviv e Yossi Melman, *op. cit.*
24. Ver Victor Ostrovsky e Claire Hoy, *op. cit.*
25. Ver Khidhir Hamza, *op. cit.* E também Eric Frattini, *op. cit.*
26. Ver Rodger W. Claire, *Raid on the Sun. Inside Israel's Secret Campaign that Denied Saddam the Bomb*, Broadway Books, Nova York, 2004.
27. Ver Khidhir Hamza, *op. cit.*
28. Ver Saïd Aburish, *op. cit.*
29. Nome com o qual se conhece o Mossad israelense no mundo da espionagem.
30. Ver Eric Frattini, *op. cit.*
31. Ver Rodger W. Claire, *op. cit.*
32. Ver Khidhir Hamza, *op. cit.*
33. Ver Rodger W. Claire, *op. cit.*
34. Ver Bob Woodward, *Veil. Las guerras secretas de la CIA 1981-1987*, Ediciones B, Barcelona, 1987.
35. Ver Ronald Tiersky, *François Miterrand. The Last French President*, Palgrave Macmillan, Nova York, 2000.
36. Ilan Ramon tornou-se anos depois o primeiro astronauta israelense. Pereceu na nave espacial Columbia em fevereiro de 2003.
37. Ver Rodger W. Claire, *op. cit.*
38. Ver Victor Ostrovsky e Claire Hoy, *op. cit.*
39. Ver Ronald Payne, *Mossad, Israel's Most Secret Service*, Bantam Press, Londres, 1990.
40. Ver Bob Woodward, *op. cit.*

41. Ver Joel Bainerman, *Inside the Covert Operations of the CIA and Israel's Mossad*, S.P.I. Books, Nova York, 1994.
42. Em 4 de novembro de 1979, uma manifestação organizada pelo aiatolá Jaljali, ao grito de "Marg bar Amerika" (Morte à América), assaltou a Embaixada dos Estados Unidos em Teerã. Graças à intermediação do governo argelino e também ao Irangate, no dia 20 de janeiro de 1980, os 52 reféns norte-americanos foram libertados.
43. Ver Gordon Thomas, *Gideon's Spies. The History of Mossad*, St. Martin's Press, Nova York, 1998.

OPERAÇÃO VANUNU

1. Ver Tom Gilling e John McKnight, *Trial and Error. Mordechai Vanunu and Israel's Nuclear Bomb*, HarperCollins Publishers, Londres, 1991.
2. Ver Ian Black e Benny Morris, *Israel's Secret Wars*, Grove Weidenfeld, Nova York, 1991.
3. Ver Dan Raviv e Yossi Melman, *Every Spy a Prince*, Houghton Mifflin Company, Boston, 1990.
4. Ver Peter Hounam, *The Woman from Mossad. The story of Mordechai Vanunu & the Israeli Nuclear Program*, North Atlantic Books, Berkeley, Califórnia.
5. Meir Kahane era um extremista antipalestino violento. Em 1990, seria assassinado por um jovem islâmico enquanto fazia uma conferência nos Estados Unidos.
6. Ver Tom Gilling e John McKnight, *op. cit.*
7. Ver Peter Hounam, *The Woman from Mossad. The story of Mordechai Vanunu & the Israeli Nuclear Program*, North Atlantic Books, Berkeley, Califórnia.
8. Ver Tom Gilling e John McKnight, *op. cit.*
9. Ver Ian Black e Benny Morris, *Israel's Secret Wars*, Grove Weidenfeld, Nova York, 1991.
10. Ver Tom Gilling e John McKnight, *op. cit.*
11. Ver o capítulo Operação Garibaldi.
12. Ver Peter Hounam, *The Woman from Mossad. The story of Mordechai Vanunu & the Israeli Nuclear Program*, North Atlantic Books, Berkeley, Califórnia.
13. Ver Victor Ostrovsky e Claire Hoy, *By Way of Deception*, Stoddart Publishing, Toronto, 1991.
14. Historiadores britânicos confirmaram a autenticidade dos Diários de Hitler descobertos em um escuro armazém. No fim, soube-se que tinham sido falsificados por um vigarista da Alemanha Oriental. Dezenas de importantes

meios de comunicação europeus, incluindo um espanhol, foram enganados ao pagarem grandes somas de dinheiro pela exclusividade da publicação.

15. Em 1967, um Mirage III israelense foi derrubado pelas suas próprias baterias antiaéreas quando, durante algumas manobras, desviou o plano de voo e sobrevoou a central de Dimona.
16. Ver Norman Polmar e Thomas B. Allen, *Spy Book. The Encyclopedia of Espionage*, Random House, Nova York, 2004.
17. Ver Gordon Thomas, *Gideon's Spies. The History of Mossad*, St. Martin's Press, Nova York, 1998.
18. Ver Michael Bar-Zohar, *Spies in the Promise Land. Iser Harel and the Israeli Secret Service*, Houghton Mifflin Company, Boston, 1972.
19. Ver Joel Bainerman, *Inside the Covert Operations of the CIA and Israel's Mossad*, S.P.I. Books, Nova York, 1994.
20. Ver Dan Raviv e Yossi Melman, *Friends in Deed. Inside the US-ISRAEL Alliance*, Hyperion, Nova York, 1994.
21. Ver Bob Woodward, *Veil. Las guerras secretas de la CIA 1981-1987*, Ediciones B, Barcelona, 1987.
22. Anos depois, um dos agentes envolvidos na captura do material, Dan Aerbel, foi detido pela polícia norueguesa com a acusação de assassinato de um garçom marroquino em Lillehammer por engano. Aerbel contou que era agente do Mossad e que trabalhara em operações secretas na Europa durante cinco anos. Um dos "trabalhinhos" que relatou aos noruegueses foi o do roubo de urânio belga.
23. Ver o capítulo Operação Príncipe Vermelho.
24. Ver Rodger W. Claire, *Raid on the Sun. Inside Israel's Secret Campaign that Denied Saddam the Bomb*, Broadway Books, Nova York, 2004.
25. Ver Peter Hounam, *The Woman from Mossad. The story of Mordechai Vanunu & the Israeli Nuclear Program*, North Atlantic Books, Berkeley, Califórnia.
26. *Ibidem*.
27. Enquanto protegiam a *kidon* Cheryl Bentov (Cindy Hanin), os dois "protetores" ou "escudos" foram filmados pelas câmeras de segurança de um banco em Londres. A fotografia foi incluída numa seção de imagens deste livro.
28. Ver Tom Gilling e John McKnight, *op. cit*.
29. Ver Peter Hounam, *op. cit*.
30. Ver Gordon Thomas, *Gideon's Spies. The History of Mossad*, St. Martin's Press, Nova York, 1998.
31. Ver Tom Gilling e John McKnight, *op. cit*.

32. Ver Gordon Thomas, *Gideon's Spies. The History of Mossad*, St. Martin's Press, Nova York, 1998.
33. Ver Dan Raviv e Yossi Melman, *Every Spy a Prince*, Houghton Mifflin Company, Boston, 1990.
34. Ver Ian Black e Benny Morris, *Israel's Secret Wars*, Grove Weidenfeld, Nova York, 1991.
35. Ver Victor Ostrovsky e Claire Hoy, *By Way of Deception*, Stoddart Publishing, Toronto, 1991.
36. Ver Dennis Eisenberg, Uri Dan e Eli Landau, *The Mossad Inside Stories: Israel's Secret Intelligence Service*, Paddington Press, Londres, 1978.
37. Ver Tom Gilling e John McKnight, *Trial and Error. Mordechai Vanunu and Israel's Nuclear Bomb*, HarperCollins Publishers, Londres, 1991.
38. Ver Rodger W. Claire, *Raid on the Sun. Inside Israel's Secret Campaign that Denied Saddam the Bomb*, Broadway Books, Nova York, 2004.
39. Ver Tom Gilling e John McKnight, *op. cit.*
40. Ver Ian Black e Benny Morris, *Israel's Secret Wars*, Grove Weidenfeld, Nova York, 1991.
41. Ver Dan Raviv e Yossi Melman, *EverySpy a Prince*, Houghton Mifflin Company, Boston, 1990.
42. Ver Tom Gilling e John McKnight, *Trial and Error. Mordechai Vanunu and Israel's Nuclear Bomb*, HarperCollins Publishers, Londres, 1991.
43. Ver Peter Hounam, *The Woman from Mossad. The story of Mordechai Vanunu & the Israeli Nuclear Program*, North Atlantic Books, Berkeley, Califórnia.
44. Ver Tom Gilling e John McKnight, *Trial and Error. Mordechai Vanunu and Israel's Nuclear Bomb*, HarperCollins Publishers, Londres, 1991.
45. Ver Peter Hounam, *The Woman from Mossad. The story of Mordechai Vanunu & the Israeli Nuclear Program*, North Atlantic Books, Berkeley, Califórnia.
46. Ver Tom Gilling e John McKnight, *Trial and Error. Mordechai Vanunu and Israel's Nuclear Bomb*, HarperCollins Publishers, Londres, 1991.

OPERAÇÃO 17

1. Ver Don Peretz, *Intifada: The Palestinian Uprising*, Westview Press, Nova York, 1990.
2. Ver Amnon Kapeliouk, *Arafat*, Librairie Arthème Fayard, Paris, 2004.
3. Entrevista concedida ao jornal kuwaitiano *as-Siyassa* e reunida em sua totalidade no livro de Don Peretz, *op. cit.*

4. Ver Gordon Thomas, *Gideon's Spies. The History of Mossad*, St. Martin's Press, Nova York, 1998.
5. Essas imagens transmitidas pela televisão norte-americana foram feitas pelo cinegrafista israelense Meir Grego, amigo do autor.
6. Ver Ian Black e Benny Morris, *Israel's Secret Wars*, Grove Weidenfeld, Nova York, 1991.
7. Ver Dan Raviv e Yossi Melman, *Every Spy a Prince*, Houghton Mifflin Company, Boston, 1990.
8. Ver Neil Livingstone e David Halevy, *Inside the PLO*, Willian Morrow & Company, Nova York, 1990.
9. Ver Joel C. Rosenberg, *The Last Jihad*, Forge Books, Nova York, 2003.
10. Ver o capítulo Operação Primavera da Juventude.
11. Ver Neil Livingstone e David Halevy, *op. cit.*
12. Ver Dan Raviv e Yossi Melman, *op. cit.*
13. O total de baixas nos Territórios Ocupados desde 9 de dezembro de 1987 até 30 de outubro de 2000 foi:
    Civis palestinos mortos pelas forças israelenses: 1047.
    Civis palestinos mortos por civis israelenses: 147.
    Civis israelenses mortos por civis palestinos: 270.
    Membros das forças israelenses mortos por civis palestinos: 135.
14. Ver Joel C. Rosenberg, *op. cit.*
15. Ver Yitzhak Shamir, *Summing Up: The Memoirs of Yitzhak Shamir*, Orion Publishing Company, Nova York, 1994.
16. Shabtai Shavit, chefe da Metsada, seria anos depois nomeado *memuneh* do Mossad.
17. Essa unidade foi criada em 1950 e tanto a sua localização como as suas táticas de combate são secretas. Muitos membros do Kidon pertenceram a esta unidade, comparável à Delta Force norte-americana, ao SAS britânico ou ao GSG-9 alemão.
18. Ver Paule-Henriette Levy, *Ehud Barak: Le faucon de la paix*, Plon, Paris, 1999.
19. Ver Benny Morris, *Righteous Victims: A History of the Zionist-Arab Conflict, 1881-2001*, Vintage, Nova York, 2001.
20. Ver Neil Livingstone e David Halevy, *op. cit.*
21. Ver Yitzhak Shamir, *op. cit.*
22. A DGSE (Direction Générale de la Securité Extérieure) é conhecida no mundo da espionagem como "A Piscina" porque sua primeira sede estava situada num antigo edifício que abrigava algumas piscinas públicas.
23. Ver Amnon Kapeliouk, *op. cit.*

24. Mahmud Abbas, conhecido como Abu Mazen, substituiu Abu Jihad após seu assassinato pelo Kidon do Mossad. Poucos anos depois, seria nomeado primeiro-ministro por Yasser Arafat, presidente da Autoridade Nacional Palestina.
25. Ver Neil Livingstone e David Halevy, *op. cit.*
26. Ver Ian Black e Benny Morris, *op. cit.*
27. Ver Don Peretz, *op. cit.*
28. Ver Neil Livingstone e David Halevy, *op. cit.*
29. Ver Amnon Kapeliouk, *op. cit.*
30. Ver Dan Raviv e Yossi Melman, *op. cit.*

OPERAÇÃO ZULU

1. Ver Gordon Thomas, *Gideon's Spies. The History of Mossad*, St. Martin's Press, Nova York, 1998.
2. O serviço secreto sul-africano, o BOSS, batizou esta operação de Armagedon. Os seus agentes apenas deram cobertura aos *katsa* do Mossad e aos *kidon* da Metsada. Quando a África do Sul se tornou um país multirracial, os documentos desta operação foram abertos aos meios de comunicação e aos investigadores.
3. Ver Eric Frattini, *Irak: El Estado incierto*, Espasa Calpe, Madri, 2003.
4. Ver William Lowther, *Arms and the Man: Doutor. Gerald Bull, Iraq and the Supergun*, Pan Books, Londres, 1992.
5. Ver James Adams, *Bull's Eye: The Assassination and Life of Supergun Inventor Gerald Bull*, Times Books, Nova York, 1992.
6. Ver Joel Bainerman, *Inside the Covert Operations of the CIA and Israel's Mossad. Undercover with the Spymasters of America & Israel*, S.P.I. Books, Nova York, 1994.
7. Ver James Adams, *op. cit.*
8. Ver William Lowther, *op. cit.*
9. *Defence Magazine*, maio de 1989.
10. *The Washington Post*, 3 de maio de 1989.
11. Ver James Adams, *op. cit.*
12. Ver Eric Frattini, *op. cit.*
13. Ver James Adams, *op. cit.*
14. Ver William Lowther, *op. cit.*
15. Ver Ofra Bengio, *Iraq's Road to War*, MacMillan, Londres, 1993.
16. Ver James Adams, *op. cit.*

17. O jornal *El Mundo* publicou um artigo em fevereiro de 1990 tornando pública a ligação entre o "supercanhão" iraquiano e a empresa SRC de Bruxelas.
18. O grupo a que pertenciam estas empresas (IMG) foi acusado de participar da fabricação do "supercanhão" que o Iraque pretendia construir.
19. Servizio per le Informazioni e la Sicurezza Democratica ou SISDE.
20. Service de Renseignement Stratégique ou SRS.
21. Bundesnachrichtendienst ou BND.
22. Ver Victor Ostrovsky, *The Other Side of Deception*, HarperCollins Publishers, Nova York, 1994.
23. *Ibidem*.
24. Ambas as peças foram construídas pela Sultam, a indústria de armas de Israel.
25. Stephen Bull declarou à polícia belga, depois do assassinato de Gerald Bull, que seu pai sabia que seria assassinado pelos israelenses se continuasse com o Projeto Babilônia, ou pelos iraquianos, caso decidisse abandoná-lo. Esse testemunho foi registrado pelo investigador James Adams, *op. cit.*
26. Ver Gordon Thomas, *op. cit.*
27. Entre 3 e 4 de junho de 1989, o Exército Popular de Libertação esmagou brutalmente os manifestantes reunidos na praça de Tiananmen. De acordo com as estimativas, entre 3 mil e 5 mil estudantes e cidadãos morreram, outros 10 mil ficaram feridos e outras centenas foram detidos. Essa foi a primeira vez que o Exército chinês foi acionado para reprimir revoltas populares. Após o massacre, o governo efetuou numerosas detenções, julgamentos sumários, execuções e censurou a imprensa estrangeira e chinesa.
28. Ver William Lowther, *op. cit.*
29. *Ibidem*.
30. Ver Commander X, *Red Mercury: Deadly New Terrorist Super Weapon*, Inner Light Publications, New Brunswick, Nova Jersey, 2002.
31. Membros do Instituto para a Investigação da Paz em Estocolmo pensam que a produção desse tipo de armas é, hoje, totalmente possível. Muitos outros cientistas não se mostram muito seguros disso e acreditam que a "questão do Mercúrio Vermelho" não é mais que outra história herdada das operações de desinformação da Guerra Fria.
32. *International Defense Review*, junho de 1994.
33. Ver Commander X, *op. cit.*
34. Edward V. Badolato e Dale Andrade. "Red Mercury: Hoax or the Ultimate Terrorist Weapon?", *Counterterrorism and Security Journal*.
35. Ver Mark Fabi, *Red Mercury*, Bantam Books, Nova York, 2004.
36. Dale Andrade, *Counterterrorism Magazine*, julho de 1995.

OPERAÇÃO TYCOON

1. Ver Gordon Thomas e Martin Dillon, *Robert Maxwell. Israel's Superspy: The Life and Murder of a Media Mogul*, Carroll & Graf Publishers, Nova York, 2002.
2. William Casey, diretor da CIA (1981-1987), definia Shabtai Shavit como "Um homem que sabia doze idiomas e que fez carreira no Mossad graças ao talento para não ferir as suscetibilidades de seus superiores. Shavit controlava o Mossad com mão de ferro".
3. Tycoon é o senhor feudal do Japão antigo. Também é uma definição dada aos grandes magnatas nos países anglo-saxões.
4. Ver Nicholas Davies, *Death of a Tycoon: Na Insider's Account of the Rise and Fall of Robert Maxwell*, St. Martin's Press, Nova York, 1993.
5. Essa definição está refletida na magnífica obra de Gordon Thomas e Martin Dillon, *op. cit.*, e no livro de Roy Greenslade, *Maxwell: The Rise and Fall of Robert Maxwell and His Empire*.
6. Ver Nicholas Davies, *op. cit.*
7. Ver Roy Greenslade, *op. cit.*
8. Ver Gordon Thomas e Martin Dillon, *op. cit.*
9. Ver Nicholas Coleridge, *Paper Tigers*, Mandarin Paperbacks, Londres, 1994.
10. Ver Gordon Thomas e Martin Dillon, *op. cit.*
11. Ver Roy Greenslade, *op. cit.*
12. A Citex Corporation era uma empresa radicada em Tel Aviv e dedicada ao desenvolvimento de impressoras de alta tecnologia.
13. Ver Yitzhak Shamir, *Summing Up: The Memoirs of Yitzhak Shamir*, Orion Publishing Company, Nova York, 1994.
14. Ver Gordon Thomas e Martin Dillon, *op. cit.*
15. *Ibidem.*
16. Edmond Safra, amigo íntimo de Maxwell, tornara-se informante do FBI. Revelava-lhes todas as operações financeiras das máfias russa e búlgara que passavam pelo seu banco até o Bank of New York. Em 1999, anunciou que o seu banco estava à venda, o que lhe criou muitos inimigos. Safra refugiou-se numa mansarda na reputada avenida Ostende de Mônaco. Numa noite, alguns intrusos entraram no elegante andar e quando a polícia e os bombeiros chegaram à mansarda, Safra e a sua enfermeira estavam mortos. As câmeras de segurança não detectaram nada. Alguns especialistas garantem que a "execução" deve ter sido obra da máfia russa, da búlgara ou do próprio Mossad (Kidon). Nunca se descobriram os culpados.

17. Vladimir Alexandrovich Kriuchkov foi presidente do KGB de agosto de 1988 a agosto de 1991. Nesse ano, encerrou funções após a participação na tentativa de golpe de Estado contra o presidente Mikhail Gorbachev.
18. Ver Gordon Thomas e Martin Dillon, *op. cit.*
19. *Ibidem.*
20. Este era um sistema integrado pela Chubb Company (Sunbury-on-Thames, Middlesex, Londres) nos computadores a que apenas Robert Maxwell tinha acesso.
21. Jon Bannenberg (1929-2002) era um dos mais famosos decoradores e trabalhava para outros grandes magnatas como o mexicano Emilio Azcárraga Milmo, para quem decorou os iates Paraíso e Azteca; para Adnan Khashoggi, para quem decorou o famoso iate Nabila; e para Malcolm Forbes.
22. Ver Victor Ostrovsky, *The Other Side of Deception*, HarperCollins Publishers, Nova York, 1994.
23. Ver Gordon Thomas e Martin Dillon, *op. cit.*
24. Fundada em 1958, a Gulfstream Aerospace Corporation é uma companhia subsidiária da General Dynamics (<www.gulfstream.com>).
25. A empresa construtora do iate Lady Ghislaine era a Amels-Holland, em Vlisingen (Holanda) (<www.amels-holland.com>).
26. Ver Victor Ostrovsky e Claire Hoy, *By Way of Deception*, Stoddart Publishing, Toronto, 1991.
27. Ver Markus Wolf e Anne McElvoy, *Markus Wolf, The Man Without a Face*, Times Books, Nova York, 1997.
28. Ver Gordon Thomas e Martin Dillon, *op. cit.*
29. John O'Neill, um dos maiores especialistas em "crime organizado" e amigo do autor, faleceria em 11 de setembro de 2001, após o ataque às Torres Gêmeas em Nova York.
30. Ver Gordon Thomas e Martin Dillon, *op. cit.*
31. Ver Nicholas Davies, *op. cit.*
32. Letra com que se conhecem todos os diretores do serviço secreto britânico (MI6) desde a fundação em 1909. A letra era usada pelo primeiro diretor do MI6, Sir Mansfield Cumming, por causa da inicial do seu sobrenome.
33. O Japão reclama essas ilhas desde o fim da Segunda Guerra Mundial, quando foram ocupadas pela União Soviética. A URSS mantinha nas Curilas uma das suas principais bases navais.
34. Ver Mikhail Gorbachev, *Memoirs*, Doubleday Publishers, Nova York, 1996.
35. Ver Leon Aron, *Yeltsin: A Revolutionary Life*, St. Martin's Press, Nova York, 2000.

36. Ver Roy Greenslade, *op. cit.*
37. A Food and Drug Administration (FDA) demorou quase três anos para estudar os mais de 25 mil documentos em que se reuniam quase todas as investigações pré-clínicas e clínicas dos efeitos do Halcion. Assim que a verdade veio à tona, a farmacêutica Upjohn desculpou-se alegando que houve erros de transcrição dos dados no relatório final apresentado à FDA. Na Grã-Bretanha, a venda do medicamento foi proibida em outubro de 1991.
38. Ver Gordon Thomas e Martin Dillon, *op. cit.*
39. Ver o capítulo Operação Vanunu.
40. Ver Gordon Thomas e Martin Dillon, *op. cit.*
41. *Ibidem.*
42. *Ibidem.*
43. As informações sobre a morte do magnata e o funeral de Estado de Robert Maxwell em Jerusalém foram uma das últimas notícias que o autor cobriu como correspondente no Oriente Médio.

OPERAÇÃO CESÁREA

1. As negociações secretas de Oslo conduziram aos chamados Acordos de Oslo assinados em Washington em 13 de setembro de 1993. Após os acordos, Yasser Arafat regressou a Gaza como chefe de um governo autônomo com autoridade inicialmente sobre a Faixa de Gaza e Jericó, e que posteriormente se estenderia a outros territórios da Cisjordânia.
2. Ehud Barak foi o chefe do Estado-Maior do exército israelense até julho de 1995; ministro do Interior de julho a novembro de 1995 e ministro dos Negócios Estrangeiros entre novembro de 1995 e junho de 1996; eleito membro da Knesset e presidente do Partido Trabalhista em 1996. Em 17 de maio de 1999, foi eleito primeiro-ministro de Israel. Em 7 de março de 2001, foi derrotado nas eleições pelo primeiro-ministro Ariel Sharon, do Likud.
3. As duas primeiras siglas de Sherut ha-Bitachon ha-Klali ou Serviço Geral de Segurança.
4. Ver Gordon Thomas, *Gideon's Spies. The History of Mossad*, St. Martin's Press, Nova York, 1998.
5. *Ibidem.*
6. Os combatentes são *katsa* israelenses enviados para países árabes a fim de trabalharem sob identidade falsa.
7. Ver Andrew G. Bostom, *The Legacy of Jihad: Islamic Holy War and the Fate of Non-Muslims*, Prometheus Books, Nova York, 2005.

8. Ver Gordon Thomas, *op. cit.*
9. Ver Samuel M. Katz, *The Hunt for the Engineer: How Israeli Agents Tracked the Hamas Master Bomber*, Fromm International, Nova York, 1999.
10. *Ibidem.*
11. Ver Gordon Thomas, *op. cit.*

OPERAÇÃO ENGENHEIRO

1. Ver Samuel M. Katz, *The Hunt for the Engineer: How Israeli Agents Tracked the Hamas Master Bomber*, From International, Nova York, 1999.
2. Ver Brigadier General Shmuel Arad, "Living in the Shadow of Terror", *Bamachane*, publicação das Forças de Defesa Israelenses, novembro de 1992.
3. Ver Andrew G. Bostom, *The Legacy of Jihad: Islamic Holy War and the Fate of Non-Muslims*, Prometheus Books, Nova York, 2005.
4. Ver Samuel M. Katz, *op. cit.*
5. Ver Shaul Mishal e Avraham Sela, *The Palestinian Hamas*, Columbia University Press, Nova York, 2000.
6. Ver Khaled Hroub, *Hamas: Political Thought and Practice*, Instituto de Estudos Palestinos, Jerusalém, 2000.
7. Por fim, o Conselho de Segurança das Nações Unidas aprovou a Resolução 799, que obrigava Israel a retornar de imediato com todos os deportados.
8. Ver Shaul Mishal e Avraham Sela, *op. cit.*
9. Ver Samuel M. Katz, *op. cit.*
10. *Ibidem.*
11. Em Israel, o Shin Bet também é conhecido como Shaback.
12. Ver Shaul Mishal e Avraham Sela, *op. cit.*
13. Ver Khaled Hroub, *op. cit.*
14. Ver Samuel M. Katz, *op. cit.*
15. *Ibidem.*
16. Ver Anexo III: Glossário de termos do Mossad.
17. Ver Samuel M. Katz, *op. cit.*
18. Ver Khaled Hroub, *op. cit.*
19. Ver Jonathan Bloch e Paul Tood, *Global Intelligence: The World's Secret Services Today*, Zed Books, Nova York, 2003.
20. Ver Samuel M. Katz, *op. cit.*
21. *Ibidem.*
22. Ver o capítulo Operação Ira de Deus.

OPERAÇÃO VINGANÇA

1. Ver o capítulo Operação Raio.
2. Ver Gordon Thomas, *Gideon's Spies. The History of Mossad*, St. Martin's Press, Nova York, 1998.
3. Ver Gordon Thomas e Martin Dillon, *Robert Maxwell. Israel's Superspy: The Life and Murder of a Media Mogul*, Carroll & Graf Publishers, Nova York, 2002.
4. Ver Khaled Hroub, *Hamas: Political Thought and Practice*, Instituto de Estudos Palestinos, Jerusalém, 2000.
5. Ver Maxine Rosaler, *Hamas: Palestinian Terrorists*, Rosen Publishing Group, Nova York, 2002.
6. Ver Samuel M. Katz, *Follow Me! A History of Israel's Military Elite*, Arms & Armour Press, Londres, 1989.
7. Ver Gordon Thomas e Martin Dillon, *op. cit.*
8. *Ibidem*.
9. Ver Samuel M. Katz, *op. cit.*
10. Todo o relato sobre a tentativa de assassinato de Jalid Meshal em Amã foi retirado do "Report of the Commission Concerning the Events in Jordan September 1997", de 17 de fevereiro de 1998. A Comissão de Investigação ouviu 35 testemunhas durante 47 sessões. Muitas das testemunhas fazem parte deste relato.
11. Ver Gordon Thomas, *op. cit.*
12. Ver Rolland Dallas, *King Hussein: A Life on the Edge*, Fromm International Publishing, Nova York, 1999.
13. Ver Gordon Thomas, *op. cit.*
14. Ver Victor Ostrovsky e Claire Hoy, *By Way of Deception*, Stoddart Publishing, Toronto, 1991.
15. Ver Samuel M. Katz, *op. cit.*
16. Ver Shaul Mishal e Avraham Sela, *The Palestinian Hamas*, Columbia University Press, Nova York, 2000.
17. Ver Maxine Rosaler, *op. cit.*

OPERAÇÃO FUMAÇA

1. Ver Hamzer, *Ahmed Nizar, El sendero de Hezbolá*, Instituto de Estudos Árabes, Beirute, 2009
2. *Slain Hezbollah Commander Had Long History of Attacks*, The Associated Press, 13 de fevereiro de 2008.

3. "Man & Myth: Making Sense of Imad Mughniyeh", *The Daily Star Lebanon*, 15 de fevereiro de 2008.
4. *America's most wanted terrorist*, BBC News, 10 de outubro de 2001.
5. O xeique Fadlallah faleceria aos 75 anos, em julho de 2010. Embora defendesse no início a instauração de um regime islâmico no Líbano, acreditava que não era possível implantá-lo sem o apoio popular dos próprios libaneses. Nos últimos anos, era considerado um "liberal" pelo regime de Teerã, já que emitiu várias *fatua* a favor da mulher e proibiu em 2005 os ataques suicidas.
6. "Imad Mughniyeh: Hezbolah Chief High on the US-ISRAEL Hitlist", *The Guardian*, 14 de fevereiro de 2008.
7. "Death of Hezbollah Leader Could Mean Threat to Jewish Target", CNN, 15 de fevereiro de 2008.
8. "Arabs helped Mossad kill Mughniyeh", *The Jerusalem Post*, 27 de fevereiro de 2008.
9. "Israel kills terror chief with headrest bomb", *The Sunday Times*, 16 de fevereiro de 2008.
10. "Assassinations: The work of Mossad?", *The Times*, 16 de fevereiro de 2010.

OPERAÇÃO RAQUETE

1. Ver o capítulo Operação Engenheiro.
2. Ver o capítulo Operação Vingança.
3. Ver *The Israel's Hit Squad*, Yossi Melman e Dan Raviv, *The Atlantic Magazine*, fevereiro de 2010.
4. Notificação da Interpol, 8 de março de 2010.
5. Ver *Jornal Haaretz*, 20 de fevereiro de 2010.

OPERAÇÃO NÊUTRON

1. "Covert Action and Iran's Nuclear Program", *Bellum, A Project of the Stanford Review*, 19 de fevereiro de 2009.
2. Ver o capítulo Operação Átomo.
3. "Tehran denies report on scientist's assassination", *Xinhua*, Agência Chinesa de Notícias, 4 de fevereiro de 2007.
4. "US website: Mossad killed Iranian nuclear physicist", *Jornal Haaretz*, 4 de fevereiro de 2007.
5. "Tehran nuclear scientist Massoud Ali-Mohammadi killed by bomb; Iran blames IS and Israel for attack", *New York Daily News*, 14 de janeiro de 2010.

6. "The body of martyr Massoud Ali-Mohammadi was laid to rest in Tehran's Ali-Akbar Shrine", *Borna News Agency*, 14 de janeiro de 2010.
7. "Israel launches covert war against Iran", Phillip Sherwell, *The Daily Telegraph*, 16 de fevereiro de 2009.
8. "Israeli Test on Worm Called Crucial in Iran Nuclear Delay", William J. Broad, *The New York Times*, 15 de janeiro de 2011.
9. "US says cyberworm aided effort against Iran", Daniel Dombey, *Financial Times*, 10 de dezembro de 2010.
10. Vezarat-e Ettela'at va Amniat-e Keshvar ou VEVAK.

Anexo I
DIRETORES DO MOSSAD*

1951-1952 REUVEN SHILOAH

Primeiro diretor do Mossad e, sem dúvida, o pai da moderna organização dos serviços de inteligência israelenses. Nascido Reuven Zaslanski em Jerusalém, Shiloah provinha de uma família judaica ortodoxa. Apesar de ser um homem de baixa estatura e de usar óculos de lentes grossas, o seu olhar era absolutamente penetrante e demolidor. Durante a Segunda Guerra Mundial, Shiloah, fundador do Shai, o serviço de inteligência do Haganah, operou por trás das linhas alemãs na Europa ocupada, em missões para os ingleses. Também trabalhou para o Gabinete de Serviços Estratégicos (OSS — Office of Strategic Services) em Washington, no Cairo e em Istambul. Shiloah desenvolveu uma grande amizade com James Jesus Angleton, anos mais tarde chefe de contrainteligência da CIA. Em 1949, Shiloah foi nomeado presidente do Comitê de Coordenação dos serviços de inteligência israelenses. Manteve este cargo até março de 1953. Problemas entre os serviços de inteligência militares (Aman) e os civis (Mossad e Shin Bet) fizeram com que David Ben-Gurion incumbisse a ele a reorganização de todos os serviços de inteligência. Em 1º de abril de 1951, o Mossad foi formalmente estabelecido, com o seu controle dependendo diretamente do gabinete do primeiro-ministro. Embora Shiloah tenha ficado pouco tempo à frente do Mossad, conseguiu estabelecer a estrutura que ainda hoje continua mantendo. As contínuas disputas internas entre os chefes

---

* Até 1996 era proibido, por lei, tornar público o nome do diretor do Mossad, que era conhecido pela letra "S". Também é conhecido com o nome de *memuneh*.

dos serviços de espionagem de Israel, assim como os graves ferimentos sofridos num acidente de automóvel em meados de 1952, provocaram a sua demissão como chefe do Mossad em setembro de 1952. Um ano depois, ocuparia o cargo de embaixador de Israel em Washington. Reuven Shiloah, um dos maiores gênios e mestres do mundo da espionagem, faleceria em 1959, aos 50 anos de idade. A melhor biografia sobre ele é a escrita por Haggai Eshed: *Reuven Shiloah, the Man Behind the Mossad. Secret Diplomacy in the Creation of Israel* (Frank Cass Publishers, Londres, 1997).

1952-1963 ISSER HAREL

Segundo diretor do Mossad. Isser Halperin (Harel), nascido na Rússia em 1912, chegou à Palestina em 1930 como imigrante e instalou-se num *kibutz*. Será sempre lembrado no mundo da inteligência como o melhor e mais eficaz *memuneh* do Mossad. Na década de 1940, Harel alistou-se no Haganah e nas forças auxiliares britânicas para lutar contra os nazistas. Dirigiu o setor de inteligência do Haganah em 1942. Foram Harel e os seus homens que afundaram o barco do Irgun, o Altalena, por ordem de David Ben-Gurion. Harel subiu rapidamente entre as fileiras da elite israelense, tornando-se, em última instância, o primeiro chefe do Shin Bet, o Serviço Geral de Segurança de Israel. Diretor do Mossad desde 1952, encarregou-se de ambos os serviços de inteligência, o Shin Bet e o Mossad. Harel desenvolveu, durante a sua direção, uma ampla cooperação com a CIA. O Mossad colaborou com os Estados Unidos recolhendo informação sobre a União Soviética e o KGB. Isser Harel criou a chamada "rede Trident", pela qual Israel, o Irã e a Turquia coletavam informação de inteligência sobre o governo egípcio. Era conhecido pela sua avidez em defender Israel e proteger a democracia dentro do Estado. Durante o seu mandato no Mossad, dirigiu várias operações famosas. Uma delas foi a captura, em 1960, de Adolf Eichmann, um dos arquitetos nazistas da Solução Final à questão judaica. Em 1962, Harel descobriu que os alemães apoiavam os egípcios em tecnologia de mísseis. Segundo alguns especialistas, era infinitamente inferior à de Israel e portanto não constituía uma ameaça à sua segurança; porém, Harel decidiu intimidar a Alemanha. Isto provocou a ira de Ben-Gurion. Devido às diferenças irreconciliáveis com o primeiro-ministro, Harel demitiu-se do Mossad em março de 1963. Depois de uma grande carreira no mundo da espionagem e da inteligência, dedicou-se à escrita. O seu melhor livro é *The House on Garibaldi Street* (1975), em que relata a captura de Adolf Eichmann. Isser Harel faleceu em Israel em 19 de fevereiro de 2003, aos 91 anos de idade. A melhor biografia sobre ele é a escrita por Michael Bar-Zohar, *Spies in the Promise Land. Isser Harel and the Israeli Secret Service* (Houghton Mifflin Company, Boston, 1972).

1963-1968 MEIR AMIT

Terceiro diretor do Mossad. Nascido em 1921, Amit foi chefe do serviço de inteligência militar (Aman) de 1962 a 1963 e *memuneh* do Mossad de 1963 a 1968. Nasceu num *kibutz* na Palestina. Juntou-se ao Haganah, a organização clandestina judaica, e foi nomeado comandante de um batalhão e posteriormente da unidade de elite, a Brigada Golani, durante a Guerra da Independência (1948). Amit serviu na infantaria do exército israelense e numa unidade de blindados. Durante a campanha de Suez (1956), foi o segundo ao comando de Moshe Dayan. Em 1961, recebeu o diploma de Economia na Universidade de Columbia (Nova York). Quando assumiu o cargo da Aman, em 1962, os seus três antecessores tinham sido demitidos. Durante o seu mandato, aumentou a rivalidade com o Mossad de Isser Harel. Em 26 de março de 1963, o primeiro-ministro David Ben-Gurion nomeou-o *memuneh* do Mossad. O até então número dois de Amit na Aman, o major Aharon Yariv, sucedeu-lhe na inteligência militar. Chegou ao Mossad com a fama de ter sido chefe da inteligência militar que coletou toda a informação necessária para que Israel vencesse a chamada Guerra dos Seis Dias. Durante o seu mandato, Meir Amit estabeleceu uma relação íntima com o presidente dos Estados Unidos, Lyndon B. Johnson, e com o diretor da CIA, Richard Helms. Depois de deixar o Mossad em 1968, foi nomeado presidente da Koor Industries, o grupo comercial mais importante de Israel. Após nove anos na Koor, se juntou à polícia e foi eleito membro da Knesset (Parlamento) e pouco depois, ministro dos Transportes e Comunicações. Em 1982, voltou aos negócios e iniciou o chamado Projeto Amos, o primeiro satélite de comunicações de Israel. Em 2005, Amit publicou a sua autobiografia intitulada *A Life in Israel's Intelligence Service: An Autobiography* (Vallentine Mitchell, Londres, 2005).

1968-1974 ZVI ZAMIR

Quarto diretor do Mossad. Nascido em 1925 na Polônia, Zamir chegou à Palestina ainda criança. Juntou-se ao recém-criado exército israelense com a criação do Estado de Israel em 1948, após a aprovação do chamado Plano de Partição da Palestina. Chegou ao grau de major-general, até que em 1968 foi nomeado quarto diretor-geral ou *memuneh* do Mossad pelo então primeiro-ministro, o trabalhista Levi Eshkol. Zvi Zamir substituiu Meir Amit. Na verdade, Zamir não tinha experiência em tarefas de inteligência, mas os observadores militares e civis garantiram que era por esse mesmo motivo que tinha sido nomeado por Eshkol. Quando o Setembro Negro assassinou onze atletas israelenses durante a celebração dos Jogos Olímpicos de Munique em 1972, Zamir voou para a Alemanha para tentar supervisionar as negociações com os terroristas. As autoridades alemãs não lhe deram autorização e dois atletas foram assassinados na Vila Olímpica e oito no aeroporto de Fürstenfeldbruck, cerca de oitenta quilômetros a oeste de Munique. A nova primeira-ministra de Israel, Golda Meir, ordenou a Zamir a "ativação" de uma equipe do Kidon para eliminar todos os responsáveis pela morte dos atletas. Zvi Zamir escolheu Mike Harari para liderar a missão. A Operação Ira de Deus consistia em executar todos os membros do Setembro Negro relacionados direta ou indiretamente com o massacre de Munique. Zvi Zamir conseguiu livrar-se da humilhação após o término da investigação sobre os fracassos dos órgãos de inteligência israelenses, ocorridos durante a Guerra do Yom Kippur (1973). Naquele ano, vários países árabes atacaram Israel de surpresa. Uma rápida contraofensiva permitiu o triunfo de Israel nesta nova guerra israelo-árabe. Zamir deixou o cargo de *memuneh* do Mossad em 1974, sendo substituído por Isaac Hofi.

1974-1982 ISAAC "HAKA" HOFI

Quinto diretor do Mossad. Após o desastre da Guerra do Yom Kippur, que provocou 2.500 mortes no lado israelense, a Comissão Agranat tornou públicos os enormes erros cometidos pelos serviços de inteligência do país por não terem descoberto que vários países árabes preparavam um ataque surpresa contra Israel. As cabeças de quatro políticos importantes rolariam naquele ano de 1974: a da primeira-ministra Golda Meir que foi substituída por Yitzhak Rabin; a de Eli Zeira, chefe da inteligência militar, que foi substituído por Shlomo Gazit; a de Yosef Harmelin, diretor do Shin Bet, que seria substituído por Abraham Ahituv, e, claro, a de Zvi Zamir, *memuneh* do Mossad, que seria substituído por Isaac Hofi. O quinto *memuneh*, que todos conheciam por Haka Hofi, era um respeitado militar de carreira e antigo chefe do Comando Norte. Hofi subiu na hierarquia política de Israel graças ao apoio do seu padrinho, o respeitado general Moshe Dayan, ministro da Defesa de Israel quando o novo *memuneh* era o responsável militar pela zona norte do país. Após a invasão do Líbano por Israel em 1982, Hofi viu-se cada vez mais envolvido na tragédia que se vivia naquele país. A imprensa chegou mesmo a afirmar anos depois: "O Líbano transformou-se na propriedade rural do senhor Sharon (ministro da Defesa), e Isaac Hofi e os seus rapazes do Mossad, no capataz e seus *cowboys*". A Comissão Kahan estabeleceu que o exército israelense e o Mossad permitiram deliberadamente a entrada das milícias falangistas nos campos palestinos de Sabra e Chatila, que deu lugar a um dos piores massacres da história do Oriente Médio. Durante dias, os falangistas dedicaram-se a assassinar, a sangue-frio, idosos, mulheres e crianças indefesos. Quando as milícias entraram nos campos, não havia nenhum guerrilheiro palestino armado, visto que combatiam na zona oeste da capital libanesa. O escândalo suscitado, somado à detenção pelo FBI de Jonathan Pollard, um judeu norte-americano que espionava para Israel no Centro de Alerta Antiterrorista (ATAC) no Serviço de Investigação Naval, provocou a queda em desgraça de Isaac Hofi. Em 1982, abandonaria o cargo de *memuneh*, sendo substituído pelo seu até então subdiretor, Nahum Admoni. Em 1987, cinco anos depois de deixar o cargo de chefe do Mossad, Isaac Hofi faria parte, junto ao juiz Moshe Landau, antigo presidente do Supremo Tribunal de Israel, e a Yakov Maltz, alto funcionário do governo, da Comissão Landau, incumbida de investigar os abusos do Shin Bet nos Territórios Ocupados.

1982-1990 NAHUM ADMONI

Sexto diretor do Mossad. Nascido em Jerusalém em 1929, cresceu na importante cidade de Rehavia Gymnasium, para onde os imigrantes poloneses de classe média enviavam os filhos. Admoni serviu no Shai, o serviço de inteligência das Forças de Defesa Israelenses durante a Guerra da Independência em 1948 e, em 1949, licenciou-se com o grau de primeiro-tenente. Posteriormente, mudou-se para os Estados Unidos para estudar Relações Internacionais na Universidade da Califórnia em Berkeley. Em 1954, regressou a Israel, onde ingressou como professor na Escola de Treinamento dos Serviços de Inteligência. Lá conheceria outro agente que no futuro se tornaria uma das estrelas do Mossad, David Kimche. O seu primeiro emprego no estrangeiro foi em Addis Abeba, nos anos em que a Etiópia ocupava um lugar de destaque para o Mossad. Seria posteriormente enviado para Paris, nos anos 1960, como parte da aliança estratégica de Israel com os seus homólogos dos serviços secretos franceses. Mais tarde, foi enviado para Washington como chefe da estação do Mossad, garantindo-lhe o cognome de "embaixador do Mossad na CIA". Esses anos na capital norte-americana proporcionaram-lhe uma boa lista de contatos entre as altas esferas, que posteriormente lhe abririam as portas da Casa Branca durante as administrações de Ronald Reagan e George Bush. Os seus críticos garantiam que Nahum Admoni tinha pouca experiência em operações de espionagem, e tinham razão. Na verdade, Admoni era um burocrata e um major especialista em "relações diplomáticas" entre serviços de inteligência. Em 1976, Hofi nomeou Nahum Admoni subdiretor do Mossad, cargo que ocuparia até 1982, ano em que Isaac Hofi se demitiu, sendo então substituído por Admoni como diretor em exercício. Finalmente, o então primeiro-ministro Menahen Begin ratificou-o no cargo, tornando-o o sexto diretor do serviço de espionagem israelense desde a fundação.

Nahum Admoni seria nomeado justamente poucos dias antes das matanças nos campos de refugiados palestinos de Sabra e Chatila, em setembro de 1982. O novo *memuneh* foi o primeiro diretor do Mossad a chegar à cúpula da espionagem israelense subindo das bases e de forma fortuita, quase por acaso. O primeiro candidato a suceder a Hofi era Yekutiel Adam, mas morreu no Líbano. O segundo era David Kimche, mas a sua saída do Mossad em 1980, após uma grave discussão com Yekutiel Adam, impediu-o. Foi nomeado, como alternativa, diretor-geral do Ministério dos Negócios Estrangeiros. O terceiro candidato, Shmuel Goren, um dos mais brilhantes adjuntos de Isaac Hofi, após um pequeno escândalo interno em 1975, decidiu deixar o serviço de espionagem e aceitar o reconhecido cargo de Coordenador de Operações do governo na Faixa de Gaza e na Cisjordânia. O quarto candidato era Nahik Nevot, que tratava das relações entre o Mossad e as milícias cristãs libanesas. O quinto candidato era o lendário Rafi Eitan, mas Begin, que o admirava muito, preferiu mantê-lo como conselheiro do seu ministro da Defesa, Ariel Sharon. Finalmente, Nahum Admoni foi o sexto candidato e o único aprovado para todas as partes. Durante o mandato de Admoni, o Mossad viu-se envolvido nos escândalos do caso Pollard, do Irangate e do caso Vanunu. Mas o Mossad também viveu momentos de glória como quando, em finais de 1984, e graças à ajuda da inteligência israelense, conseguiu evacuar da Etiópia mais de 7 mil falashas, uma das tribos perdidas de Israel. Nahum Admoni era conhecido pela imprensa como "Mr. Gucci", devido ao seu gosto pela roupa desse estilista. Esse cognome foi-lhe dado pelo jornal *Yediot Ahronot*, visto que, por lei, a imprensa estava proibida de tornar público o nome do *memuneh* do Mossad. Até a sua saída em 1990, o nome de Nahum Admoni permaneceu em segredo.

1990-1996 SHABTAI SHAVIT

Sétimo diretor do Mossad. Sucessor de Nahum Admoni, Shavit foi nomeado *memuneh* do Mossad pelo primeiro-ministro Yitzhak Shamir. Supervisionou pessoalmente o assassinato executado pelo Kidon do líder da Jihad Islâmica, Fathi Shiqaqi, em Malta. O mandato de Admoni esteve também marcado pelo caso Pollard, o Irangate e a história dos passaportes britânicos falsos encontrados numa cabine telefônica na cidade alemã de Bonn. O primeiro erro grave de Shavit foi não ter descoberto a concentração de tropas iraquianas perto da fronteira com o pequeno e rico emirado do Kuwait. O papel que o Mossad desempenhou na Guerra do Golfo provocou uma série de investigações por parte do Subcomitê de Negócios Estrangeiros da Knesset. Shabtai Shavit foi recriminado abertamente por não ter previsto a ação iraquiana e não ter sabido que Saddam Hussein planejava atacar Israel com mísseis Scud. A partir desse momento, começaram a ser publicados diversos artigos sobre o Mossad, algo que nunca tinha acontecido em toda a história da espionagem israelense. De 1992 a 1996, Shabtai Shavit lutou, com todas as armas que dispunha, para manter o Mossad fora das manchetes dos jornais. Não queria grandes sucessos por parte dos seus *katsa*, mas também não queria disparates que os ridicularizassem. Os rumores políticos contra o *memuneh* começaram a basear-se na pouca consideração que o Mossad tinha por ele. O que também influenciou a sua destituição por parte do primeiro-ministro Netanyahu foi o fato de que organizações de inteligência historicamente aliadas como a CIA ou o MI6 tivessem cortado as relações com o serviço de espionagem israelense. Os dois últimos anos de Shabtai Shavit como *memuneh* provocaram uma onda de desmoralização e posterior abandono de antigos e experientes oficiais de inteligência que não viam com bons olhos a direção do Mossad por ele. Os seus colegas na comunidade de inteligência israelense qualificavam-no como "um porteiro de hotel barato, com a roupa cuidadosamente engomada, e que apertava a mão sem força e jamais o olhava nos olhos". Shavit era um dos três chefes da inteligência contrários à negociação com os palestinos na base da "Paz por Territórios". Após o assassinato de Yitzhak Rabin em Tel Aviv em novembro de 1995, Shavit, então *memuneh* do Mossad, disse que em várias ocasiões avisaram o Shin Bet, responsável pela segurança do primeiro-ministro, que ele poderia ser vítima de um atentado. As suas palavras não foram levadas a sério pelo Shin Bet. Na primavera de 1996, quando Shabtai Shavit já estava havia quase seis anos à frente do Mossad, foi-lhe pedido que se apresentasse no gabinete do primeiro-ministro. Quando chegou, Benjamin Netanyahu o informou que acabava de ser demitido e agradeceu-lhe pelos anos de serviço. Shavit recolheu os seus bens pessoais e desapareceu da história do Mossad. Minutos depois de deixar o edifício do Instituto, Danny Yatom, o seu sucessor, entrava para ocupar o escritório.

1996-1998 DANNY YATOM

Oitavo diretor do Mossad. Nascido em Israel em 15 de março de 1945, o general reformado David Yatom parece, à primeira vista, um empresário de cabelo grisalho; porém, por trás dessa aparência, há um currículo digno de um herói de Israel. Graduado em Matemática, Física e Programação pela Universidade Hebraica de Jerusalém, entre 1963 e 1996 Yatom prestou serviços na unidade de elite Sayeret Matkal; foi chefe do Comando Central e secretário militar do primeiro-ministro. Yatom subiu no mundo político israelense graças à sua amizade íntima com Benjamin Netanyahu, que vinha desde que o futuro primeiro-ministro serviu sob o seu comando no exército. Foi nomeado *memuneh* do Mossad em junho de 1996 pelo primeiro-ministro Benjamin Netanyahu do Partido Likud. Assessor do assassinado Yitzhak Rabin, foi também um dos militares com maiores responsabilidades no exército israelense. Foi demitido como diretor do Mossad em 1998, após os escândalos provocados pelo fracasso de uma unidade do Kidon na capital jordaniana quando tentava executar, em 25 de setembro de 1997, Jalid Meshal (um alto dirigente do grupo Hamas, na chamada Operação Vingança), e depois de se descobrir que um alto oficial do Mossad, Yehuda Gil, tinha ficado com dinheiro da espionagem israelense afirmando que era usado para pagar a um informante na Síria. Gil já roubava o Mossad havia vinte anos. Após a sua demissão, Yatom foi eleito membro da Knesset pelo Partido Trabalhista. O antigo *memuneh* é também presidente do Instituto de Estudos Estratégicos do Colégio de Netanya e assessor em matéria de negócios estrangeiros e de defesa nas Forças de Defesa Israelenses. Yatom é casado e pai de cinco filhos.

1998-2002 EFRAIM HALEVY

Nono diretor do Mossad. Subdiretor do serviço de espionagem israelense durante o mandato de Danny Yatom, foi eleito seu sucessor quando Danny foi demitido. O novo *memuneh* foi nomeado para o cargo em 5 de março de 1998. Depois de assumi-lo oficialmente, nomeou Amiran Levine como seu número dois. Levine era um especialista em questões militares por ter servido com bastante êxito no exército israelense no Comando Norte e no Líbano. Efraim Halevy era embaixador de Israel na Comunidade Europeia com sede em Bruxelas, quando ocorreu o fiasco da Suíça. Aparentemente, uma equipe inteira do Mossad foi detida pela polícia suíça enquanto realizavam operações clandestinas no país europeu. O então primeiro-ministro, Benjamin Netanyahu, pediu pessoalmente a Halevy que tentasse amenizar o desastre. Durante três dias, o embaixador viu-se obrigado a "suplicar" a Jacob Kellerberger, do serviço de segurança suíço, e a Carla del Ponte, a incisiva procuradora federal da Suíça. Teve também um papel de destaque nas negociações de paz entre Israel e o país árabe. As funções de Halevy no Mossad estenderam-se desde a crise do Golfo Pérsico de 1991 até quase o início da crise do Iraque em 2002. O primeiro fracasso do Mossad com Halevy no comando aconteceu quando este decidiu estabelecer uma base estável da espionagem israelense na ilha de Chipre. Dois *katsa* foram presos pelo eficiente serviço de contraespionagem cipriota. O presidente de Israel, Ezer Weizman, teve que telefonar pessoalmente para seu homólogo e amigo antigo, o presidente do Chipre, Glafcos Clérides, para que intercedesse a favor da libertação dos dois agentes israelenses. O *memuneh* recebeu a primeira reprimenda do próprio presidente do Estado de Israel. Efraim Halevy tornou-se uma espécie de "enviado secreto" dos primeiros-ministros Yitzhak Rabin, Yitzhak Shamir, Benjamin Netanyahu, Ehud Barak e Ariel Sharon. Em 1999, no começo da ofensiva da OTAN contra a Sérvia, o Mossad passou uma boa quantidade de informação de inteligência aos dezenove países que compunham a força militar. Isso fez com que os serviços secretos ocidentais passassem a ver o Mossad com outros olhos. Ainda hoje, a OTAN conta com esse tipo de colaboração. No ano de 2002, Halevy demitiu-se do cargo de chefe do Mossad devido a divergências com o primeiro-ministro Ariel Sharon, sendo substituído por Meir Dagan. Em abril de 2005, recebeu o renomado Prêmio Haim Herzog pela sua contribuição ao Estado de Israel. Atualmente, é diretor do Centro de Estudos Políticos e Estratégicos da Universidade Hebraica de Jerusalém. Halevy escreveu a sua autobiografia intitulada *Man in the Shadows. Inside the Middle East Crisis with a Man Who led the Mossad*, publicada no ano de 2006 pela St. Martin's Press.

2002-2010 MEIR DAGAN

Décimo diretor do Mossad. Nascido em 1945 numa Europa devastada pela Guerra e pelo Holocausto, Meir Huberman (Dagan) chegou a Israel com a família em 1950. Foi confidente próximo de Ariel Sharon durante quase três décadas e membro muito ativo na campanha eleitoral que deu a vitória a Sharon. Os dois homens partilham não somente uma longa carreira militar, mas também opiniões de linha-dura a respeito das relações de Israel com os vizinhos árabes. Nos anos 1970, sob o comando de Sharon, Dagan liderou uma unidade antiterrorista especial na Faixa de Gaza. Também dirigiu outra unidade secreta que matou vários militantes palestinos em Gaza. Em 1982, como comandante durante a Guerra do Líbano, ajudou a estabelecer e a treinar o exército do sul do Líbano, favorável a Israel. Meir Dagan foi o primeiro israelense a entrar em Beirute dentro de um tanque. Segundo alguns relatórios, nos anos 1980, Dagan esteve implicado no Líbano em atividades similares às desenvolvidas na Faixa de Gaza. Entre 1987 e 1993, e como ajudante especial do chefe de pessoal do exército durante a primeira Intifada, esteve implicado no estabelecimento de unidades secretas que operavam na Faixa de Gaza e na Cisjordânia e que se dedicavam à "execução" dos responsáveis pela rebelião palestina. Em 1995, depois de deixar o exército, Dagan entrou no Mossad como subdiretor. Em 1997, o então primeiro-ministro Benjamin Netanyahu o nomeou conselheiro de contraterrorismo. Dagan esteve provavelmente por trás da tentativa de assassinato do líder do Hamas, Jalid Meshal, em 25 de setembro de 1997, por uma unidade do Kidon. Quando assumiu esse posto, declarou que desejava aumentar os seus poderes para concluir uma campanha "mais agressiva" contra o Hamas. Meir Dagan permaneceu no seu posto com o primeiro-ministro Ehud Barak até que este o demitiu pela sua oposição aos acordos de paz de Oslo. A respeito da política de assassinatos conduzida pelo Mossad, Dagan disse: "A execução de um terrorista não é política. São os instrumentos de um Estado para prevenir ataques e para aumentar a dissuasão". Em 2002, o novo primeiro-ministro Ariel Sharon nomeou Dagan, de 57 anos, décimo diretor do Mossad, cargo que ocupou até 31 de dezembro de 2010. Após o anúncio da sua retirada em novembro de 2010, Dagan foi qualificado pela imprensa israelense como "um herói do silêncio", e esse será o seu legado.

2011- TAMIR PARDO

Décimo primeiro diretor do Mossad. Nascido em 1953, Pardo serviu como especialista em comunicações nas forças de elite, a Sayeret Matkal. Em julho de 1976, fez parte da chamada Operação Raio sob as ordens de Yehonatan "Yonni" Netanyahu, irmão do político do Likud Benjamin Netanyahu, para libertar os reféns do voo AF139 da Air France, no aeroporto ugandês de Entebbe. Após completar o seu serviço na FDI, decidiu juntar-se ao Mossad. No Instituto, foi destacado para a Keshet (Arco), a unidade encarregada das vigilâncias eletrônicas. Finalmente, foi nomeado chefe da Keshet, para a qual desenvolveu novos sistemas de vigilância através de microfones e fotografias.

Em 1997, fez parte, por ordem do *memuneh* Yatom, da comissão de investigação interna do Mossad, para descobrir os erros cometidos por uma equipe do Kidon, quando tentaram matar na capital jordaniana Jalid Meshal, homem do alto comando do Hamas, em 25 de setembro de 1997, introduzindo-lhe veneno no ouvido com um *spray*.

Em março de 2005, Tamir Pardo era o principal candidato a ocupar o posto de número dois do Mossad sob o comando de Dagan, mas o então *memuneh* decidiu nomear outro. Pardo solicitou transferência para o Kiria, codinome do quartel-general do exército israelense em Tel Aviv. Ali trabalharia como consultor do Alto Comando da FDI. Devido ao seu bom desempenho na Guerra do Líbano de 2006, Meir Dagan decidiu dispensar o seu número dois e oferecer-lhe o cargo. Pardo aceitou, achando que após a saída de Dagan, ele próprio assumiria o posto de *memuneh*, mas o mandato de Dagan foi prorrogado.

Durante o tempo em que foi o segundo no comando do Mossad, conseguiram-se grandes triunfos como a destruição de uma central nuclear na Síria e a eliminação do todo-poderoso chefe militar do Hezbollah, Imad Mughniyeh, depois de ter explodido o apoio para a cabeça do seu Mitsubishi, em Damasco, em 12 de fevereiro de 2008.

Pardo, um pouco desiludido, decidiu afastar-se por um tempo do Mossad e entrar em uma empresa privada até que, em meados de novembro de 2010, Dagan anunciou ao primeiro-ministro Netanyahu que desejava renunciar ao cargo para se dedicar à família. A imprensa israelense fez eco da notícia, confirmando que o primeiro candidato de Netanyahu para suceder Dagan era o general Shlomo Yanai. Este recusou o cargo alegando que preferia continuar no posto de presidente de uma grande indústria farmacêutica. Em 29 de novembro de 2010, Dagan anunciou oficialmente ao primeiro-ministro a sua intenção de se demitir do cargo de *memuneh*. No domingo, dia 5 de dezembro, o Conselho de Ministros aprovou a nomeação de Tamir Pardo como novo diretor do Mossad, sendo posteriormente ratificado pelo Comitê de Nomeações da Knesset, liderado por Jacob Turkel. Pardo assumiria oficialmente o seu novo posto de *memuneh* na terça-feira, 1º de janeiro de 2011. Efraim Halevy, *memuneh* do Mossad entre 1998 e 2002, definiu Pardo nos seguintes termos: "É calado, mas batalhador. Muito inteligente, jamais desiste até alcançar o seu objetivo". Afirma-se que ele é fã incondicional dos Grandes Prêmios de Motociclismo, especialmente quando corre Valentino Rossi, e torcedor do Fútbol Club Barcelona. Aos 57 anos, com trinta deles dedicados ao Mossad, é qualificado pelo seu chefe, Netanyahu, o único a quem deve reportar-se, como "o homem certo no momento certo". O seu mandato à frente do Instituto de Inteligência e Operações Especiais, mundialmente conhecido como Mossad e, dentro da comunidade de Inteligência, simplesmente como "O Instituto", deverá seguir as diretrizes definidas por Ariel Sharon ao seu antecessor, Meir Dagan: "Irã nuclear e Irã nuclear".

Anexo II
PRIMEIROS-MINISTROS DE ISRAEL

1948-1953   DAVID BEN-GURION (Trabalhista)
1954-1955   MOSHE SHARETT (Trabalhista)
1955-1963   DAVID BEN-GURION (Trabalhista)
1963-1969   LEVI ESHKOL (Trabalhista)
1969-1974   GOLDA MEIR (Trabalhista)
1974-1977   YITZHAK RABIN (Trabalhista)
1977-1983   MENAHEM BEGIN (Likud)
1983-1984   YITZHAK SHAMIR (Likud)
1984-1986   SHIMON PERES (Trabalhista)
1986-1992   YITZHAK SHAMIR (Likud)
1992-1995   YITZHAK RABIN (Trabalhista)
1995-1996   SHIMON PERES (Trabalhista)
1996-1999   BENJAMIN NETANYAHU (Likud)
1999-2001   EHUD BARAK (Trabalhista)
2001-2006   ARIEL SHARON (Likud)
2006-2009   EHUD OLMERT (Likud)
2009-   BENJAMIN NETANYAHU (Likud)

Anexo III
GLOSSÁRIO DE TERMOS DO MOSSAD

Agente antiquado. Informante do Mossad que não é muito ativo.

Agente morto. Agente que é fácil de descobrir e prender por levar uma cobertura difícil de manter.

Ain Efes. Operação em que não se admite o fracasso.

Aman. Acrônimo de *Agaf ha-Modi'in*. Serviço de Inteligência Militar.

APAM. Acrônimo de *Avtahat Paylut Modienit*. Unidade encarregada da segurança das operações do Mossad.

Bat Leveyha. Grau inferior a *katsa*.

Berman. Código cifrado utilizado pelas estações do Mossad na transmissão de mensagens.

Bodel. Correio. Um "mensageiro" do Mossad responsável pelo transporte de mensagens de um esconderijo para uma estação, uma embaixada ou o próprio quartel-general do Instituto.

Cavalo. Personagem importante dentro do Mossad, que ajuda um agente a subir de posto dentro da espionagem israelense.

CNT. Gabinete Central do Mossad na Europa. A sede é em Haia.

Combatentes. Espiões, *katsa* israelenses enviados para países árabes para trabalharem sob identidade falsa.

Comitê X. Comitê incumbido de julgar e condenar os supostos inimigos de Israel. A sentença costuma ser a execução mediante o envio de uma unidade do Kidon. O Comitê X era um organismo secreto até que, em 1986, um jornalista do jornal *Haaretz* falou sobre ele numa reportagem.

Dardasim ou Smerf. Subdepartamento do Kaisarut. Os seus agentes operam na China, na África e no Extremo Oriente.

Estação. Base estável do Mossad no estrangeiro.

Fibers. Descrições físicas exatas de pessoas que se encontram em algum lugar onde opera um *katsa*.

Flops. Nome pelo qual o Mossad conhece os membros da Frente Popular para a Libertação da Palestina.

Governantas. Unidade encarregada da manutenção dos esconderijos da espionagem israelense. Trocavam móveis velhos, pintavam, limpavam os cômodos e mantinham as geladeiras sempre cheias de bebidas não alcoólicas e alimentos.

Humint. Informação de inteligência obtida através de seres humanos.

Instituto. Nome pelo qual se conhece o Mossad no mundo da espionagem.

Kaisarut. Departamento de mediações nas embaixadas de Israel, conhecido como oficial de inteligência pelas agências de espionagem locais.

Katsa. Acrônimo de *Katzin Issuf* ou oficial de serviços especiais. Só em operações de recrutamento, o Mossad tem espalhados cerca de 35 no mundo inteiro.

Keshet. Arco. Informação conseguida por microfones em casas arrombadas.

KHT. Divisão de Inteligência Política do Mossad.

Kidon. Baioneta. Subunidade de assassinos da Metsada encarregada dos sequestros e assassinatos do Mossad. Os agentes ou membros da unidade também são denominados *kidon*.

Kiria. Quartel-General das Forças de Defesa Israelenses (FDI) em Tel Aviv.

LAP. Acrônimo de *Lohamah Psichlogit* ou guerra psicológica. Também são assim denominados os especialistas do Mossad em interrogatórios.

Luz do Dia. O estado de alerta máximo dos agentes dos serviços secretos israelenses.

Maoz. Fortaleza. Esconderijo utilizado pelos *katsa* do Mossad ou pelos *kidon* da Metsada como centro de operações no estrangeiro.

Marats. Ouvinte. Encarregado de analisar os idiomas e dialetos dos que vigiam.

Melucha. Ver Tsomet.

Memuneh. Nome pelo qual se conhece o diretor do Mossad.

Metsada. Unidade de operações especiais do Mossad. O departamento mais secreto da espionagem israelense.

Mishlashim. Caixa de correio segura para receber ou deixar informação.

Mossad. Em hebraico, *ha-Mossad*, acrônimo de *le-Modiin ule-Tafkidim Meyuhadim* (Instituto de Inteligência e Operações Especiais).

Neviof. Sistemas para penetrar num quarto de hotel, num escritório ou qualquer outro local para colocar escutas.

Neviot. Ver Keshet.

Nokmin. Vingadores. Primeira unidade da Metsada, estabelecida em finais dos anos 1940, cuja única tarefa era a de matar um alvo assim que localizado e identificado.

Photint. Informação de inteligência coletada mediante fotografias.

Saifanim. Departamento do Mossad encarregado de colher informações sobre a OLP.

Salia. Emissário.

Sayan (Plural, *sayanim*). Informante do Mossad que não trabalha com remuneração para a espionagem israelense, mas como um simples colaborador. O Mossad tem milhares deles espalhados pelo mundo. Os *sayanim* são judeus que colaboram com o Mossad por motivos ideológicos.

Shai. Acrônimo de *Sherut Yediot* ou Serviço de Informação.

Shicklut. Funcionário do departamento de escutas do Mossad.

Shin Bet. As duas primeiras siglas de *Sherut ha-Bitachon ha-Klali* ou Serviço Geral de Segurança. Agência israelense de contrainteligência e contraterrorismo.

Sigint. Informação de inteligência coletada por interferência de sinais.

Slicks. Lugares secretos para guardar documentos.

Sodi Beyoter. Classificação de "altamente confidencial" dada a um documento do serviço secreto israelense.

Tachless. Entrar no assunto. Atacar um alvo para conseguir com que se converta em informante do Mossad.

Tira. Palácio. Esconderijo usado pelos agentes do Mossad para abrigar um sequestrado ou preso num país estrangeiro.

Tsiach. Acrônimo de *Tsorech Yediot Hasuvot* ou reunião de organizações de serviços secretos civis e militares.

Tsomet. Reino. Departamento de recrutamento que dirige os *katsa*.

Unidade AI. Unidade secreta formada por 27 *katsa* do Mossad e que se encarrega das operações de espionagem dentro de território norte-americano.

Unidade 131. Formada por agentes suscetíveis de serem introduzidos em países árabes.

Unidade 504. Encarregada de recolher informação de âmbito militar.

Unidade 8200. Encarregada da interceptação de comunicações.

Unidade 8513. Encarregada de reunir informação fotográfica de um alvo.

Varash. Acrônimo de *Va'adat Rashei ha-Sherutim* ou comitê composto pelos chefes dos serviços secretos.
Yahalomin. Unidade de comunicações do Mossad.
Yarid. Departamento responsável pela segurança das operações do Mossad na Europa.
Zahav Tahor (Ouro Puro). Assim se denominam as operações combinadas entre o Mossad e qualquer outra agência de inteligência israelense, unidade do exército ou da polícia.

BIBLIOGRAFIA

AARONS, MARK, LOFTUS, JOHN. *Ratlines: The Vatican's Nazi Connection.* Arrow, Nova York, 1991.

ABADIE, FRÉDÉRIC. *Valéry Giscard d'Estaing. Biographie.* Éditions Balland, Paris, 1997.

ADAMS, JAMES. *Bull's Eye: The Assassination and Life of Supergun Inventor Gerald Bull.* Times Books, Nova York, 1992.

ALVAREZ, DAVID. *Spies in the Vatican. Espionage and Intrigue from Napoleon to the Holocaust.* University Press of Kansas, Kansas, 2002.

AMIT, MEIR. *A Life in Israel's Intelligence Service: An Autobiography.* Vallentine Mitchell, Londres, 2005.

ANDREW, CHRISTOPHER. *For The President's Eyes Only.* HarperCollins Publishers, Nova York, 1996.

ANNAS, GEORGE J. *The Nazi Doctors and the Nuremberg Code: Human Rights in Human Experimentation.* Oxford University Press, Nova York, 1995.

ARENDT, HANNAH. *Eichmann in Jerusalem. A report on the Banality of Evil.* Penguin Books, Nova York, 1992.

ARON, LEON. *Yeltsin: A Revolutionary Life.* St. Martin's Press, Nova York, 2000.

ARQUILLA, JOHN. *From Troy to Entebbe.* University Press of America, Lanham, Maryland, 1996.

BAINERMAN, JOEL. *Inside the Covert Operationes of The CIA & Israel's Mossad. Undercover with the Spymasters of America & Israel.* S.P.I. Books, Nova York, 1994.

BAR-ZOHAR, MICHAEL. *Spies in the Promise Land. Iser Harel and the Israeli Secret Service.* Houghton Mifflin Company, Boston, 1972.

BAR-ZOHAR, MICHAEL e HABER, EITAN. *The Quest for the Red Prince. Israel's Relentless Manhunt for One of the World's Deadliest Terrorists.* The Lyons Press, Guilford, Connecticut, 1983.

BAUER, EDDY. *Espías, Enciclopedia del Espionaje*. 8 Vol. Idées & Editions, Paris, 1971.
BEGIN, MENAHEM. *The Revolt, Story of the Irgun*. Steimatzky, Tel Aviv, 1990.
BEN-GURION, DAVID. *Memoirs: David Ben-Gurion*. World Publishing Company, Nova York, 1970.
BENGIO, OFRA. *Iraq's Road to War*. MacMillan, Londres, 1993.
BETSER, MOSHE e ROSENBERG, ROBERT. *Secret Soldier*. Atlantic Monthly Press, Nova York, 1996.
BLACK, IAN e MORRIS, BENNY. *Israel's Secret Wars*. Grove Weidenfeld, Nova York, 1991.
BLOCH, JONATHAN e TOOD, PAUL. *Global Intelligence: The World's Secret Services Today*. Zed Books, Nova York, 2003.
BLUM, HOWARD. *Wanted. The search for Nazis in America*. The New York Times Books, Nova York, 1977.
BOKUN, BRANKO. *Spy in the Vatican 1941-1945*. Tom Stacey Ltd., Nova York, 1997.
BOSTOM, ANDREW G. *The Legacy of Jihad: Islamic Holy War and the Fate of Non--Muslims*. Prometheus Books, Nova York, 2005.
BREITMAN, RICHARD. *U.S. Intelligence and the Nazis*. National Archives Trust Fund Board, Washington D. C., 2004.
BRZEZINSKI, ZBIGNIEW. *Power and Principle: Memoirs of the National Security Adviser, 1977-1981*. Farrar, Straus & Giroux, Londres, 1983.
BURGE, GLENN e COLLEEN, RYAN. *Corporate Cannibals*. Mandarin Paperbacks, Londres, 1993.
BURMAN, EDWARD. *Assassins: Holy Killers of Islam*. HarperCollins Publishers, Nova York, 1987.
BUTLER, RICHARD. *Saddam Defiant, The Threat of Weapons of Mass Destruction and the Crisis of Global Security*. Phoenix, Londres, 2001.
CLAIRE, RODGER W. *Raid on the Sun. Inside Israel's Secret Campaign that Denied Saddam the Bomb*. Broadway Books, Nova York, 2004.
COLERIDGE, NICHOLAS. *Paper Tigers*. Mandarin Paperbacks, Londres, 1994.
COMMANDER X. *Red Mercury: Deadly New Terrorist Super Weapon*. Inner Light Publications, New Brunswick, Nova Jersey, 2002.
DALLAS, ROLAND. *King Hussein: A Life on the Edge*. Fromm International Publishing, Nova York, 1999.
DAVIES, NICHOLAS. *Death of a Tycoon: An Insider's Account of the Rise and Fall of Robert Maxwell*. St. Martin's Press, Nova York, 1993.
DEACON, RICHARD. *The Israeli Secret Service*. Warner Books, Londres, 1977.

EBAN, ABBA. *My Country, The Story of modern Israel.* Steimatzky's Agency, Tel Aviv, 1972.

_____ . *Abba Eban: An autobiography.* Random House, Nova York, 1977.

EISENBERG, DENNIS e DAN, URI. *Mossad, les services secrets israéliens.* Editions Internationales Alain Stanke, Paris, 1977.

EISENBERG, DENNIS; DAN, URI e LANDAU, ELI. *The Mossad inside stories: Israel's secret intelligence service.* Paddington Press, Londres, 1978.

EITAN, RAFI. *A Soldier's Story: The Life and Times of an Israeli War Hero.* S.P.I. Books, Nova York, 1992.

ESHED, HAGGAI. *Reuven Shiloah, the Man Behind the Mossad.* Frank Cass, Londres, 1997.

FABI, MARK. *Red Mercury.* Bantam Books, Nova York, 2004.

FRATTINI, ERIC. *Irak, El Estado Incierto.* Espasa Calpe, Madri, 2003.

_____ . *La Santa Alianza. Historia del Espionaje Vaticano. De Pío V a Benedicto XVI.* Espasa Calpe, Madri, 2004.

_____ . *CIA, Historia de la Compañía.* EDAF, Madri, 2005.

_____ . *KGB, Historia del Centro.* EDAF, Madri, 2005.

FRIEDMAN, THOMAS L. *From Beirut to Jerusalem.* Doubleday, Nova York, 1989.

FRIEDMAN, TUVIAH. *Mengele.* Centro de Documentação para Investigação de Crimes de Guerra Nazistas, Haifa, 1994.

GILLING, TOM e MCKNIGHT, JOHN. *Trial and Error. Mordechai Vanunu and Israel's Nuclear Bomb.* HarperCollins Publishers, Londres, 1991.

GOÑI, UKI. *The Real Odessa: Smuggling the Nazis to Peron's Argentina.* Granta Books, Londres, 2002.

GORBACHEV, MIKHAIL. *Memoirs.* Doubleday Publishers, Nova York, 1996.

GRAHAM-BROWN, SARAH. *Sanctioning Saddam: The Politics of Intervention in Iraq.* I.B.Tauris, Londres, 1999.

GREENSLADE, ROY. *Maxwell: The Rise and Fall of Robert Maxwell and His Empire.* Carol Publishing Corporation, Nova York, 1992.

HABE, HANS. *In King David's Footsteps.* W.H. Allen, Londres, 1973.

HABER, EITAN. *Menahem Begin: The legend and the man.* Delacorte Press, Londres, 1978.

HAMZA, KHIDHIR. *Saddam's Bombmaker, The Daring Escape of the Man Who Built Iraq's Secret Weapon.* Simon & Schuster, Nova York, 2000.

HAREL, ISSER. *The House on Garibaldi Street.* Frank Cass Publishers, Nova York, 1997.

HARRAN, MARILYN e KUNTZ, DIETER. *The Holocaust Chronicle.* Publications International Ltd. Nova York, 2002.

HATTIS, SUSAN. *Political Dictionary of the State of Israel*. MacMillan Publishing Company, Nova York, 1987.

HAUSNER, GIDEON. *Justice in Jerusalem. The Eichmann Trial*. Herzl Press, Nova York, 1977.

HERSH, SEYMOUR M. *The Samson Option: Israel's Nuclear Arsenal and American Foreign Policy*. Random House, Nova York, 1991.

HOUNAM, PETER. *The Woman from Mossad. The story of Mordechai Vanunu & the Israeli Nuclear Program*. North Atlantic Books, Berkeley, Califórnia, 1999.

HROUB, KHALED. *Hamas: Political Thought and Practice*. Institute for Palestine Studies, Jerusalém, 2000.

KAPELIOUK, AMNON. *Arafat*. Librairie Arthème Fayard, Paris, 2004.

KATZ, SAMUEL M. *Follow Me!. A History of Israel's Military Elite*. Arms & Armour Press, Londres, 1989.

_____ . *The Hunt for the Engineer: How Israeli Agents Tracked the Hamas Master Bomber*. From International, Nova York, 1999.

KATZ, SAMUEL M. e ROSENBERG, ROBERT. *Israeli Elite Units Since 1948*. Osprey Military, Botley, Oxford, 1988.

KUENZLE, ANTON e SHIMRON, GAD. *The Execution of the Hangman of Riga. The Only Execution of a Nazi War Criminal by the Mossad*. Valentine Mitchell, Londres, 2004.

KUNTZ, DIETER. *The Holocaust Chronicle*. Publications International Ltd., Nova York, 2002.

KUPFERBERG, HERBERT. *The rescue, the legend, the lesson: Entebbe*. Parade Publications, Nova York, 1981.

KURZMAN, DAN. *Soldier of Peace: The Life of Yitzhak Rabin: 1922-1995*. HarperCollins Publishers, Nova York, 1998.

LEVY, ALAN. *Nazi Hunter. The Wiesenthal File*. Barnes & Noble Books, Nova York, 2002.

LEVY, PAULE-HENRIETTE. *Ehud Barak: Le faucon de la paix*. Plon, Paris, 1999.

LIVINGSTONE, NEIL e HALEVY, DAVID. *Inside the PLO*. Willian Morrow & Company, Nova York, 1990.

LLOYD, MARK. *The Guinness Book of Espionage*. Da Capo Press, Nova York, 1994.

LOWTHER, WILLIAM. *Arms and the Man: Dr. Gerald Bull, Iraq and the Supergun*. Pan Books, Londres, 1992.

MALKIN, PETER Z. e STEIN, HARRY. *Eichmann in my hands*. Warner Books, Nova York, 1990.

MARSH, CAROLE. *Golda Meir: Israel's First Woman Premier*. Gallopade International Publisher, Nova York, 1998.

MARSHALL, BARBARA. *Willy Brandt: A Political Biography.* Palgrave Macmillan, Nova York, 1997.

MAYOR, ADRIENNE. *Greek Fire, Poison Arrows & Scorpion Bombs. Biological and Chemical Warfare in the Ancient World.* Overlook Duckworth, Londres, 2003.

MINISTERIO DE JUSTICIA. *Transcripciones del Juicio de Adolf Eichmann.* Documentos do Estado de Israel, Jerusalém, 1994.

MORRIS, BENNY. *Righteous Victims: A History of the Zionist-Arab Conflict, 1881-2001.* Vintage, Nova York, 2001.

MISHAL, SHAUL e SELA, AVRAHAM. *The Palestinian Hamas.* Columbia University Press, Nova York, 2000.

NAFTALI, TIMOTHY. *Blind Spot: The Secret History of American Counterterrorism.* Basic Books, Nova York, 2005.

NAPOLEONI, LORETTA. *Terror Incorporated: Tracing the Dollars Behind the Terror Networks.* Seven Stories Press, Nova York, 2005.

NETANYAHU, IDDO. *Entebbe: A Defining Moment in the War on Terrorism. The Jonathan Netanyahu Story.* Balfour Books, Londres, 2003.

NETANYAHU, IDDO e HAZONY, YORAM. *Yoni's Last Battle: The Rescue at Entebbe, 1976.* Gefen Publishing House Limited, Nova York, 2001.

NOUEL, ÉLISE. *Carré d'as... aux femmes!: Lady Hester Stanhope, Aurélie Picard, Isabelle Eberhardt, Marga d'Andurain.* G. Le Prat, Paris, 1977.

OSTROVSKY, VICTOR e HOY, CLAIRE. *By way of deception.* Stoddart Publishing, Toronto, 1991.

OSTROVSKY, VICTOR. *The Other Side of Deception.* HarperCollins Publishers, Nova York, 1994.

PAYNE, RONALD. *Mossad, Israel's Most Secret Service.* Bantam Press, Londres, 1990.

PEARLMAN, MOSHE. *The Capture of Adolf Eichmann.* Weidenfeld & Nicolson, Londres, 1961.

PECK, IRA. *Raid at Entebbe.* Scholastic Publishers, Londres, 1977.

PERETZ, DON. *Intifada: The Palestinian Uprising.* Westview Press, Nova York, 1990.

PERLMUTTER, AMOS. *Israel, el Estado Repartido. 1900-1985.* Espasa Calpe, Madri, 1987.

PERSICO, JOSEPH E. *Nuremberg, Infamy on Trial.* Penguin Books, Nova York, 1994.

POLLACK, KENNETH M. *The Threatening Storm. The Case for Invading Iraq.* Ramdon House, Nova York, 2002.

POLMAR, NORMAN e ALLEN, THOMAS B. *Spy Book. The Encyclopedia of Espionage.* Random House, Nova York, 2004.

Posner, Gerald L. e Ware, John. *Mengele: The Complete Story.* Cooper Square Press, Lanham, Maryland, 2000.

Prados, John. *President's Secret Wars.* Elephant Paperbacks, Chicago, 1996.

Proll, Astrid. *Baader Meinhof: Pictures on the Run 67-77.* Scalo Publishers, Londres, 1998.

Rabin, Yitzhak. *The Rabin Memoirs.* University of California Press, Califórnia, 1996.

Ramen, Fred. *Reinhard Heydrich: Hangman of the Third Reich.* Rosen Publishing Group, Londres, 2001.

Raviv, Dan e Melman, Yossi. *Every Spy a Prince.* Houghton Mifflin Company, Boston, 1990.

_____. *Friends in Deed. Inside the US-israel Alliance.* Hyperion, Nova York, 1994.

Reeve, Simon. *One Day of September. The Full Story of the 1972 Munich Olimpics Massacre and the Israeli Revenge operation "Wrath of God".* Arcade Publishing, Nova York, 2000.

Rhodes, Anthony. *The Vatican in the Age of the Cold War 1945-1980.* Michael Russell Publishing Ltd., Nova York, 1992.

Rosaler, Maxine. *Hamas: Palestinian Terrorists.* Rosen Publishing Group, Nova York, 2002.

Rosenberg, Joel C. *The Last Jihad.* Forge Books, Nova York, 2003.

Sachar, Howard M. *A History of Israel: From the Rise of Zionism to Our Time.* Knopf Publishers, Nova York, 1996.

Seale, Patrick. *Abu Nidal. A gun for Hire.* Hutchinson Publisher, Londres, 1992.

Shamir, Yitzhak. *Summing Up: The Memoirs of Yitzhak Shamir.* Orion Publishing Company, Nova York, 1994.

Stevenson, William e Dan, Uri. *90 Minutes at Entebbe.* Bantam Books Inc., Nova York, 1976.

Szulc, Tad. *The Secret Alliance.* MacMillan Publishers, Nova York, 1991.

Thackrah, John Richard. *Dictionary of Terrorism.* Routledge, Londres, 2004.

Thatcher, Margaret. *The Downing Street Years.* HarperCollins Publishers, Londres, 1993.

Thomas, Gordon. *Gideon's Spies. The History of Mossad.* St. Martin Press, Nova York, 1998.

Thomas, Gordon e Dillon, Martin. *Robert Maxwell: Israel's Superspy: The Life and Murder of a Media Mogul.* Carroll & Graf Publishers, Nova York, 2002.

Thompson, Leroy. *Ragged War, The Story of Unconventional and Counter-Revolutionary Warfare.* Arms and Armour Editors, Nova York, 1994.

Tiersky, Ronald. *François Mitterand. The Last French President.* Palgrave Macmillan, Nova York, 2000.

Tinnin, David B. *Hit Team.* Weidenfeld & Nicolson, Londres, 1976.

Trento, Joseph J. *The Secret History of the CIA.* Random House Inc., Nova York, 2001.

Volkman, Ernest. *Espionage, The Greatest Spy Operations of the 20th Century.* Wiley & Sons, Nova York, 1995.

West, Nigel. *MI5, 1945-1972.* Weidenfeld & Nicolson, Londres, 1982.

Wolf, Markus, e McElvoy, Anne. *Markus Wolf, The Man without face.* Times Books, Nova York, 1997.

Woodward, Bob. *VEIL, Las Guerras Secretas de la CIA 1981-1987.* Ediciones B, Barcelona, 1987.

Yallop, David A. *To the Ends of the Earth. To the Hunt of the Chacal.* Poetics Products Ltd., Londres, 1993.

Adolf Eichmann durante seu julgamento em Jerusalém

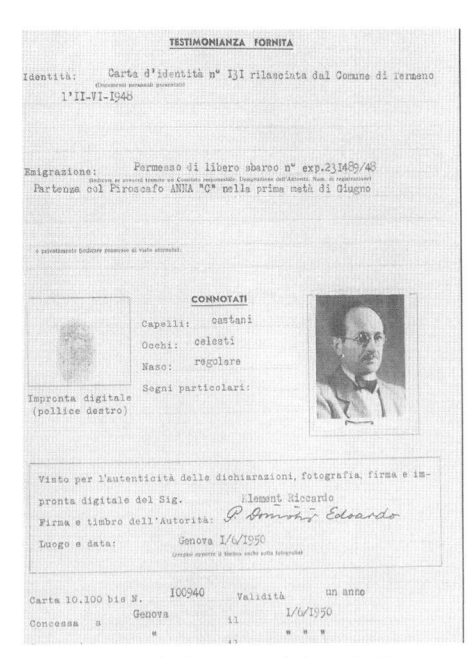

Documento de fuga expedido pela Cruz Vermelha

Eichmann é condenado a morrer na forca

Peter Malkin foi responsável pelo comando do Mossad que sequestrou Eichmann

Anton Kunzle preparou para o Mossad a execução do criminoso de guerra Cukurs

Cukurs foi encarregado da execução de 30 mil judeus do gueto de Riga

O jovem Cukurs prestou juramento ao regime nazista e à sua política antissemita

Herbert Cukurs aparece aqui durante uma execução de judeus do gueto de Riga

O Mossad decidiu executar Cukurs e seu corpo foi colocado num baú

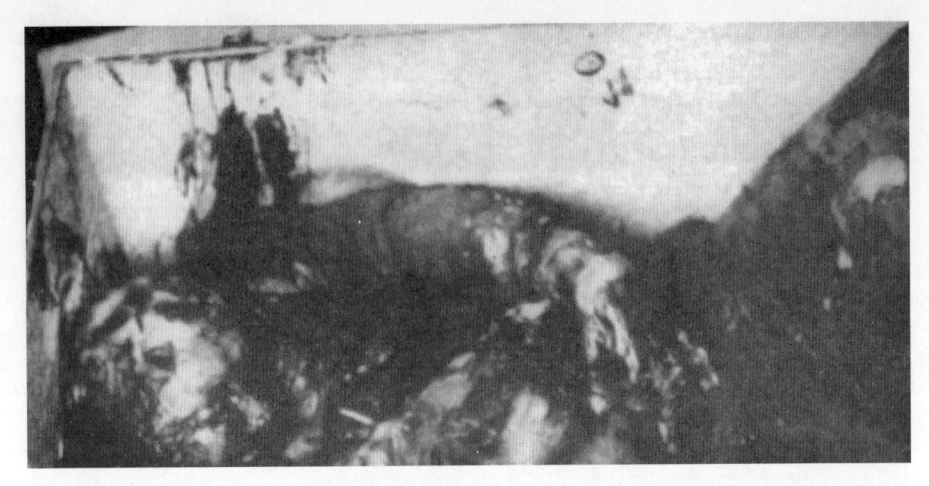

O antigo criminoso de guerra da Letônia esperou vinte anos para pagar por seus crimes

Cukurs mostra a Kunzle o uniforme que usou durante a Segunda Guerra Mundial

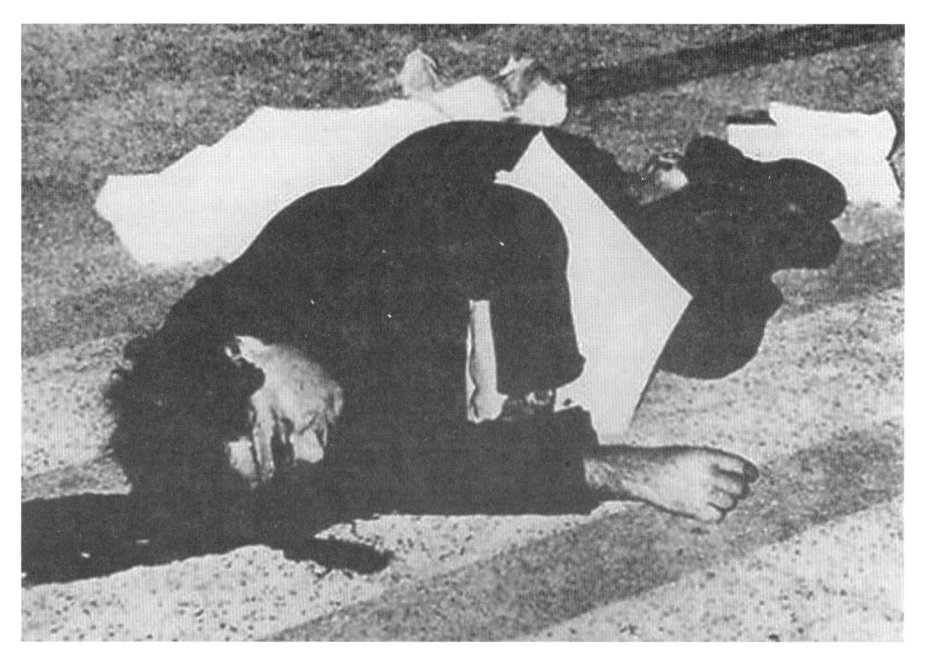

Abdel Wael Zwaiter foi o primeiro alvo atingido pela operação "Ira de Deus"

O terrorista Jalid Jawad aparece morto após o tiroteio no aeroporto de Fürstenfeldbruck

Aharon Yariv, consultor de antiterrorismo da primeira-ministra

Golda Meir deu sinal verde aos executores do Mossad

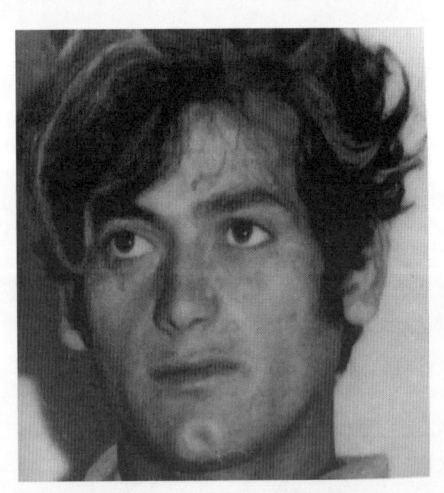

Jamal Al-Gasney foi o único sobrevivente da operação de Munique

Mahmud Hamshari seria assassinado em Paris pelo Kidon

Foto de um dos atletas israelenses metralhados em um dos helicópteros

Cadáver carbonizado de um atleta israelense assassinado no segundo helicóptero

Fotografia dos membros da equipe olímpica israelense, tirada um dia antes do ataque terrorista no qual dez deles perderam a vida

1 – Kehat Shorr, treinador de tiro
2 – Mark Slavin, lutador
3 – Andre Spitzer, treinador de esgrima
4 – Eliezer Halfin, lutador
5 – Yossef Romano, halterofilista
6 – Amitzur Shapira, treinador de atletismo
7 – Zeev Friedman, halterofilista
8 – Jacov Springer, juíz de levantamento de peso
9 – David Berger, halterofilista
10 – Moshe Weinberg, treinador de luta livre
11 – Yosef Gutfreud, árbitro de luta livre, não se encontra nesta fotografia.

Mike Harari, chefe do Kidon, teve de deixar o Mossad após o fiasco da Noruega. Anos depois, tornou-se assessor de Noriega

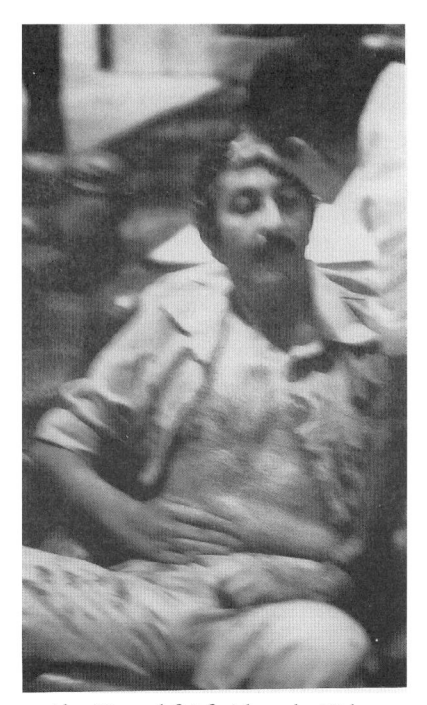

Abu Daoud foi ferido pelo Kidon num hotel de Varsóvia. Sobreviveu

Ehud Barak persegue um terrorista durante uma operação de resgate de reféns

O Vaticano se converteria no palco de uma tentativa de assassinato de Golda Meir

Neste pavimento, Carlos, o "Chacal", matou três agentes da espionagem francesa

Michel Moukharbel era informante da DST francesa

Carlos, o "Chacal", substituiu Boudía no comando de operações na Europa

Brigitte Kuhlmann seria executada por comandos israelenses em Entebbe

Mohamed Boudía seria surpreendido pelo Kidon numa rua de Paris

Mohamed Boudía voou pelos ares após acionar uma mina sob o assento de seu carro

Yonni Netanyahu, irmão do atual primeiro-ministro, foi a única baixa na operação "Raio"

Forças combinadas do exército e do Mossad atacam o aeroporto de Entebbe, Uganda, para resgatar os reféns do AF 139

Abba Eban, Golda Meir e Idi Amin Dada quando ainda mantinham boas relações

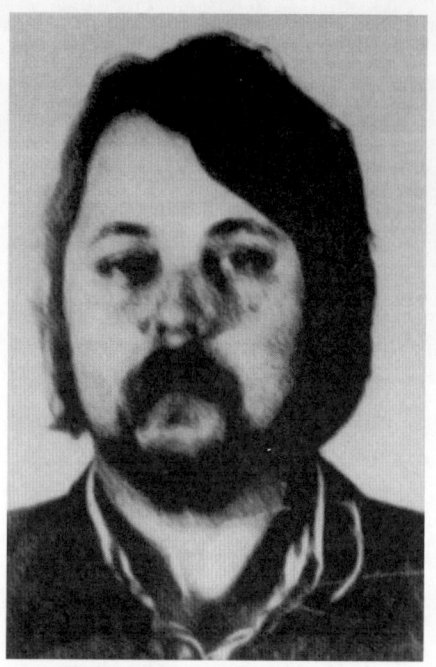

O terrorista alemão Wilfred Bose
morreria no aeroporto de Entebbe

Ali Hassan Salameh,
principal líder do "Setembro Negro"

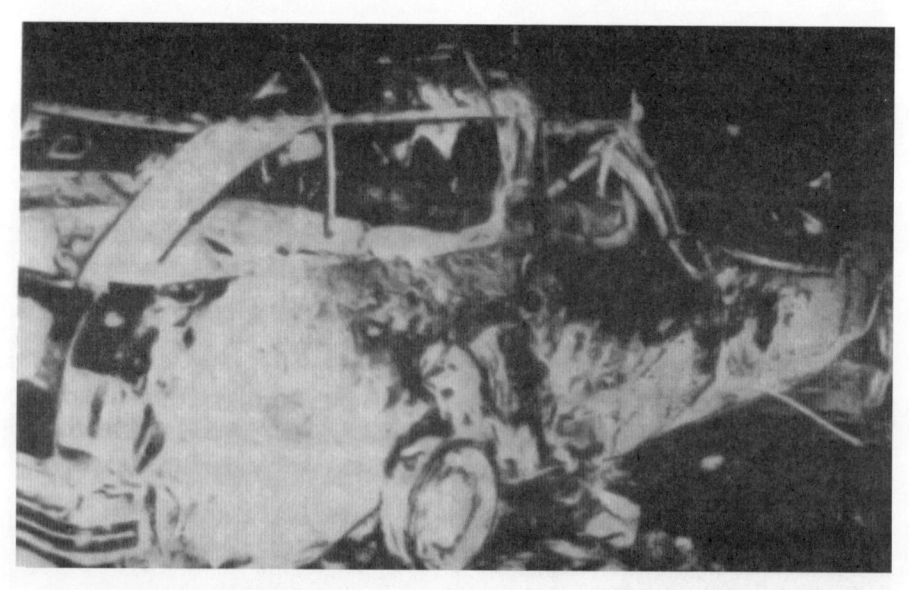

Salameh seria assassinado pelo Kidon em 22 de janeiro de 1979

A central nuclear de Osirak, no Iraque, seria o alvo dos mísseis israelenses

Ilan Ramon, o piloto mais jovem da operação, perderia a vida anos depois no ônibus espacial

O Kidon intercepta na França material nuclear com destino ao Iraque

Cheryl Bentov comandou a operação de sequestro de Vanunu

Cheryl Bentov, da unidade Kidon, entre seu marido, Ofer Bentov, da inteligência militar, e um desconhecido

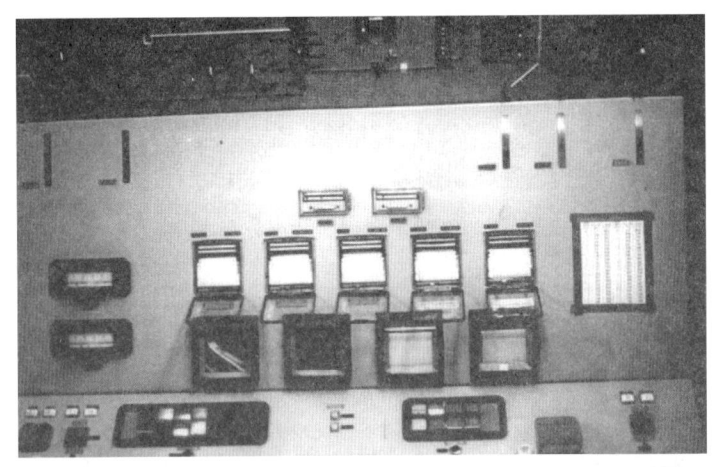

Diferentes imagens captadas por Mordechai Vanunu
das instalações nucleares de Dimona

Dois membros do Kidon são captados por uma câmera de segurança de um banco de Londres, durante a operação "Vanunu"

Mordechai Vanunu

Abu Jihad, alvo do Kidon na operação "17"

Abu Jihad, comandante militar da OLP e líder da Intifada, é sepultado após seu assassinato pelo Kidon em Túnis

Residência de Abu Jihad, onde foi assassinado em 16 de abril de 1988

Peça de canhão projetada por Bull para Saddam Hussein

Gerald Bull, pouco antes de ser assassinado pelo Kidon em 22 de março de 1990

Funeral do engenheiro Gerald Bull

Amiram Nir, ex-membro do Mossad e intermediário no "Irangate", seria assassinado pouco depois

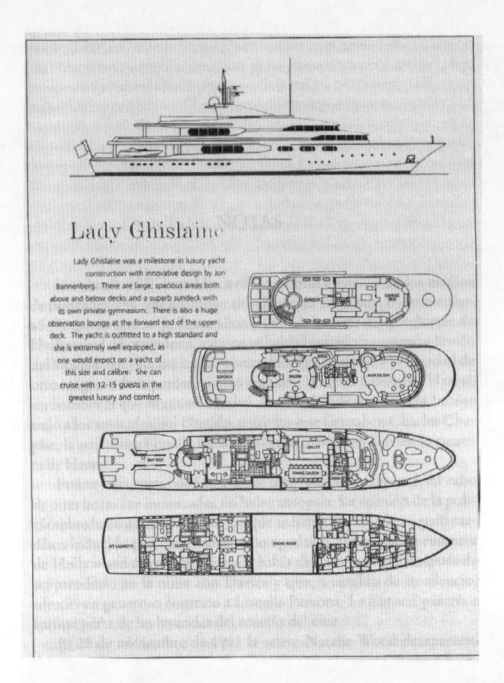

Projeto do iate "Lady Ghislaine", palco do assassinato na operação "Tycoon"

O magnata Robert Maxwell seria executado ao largo das Ilhas Canárias

Primeira página do *Daily Mirror* noticiando a morte misteriosa de Maxwell

Imagem, pela televisão de Malta, do cadáver de Fathi Shiqaqi, líder da Jihad Islâmica

Fathi Shiqaqi

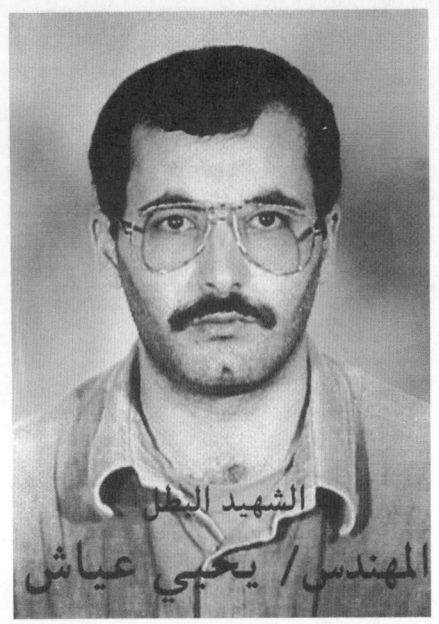

Yahya Ayyash, o "Engenheiro"

O xeique Ahmed Yassin em sua cadeira de rodas

Funeral massivo de Ahmed Yassin, assassinado pelo Kidon na Faixa de Gaza

Imagens dos *katsa* do Mossad que participaram da operação "Raquete"

O hotel Al Bustan Rotana, palco da operação "Raquete"

Mahmoud al Mabhuh

Mahmoud al Mabhuh é seguido pelos agentes do Kidon do Mossad

10:30 Three suspects arrive at a shopping centre in Dubai.

Três agentes do Kidon são capturados por uma câmera de segurança de um centro comercial de Dubai

15:30 The victim is followed to find out his room number. He stays in room 230.

O alvo entra em seu quarto, nº 230, seguido pelos agentes do Kidon do Mossad

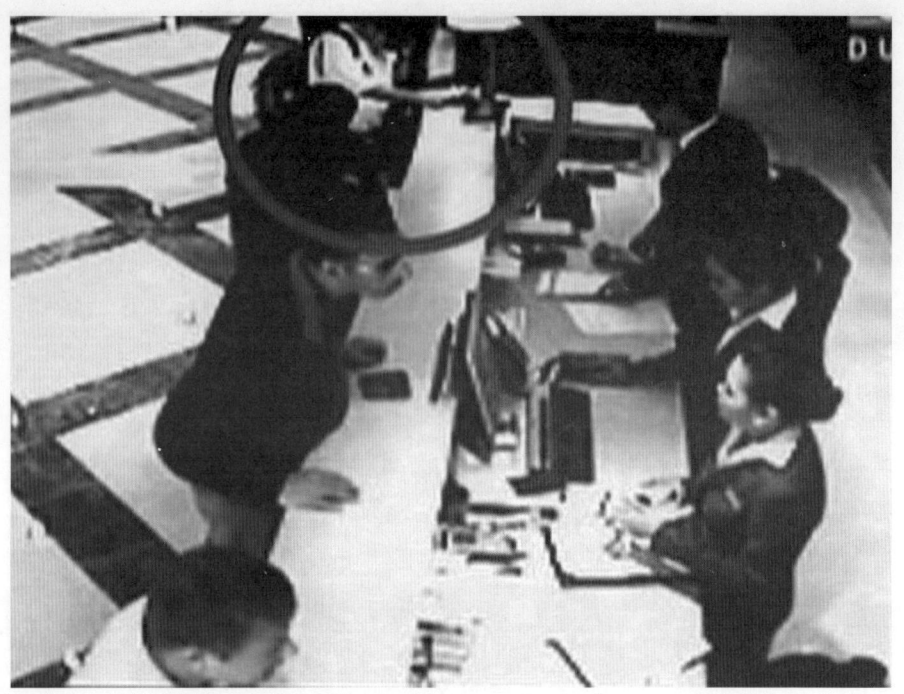

Mahmoud al Mabhuh pede sua chave na recepção. Pouco depois, seria executado pelo Kidon

Majid Shahriari e Ardeshir Hosseinpour, cientistas nucleares iranianos, seriam mortos pelo Kidon

Imagens do Peugeot e seu interior, carro que Majid Shahriari dirigia quando foi atingido pela bomba que o matou em 29 de novembro de 2010

Masud Ali Mohammadi não pôde ser protegido pelo VEVAK iraniano. O Kidon o surpreendeu antes

Imad Mughniyah, líder militar do Hezbollah, alvo da operação "Fumaça"

Um jovem Mughniyah aparece na janela de um avião sequestrado por um comando do Hezbollah nos anos 1980

Passaporte britânico clonado por uma agente do Mossad para a operação "Raquete"

Quartel-general do Mossad na área norte de Tel Aviv. É proibido fotografá-lo

Tamir Pardo, novo *memuneh*, é o encarregado, desde sua nomeação em 1º de janeiro de 2011, dos destinos do Mossad. Seu alvo: o Irã nuclear